Carl Heinz Peisker

Zürcher
Evangelien-Synopse

Oncken Verlag Wuppertal

Die Verwendung des Zürcher Bibeltextes erfolgte mit freundlicher Erlaubnis des
Verlages der Zwingli-Bibel Zürich. (Copyright 1955 by Verlag der Zwingli-Bibel
Zürich.)

Der Umschlag zeigt die vier schreibenden Evangelisten mit ihren Symbolen Engel,
Löwe, Stier und Adler nach Illustrationen in einer 1707 bei Detleffsen in Minden
gedruckten Bibel. Name des Künstlers unbekannt. Wir danken der Murhardschen
Bibliothek der Stadt Kassel und Landesbibliothek für die freundliche Erlaubnis
zum Abdruck.

11. Auflage, 1972, 76.—85. Tausend
© 1962, Oncken Verlag Wuppertal
Alle Rechte vorbehalten, auch der auszugsweisen und fotomechanischen
Vervielfältigung
Druck: Thiele & Schwarz, Kassel — Printed in Germany
ISBN 3 7893 0434 4

VORWORT

Ein alter Grundsatz der Ausleger heißt: ‚Scriptura sui ipsius interpres.' Wenn es gilt, daß die Heilige Schrift sich selbst auslegt, so besonders bei den ersten drei Evangelien. Man kann sie nur dann wirklich verstehen, wenn man sie — über= sichtlich nebeneinander — in ständiger Zusammenschau (griechisch: synopsis) liest. Diese Synopse hat also das Ziel, Hilfe für ein sachgemäßes Verstehen der drei ersten Evangelien zu bieten.

Eine besonders gute Zusammenschau wird dadurch erreicht, daß in dieser Synopse wohl zum ersten Male jedem Evangelium eine eigene, gleichbleibend breite Spalte zugewiesen ist. Man findet in der ersten Spalte immer Matthäus, in der zweiten Markus, in der dritten Lukas und in der vierten (mit wenigen Ausnahmen; vgl. z. B. Nr. 15, Seite 23) die Parallelen aus dem Johannesevangelium (vgl. Anm. 1), die hier voll ausgedruckt sind.

Da die drei Evangelisten (Synoptiker) die Ereignisse nicht in der gleichen Reihen= folge bringen, erreicht man noch keine Zusammenschau, indem man die Texte einfach nebeneinanderstellt. Die Synopse des Stuttgarter Biblischen Nachschlage= werkes nimmt darum Matthäus als Leitfaden und ordnet die anderen diesem bei. Dort kann man also nur Matthäus in seiner ursprünglichen Anordnung lesen, die anderen beiden Evangelien aber nicht. In unserer Synopse aber soll jedes der drei ersten Evangelien fortlaufend gelesen werden können. Darum sind manche Ab= schnitte mehrmals abgedruckt worden. Diese Abschnitte, die dann nicht in der Ordnung des betreffenden Evangeliums stehen, sind *kursiv* gedruckt. Der Kursiv= druck zeigt dem Leser deutlich, daß die Synoptiker oft, obwohl sie das gleiche be= richten, die Ereignisse verschieden anordnen.

Als Beispiel dafür sei das ‚Vater=Unser' (Nr. 29; 143) genannt: Bei Matthäus steht es in der Bergpredigt bei den Worten vom Beten (Nr. 28), während es bei Lukas im Reisebericht (Nr. 134—183) und *nicht* in der Feldrede (Nr. 71—76) steht. Es muß deshalb zweimal gedruckt werden:

1. im Zusammenhang von Matthäus (Nr. 29).
   Dort steht in der ersten Spalte die Matthäus=Fassung in normalem Druck, in der dritten Spalte die Lukas=Fassung in *kursivem* Druck, weil es doch dort aus dem normalen Zusammenhang des Lukasevangeliums herausfällt.

2. im Zusammenhang von Lukas (Nr. 143).
   Dort steht in der dritten Spalte die Lukas=Fassung in normalem Druck, in der ersten Spalte die Matthäus=Fassung in *kursivem* Druck, weil es doch dort aus dem normalen Zusammenhang des Matthäusevangeliums herausfällt.

Als Regel gilt: *Beim fortlaufenden Lesen des Matthäusevangeliums läßt man die kursiv gedruckten Abschnitte der ersten Spalte aus.* Beim fortlaufenden Lesen des Markusevangeliums läßt man die kursiv gedruckten Abschnitte der zweiten, bei Lukas die der dritten Spalte aus.

Am oberen Rand jeder Seite sind Stellenangaben in verschiedenem Druck vermerkt.

1. Normaldruck, Großbuchstaben: Diese Stellenangabe bezieht sich auf die fort= laufende Lesung derselben Spalte. Vgl. S. 22: ‚MARK. 1,21—34' gibt den fort= laufenden Text des Markusevangeliums an.

2. Kursiver Druck: Fehlt die fortlaufende Lesung auf einer Seite ganz, so wird das in der betreffenden Spalte durch eine kursiv gedruckte Stellenangabe angezeigt; diese nennt jeweils den letzten Vers des vorausgehenden Stückes der fortlaufenden Lesung. Auf Seite 22 steht z. B. über der ersten Spalte ‚*Mat. 4,22*'. Der Leser weiß also, daß auf dieser Seite in der Matthäusspalte der fortlaufende Text aussetzt. Liest man das Matthäusevangelium fortlaufend, so kann man diese Seite überblättern.

Als Regel gilt also: *Beim fortlaufenden Lesen des Matthäusevangeliums über= blättere ich jede Seite, bei der in der obersten Zeile über der Matthäusspalte eine Versangabe in kursivem Druck steht.* Beim fortlaufenden Lesen des Markus= oder Lukasevangeliums gilt das Entsprechende.

Bibelstellen lassen sich leicht durch das Parallelen= oder ‚Inhalts'=Verzeichnis (S. [I] ff) finden. Dieses veranschaulicht dem Leser außerdem eindringlich die soge= nannte ‚synoptische Frage'.

Zur Arbeitserleichterung für Lehrende, Studenten und Schüler sind außerkano= nische Parallelen jeweils unter den Abschnitten beigefügt (vgl. Anm. 2).

Die Vorzüge einer modernen Übersetzung und der besonderen Druckanordnung empfehlen diese Synopse jedem ernsten Bibelleser.

Herborn/Dill, Ostern 1962.

C. H. Peisker

VORWORT ZUR ELFTEN AUFLAGE

Auf dem langen — aber zeitlich kurzen — Wege von der ersten bis zur jetzt elften Auflage wurde jeder Abschnitt dieser Evangelien-Synopse immer wieder sorg= fältig durchgeprüft, gleichsam Seite für Seite koliert. Dazu erprobte ich dieses Buch auf den verschiedensten Feldern in Kirche, Schule und Hochschule, um Hilfen aus der Praxis für die Praxis zu finden. Es ergaben sich drei:

1. Den Paralleltexten *(kursiver Druck)* wurden die entsprechenden Abschnitts= nummern beigefügt, damit man sie auch im Textzusammenhang des eigenen Evangeliums liest. Meist ist das unentbehrlich für ein richtiges Verständnis.

2. Ein Register der Abschnittsüberschriften (S. [XI] ff) wurde angefertigt. Nun las= sen sich Texte leichter finden, auch wenn man nicht weiß, in welchem Evange= lium oder Kapitel sie stehen.

3. Den Apokryphen (Vorwort, Anm. 2,1—15) wurden die Kindheitsevangelien hin= zugefügt. An einigen Stellen bot ich die apokryphen Parallelen besonders aus= führlich, damit dort exemplarisch die betreffenden Probleme intensiver erörtert werden können.

Die viele Mühe und Arbeit, die diese Evangelien=Synopse auf ihrem Wege beglei= tete, meine ich der Sache, der sie dient, schuldig zu sein.

Mühlheim, Frühjahr 1972

C. H. Peisker

Anm. 1: Das ganze Johannesevangelium in der biblischen Ordnung aber in den Rahmen dieser Synopse einzuspannen (oder umgekehrt: die Synoptiker in den Rahmen des Johannesevange= liums), ist völlig unmöglich, wie ein Blick in das Parallelenverzeichnis am Schluß dieser Synopse schnell bestätigt.

Anm. 2: Die außerkanonischen Parallelen wurden unter Berücksichtigung der Hinweise von E. Hennecke (Neutestamentliche Apokryphen, 3. Aufl. hrsg. v. W. Schneemelcher, 1. Band Evan= gelien, Tübingen 1959) ausgewählt. Die folgenden Hinweise sollen nur einer ersten vorläufigen Orientierung dienen. Näheres und Literatur bei E. Hennecke a. a. O.

1. Papyrus Oxyrhynchos
Die antike Stadt Oxyrhynchos lag am Westrand des Niltales in Mittelägypten. Heute heißt sie el Behnesa.
Dort wurden seit Ende des 19. Jahrhunderts große Mengen von Papyrus-Urkunden gefunden. Die hier zitierten Papyri sind verschiedenen Alters und Inhalts, auch verschiedener Herkunft. Alle stammen aber aus frühen nachchristlichen Jahrhunderten. Vgl. Nr. 19. 34. 58. 105. 131 u. ö.

2. Fajjumfragment
Der Fajjum ist eine Landschaft Oberägyptens. Dort wurden nahe dem heutigen Medinet el Fajjum Papyri gefunden, die zumeist nach Wien in die Sammlung Rainers, Erzherzog von Österreich, gingen. Das hier zitierte sogenannte Fajjumfragment (3. Jahrhundert) erregte großes Aufsehen, weil man glaubte, in ihm eine Vorstufe der synoptischen Evangelien gefunden zu haben. Vgl. Nr. 233.

3. Papyrus Egerton 2
Der Verfasser dieses Papyrus aus dem 2. Jahrhundert kannte wahrscheinlich die vier kanonischen Evangelien, benutzte sie aber nicht als Vorlage. Vgl. Nr. 43. 203.

4. Ebionäerevangelium
Dieses Evangelium der judenchristlichen Sekte der Ebionäer (Ebjoniten) entstand in Anlehnung an Matthäus in der ersten Hälfte des 2. Jahrhunderts. Im Sinne dieser Sekte bekämpft es den

Opferdienst, den Fleischgenuß beim Passa und bestreitet die Jungfrauengeburt Jesu. Vgl. Nr. 1. 6. 11. 20. 56. u. ö.

5. Hebräerevangelium

Es war wohl das Evangelium der ägyptischen Judenchristen und entstand wahrscheinlich auch dort in der ersten Hälfte des 2. Jahrhunderts. Seinen Namen hat es daher, daß die griechisch sprechenden Judenchristen von den Heidenchristen auch ‚Hebräer' genannt werden konnten. In diesem Evangelium wird der Herrenbruder Jakobus besonders hervorgehoben. Vgl. Nr. 6. 21. 36. 66. 170 u. ö.

6. Nazaräerevangelium

Das Nazaräerevangelium ist eine Weiterbildung des Matthäusevangeliums, die in der 1. Hälfte des 2. Jahrhunderts (in Aleppo?) entstand. Dieses Evangelium wurde von den syrischen Judenchristen (Nazaräer) gebraucht, die offensichtlich zur Großkirche gehörten. Vgl. Nr. 6. 29. 68. 186. 192 u. ö.

7. Ägypterevangelium

Von ihm ist nur wenig überliefert. Doch schon das wenige zeigt starken gnostischen Einschlag. Es wird im 2. Jahrhundert entstanden sein und war in gnostisch-christlichen Kreisen Ägyptens sehr beliebt. Vgl. Nr. 184.

8. Petrusevangelium

Ende des vorigen Jahrhunderts fand man bei Akhmim in Oberägypten ein größeres Fragment dieses Evangeliums. Sein Verfasser, der nicht der Apostel Petrus ist, schrieb es in Syrien in der Mitte des 2. Jahrhunderts. Er kannte die vier kanonischen Evangelien. Es steht noch in deren Nähe, tendiert aber doch schon zu den gnostischen Evangelien hin.
Bischof Serapion von Antiochien (um 200) urteilt, vieles stimme mit der rechten Lehre überein, einiges sei an Irrlehre hinzugefügt. Vgl. Nr. 242. 247. 243. 245. 246. u. ö.

9. Thomasevangelium

Bei Nag Hammadi wurde 1945 der vollständige Text gefunden. Diese gnostische Schrift aus dem 4. oder 5. Jahrhundert ist kein Evangelium im eigentlichen Sinne, sondern eine Sammlung von Sprüchen. Vgl. Nr. 10. 18. 19. 119. 167. u. ö.

10. Kindheitsevangelium des Thomas

Es ist eine Sammlung von Anekdoten über das Jesuskind aus dem 2. Jhdt., diktiert von frommer Neugier. Hippolyt vermutete eine Verbindung mit dem Thomasevangelium (9.). Damit hat es aber nichts zu tun. Vgl. S. 14.

11. Protevangelium des Jakobus

Dieses älteste Kindheitsevangelium stammt aus der zweiten Hälfte des 2. Jhdts. Es bringt eine zusammenhängende Darstellung des Lebens der Maria und mündet in die synoptischen Vorgeschichten ein. Es will vor allem die Jungfräulichkeit Mariens nachweisen. Vgl. S. 4. 5. 8. 9.

12. Oden Salomos

Die aus Zitierungen lange bekannten Oden wurden erst zu Anfang des 20. Jahrhunderts im vollständigen Text gefunden (nicht zu verwechseln mit den Salomo-Psalmen!). Sie sind eindeutig gnostisch-christlich und stammen etwa aus der ersten Hälfte des 2. nachchristlichen Jhdts. Vgl. Nr. 6.

13. 1. Clemensbrief

Um 96. n. Chr. schrieb ein Episkopos Roms im Auftrage seiner Gemeinde diesen Brief nach Korinth, um den dortigen Gemeindewirren zu steuern. Vgl. Nr. 35.

14. 2. Clemensbrief

Dieses Schreiben ist kein eigentlicher Brief, sondern eine Predigt aus der Mitte des 2. Jahrhunderts. Sie hat mit dem 1. Clemensbrief überhaupt nichts zu tun. Vgl. Nr. 26. 33. 40. 51. u. ö.

15. Didache (Zwölfapostellehre)

Sieht man von den Pastoralbriefen ab, so ist sie die älteste erhaltene christliche Kirchenordnung. Sie entstand Anfang des 2. Jahrhunderts (in Syrien?). Ihr erster Teil ist eine Art Katechismus des rechten Lebenswandels. Im zweiten Teil stehen Anweisungen für Gottesdienst und Gemeindeleben. Vgl. Nr. 25. 29. 37. 38. 73. u. ö.

Frühe Zeugnisse über die Evangelisten

Papias, Bischof von Hieropolis, schrieb um 130/40 (Eusebius h. e. III, 39, 15 f): ‚Markus, der der Dolmetscher des Petrus geworden war, schrieb die Worte und Taten des Herrn, deren er sich erinnerte, gewissenhaft auf, nur nicht in der richtigen Reihenfolge. Denn er hatte den Herrn weder gehört, noch war er ihm nachgefolgt, aber — wie gesagt — später dem Petrus. Dieser hielt seine Lehrvorträge nach den Gegebenheiten, aber nicht um die Herrnworte (fortlaufend) zusammenzustellen. Daher beging Markus keinen Fehler, wenn er einiges so schrieb, wie er es in Erinnerung hatte. Denn nur auf eines war er bedacht: von dem, was er (von Petrus) gehört hatte, nichts auszulassen oder darin etwas zu verfälschen . . .
Matthäus stellte die Sprüche (logia) in aramäischer Sprache zusammen. Er übersetzte sie jeder, so gut er konnte.'

(Mit ‚Matthäus' könnte die Logienquelle [Q] gemeint sein.)

Im Canon Muratori, der um oder gar vor 200 in Rom geschrieben wurde, finden wir (Zeile 3–8) eine Bemerkung zu Lukas: ‚Dieser Arzt Lukas hat es (sc. das Lukas-Evangelium) nach der Himmelfahrt Christi — als Paulus ihn als Gesetzes- (oder besser Reise-) kundigen zu sich genommen hatte — unter seinem Namen und nach (des Paulus) Meinung verfaßt. Den Herrn hat er jedoch im Fleische nicht gesehen. Und deshalb beginnt er — soweit ihm Stoffe erreichbar waren — von der Geburt des Johannes an zu berichten.'

I. VORGESCHICHTEN

A. Vorgeschichte nach Matthäus (Mat. 1–2)

Der Stammbaum Jesu

Mat. 1, 1–17

1 Das Buch der Abstammung Jesu Christi, des Sohnes Davids, des Sohnes Abrahams. 2 Abraham zeugte den Isaak. Isaak zeugte den Jakob. Jakob zeugte den Juda und seine Brüder. 3 Juda zeugte mit der Thamar den Perez und den Serah. Perez zeugte den Hezron. Hezron zeugte den Aram[1]). 4 Aram zeugte den Amminadab. Amminadab zeugte den Nahason. Nahason zeugte den Salmon. 5 Salmon zeugte mit der Rahab den Boas. Boas zeugte mit der Ruth den Jobed[1]). Jobed zeugte den Isai. 6 Isai zeugte den König David. David zeugte mit der Frau des Uria den Salomo. 7 Salomo zeugte den Rehabeam. Rehabeam zeugte den Abia. Abia zeugte den Asaph[1]). 8 Asaph zeugte den Josaphat. Josaphat zeugte den Joram. Joram zeugte den Usia. 9 Usia zeugte den Joatham[1]). Joatham zeugte den Ahas. Ahas zeugte den Hiskia. 10 Hiskia zeugte den Manasse. Manasse zeugte den Amos[1]). Amos zeugte den Josia. 11 Josia zeugte den Jechonja und dessen Brüder zur Zeit der Wegführung nach Babylon. 12 Nach der Wegführung nach Babylon zeugte Jechonja den Sealthiel. Sealthiel zeugte den Serubbabel. 13 Serubbabel zeugte den Abihud. Abihud zeugte den Eljakim. Eljakim zeugte den Asor. 14 Asor zeugte den Zadok. Zadok zeugte den Achim. Achim zeugte den Elihud. 15 Elihud zeugte den Eleasar. Eleasar zeugte den Matthan. Matthan zeugte den Jakob. 16 Jakob zeugte den Joseph, den Mann der Maria, aus der Jesus gezeugt wurde[2]), der der Christus[3]) genannt wird. 17 Alle Geschlechter nun von Abraham bis zu David sind vierzehn Geschlechter, und von David bis zur Wegführung nach Babylon sind es vierzehn Geschlechter, und von der Wegführung nach Babylon bis zu Christus vierzehn Geschlechter.

1: 1. Mos. 5, 1; 2. Sam. 7, 12. 13 / 2: 1. Mos. 21, 3, 12; 25, 26; 29, 35 / 3: 1. Mos. 38, 29. 30; Ruth 4, 12. 18–21 /

Luk. 3, 23—38 (vgl. Nr. 7)

23 Und er, Jesus, war, als er auftrat, etwa dreißig Jahre alt und war, wie man annahm, ein Sohn des Joseph, der [war ein Sohn] des Eli, 24 der des Matthat, der des Levi, der des Melchi, der des Jannai, der des Joseph, 25 der des Mattathias, der des Amos, der des Nahum, der des Hesli, der des Naggai, 26 der des Maath, der des Mattathias, der des Semein, der des Josech, der des Joda, 27 der des Johanan, der des Resa, der des Serubbabel, der des Sealthiel, der des Neri, 28 der des Melchi, der des Addi, der des Kosam, der des Elmadam, der des Er, 29 der des Jesus, der des Elieser, der des Jorim, der des Matthat, der des Levi, 30 der des Simeon, der des Juda, der des Joseph, der des Jonam, der des Eljakim, 31 der des Melea, der des Menna, der des Mattatha, der des Nathan, der des David, 32 der des Isai, der des Jobed¹), der des Boas, der des Sala¹), der des Nahason, 33 der des Amminadab, der des Admin, der des Arni²), der des Hezron, der des Perez, der des Juda, 34 der des Jakob, der des Isaak, der des Abraham, der des Tharah, der des Nahor, 35 der des Serug, der des Regu, der des Peleg, der des Heber, der des Selah, 36 der des Kainam³), der des Arpachsad, der des Sem, der des Noah, der des Lamech, 37 der des Methusalah, der des Henoch, der des Jared, der des Mahalaleel, der des Kenan, 38 der des Enos, der des Seth, der des Adam, der Gottes.

(Luk. 3, 23—34 in rückläufiger Anordnung)

34 Abraham, Isaak,
Jakob,
33 Juda,
Perez,
Hezron, Arni, Admin,
Amminadab,
32 Nahason, Sala,

Boas, Jobed,
Isai, 31 David,

Nathan,

Mattatha, Menna, Melea,
30 Eljakim, Jonam,

Joseph, Juda, Simeon,
29 Levi, Matthat, Jorim,

Elieser, Jesus, 28 Er, Ilmadam, Kosam,
Addi, Melchi, 27 Neri,

Sealthiel,
Serubbabel,
Resa, Johanan,

26 Joda, Josech, Semein,

Mattathias,
Maath, 25 Naggai, Hesli, Nahum, Amos,
Mattathias, 24 Joseph, Jannai, Melchi, Levi,
Matthat, 23 Eli,
Joseph, Jesus.

4: 1. Chr. 2, 10. 11 / 5: Ruth 4, 13–17;Jos. 2, 1; Heb. 11, 31; Jak. 2, 25 / 6: 2. Sam. 12, 24 / 7–11: 1. Chr. 3, 10–16 / 12: 1. Chr. 3, 17; Esra 3, 2 / 16: 27, 17. 22.

[1]) 1, 3. 5. 7. 9. 10. Im Alten Testament: Ram, Obed, Asa, Jotham, Amon.

[2]) 1, 16. So die zuverlässigsten Handschriften des griechischen Grundtextes. Andere Handschriften und Übersetzungen von höchstem Alter haben folgenden Wortlaut: »Jakob zeugte Joseph, dem verlobt (die Jungfrau) Maria Jesus gebar, der der Christus genannt wird.« Oder ähnlich. Der Sinai-Syrer hat: „Jakob zeugte Joseph. Joseph, dem die Jungfrau Maria verlobt war, zeugte Jesus, der der Christus genannt wird." Hier zeigt sich eine andere Anschauung, die auch sonst Spuren hinterlassen hat; vgl. Luk. 2, 27. 33. 41. 43. 48; 4, 22; Joh. 1, 45; 6, 42; Röm. 1, 3.

[3]) 1, 16. Christus, Messias, der Gesalbte. Zunächst vom König gebraucht (1. Sam. 24, 7), dann vom erwarteten ‚König' (Jes. 9, 5 f.; 11, 1 f.; Mich. 5, 1; Jer. 23, 5 f.). Christus war ursprünglich ein Hoheitstitel Jesu. Später erstarrte dieser Titel zum Eigennamen (Röm. 9, 3; 1. Kor. 1, 6; 2. Kor. 2, 12; Gal. 1, 7; Phil. 1, 25; Kol. 1, 7; 2. Thess. 3, 5). Nur deshalb konnten die Anhänger Christi die Bezeichnung ‚Christen' erhalten (Apg. 11, 26, 28). 1. Petr. 4, 16 legt sogar nahe, daß es evtl. ursprünglich ein Schimpfwort war, das dann zur stolzen Selbstbezeichnung wurde (vgl. z. B. ‚Methodisten').

Die Geburt Jesu

Mat. 1, 18–25

18 Mit der Geburt Jesu Christi aber verhielt es sich so: Als seine Mutter Maria mit Joseph verlobt war, fand es sich, ehe sie zusammengekommen waren, daß sie vom heiligen Geiste schwanger war. 19 Weil indessen Joseph, ihr Mann, rechtschaffen war und sie [doch] nicht in Schande bringen wollte, gedachte er sie heimlich zu entlassen. 20 Doch als er dies im Sinn hatte, siehe, da erschien ihm ein Engel des Herrn im Traum, der sprach: Joseph, Sohn Davids, scheue dich nicht, Maria, dein Weib, zu dir zu nehmen; denn was in ihr gezeugt ist, das ist vom heiligen Geiste. 21 Sie wird aber einen Sohn gebären, und du sollst ihm den Namen Jesus[1]) geben, denn er wird sein Volk erretten von ihren Sünden. 22 Dies alles jedoch ist geschehen, damit erfüllt würde, was vom Herrn durch den Propheten gesprochen worden ist, welcher sagt:
23 «Siehe, die Jungfrau wird schwanger werden und einen Sohn gebären, und man wird ihm den Namen Immanuel geben»,
was übersetzt heißt: «Gott mit uns.»
24 Als aber Joseph vom Schlaf erwacht war, tat er, wie ihm der Engel des Herrn

¹) 3, 32. Im Alten Testament (1. Chr. 2, 11. 12;
Ruth 4, 20. 21): Obed, Salmon.
²) 3, 33. So nach den besten Textzeugen. Im
Alten Testament (1. Chr. 2, 9. 10; Ruth 4, 19) steht
statt Admin und Arni nur: Ram.
³) 3, 36. Kainam kommt nicht im Urtext, sondern
nur in der griechischen Übersetzung des Alten
Testamentes (1. Mos. 10, 24; 11, 12. 13) vor.

Luk. 2, 1—7 (vgl. S. 11)

1 Es begab sich aber in jenen Tagen, daß
vom Kaiser Augustus ein Befehl erging,
daß der ganze Erdkreis sich einschätzen
lassen sollte. 2 Diese Schätzung war die
erste und geschah, als Quirinius Statthal=
ter in Syrien war. 3 Und es machten sich
alle auf, um sich einschätzen zu lassen,
ein jeder in seine Stadt. 4 Aber auch Jo=
seph ging von Galiläa aus der Stadt Na=
zareth hinauf nach Judäa in die Stadt
Davids, welche Bethlehem heißt, weil er
aus dem Hause und Geschlechte Davids
war, 5 um sich mit Maria, seiner Verlob=
ten, die schwanger war, einschätzen zu
lassen. 6 Es begab sich aber, während sie
dort waren, da vollendeten sich die Tage,
daß sie gebären sollte. 7 Und sie gebar
ihren ersten Sohn und wickelte ihn in
Windeln und legte ihn in eine Krippe,
weil sie in der Herberge keinen Platz
fanden.

befohlen hatte, und nahm sein Weib zu
sich. 25 Und er erkannte sie nicht, bis sie
einen Sohn geboren hatte²); und er gab
ihm den Namen Jesus.

18: Luk. 1, 26–38 / 19: 5. Mos. 24, 1–4 / 21: Ps. 130,
8; Luk. 1, 31; 2, 21; Apg. 4, 12 / 23: Jes. 7, 14; 8, 8.
10 / 25: Luk. 2, 7. 21.

¹) 7, 21 Jesus ist die griech. Form des hebr. Eigen
namens Jehoschua (Josua), der später Jeschua
lautete. Es bedeutet ,Jahwe hilft', ,Jahwe rettet'.
Jesus ist ein weitverbreiteter Eigenname (Luk. 3,
29; Kol. 4, 11; Apg. 13, 6), der aber hier — weil
in ihm ,retten', ,helfen' anklingt — auf Jesus als
den Heiland hinweisen soll.

²) 1, 25. Nach andrer alter Bezeugung: «bis sie
ihren ersten Sohn geboren hatte» (wie Luk. 2, 7).
Der Sinai-Syrer hat: «und nahm sein Weib zu
sich, und sie gebar ihm einen Sohn, und er gab
ihm den Namen Jesus».

Die Weisen aus dem Morgenland

Mat. 2, 1–12

1 Als aber Jesus in den Tagen des Königs
Herodes zu Bethlehem in Judäa geboren
war, siehe, da kamen Weise¹) aus dem
Morgenland nach Jerusalem, 2 die sagten:
Wo ist der neugeborene König der Juden?
Wir haben nämlich seinen Stern im Mor=
genland gesehen und sind gekommen, ihm
zu huldigen. 3 Als jedoch der König He=
rodes das hörte, erschrak er und ganz Je=
rusalem mit ihm. 4 Und er ließ alle Hohen=
priester und Schriftgelehrten des Volkes
zusammenrufen und erfragte von ihnen,
wo der Christus geboren werden sollte.
5 Die aber sagten ihm: Zu Bethlehem in
Judäa! denn so steht es durch den Pro=
pheten geschrieben:
6 «Und du, Bethlehem» im Lande Judas,
bist keineswegs «die kleinste unter den
Fürstenstädten Judas; denn aus dir wird
ein Herrscher hervorgehen, der mein Volk
Israel weiden wird.»
7 Da berief Herodes heimlich die Weisen
und erkundigte sich bei ihnen genau nach
der Zeit, wann der Stern erschienen sei,
8 und sandte sie nach Bethlehem und sagte:
Ziehet hin und forschet genau nach dem
Kindlein! Wenn ihr es aber gefunden
habt, so meldet es mir, damit auch ich
komme und ihm huldige. 9 Und nachdem
sie den König angehört hatten, zogen sie
hin. Und siehe, der Stern, den sie im Mor=
genland gesehen hatten, ging vor ihnen
her, bis er über dem Orte stillstand, wo
das Kindlein war. 10 Als sie aber den Stern
sahen, wurden sie sehr hoch erfreut 11 und
gingen in das Haus hinein und sahen das

Luk. 2, 8—20 (vgl. S. 11 f)

8 Und es waren Hirten in derselben Ge=
gend auf dem Felde, die hielten Nacht=
wache über ihre Herde. 9 Da trat ein En=
gel des Herrn zu ihnen, und Lichtglanz
des Herrn umleuchtete sie, und sie fürch=
teten sich sehr. 10 Und der Engel sprach
zu ihnen: Fürchtet euch nicht! Denn siehe,
ich verkündige euch große Freude, die
allem Volke widerfahren wird; 11 denn
euch ist heute der Heiland geboren, wel=
cher der Christus ist, der Herr¹), in der
Stadt Davids. 12 Und das sei euch das
Zeichen: Ihr werdet ein Kind finden, in
Windeln gewickelt und in einer Krippe
liegend. 13 Und auf einmal war bei dem
Engel die Menge des himmlischen Heeres,
die lobten Gott und sprachen:
14 Ehre sei Gott in den Höhen
   und Friede auf Erden
   unter den Menschen,
   an denen Gott Wohlgefallen hat.
15 Und es begab sich, als die Engel von
ihnen gen Himmel gefahren waren, da
sprachen die Hirten zueinander: Lasset
uns doch nach Bethlehem hingehen und
diese Sache sehen, die geschehen ist und
die der Herr uns kundgetan hat. 16 Und
sie gingen eilends und fanden Maria und
Joseph und das Kind in der Krippe lie=
gend. 17 Als sie es aber gesehen hatten,
machten sie das Wort kund, das ihnen
über dieses Kind gesagt worden war.
18 Und alle, die es hörten, verwunderten
sich über das, was ihnen von den Hirten
gesagt wurde. 19 Maria aber behielt alle
diese Worte und erwog sie in ihrem Her=

Joh. 7, 41—42

41 Andre sagten: Dieser ist der Christus.
Noch andre sagten: Kommt denn der
Christus aus Galiläa? 42 Hat nicht die
Schrift gesagt, daß der Christus aus der
Nachkommenschaft Davids und aus Beth=
lehem kommt, dem Dorfe, wo David war?

[3]

Kindlein mit Maria, seiner Mutter. Und sie warfen sich nieder, huldigten ihm, taten ihre Schätze auf und brachten ihm Gaben dar, Gold und Weihrauch und Myrrhe. 12 Und da sie im Traum die Wei= sung empfingen, nicht zu Herodes zurück= zukehren, zogen sie auf einem andern Weg in ihr Land zurück.

2: 1. Mos. 49, 10; 4. Mos. 24, 17; 2. Pet. 1, 19 / 6: Mi. 5, 2. 4; 2. Sam. 5, 2 / 11: Ps. 72, 10. 15; Jes. 60, 6.

¹) 2, 1 Wörtlich: «Magier», d. s. orientalische Traum- und Sterndeuter.

Zu Mat. 2, 1–12 Protevangelium des Jakobus 21, 1–4: In Bethlehem in Judäa entstand eine große Erregung, denn Magier kamen und fragten: Wo ist der neugeborene König der Juden? Wir haben nämlich seinen Stern im Morgenland gesehen und sind gekommen, ihm zu huldigen. Herodes erschrak, als er das hörte, sandte Diener und ließ die Magier und die Hohenpriester kommen und fragte sie aus: Was steht in der Schrift über den Christus? Wo wird er geboren? Sie antworteten: Zu Bethlehem in Judäa! So steht es näm- lich geschrieben! Darauf entließ er sie und fragte die Magier: Was für ein Zeichen habt ihr über den neu- gebornen König gesehen? Die Magier antworteten: Wir sahen einen riesigen Stern, der die anderen über- strahlte, daß man sie nicht mehr sah. Daran erkannten wir, daß Israel ein König geboren ward. Wir sind nun gekommen, ihm zu huldigen. Herodes trug ihnen auf: Ziehet und forschet genau. Wenn ihr ihn ge- funden habt, so meldet es mir, damit auch ich komme und ihm huldige. Da zogen die Magier dahin. Und der Stern, den sie im Morgenland gesehen hatten, ging vor ihnen her, bis sie zur Höhle kamen. Und er stand still zu Häupten des Kindleins.

Die Flucht nach Ägypten. Der Kindermord in Bethlehem. Die Rückkehr aus Ägypten

Mat. 2, 13—23

13 Als sie aber hinweggezogen waren, siehe, da erscheint ein Engel des Herrn dem Joseph im Traum und sagt: Steh auf, nimm das Kindlein und seine Mutter mit dir und fliehe nach Aegypten und bleibe dort, bis ich es dir sage; denn Herodes will das Kindlein aufsuchen, um es um= zubringen. 14 Da stand er auf, nahm des Nachts das Kindlein und seine Mutter mit sich und zog hinaus nach Aegypten. 15 Und er blieb dort bis zum Tode des Herodes, damit erfüllt würde, was vom Herrn ge= sprochen worden ist durch den Propheten, welcher sagt:

«Aus Aegypten rief ich meinen Sohn».

16 Als darauf Herodes sah, daß er von den Weisen getäuscht worden war, wurde er sehr zornig, sandte hin und ließ in Beth= lehem und in dessen ganzem Gebiet alle Knäblein töten, die zweijährig und dar= unter waren, gemäß der Zeit, die er von den Weisen genau erkundet hatte. 17 Da wurde erfüllt, was durch den Propheten Jeremia gesprochen worden ist, welcher sagt:

18 «Eine Stimme hört man in Rama, viel Weinen und Jammern; Rahel weint um ihre Kinder und will sich nicht trösten lassen, weil sie nicht mehr sind.»

B. Vorgeschichte nach Lukas (Luk. 1—2)

Vorwort

Ankündigung der Geburt des Johannes

19 Als aber Herodes gestorben war, siehe, da erscheint ein Engel des Herrn dem Joseph in Ägypten im Traum 20 und sagt: Steh auf, nimm das Kindlein und seine Mutter mit dir und ziehe in das Land Is= raels; denn die, welche dem Kindlein nach dem Leben trachteten, sind gestor= ben. 21 Da stand er auf, nahm das Kind= lein und seine Mutter mit sich und ging in das Land Israels. 22 Als er jedoch hörte, daß Archelaus anstatt seines Vaters He= rodes über Judäa regierte, fürchtete er sich, dahin zu gehen. Nachdem er aber im Traum eine Weisung empfangen hatte, zog er hinweg in das Gebiet von Galiläa 23 und kam in eine Stadt namens Naza= reth und nahm [dort] Wohnung, damit erfüllt würde, was durch die Propheten gesagt worden ist:
Er wird «Nazoräer» heißen.[1])

13: 4. Mos. 23, 22; 24, 8 / 15: Hos. 11, 1 / 18: Jer. 31, 15; 1. Mos. 35, 19 / 23: Luk. 1, 26; 2, 39; Jes. 11, 1; 53, 2; Sach. 6, 12; Joh. 1, 46.

[1]) 2, 23. In dieser Form findet sich die Weis= sagung im Alten Testament nirgends. Gemeint ist Jes. 11, 1: «Ein Schoß aus seinen [d. h. Isais] Wur= zeln wird Frucht tragen.» An «Schoß», hebr. neser, klingt «Nazoräer» an.

Zu Mat. 2, 13–23 Protevangelium des Jakobus 22, 1 f: Als darauf Herodes sah, daß er von den Magiern getäuscht worden war, wurde er sehr zornig, sandte seine Mörder aus mit dem Befehl, alle Kinder zu töten, die zweijährig und darunter waren. Als Maria hörte, daß die Kinder getötet werden sollten, erschrak sie, nahm das Kind, wickelte es in Windeln und legte es in eine Ochsenkrippe (vgl. Luk. 2, 7. – Weil die Krippe als Versteck verstanden wird, fehlt der Bericht über die Flucht nach Ägypten. Statt dessen findet sich eine breite Erzählung über die Flucht und wundersame Errettung der Elisabeth und des Johannes und über das Martyrium des Zacharias).

zen. 20 *Und die Hirten kehrten zurück und priesen und lobten Gott für alles, was sie gehört und gesehen hatten, wie es ihnen gesagt worden war.*

[1] 2,11. Als ursprüngliche Lesart statt «der Christus, der Herr» hat man vermutet: «der Gesalbte des Herrn» (wie Vers 26, S. 13).

Luk. 1, 1–4

1 Da nun schon viele es unternommen ha=
ben, eine Erzählung der Ereignisse abzu=
fassen, die sich unter uns zugetragen ha=
ben, 2 wie sie uns diejenigen überliefert
haben, die von Anfang an Augenzeugen
gewesen sind und Diener des Wortes,
3 hielt auch ich es für gut, nachdem ich
allem von vorn an genau nachgegangen,
es der Reihenfolge nach für dich aufzu=
zeichnen, hochangesehener Theophilus,
4 damit du die Zuverlässigkeit der Dinge
erkennst, über die du unterrichtet worden
bist.

2: Joh. 15, 27 / 3: Apg. 1, 1.

Luk. 1, 5–25

5 In den Tagen des Herodes, des Königs
des jüdischen Landes, war ein Priester mit
Namen Zacharias aus der Dienstabteilung
des Abia, der hatte ein Weib von den
Töchtern Aarons, und ihr Name war Eli=
sabeth. 6 Sie waren aber beide gerecht vor
Gott und wandelten in allen Geboten und
Satzungen des Herrn untadelig. 7 Und sie
hatten kein Kind, weil Elisabeth unfrucht=
bar war, und beide waren schon betagt.
8 Es begab sich aber, als er in der Reihe
seiner Abteilung vor Gott Priesterdienst
tat, 9 da wurde er nach dem Brauch des
Priesterdienstes durch das Los bestimmt,
in den Tempel des Herrn zu gehen und
zu räuchern. 10 Und die ganze Menge des
Volkes stand betend draußen zur Stunde
des Räucheropfers. 11 Es erschien ihm aber
ein Engel des Herrn, der zur Rechten des
Räucheraltars stand. 12 Und Zacharias er=
schrak, als er ihn sah, und Furcht überfiel
ihn. 13 Aber der Engel sprach zu ihm:
Fürchte dich nicht, Zacharias! denn dein
Gebet ist erhört worden, und dein Weib
Elisabeth wird dir einen Sohn gebären,
und du sollst ihm den Namen Johannes
geben. 14 Und du wirst voll Freude und
Jubel sein, und viele werden sich über
seine Geburt freuen. 15 Denn er wird groß
sein vor dem Herrn, und Wein und star=
kes Getränk wird er nicht trinken, und
mit dem heiligen Geist wird er erfüllt
werden schon von Mutterleib an. 16 Und

Ankündigung der Geburt Jesu

viele von den Söhnen Israels wird er zu
dem Herrn, ihrem Gott, zurückbringen;
17 und er wird vor ihm her gehen im Geist
und in der Kraft des Elia, um die Herzen
der Väter zu den Kindern zurückzubrin=
gen und die Ungehorsamen zur Gesinnung
der Gerechten, um dem Herrn ein wohl=
gerüstetes Volk zu bereiten. 18 Und Za=
charias sagte zu dem Engel: Woran soll
ich das erkennen? Denn ich bin alt, und
mein Weib ist schon betagt. 19 Da ant=
wortete der Engel und sprach zu ihm: Ich
bin Gabriel, der vor Gott steht, und bin
gesandt, um mit dir zu reden und dir
diese frohe Botschaft zu bringen. 20 Und
siehe, du wirst stumm sein und nicht re=
den können bis zu dem Tage, wo dies
geschehen wird, darum, weil du nicht ge=
glaubt hast meinen Worten, die zu ihrer
Zeit in Erfüllung gehen werden. 21 Und
das Volk wartete auf Zacharias; und sie
verwunderten sich, daß er so lange im
Tempel blieb. 22 Als er aber herauskam,
konnte er nicht zu ihnen reden, und sie
merkten, daß er im Tempel eine Erschei=
nung gesehen hatte. Und er winkte ihnen
und blieb stumm. 23 Und es geschah, als
die Tage seines Dienstes vollendet waren,
da ging er hinweg in sein Haus. 24 Nach
diesen Tagen aber wurde Elisabeth, sein
Weib, schwanger; und sie verbarg sich
fünf Monate und sagte: 25 So hat mir der
Herr getan in den Tagen, in denen er
darauf geachtet hat, meine Schmach unter
den Menschen hinwegzunehmen.

5: Mat. 2, 1; 1. Chr. 24, 10; 2. Mos. 6, 23; Neh. 12,
17 / 6: 5. Mos. 10, 12; Hiob 1, 1. 8 / 9: 2. Mos. 30, 7 /
11: Apg. 10, 3 / 15: 4. Mos. 6, 3; Richt. 13, 4. 5;
1. Sam. 1, 11 / 17: Mat. 11, 14; 17, 11–13; Mal. 3, 1;
4, 5. 6 / 18: 1. Mos. 15, 8 / 19: Dan. 8, 16; 9, 21 / 25:
1. Mos. 30, 23.

Luk. 1, 26–38

26 Im sechsten Monat aber wurde der En=
gel Gabriel von Gott in eine Stadt Gali=
läas namens Nazareth gesandt 27 zu einer
Jungfrau, die verlobt war mit einem Mann
namens Joseph aus dem Hause Davids;
und der Name der Jungfrau war Maria.
28 Und er kam zu ihr herein und sprach:
Sei gegrüßt, du Begnadete! Der Herr ist
mit dir. 29 Sie aber erschrak über das Wort
und sann darüber nach, was das für ein
Gruß sei. 30 Da sprach der Engel zu ihr:
Fürchte dich nicht, Maria! denn du hast

Zu Luk. 1, 26–38: Das Protevangelium des Jakobus berichtet von einem neuen Tempelvorhang, den die Priester von sieben ,unbefleckten Jungfrauen aus dem Stamme David' anfertigen ließen. Maria als eine von den sieben sollte Purpur und Scharlach spinnen. Darauf heißt es 11, 1–3: Und Maria nahm den Krug und ging hinaus, um Wasser zu holen. Da sprach eine Stimme zu ihr: Sei gegrüßt, du Begnadete. Der Herr ist mit dir, du gesegnete unter den Frauen. Sie schaute nach rechts und links, woher die Stimme käme und begann zu zittern. Darauf ging sie ins Haus zurück, stellte den Krug ab, setzte sich auf ihren Stuhl, nahm den Purpur und begann zu spinnen. Da trat ein Engel vor sie hin: Fürchte dich nicht, Maria; denn du hast Gnade bei dem Allmächtigen gefunden und sollst aus seinem Wort empfangen! Als sie das hörte, bekam sie Bedenken: Soll ich vom lebendigen Gott her empfangen und dennoch gebären, wie jede Frau gebiert? Und der Engel des Herren antwortete: So nicht, Maria; denn die Kraft des Herrn wird dich überschatten; daher wird auch das Heilige, das gezeugt wird, Sohn des Höchsten genannt werden. Und du sollst ihm den Namen Jesus geben, denn er wird sein Volk erretten von ihren Sünden. Maria erwiderte: Siehe, ich bin des Herrn Magd vor ihm: mir geschehe nach deinem Wort!

Besuch der Maria bei Elisabeth. Lobgesang der Maria

Gnade bei Gott gefunden. ₃₁Und siehe,
du wirst schwanger werden und einen
Sohn gebären; und du sollst ihm den
Namen Jesus geben. ₃₂Dieser wird groß
sein und Sohn des Höchsten genannt wer=
den, und Gott der Herr wird ihm den
Thron seines Vaters David geben, ₃₃und
er wird König sein über das Haus Jakob
in Ewigkeit, und seines Königtums wird
kein Ende sein. ₃₄Maria aber sagte zu
dem Engel: Wie soll das zugehen, da ich
von keinem Manne weiß? ₃₅Und der En=
gel antwortete und sprach zu ihr: Der
heilige Geist wird über dich kommen, und
die Kraft des Höchsten wird dich über=
schatten; daher wird auch das Heilige,
das gezeugt wird, Sohn Gottes[1]) genannt
werden. ₃₆Und siehe, Elisabeth, deine
Verwandte, auch sie erwartet einen Sohn
in ihrem Alter; und dies ist der sechste
Monat für sie, die unfruchtbar hieß.
₃₇Denn «kein Wort, das von Gott kommt,
wird kraftlos sein». ₃₈Maria aber sprach:
Siehe, ich bin des Herrn Magd; mir ge=
schehe nach deinem Wort! Und der En=
gel schied von ihr.

27: 2, 5; Mat. 1, 16. 18 / 31: Jes. 7, 14; Mat. 1, 21–23
/ 32: Jes. 9, 7 / 33: 2. Sam. 7, 12–16; Mi. 4, 7; Dan.
7, 14 / 35: Mat. 1, 18. 20; Joh. 10, 36 / 37: 18, 27;
1. Mos. 18, 14.

[1]) 1, 35: Sohn Gottes, im AT u. a. Bezeichnung
für David und den König (2. Sam. 7, 14; Ps. 2, 7;
89, 27 f), in der jüd. Apokalyptik für den kom=
menden Messias (1. Hen. 105, 2 u. ö.). Im NT ist
es für Judenchristen ein Hoheitstitel Jesu, der
den völligen Sohnesgehorsam und die einzig-
artige heilsgeschichtliche Beziehung zum Vater
umschreibt; für den hell. Christen umschreibt es
den mit göttlichen Kräften begabten Menschen,
später den Menschen mit göttlichem Wesen und
göttlicher Natur.

Luk. 1, 39–56

₃₉Maria aber machte sich in diesen Tagen
auf und wanderte eilends nach dem Berg=
land in eine Stadt Judas ₄₀und trat in das
Haus des Zacharias und begrüßte Elisa=
beth. ₄₁Und es begab sich, als Elisabeth
den Gruß der Maria hörte, da hüpfte das
Kind in ihrem Leibe, und Elisabeth wurde
mit dem heiligen Geist erfüllt ₄₂und brach
mit lauter Stimme in die Worte aus: Ge=
segnet bist du unter den Frauen, und ge=
segnet ist die Frucht deines Leibes. ₄₃Und
woher wird mir dies zuteil, daß die Mut=
ter meines Herrn zu mir kommt? ₄₄Denn
siehe, als der Klang deines Grußes in mein
Ohr drang, hüpfte das Kind mit Froh=
locken in meinem Leibe. ₄₅Und selig ist
die, welche geglaubt hat, daß sich erfül=
len wird, was vom Herrn zu ihr geredet
worden ist. ₄₆Und Maria sprach:
Meine Seele erhebt den Herrn,
₄₇und mein Geist «frohlockt
über Gott, meinen Heiland»,
₄₈daß er «hingesehen hat

Zu Luk. 1, 39–56 Protevangelium des Jakobus 12, 1–3: Maria machte den Purpur- und Scharlachstoff fertig und lieferte ihn dem Priester ab. Der Priester nahm ihn und segnete Maria: Maria, groß hat der Herr Gott deinen Namen gemacht, und gesegnet bist du unter allen Geschlechtern der Erde. Da kam Freude über Maria und sie ging zu Elisabeth, ihrer Verwandten. Sie klopfte an die Tür. Als Elisabeth das hörte, legte sie den Scharlachstoff beiseite, eilte zur Tür, öffnete sie, segnete Maria und fragte: Woher wird mir dies zuteil, daß die Mutter meines Herrn zu mir kommt? Denn siehe, das Kind hüpfte in meinem Leibe und grüßte dich. Maria aber hatte die Geheimnisse, die der Erzengel Gabriel ihr mitgeteilt hatte, längst vergessen. Sie blickte zum Himmel und fragte: Wer bin ich, Herr, daß alle Geschlechter der Erde mich segnen? – Drei Monate blieb sie bei Elisabeth. Der Leib wurde Tag für Tag stärker. Und sie ging heim und verbarg sich vor den Kindern Israels. Maria war sechzehnjährig, als alle diese Geheimnisse geschahen.

Die Geburt des Johannes

auf die Niedrigkeit seiner Magd»;
denn siehe, von jetzt an werden mich
seligpreisen alle Geschlechter.
49 Denn Großes hat mir der Mächtige
und «heilig ist sein Name», [getan,
50 und «seine Barmherzigkeit währt
von Geschlecht zu Geschlecht
über die, welche ihn fürchten».
51 Er hat Macht geübt mit seinem Arm;
«er hat zerstreut, die hochmütig sind»
in ihres Herzens Sinn;
52 er hat Gewaltige
von den Thronen gestoßen
und Niedrige erhöht.
53 «Hungrige hat er mit Gütern erfüllt»
und Reiche leer hinweggeschickt.
54 Er hat sich Israels, seines Knechtes,
angenommen,
zu gedenken der Barmherzigkeit,
55 wie er geredet hat zu unsern Vätern,
gegenüber Abraham und seiner
Nachkommenschaft in Ewigkeit.
56 Maria aber blieb gegen drei Monate
bei ihr und kehrte [dann] nach Hause
zurück.

45: 11, 27. 28; Heb. 11, 11; Joh. 20, 29 / 46—55:
1. Sam. 2, 1–10 / 47: Hab. 3, 18 / 48: Ps. 113, 6. 7 /
49: Ps. 126, 3; 111, 9 / 50: Ps. 103, 13, 17 / 51: Ps. 89,
11; 2. Sam. 22, 28; Jes. 51, 9; 1. Pet. 5, 5 / 52: Ps.
147, 6; Hiob 5, 11 / 53: Ps. 107, 9 / 54: Jes. 41, 8; Ps.
98, 3 / 55: 1. Mos. 17, 7; 18, 18; 22, 17.

Luk. 1, 57—66

57 Für Elisabeth aber erfüllte sich die Zeit,
daß sie gebären sollte, und sie gebar einen
Sohn. 58 Und ihre Nachbarn und Ver=
wandten hörten, daß der Herr seine Barm=
herzigkeit an ihr groß gemacht hatte, und
freuten sich mit ihr.
59 Und es begab sich am achten Tage, daß
sie kamen, um das Kindlein zu beschnei=
den; und sie wollten es nach dem Namen
seines Vaters Zacharias nennen. 60 Da be=
gann seine Mutter und sagte: Nein, son=
dern er soll Johannes heißen. 61 Und sie
sagten zu ihr: Es ist niemand in deiner
Verwandtschaft, der diesen Namen trägt.
62 Sie winkten aber seinem Vater, wie er
wolle, daß er heißen sollte. 63 Und er for=
derte ein Schreibtäfelchen und schrieb die
Worte: Johannes ist sein Name. Und sie
verwunderten sich alle. 64 Sofort aber tat
sich sein Mund auf, und seine Zunge
[löste sich], und er redete und pries Gott.
65 Und es kam Furcht über alle, die in
ihrer Nähe wohnten, und durch das ganze

Lobgesang des Zacharias

Bergland von Judäa hin wurden alle diese
Dinge erzählt. 66 Und alle, die es hörten,
nahmen es sich zu Herzen und sagten:
Was wird wohl aus diesem Kindlein wer=
den? Denn die Hand des Herrn war mit
ihm.

59: 1. Mos. 17, 12; 3. Mos. 12, 3.

Luk. 1, 67–80

67 Und sein Vater Zacharias wurde mit
dem heiligen Geist erfüllt und sprach aus
Eingebung:

68 «Gepriesen sei der Herr,
    der Gott Israels»;
  denn er hat sich seines Volkes ange=
    nommen und ihm Erlösung bereitet
69 und hat uns aufgerichtet
    ein Horn[1]) des Heils
  in dem Hause Davids, seines Knechtes,
70 wie er geredet hat durch den Mund
    seiner heiligen, von Ewigkeit her
    ausgesandten Propheten:
71 Errettung von unsern Feinden und
    aus der Hand aller, die uns hassen,
72 Barmherzigkeit zu erweisen
    unsern Vätern
  und zu gedenken
    seines heiligen Bundes,
73 des Eides, den er Abraham,
    unsrem Vater, geschworen hat,
  uns zu verleihen, 74 daß wir,
  erlöst aus der Hand unsrer Feinde,
  ohne Furcht ihm dienen
75 in Heiligkeit und Gerechtigkeit
  vor ihm alle unsre Tage.
76 Aber auch du, Kindlein,
    wirst ein Prophet des Höchsten
    genannt werden;
  denn du wirst vor dem Herrn
    her gehen, seine Wege zu bereiten,
77 um Erkenntnis des Heils zu geben
    seinem Volk
  in Vergebung ihrer Sünden,
78 wegen der mitleidsvollen
    Barmherzigkeit unsres Gottes,
  womit auf uns strahlen wird[2])
    der Aufgang aus der Höhe,
79 zu leuchten denen, die in Finsternis
    und Todesschatten sitzen,
  zu leiten unsre Füße
    auf den Weg des Friedens.
80 Das Kindlein aber wuchs und wurde

Die Geburt Jesu

Mat. 1, 18—25 (vgl. S. 2)

18 Mit der Geburt Jesu Christi aber ver=
hielt es sich so: Als seine Mutter Maria
mit Joseph verlobt war, fand es sich, ehe
sie zusammengekommen waren, daß sie
vom heiligen Geiste schwanger war. 19 Weil
indessen Joseph, ihr Mann, rechtschaffen
war und sie [doch] nicht in Schande brin=
gen wollte, gedachte er sie heimlich zu ent=
lassen. 20 Doch als er dies im Sinn hatte,
siehe, da erschien ihm ein Engel des Herrn
im Traum, der sprach: Joseph, Sohn Da=
vids, scheue dich nicht, Maria, dein Weib,
zu dir zu nehmen; denn was in ihr ge=
zeugt ist, das ist vom heiligen Geiste.
21 Sie wird aber einen Sohn gebären, und
du sollst ihm den Namen Jesus geben,
denn er wird sein Volk erretten von ihren
Sünden. 22 Dies alles jedoch ist geschehen,
damit erfüllt würde, was vom Herrn durch
den Propheten gesprochen worden ist,
welcher sagt: 23 «Siehe, die Jungfrau wird
schwanger werden und einen Sohn ge=
bären, und man wird ihm den Namen Im=
manuel geben», was übersetzt heißt:
«Gott mit uns.» 24 Als aber Joseph vom
Schlaf erwacht war, tat er, wie ihm der
Engel des Herrn befohlen hatte, und
nahm sein Weib zu sich. 25 Und er er=
kannte sie nicht, bis sie einen Sohn ge=
boren hatte; und er gab ihm den Namen
Jesus.

Die Anbetung des Kindes

Mat. 2, 1—12 (vgl. S. 3)

1 Als aber Jesus in den Tagen des Königs
Herodes zu Bethlehem in Judäa geboren
war, siehe, da kamen Weise aus dem
Morgenland nach Jerusalem, 2 die sagten:
Wo ist der neugeborne König der Juden?
Wir haben nämlich seinen Stern im Mor=

stark im Geist und war in der Einöde bis
zum Tage seines Auftretens vor Israel.

68: Ps. 111, 9; Luk 7, 16 / 69: 1. Sam. 2, 10; Ps. 18, 3;
132, 17 / 70: Apg. 3, 21. 24 / 71: Ps. 106, 10 / 72: Ps.
105, 8; 106, 45; 1. Mos. 17, 7; 3. Mos. 26, 42 / 73: 1.
Mos. 22, 16. 17 / 74: Gal. 1, 4; Heb. 2, 15; 9, 14 / 75:
Eph. 4, 24; Tit. 2, 11–14 / 76: Mal. 3, 1; Luk. 1, 17;
Mat. 3, 3 / 77: Jer. 31, 34 / 78: Mal. 4, 2; Jes. 60, 1. 2
/ 79: Jes. 9, 2; 42, 7; 49, 6; 58, 8; Mat. 4, 16 / 80: 2,
40; 3, 2; Mat. 3, 1.

¹) 1, 69. «Horn» ist im Alten Testament ein
Sinnbild der Stärke.

²) 1, 78: Nach vielen Textzeugen: «gestrahlt hat».

Luk. 2, 1—7

1 Es begab sich aber in jenen Tagen, daß
vom Kaiser Augustus ein Befehl erging,
daß der ganze Erdkreis sich einschätzen
lassen sollte. 2 Diese Schätzung war die
erste und geschah, als Quirinius Statthal=
ter in Syrien war. 3 Und es machten sich
alle auf, um sich einschätzen zu lassen,
ein jeder in seine Stadt. 4 Aber auch Jo=
seph ging von Galiläa aus der Stadt Na=
zareth hinauf nach Judäa in die Stadt
Davids, welche Bethlehem heißt, weil er
aus dem Hause und Geschlechte Davids
war, 5 um sich mit Maria, seiner Verlob=
ten, die schwanger war, einschätzen zu
lassen. 6 Es begab sich aber, während sie
dort waren, da vollendeten sich die Tage,
daß sie gebären sollte. 7 Und sie gebar
ihren ersten Sohn und wickelte ihn in
Windeln und legte ihn in eine Krippe,
weil sie in der Herberge keinen Platz
fanden.

4: 1. Sam. 17,12; Mi. 5, 2.

Luk. 2, 8—20

Joh. 7, 41—42

8 Und es waren Hirten in derselben Ge=
gend auf dem Felde, die hielten Nacht=
wache über ihre Herde. 9 Da trat ein En=
gel des Herrn zu ihnen, und Lichtglanz
des Herrn umleuchtete sie, und sie fürch=
teten sich sehr. 10 Und der Engel sprach

genland gesehen und sind gekommen, ihm
zu huldigen. ₃ Als jedoch der König He=
rodes das hörte, erschrak er und ganz Je=
rusalem mit ihm. ₄ Und er ließ alle Hohen=
priester und Schriftgelehrten des Volkes
zusammenrufen und erfragte von ihnen,
wo der Christus geboren werden sollte.
₅ Die aber sagten ihm: Zu Bethlehem in
Judäa; denn so steht es durch den Pro=
pheten geschrieben:
₆ «Und du, Bethlehem» im Lande Judas,
  bist keineswegs «die kleinste unter den
  Fürstenstädten Judas; denn aus dir wird
  ein Herrscher hervorgehen, der mein Volk
  Israel weiden wird.»
₇ Da berief Herodes heimlich die Weisen
und erkundigte sich bei ihnen genau nach
der Zeit, wann der Stern erschienen sei,
₈ und sandte sie nach Bethlehem und sagte:
Ziehet hin und forschet genau nach dem
Kindlein! Wenn ihr es aber gefunden
habt, so meldet es mir, damit auch ich
komme und ihm huldige. ₉ Und nachdem
sie den König angehört hatten, zogen sie
hin. Und siehe, der Stern, den sie im Mor=
genland gesehen hatten, ging vor ihnen
her, bis er über dem Orte stillstand, wo
das Kindlein war. ₁₀ Als sie aber den Stern
sahen, wurden sie sehr hoch erfreut ₁₁ und
gingen in das Haus hinein und sahen das
Kindlein mit Maria, seiner Mutter. Und
sie warfen sich nieder, huldigten ihm,
taten ihre Schätze auf und brachten ihm
Gaben dar, Gold und Weihrauch und
Myrrhe. ₁₂ Und da sie im Traum die Wei=
sung empfingen, nicht zu Herodes zurück=
zukehren, zogen sie auf einem andern
Weg in ihr Land zurück.

Die Beschneidung Jesu. Seine Darstellung im Tempel

zu ihnen: Fürchtet euch nicht! Denn siehe, ich verkündige euch große Freude, die allem Volke widerfahren wird; 11 denn euch ist heute der Heiland geboren, wel= cher der Christus ist, der Herr¹), in der Stadt Davids. 12 Und das sei euch das Zeichen: Ihr werdet ein Kind finden, in Windeln gewickelt und in einer Krippe liegend. 13 Und auf einmal war bei dem Engel die Menge des himmlischen Heeres, die lobten Gott und sprachen:
14 Ehre sei Gott in den Höhen
und Friede auf Erden
unter den Menschen,
an denen Gott Wohlgefallen hat.²)
15 Und es begab sich, als die Engel von ihnen gen Himmel gefahren waren, da sprachen die Hirten zueinander: Lasset uns doch nach Bethlehem hingehen und diese Sache sehen, die geschehen ist und die der Herr uns kundgetan hat. 16 Und sie gingen eilends und fanden Maria und Joseph und das Kind in der Krippe lie= gend. 17 Als sie es aber gesehen hatten, machten sie das Wort kund, das ihnen über dieses Kind gesagt worden war. 18 Und alle, die es hörten, verwunderten sich über das, was ihnen von den Hirten gesagt wurde. 19 Maria aber behielt alle diese Worte und erwog sie in ihrem Her= zen. 20 Und die Hirten kehrten zurück und priesen und lobten Gott für alles, was sie gehört und gesehen hatten, wie es ihnen gesagt worden war.

10: Jes. 9, 3; 49, 6 / 11: Jes. 9, 6 / 13: Dan. 7, 10.

¹) 2, 11. Als ursprüngliche Lesart statt «der Chri= stus, der Herr» hat man vermutet: «der Gesalbte des Herrn» (wie Vers 26).
²) 2, 14. Wörtlich: «unter den Menschen des Wohlgefallens». Viele alte Textzeugen haben
«Ehre sei Gott in den Höhen
und Friede auf Erden,
an den Menschen ein Wohlgefallen.»

41 *Andre sagten: Dieser ist der Christus. Noch andre sagten: Kommt denn der Christus aus Galiläa?* 42 *Hat nicht die Schrift gesagt, daß der Christus aus der Nachkommenschaft Davids und aus Beth= lehem kommt, dem Dorfe, wo David war?*

Luk. 2, 21—40

21 Und als acht Tage vollendet waren, nach denen man ihn beschneiden mußte, da wurde ihm der Name Jesus gegeben, der von dem Engel genannt worden war, ehe er im Mutterleib empfangen wurde. 22 Und als die Tage ihrer Reinigung nach dem Gesetz des Mose vollendet waren, brachten sie ihn nach Jerusalem, um ihn dem Herrn darzustellen — 23 wie im Ge= setz des Herrn geschrieben steht:
«Alle männliche Erstgeburt soll dem Herrn geheiligt heißen» —

24 und um ein Opfer zu bringen nach der
Bestimmung im Gesetz des Herrn:
«ein Paar Turteltauben oder zwei junge
Tauben».

25 Und siehe, es war in Jerusalem ein
Mann namens Simeon, und dieser Mann
war gerecht und gottesfürchtig und war=
tete auf den Trost Israels, und der hei=
lige Geist war auf ihm. 26 Und er hatte
vom heiligen Geist die Zusage empfan=
gen, daß er den Tod nicht sehen werde,
bevor er den Gesalbten des Herrn ge=
sehen hätte. 27 Und er kam, erfüllt vom
Geist, in den Tempel. Und als die Eltern
das Kindlein Jesus hereinbrachten, um
mit ihm nach der Gewohnheit des Ge=
setzes zu tun, 28 da nahm er es auf die
Arme und pries Gott und sprach:

29 Jetzt lässest du deinen Knecht, o Herr,
nach deinem Wort
in Frieden dahingehen;
30 denn meine Augen
haben dein Heil gesehen,
31 das du im Angesicht aller Völker
bereitet hast,
32 ein Licht zur Erleuchtung der Heiden
und zur Verherrlichung
deines Volkes Israel.

33 Und sein Vater und seine Mutter ver=
wunderten sich über das, was über ihn
gesagt wurde. 34 Und Simeon segnete sie
und sprach zu Maria, seiner Mutter: Siehe,
dieser ist gesetzt zum Fall und zum Auf=
stehen vieler in Israel und zu einem Zei=
chen, dem widersprochen wird — 35 aber
auch dir selbst wird ein Schwert durch die
Seele dringen — damit aus vielen Herzen
die Gedanken offenbar werden.

36 Und es war eine Prophetin Hanna, eine
Tochter Phanuels aus dem Stamm Asser,
die war hochbetagt, nachdem sie nach
ihrer Jungfrauenschaft [nur] sieben Jahre
mit ihrem Mann gelebt hatte, 37 und war
Witwe bis zum Alter von 84 Jahren; die
wich nicht vom Tempel und diente Gott
mit Fasten und Beten Tag und Nacht.
38 Und zu ebendieser Stunde trat sie hin=
zu und pries Gott und redete von ihm zu
allen, die auf die Erlösung Israels[1]) war=
teten. 39 Und nachdem sie alles nach dem
Gesetz des Herrn vollbracht hatten, kehr=
ten sie zurück nach Galiläa in ihre Stadt
Nazareth.
40 Das Kindlein aber wuchs und wurde
stark, indem es mit Weisheit erfüllt wurde,
und die Gnade Gottes war auf ihm.

21: 1, 31; 3. Mos. 12, 3; Gal. 4, 4 / 22: 3. Mos. 12 /
23: 2. Mos. 13, 2. 12—15 / 24: 3. Mos. 12, 8 / 25:
Jes. 40, 1; 49, 13; Ps. 119, 166 / 29: 1. Mos. 46, 30 /
30: Jes. 40, 5; 3, 6 / 31: Jes. 52, 10 / 32: Jes. 42, 6;
49, 6; Apg. 13, 47 / 34:Jes. 8, 14; Apg. 28, 22; Röm. 9,
33; 1. Kor. 1, 23 / 35: Joh. 19, 25 / 37: 1. Tim. 5, 5 /
38: 24, 21 / 39: Mat. 2, 19—23 / 40: 1, 80.

1) 2, 38. Die meisten alten Textzeugen haben:
«Jerusalem». Die in den griechischen Handschrif=
ten für «Israel» und für «Jerusalem» gebrauchten
Abkürzungen konnten leicht verwechselt werden.

Der zwölfjährige Jesus im Tempel

Luk. 2, 41—52

41 Und seine Eltern zogen jährlich am Passafest nach Jerusalem. 42 Und als er zwölf Jahre alt geworden war, gingen sie nach der Gewohnheit des Festes hinauf. 43 Und als sie die Tage vollendet hatten und wieder heimkehrten, blieb der Knabe Jesus in Jerusalem; und seine Eltern wuß= ten es nicht. 44 Weil sie aber meinten, er sei unter der Reisegesellschaft, zogen sie eine Tagereise weit und suchten ihn unter den Verwandten und Bekannten. 45 Und da sie ihn nicht fanden, kehrten sie nach Jerusalem zurück und suchten ihn. 46 Und es begab sich, nach drei Tagen fanden sie ihn im Tempel, wie er mitten unter den Lehrern saß, ihnen zuhörte und sie fragte. 47 Es erstaunten aber alle, die ihn hörten, über seine Einsicht und seine Antworten. 48 Und als sie ihn sahen, wurden sie be= stürzt, und seine Mutter sagte zu ihm: Kind, warum hast du uns das getan? Sie= he, dein Vater und ich suchen dich mit Schmerzen. 49 Und er sprach zu ihnen: Wa= rum habt ihr mich gesucht? Wußtet ihr nicht, daß ich sein muß in dem, was mei= nes Vaters ist? 50 Und sie verstanden das Wort nicht, das er zu ihnen sagte. 51 Und er ging mit ihnen hinab und kam nach Nazareth und war ihnen untertan. Und seine Mutter behielt alle die Worte in ihrem Herzen. 52 Und Jesus nahm zu an Weisheit und Alter und Gnade bei Gott und Menschen.

41: 2. Mos. 23, 14—17 / 47: Joh. 7, 15 / 49: Ps. 26, 8; 27, 4 / 50: 18, 34 / 51: 2, 19 / 52: 1. Sam. 2, 26.

Zu Luk. 2, 41—52 Kindheitsevangelium des Thomas 19, 1—5: Als er zwölf Jahre alt geworden war, gingen seine Eltern nach der Gewohnheit nach Jerusalem zum Passafest mit der Reisegesellschaft. Nach dem Passa kehrten sie nach Hause zurück. Auf dem Heimweg aber ging der kleine Jesus nach Jerusalem zu= rück. Seine Eltern aber meinten, er sei unter der Reisegesellschaft. Als sie eine Tagereise weit gezogen waren, suchten sie ihn unter ihren Verwandten. Und da sie ihn nicht fanden, kehrten sie nach der Stadt zurück und suchten ihn. Nach drei Tagen fanden sie ihn im Tempel, wie er mitten unter den Lehrern saß, das Gesetz anhörte und sie fragte. Es achteten aber alle auf ihn und erstaunten, wie ein so junger Knabe die Ältesten und Lehrer des Volkes zum Schweigen brachte, indem er ihnen die Hauptpunkte des Geset= zes und die Prophetensprüche auslegte. Seine Mutter trat zu ihm und sprach: Kind, warum hast du uns das angetan? Wir haben dich mit Schmerzen gesucht. Jesus sprach zu ihnen: Warum habt ihr mich ge= sucht? Wußtet ihr nicht, daß ich sein muß in dem, was meines Vaters ist? Die Schriftgelehrten und Pha= risäer fragten: Bist du die Mutter dieses Kindes? Sie antwortete: Ich bin es! Da segneten sie Maria: Selig bist du unter den Frauen, denn Gott hat die Frucht deines Leibes gesegnet. Solche Herrlichkeit, Tugend und Weisheit haben wir noch nie gesehen oder gehört. Jesus stand auf, folgte seiner Mutter und war seinen Eltern untertan. Seine Mutter behielt alles Geschehene bei sich. Und Jesus nahm zu an Weisheit und Alter und Gnade.

II. HAUPTTEIL

A. Jesus in Galiläa (Mat. 3–18; Mark. 1–9; Luk. 3, 1–9, 50)

1. Johannes der Täufer

Mat. 3, 1–6

Mark. 1, 1–6

1 Anfang des Evangeliums von Jesus Christus.

1 In jenen Tagen aber

trat Johannes der Täufer auf und predigte in der Wüste von Judäa:

2 Tut Buße! denn das Reich der Himmel ist genaht. 3 Dieser nämlich ist's, über den durch den Propheten Jesaja gesprochen worden ist, welcher sagt: «[Es erschallt] die Stimme eines Rufers in der Wüste: Bereitet den Weg des Herrn, machet seine Straßen gerade!»

2 Wie geschrieben steht beim Propheten Jesaja: «Siehe, ich sende meinen Boten vor deinem Angesicht her, der deinen Weg bereiten wird»; 3 «[es erschallt] die Stimme eines Rufers in der Wüste: Bereitet den Weg des Herrn, machet seine Straßen gerade»,

4 Er aber, Johannes, hatte ein Kleid von Kamelhaaren und um seine Lenden einen ledernen Gürtel; seine Speise aber waren Heuschrecken und wilder Honig. 5 Da zog Jerusalem und ganz Judäa und die ganze Landschaft am Jordanfluß zu ihm hinaus, 6 und sie ließen sich von ihm im Jordan taufen, indem sie ihre Sünden bekannten.

4 [so] taufte Johannes in der Wüste und predigte, man solle sich taufen lassen auf Grund der Buße zur Vergebung der Sünden. 5 Und das ganze jüdische Land zog zu ihm hinaus und alle Bewohner von Jerusalem, und sie ließen sich von ihm im Jordanfluß taufen, indem sie ihre Sünden bekannten. 6 Und Johannes war bekleidet mit [einem Gewand aus] Kamelhaaren und um seine Lenden mit einem ledernen Gürtel, und er aß Heuschrecken und wilden Honig.

1: Luk. 1, 13 / 2: 4, 17 / 3 par.: Jes. 40, 3 / 4 par.: 2. Kön. 1, 8; 3. Mos. 11, 21. 22; Luk. 1, 15 / 5: 11, 7–10 / 6 par.: Apg. 19, 3. 4.

2: Mal. 3, 1; 2. Mos. 23, 20; Mat. 11, 10; Luk. 7, 27.

Zu Mat. 3, 1 par. Ebionäerevangelium (Epiphanius, Haer. 30, 13, 4 ff): Es geschah in den Tagen des Herodes, des Königs Judäas, zur Zeit des Hohenpriesters Kaiaphas, da kam einer, Johannes genannt, und taufte mit der Taufe zur Buße im Flusse Jordan. Es hieß, er sei aus dem Geschlecht des Priesters Aaron, ein Sohn des Zacharias und Elisabeths. Und alle zogen zu ihm hinaus.
Zu Mat. 3, 4–5 par.: Es geschah, daß Johannes taufte. Und es zogen zu ihm Pharisäer hinaus und wurden getauft und ganz Jerusalem. Und Johannes hatte ein Kleid aus Kamelhaar und um seine Hüfte einen Gürtel aus Leder. Und seine Speise war wilder Honig, der wie Manna schmeckte, wie Kuchen in Öl. — So wollten sie das Wort der Wahrheit in Lüge verkehren und an Stelle der Heuschrecken ,Kuchen' setzen.

[15]

Luk. 3, 1—6   *Joh. 1, 6. 23*

1 Im fünfzehnten Jahr der Regierung des
Kaisers Tiberius aber, als Pontius Pilatus
Statthalter von Judäa war und Herodes
Fürst von Galiläa, sein Bruder Philippus
aber Fürst der Landschaft Ituräa und Tra=
chonitis und Lysanias Fürst von Abilene,
2 unter dem Hohenpriester Hannas und   *6 Es trat ein Mensch auf, von Gott gesandt,*
Kajaphas, da erging das Wort Gottes an   *mit Namen Johannes.*
Johannes, den Sohn des Zacharias, in der
Wüste. 3 Und er begab sich in die ganze
Landschaft am Jordan und predigte, man
solle sich taufen lassen auf Grund der Buße
zur Vergebung der Sünden, 4 wie im Buch
der Reden des Propheten Jesaja geschrie=   *23 Er sprach:*
ben steht: *Ich bin «die Stimme eines Rufers in der*
[Es erschallt] «die Stimme eines Rufers in   *Wüste: Machet den Weg des Herrn ge=*
der Wüste: Bereitet den Weg des Herrn,   *rade!»*
machet seine Straßen gerade! 5 Jedes Tal   *wie der Prophet Jesaja gesagt hat.*
soll ausgefüllt und jeder Berg und Hügel
niedrig gemacht werden, und das Krumme
soll zu geraden Wegen und die rauhen
sollen zu ebenen Wegen werden, 6 und
alles Fleisch soll das Heil Gottes sehen.»

1: Mat. 27, 2; 14, 1. 3 / 2: 1, 80; Joh. 18, 13 / 6: 2, 30.

2. Bußpredigt Johannes des Täufers

Mat. 3,7—10

7 Als er aber viele von den Pharisäern und Sadduzäern zur Taufe kommen sah, sprach er zu ihnen: Ihr Natterngezücht, wer hat euch unterwiesen, daß ihr dem zukünftigen Zorn entrinnen werdet? 8 Bringet darum Frucht, die der Buße gemäß ist, 9 und meinet nicht, bei euch selber sagen zu können: Wir haben Abraham zum Vater. Denn ich sage euch: Gott vermag dem Abraham aus diesen Steinen Kinder zu erwecken. 10 Schon ist aber die Axt den Bäumen an die Wurzel gelegt. Jeder Baum nun, der nicht gute Frucht bringt, wird umgehauen und ins Feuer geworfen.

7: 12, 34; 23, 33 / 8 par.: Apg. 26, 20 / 9: Joh. 8, 33–39; Röm. 2, 28. 29 / 10: 7, 19; Joh. 15, 6.

3. Die Standespredigt Johannes des Täufers

4. Die Messiaspredigt Johannes des Täufers

Mat. 3,11—12   Mark. 1,7—8

11 Ich taufe euch mit Wasser zur Buße; der aber nach mir kommt, ist stärker als ich, und ich bin nicht würdig, ihm die Schuhe zu tragen. Er wird euch mit heiligem Geist und mit Feuer taufen. 12 Er hat die Wurfschaufel in seiner Hand und wird seine Tenne fegen und seinen Weizen in die Scheune sammeln; die Spreu aber wird er mit unauslöschlichem Feuer verbrennen.

7 Und er predigte: Nach mir kommt der, welcher stärker ist als ich, und ich bin nicht würdig, mich zu bücken und ihm den Riemen seiner Schuhe zu lösen. 8 Ich habe euch mit Wasser getauft; er aber wird euch mit heiligem Geiste taufen.

11 par.: 11, 3; Apg. 13, 24. 25; 19, 4; 2, 3. 4 / 12: 13, 30.   8: Apg. 1, 5.

[16]

Luk. 3,7—9

7 Er sprach nun zu der Volksmenge, die hinausging, um sich von ihm taufen zu lassen: Ihr Natterngezücht, wer hat euch unterwiesen, daß ihr dem zukünftigen Zorn entrinnen werdet? 8 Bringet darum Früchte, die der Buße gemäß sind, und fanget nicht an, bei euch selber zu sagen: Wir haben Abraham zum Vater. Denn ich sage euch: Gott vermag dem Abraham aus diesen Steinen Kinder zu erwecken. 9 Schon ist aber auch die Axt den Bäumen an die Wurzel gelegt. Jeder Baum nun, der nicht gute Frucht bringt, wird umgehauen und ins Feuer geworfen.

Luk. 3,10—14

10 Und die Volksmenge fragte ihn: Was sollen wir nun tun? 11 Er antwortete und sprach zu ihnen: Wer zwei Röcke hat, gebe [einen] dem, der keinen hat; und wer Speise hat, tue ebenso! 12 Es kamen aber auch Zöllner, um sich taufen zu lassen, und sagten zu ihm: Meister, was sollen wir tun? 13 Er sprach zu ihnen: Fordert nicht mehr, als was euch verordnet ist! 14 Es fragten ihn aber auch Soldaten: Und was sollen w i r t u n? Und er sprach zu ihnen: Begehet gegen niemand Gewalttat noch Erpressung und begnügt euch mit eurem Solde!

10: Apg. 2, 37 / 11: Jak. 2, 15—17; 1. Joh. 3, 17 / 12: Mat. 21, 31. 32.

Luk. 3,15—18

15 Da aber das Volk in Erwartung stand und alle sich in ihren Herzen über Johannes Gedanken machten, ob er vielleicht der Christus sei, 16 begann Johannes und sprach zu allen: I c h taufe euch mit Wasser; es kommt aber der, welcher stärker ist als ich, und ich bin nicht würdig, ihm den Riemen seiner Schuhe zu lösen. Er wird euch mit heiligem Geist und mit Feuer taufen. 17 Er hat die Wurfschaufel in seiner Hand, um seine Tenne zu fegen und den Weizen in seine Scheune zu sammeln; die Spreu aber wird er mit unauslöschlichem Feuer verbrennen. 18 Indem er nun noch viele andre Mahnungen gab, verkündigte er dem Volke frohe Botschaft.

Joh. 1,24—28

(24 Und sie waren Gesandte aus den Pharisäern.) 25 Und sie fragten ihn und sagten zu ihm: Warum taufst du denn, wenn du nicht der Christus noch Elia, noch der Prophet bist? 26 Johannes antwortete ihnen: I c h taufe mit Wasser; mitten unter euch steht der, den ihr nicht kennt, 27 der nach mir kommt; und ich bin nicht würdig, ihm den Schuhriemen zu lösen 28 Dies geschah in Bethanien 1) jenseits des Jordan, wo Johannes taufte.

1) 1, 28. Einige alte Textzeugen haben hier: «Bethabara». Das im Text genannte Bethanien am Jordan ist zu unterscheiden von Bethanien am Ölberg.

5. Die Gefangennahme Johannes des Täufers

Mat. 14,3—4 (vgl. Nr. 108)

3 Herodes hatte nämlich den Johannes festnehmen, fesseln und ins Gefängnis setzen lassen wegen Herodias, der Frau seines Bruders Philippus. **4** Denn Johannes hatte zu ihm gesagt: Es ist dir nicht erlaubt, sie zu haben.

Mark. 6,17—18 (vgl. Nr. 108)

17 Er nämlich, Herodes, hatte hingesandt und Johannes festnehmen und ihn im Gefängnis fesseln lassen wegen Herodias, der Frau seines Bruders Philippus, weil er sie geheiratet hatte. **18** Denn Johannes hatte zu Herodes gesagt: Es ist dir nicht erlaubt, deines Bruders Frau zu haben.

6. Die Taufe Jesu

Mat. 3,13—17

13 Da kommt Jesus aus Galiläa an den Jordan zu Johannes, um sich von ihm taufen zu lassen. **14** Der aber wollte es ihm wehren und sagte: Ich habe nötig, mich von dir taufen zu lassen, und du kommst zu mir? **15** Doch Jesus antwortete und sprach zu ihm: Laß es jetzt zu; denn so gebührt es uns, alle Gerechtigkeit zu erfüllen. Da ließ er es ihm zu. **16** Als aber Jesus getauft worden war, stieg er alsbald aus dem Wasser; und siehe, die Himmel taten sich[1]) auf, und er sah den Geist Gottes wie eine Taube herabschweben und auf ihn kommen. **17** Und siehe, eine Stimme aus den Himmeln sprach: «Dies ist mein geliebter Sohn, an dem ich Wohlgefallen habe.»

17 par.: 17,5; Ps. 2,7; Jes. 42,1; Luk. 9,35; 2. Petr. 1,17.

[1]) 3,16. Einige alte Textzeugen: «ihm».

Mark. 1,9—11

9 Und es begab sich in jenen Tagen, daß Jesus aus Nazareth in Galiläa kam und sich von Johannes im Jordan taufen ließ. **10** Und sobald er aus dem Wasser stieg, sah er die Himmel sich öffnen und den Geist wie eine Taube auf sich herabschweben. **11** Und eine Stimme erscholl aus den Himmeln: «Du bist mein geliebter Sohn, an dir habe ich Wohlgefallen gefunden.»

9: Luk. 2, 51 / 11: 9,7.

Zu Mat. 3,13—17 par. Ebionäerevangelium (Epiphanius, Haer. 30,13,7—8): Und nachdem es (sc. das Ebionäerevangelium) vieles berichtet hat, fährt es fort: Als das Volk getauft war, kam auch Jesus und wurde von Johannes getauft. Und wie er aus dem Wasser emporstieg, öffneten sich die Himmel, und er sah den heiligen Geist in Gestalt einer Taube, die herabkam und in ihn einging. Und eine Stimme aus dem Himmel sprach: Du bist mein geliebter Sohn, an dir habe ich Wohlgefallen gefunden. Und wiederum: Heute habe ich dich gezeugt. Und sogleich umstrahlte den Ort ein großes Licht. Als Johannes das sah, heißt es, spricht er zu ihm: Wer bist du, Herr? Und wiederum (ertönte) eine Stimme aus dem Himmel zu ihm: Dies ist mein geliebter Sohn, an dem ich Wohlgefallen gefunden habe. Und da, heißt es, fiel Johannes vor ihm nieder und sprach: Herr, ich bitte dich, taufe du mich. Er aber wehrte ihm und sprach: Laß es zu, denn so gebührt es sich, daß alles erfüllt werde.

Zu Mat. 3,13—17 par. Nazaräerevangelium (Hieronymus, Pelag. III,2): Siehe da, die Mutter des Herrn und seine Brüder sagten zu ihm: Johannes der Täufer tauft zur Vergebung der Sünden: Laßt uns hingehen und uns von ihm taufen lassen. Er dagegen sagte zu ihnen: Was habe ich gesündigt, daß ich hingehe und mich von ihm taufen lasse? Es müßte denn das, was ich gesagt habe, Unkenntnis sein.

7. Der Stammbaum Jesu

Mat. 1,1—16 (vgl. S. 1)

1 Das Buch der Abstammung Jesu Christi, des Sohnes Davids, des Sohnes Abrahams. **2** Abraham zeugte den Isaak. Isaak zeugte den Jakob. Jakob zeugte den Juda und

Luk. 3, 19—20

19 Der Fürst Herodes aber, der von ihm
zurechtgewiesen wurde wegen Herodias,
der Frau seines Bruders, und wegen all
des Bösen, das Herodes getan hatte, 20 fügte
zu allem noch dies hinzu: Er ließ den Jo=
hannes ins Gefängnis einschließen.

Luk. 3, 21—22

21 Es begab sich aber, als alles Volk sich
taufen ließ

und auch Jesus getauft worden war und
betete, da tat sich der Himmel auf, 22 und
der heilige Geist schwebte in leiblicher
Gestalt wie eine Taube auf ihn herab,

und aus dem Himmel erscholl eine Stimme:
«Du bist mein geliebter Sohn, an dir habe
ich Wohlgefallen gefunden.»[1])

21: Ez. 1, 1.
[1]) 3, 22. Nach andern alten Textzeugen: «Mein
Sohn bist du, heute habe ich dich gezeugt.» (Vgl.
Ps. 2, 7; Ebionäerevangelium).

Joh. 1, 29—34

29 *Am folgenden Tage sieht er Jesus auf
sich zu kommen und sagt: Siehe, das Lamm
Gottes, das die Sünde der Welt hinweg=
nimmt!* 30 *Dieser ist's, von dem ich ge=
sagt habe: Nach mir kommt ein Mann,
der vor mir gewesen ist; denn er war als
Erster vor mir.* 31 *Und ich kannte ihn nicht;
aber damit er [dem Volk] Israel offenbar
würde, deshalb kam ich und taufte mit
Wasser.* 32 *Und Johannes bezeugte: Ich
habe den Geist wie eine Taube aus dem
Himmel herabschweben sehen, und er
blieb auf ihm.* 33 *Und ich kannte ihn nicht;
aber der mich sandte, mit Wasser zu tau=
fen, der sprach zu mir: Auf wen du den
Geist herabschweben und auf ihm blei=
ben siehst, der ist's, der mit heiligem Geist
tauft.* 34 *Und ich habe gesehen und be=
zeugt, daß dieser der Sohn Gottes ist.*

Zu Mat. 3, 16—17 par. Hebräerevangelium (Hieronymus, Kom. zu Jes. 11, 2): Ferner finden wir in dem
Evangelium, das wir eben erwähnt haben (sc. das Hebräerevangelium), folgendes geschrieben: Es geschah
aber, als der Herr aus dem Wasser herausgestiegen war, da stieg die ganze Quelle des heiligen Geistes
auf ihn herab und ruhte auf ihm und sprach zu ihm: Mein Sohn, in allen Propheten erwartete ich dich,
daß du kämest, und ich in dir ruhte. Denn du bist meine Ruhe, du bist mein erstgeborener Sohn, der du
in Ewigkeit herrschest.
Zu Mat. 3, 16—17 par. Ode Salomos 24, 1: Die Taube schwebte auf den Christus herab, weil er ihr Fürst
war. Sie sang über ihn, und ihre Stimme erschallte.

Luk. 3, 23—38

23 Und er, Jesus, war, als er auftrat, etwa
dreißig Jahre alt und war, wie man an=
nahm, ein Sohn des Joseph, der [war ein
Sohn] des Eli, 24 der des Matthat, der des

seine Brüder. ₃*Juda zeugte mit der Tha-*
mar den Perez und den Serah. Perez zeug-
te den Hezron. Hezron zeugte den Aram.
₄*Aram zeugte den Amminadab. Ammina-*
dab zeugte den Nahason. Nahason zeugte
den Salmon. ₅*Salmon zeugte mit der Ra-*
hab den Boas. Boas zeugte mit der Ruth
den Jobed. Jobed zeugte den Isai. ₆*Isai*
zeugte den König David. David zeugte
mit der Frau des Uria den Salomo. ₇*Salo-*
mo zeugte den Rehabeam. Rehabeam
zeugte den Abia. Abia zeugte den Asaph.
₈*Asaph zeugte den Josaphat. Josaphat*
zeugte den Joram. Joram zeugte den Usia.
₉*Usia zeugte den Joatham. Joatham zeug-*
te den Ahas. Ahas zeugte den Hiskia.
₁₀*Hiskia zeugte den Manasse. Manasse*
zeugte den Amos. Amos zeugte den Jo-
sia. ₁₁*Josia zeugte den Jechonja und des-*
sen Brüder zur Zeit der Wegführung nach
Babylon. ₁₂*Nach der Wegführung nach*
Babylon zeugte Jechonja den Sealthiel.
Sealthiel zeugte den Serubbabel. ₁₃*Serub-*
babel zeugte den Abihud. Abihud zeugte
den Eljakim. Eljakim zeugte den Asor.
₁₄*Asor zeugte den Zadok. Zadok zeugte*
den Achim. Achim zeugte den Elihud.
₁₅*Elihud zeugte den Eleasar. Eleasar zeug-*
te den Matthan. Matthan zeugte den Ja-
kob. ₁₆*Jakob zeugte den Joseph, den Mann*
der Maria, aus der Jesus gezeugt wurde,
der der Christus genannt wird.

Zu Luk. 3, 23 Ebionäerevangelium (Epiphanius, Haer. 30, 13, 2): Es trat ein gewisser Mann auf, mit Namen
Jesus, etwa 30 Jahre alt, . . . (Fortsetzung vgl. Nr. 11)

8. Die Versuchung Jesu

Mat. 4, 1—11

₁Dann wurde Jesus vom Geist in die
Wüste geführt, um vom Teufel versucht
zu werden. ₂Und als er vierzig Tage und
vierzig Nächte gefastet hatte, hungerte
ihn nachher. ₃Da trat der Versucher zu
ihm und sagte: Bist du Gottes Sohn, so
gebiete, daß diese Steine Brot werden!
₄Er aber antwortete und sprach: Es steht
geschrieben:

«Nicht vom Brot allein wird der Mensch
leben, sondern von jedem Wort, das
aus dem Munde Gottes hervorgeht.»

Mark. 1, 12—13

₁₂Und alsbald treibt ihn der Geist in die
Wüste hinaus. ₁₃Und er wurde in der Wüste vierzig Tage vom Satan versucht; und
er war bei den Tieren,

Levi, der des Melchi, der des Jannai, der
des Joseph, 25 der des Mattathias, der
des Amos, der des Nahum, der des Hesli,
der des Naggai, 26 der des Maath, der des
Mattathias, der des Semein, der des Jo=
sech, der des Joda, 27 der des Johanan, der
des Resa, der des Serubbabel, der des
Sealthiel, der des Neri, 28 der des Melchi,
der des Addi, der des Kosam, der des
Elmadam, der des Er, 29 der des Jesus, der
des Elieser, der des Jorim, der des Matthat,
der des Levi, 30 der des Simeon, der des
Juda, der des Joseph, der des Jonam, der
des Eljakim, 31 der des Melea, der des
Menna, der des Mattatha, der des Nathan,
der des David, 32 der des Isai, der des Jo=
bed[1]), der des Boas, der des Sala[1]), der
des Nahason, 33 der des Amminadab, der
des Admin, der des Arni[2]), der des Hez=
ron, der des Perez, der des Juda, 34 der des
Jakob, der des Isaak, der des Abraham,
der des Tharah, der des Nahor, 35 der des
Serug, der des Regu, der des Peleg, der
des Heber, der des Selah, 36 der des Kai=
nam[3]), der des Arpachsad, der des Sem,
der des Noah, der des Lamech, 37 der des
Methusalah, der des Henoch, der des Ja=
red, der des Mahalaleel, der des Kenan,
38 der des Enos, der des Seth, der des Adam,
der Gottes.

23: 4, 22; Mat. 13, 55 / 27: 1. Chr. 3, 17; Esra 3, 2 /
31: 1. Sam. 16, 13; 2. Sam. 5, 14 / 32: Ruth 4, 21. 22;
1. Sam. 16, 1 / 33: 1. Chr. 2, 1–12; 1. Mos. 29, 35 /
34: 1. Mos. 11, 10–26; 1. Chr. 1, 24–27 / 36: 1. Mos.
5, 3–32; 1. Chr. 1, 1–4 / 38. 1. Mos. 4, 25. 26; 5, 1–3

[1]) 3, 32. Im Alten Testament (1. Chr. 2, 11. 12;
Ruth 4, 20. 21): Obed, Salmon.

[2]) 3, 33. So nach den besten Textzeugen. Im
Alten Testament (1. Chr. 2, 9. 10; Ruth 4, 19) steht
statt Admin und Arni nur: Ram.

[3]) 3, 36. Kainam kommt nicht im Urtext, son=
dern nur in der griechischen Übersetzung des
Alten Testamentes (1. Mos. 10, 24; 11, 12. 13) vor.

Luk. 4, 1–13   *Joh. 1, 51*

1 Jesus aber kehrte voll des heiligen Gei=
stes vom Jordan zurück und wurde wäh=
rend vierzig Tagen, vom Geist geleitet,
in der Wüste umhergetrieben 2 und vom
Teufel versucht. Und er aß in jenen Ta=
gen nichts; und als sie zu Ende waren,
hungerte ihn. 3 Der Teufel aber sagte zu
ihm: Bist du Gottes Sohn, so gebiete die=
sem Stein, daß er Brot werde! 4 Und Jesus
antwortete ihm: Es steht geschrieben:
    «Nicht vom Brot allein wird der Mensch
    leben.»

5 Darauf nimmt ihn der Teufel mit in die heilige Stadt und stellt ihn auf die Zinne des Tempels 6 und sagt zu ihm: Bist du Gottes Sohn, so stürze dich hinab; denn es steht geschrieben:

«Er wird seinen Engeln deinethalben
Befehl geben, und sie werden dich
auf den Händen tragen, damit du deinen
Fuß nicht etwa an einen Stein stoßest.»

7 Jesus sprach zu ihm: Hinwiederum steht geschrieben:

«Du sollst den Herrn, deinen Gott, nicht
versuchen.»

8 Wiederum nimmt ihn der Teufel mit auf einen sehr hohen Berg und zeigt ihm alle Reiche der Welt und ihre Herrlich= keit 9 und sagt zu ihm: Dies alles will ich dir geben, wenn du dich niederwirfst und mich anbetest. 10 Da sagt Jesus zu ihm: Hinweg, Satan! Denn es steht geschrieben:

«Du sollst den Herrn, deinen Gott, an=
beten und ihm allein dienen.»

11 Da verläßt ihn der Teufel; und siehe, Engel traten herzu und dienten ihm.

und die Engel dienten ihm.

1: Heb. 4, 15 / 2: 2. Mos. 34, 28; 1. Kön. 19, 8 / 3: 1. Mos. 3, 1–7; Ps. 2, 7 / 4 par.: 5. Mos. 8, 3; Weish. 16, 26; Joh. 4, 34 / 6: Ps. 91, 11. 12 / 7: 5. Mos. 6, 16 / 8: Off. 21, 10; Mat. 16, 26 / 10: 5. Mos. 6, 13; Off. 22, 8. 9 / 11: Heb. 1, 6. 14.

9. Jesus tritt in Galiläa auf

Mat. 4, 12–17

12 Als er aber hörte, daß Johannes gefan= gengesetzt worden war, zog er nach Gali= läa zurück. 13 Und er verließ Nazareth und kam nach Kapernaum, das am See im Ge= biet von Sebulon und Naphthali liegt, und nahm [dort] Wohnung, 14 damit erfüllt würde, was durch den Propheten Jesaja gesprochen worden ist, welcher sagt:

Mark. 1, 14–15

14 Und nachdem Johannes gefangengesetzt worden war, kam Jesus nach Galiläa,

[19]

₅ Dann führte er ihn empor und zeigte ihm alle Reiche des Erdkreises in einem Augen= blick. ₆ Und der Teufel sagte zu ihm: Dir will ich alle diese ihre Macht und Herr= lichkeit geben; denn mir ist sie überge= ben, und ich gebe sie, wem ich will. ₇ Wenn nun du mich anbetest, soll das alles dein sein. ₈ Und Jesus antwortete und sprach zu ihm: Es steht geschrieben:

«Du sollst den Herrn, deinen Gott, an= beten und ihm allein dienen.»

₉ Darauf führte er ihn nach Jerusalem, stellte ihn auf die Zinne des Tempels und sagte zu ihm: Bist du Gottes Sohn, so stürze dich von hier hinab! ₁₀ denn es steht geschrieben:

«Er wird seinen Engeln deinethalben Be= fehl geben, dich zu bewahren,

₁₁ und sie werden dich auf den Hän= den tragen, damit du deinen Fuß nicht etwa an einen Stein stoßest.»

₁₂ Da antwortete Jesus und sprach zu ihm: Es ist gesagt:

«Du sollst den Herrn, deinen Gott, nicht versuchen.»

₁₃ Und nachdem der Teufel alle Versuchung vollendet hatte, stand er von ihm ab bis zu gelegener Zeit.

6: 1. Joh. 2, 15—17 / 8: 5. Mos. 6, 13 / 10 u. 11: Ps. 91, 11. 12 / 12: 5. Mos. 6, 16 / 13: Heb. 4, 15.

₅₁ *Und er sagt zu ihm: Wahrlich, wahrlich ich sage euch: Ihr werdet den Himmel offen und «die Engel Gottes auf und nie= der steigen» sehen auf den Sohn des Men= schen.*

Luk. 4, 14—15

₁₄ Da kehrte Jesus in der Kraft des Geistes nach Galiläa zurück;

Joh. 4, 1—3; 2, 12

₁ *Als nun Jesus erfuhr, daß die Pharisäer gehört hatten, er mache und taufe mehr Jünger als Johannes — ₂ jedoch taufte Je= sus nicht selbst, sondern seine Jünger — ₃ verließ er Judäa und zog wieder nach Galiläa.*

₂,₁₂ *Darnach zog er hinab nach Kaper= naum, er und seine Mutter und seine Brü=*

₁₅ «Das Land Sebulon und das Land Naphthali gegen den See hin, jenseits des Jordan, das Galiläa der Heiden, ₁₆ das Volk,
das in der Finsternis saß, hat ein großes
Licht gesehen, und die im Lande und
Schatten des Todes saßen, denen ist ein
Licht aufgegangen.»
₁₇ Von da an begann Jesus zu predigen:
Tut Buße, denn das Reich der Himmel ist
genaht.

predigte das Evangelium Gottes ₁₅ und
sprach: Die Zeit ist erfüllt, und das Reich
Gottes ist genaht; tut Buße und glaubet
an das Evangelium!

12: 14,13 / 14: Joh. 7,52 / 15: Jes. 9,1.2 / 16: Luk.
1,78.79 / 17: 3,2 / 20: 19,27.

14: 6,17 / 15: Dan. 7,22; Gal. 4,4.

10. Jesus lehrt in Nazareth

Mat. 13,54—58 (vgl. Nr. 105)
₅₄ *Und als er in seine Vaterstadt kam,*

Mark. 6,1—6a (vgl. Nr. 105)
₁ *Und er ging von dort weg und kam in
seine Vaterstadt, und seine Jünger folgten ihm nach.* ₂ *Und als es Sabbat war,
fing er an, in der Synagoge zu lehren.*

lehrte er sie in ihrer Synagoge,

*so daß sie erstaunten
und sagten: Woher hat er diese Weisheit
und die Wunderkräfte?* ₅₅ *Ist dieser nicht
des Zimmermanns Sohn? Heißt nicht
seine Mutter Maria und seine Brüder
Jakobus und Joseph¹) und Simon und Judas,* ₅₆ *und sind nicht seine Schwestern
alle bei uns? Woher hat der nun dies
alles?* ₅₇ *Und sie nahmen Anstoß an ihm.*

*Und die Menge, die zuhörte, erstaunte
und sagte: Woher hat der das, und was
ist das für eine Weisheit, die ihm gegeben ist? Und solche machtvolle Taten geschehen durch seine Hände?* ₃ *Ist dieser
nicht der Zimmermann, der Sohn der Maria und der Bruder des Jakobus und Joses
und Judas und Simon, und sind nicht
seine Schwestern hier bei uns? Und sie
nahmen Anstoß an ihm.*

*Jesus aber sprach zu ihnen: Ein Prophet
ist nirgends verachtet außer in seiner Va-*

₄ *Da sprach Jesus zu ihnen: Ein Prophet ist
nirgends verachtet außer in seiner Vater-*

der und seine Jünger, und sie blieben nicht viele Tage dort.

und die Kunde von ihm verbreitete sich in der ganzen umliegenden Landschaft. 15 Und er lehrte in ihren Synagogen, von allen gepriesen.

Luk. 4, 16—30

16 Und er kam nach Nazareth, wo er erzogen worden war, und ging nach seiner Gewohnheit am Sabbattag in die Synagoge und stand auf, um vorzulesen. 17 Und es wurde ihm das Buch des Propheten Jesaja gegeben; und als er das Buch auftat, fand er die Stelle, wo geschrieben stand:

18 «Der Geist des Herrn ruht auf mir, weil er mich gesalbt hat; er hat mich gesandt, den Armen frohe Botschaft zu bringen, den Gefangenen Befreiung zu verkündigen und den Blinden das Augenlicht», «die Zerschlagenen zu befreien und zu entlassen», 19 «ein angenehmes Jahr des Herrn zu verkündigen.»

20 Und als er das Buch zugetan hatte, gab er es dem Diener wieder und setzte sich, und aller Augen in der Synagoge waren auf ihn gerichtet. 21 Er begann aber damit, ihnen zu sagen: Heute ist dieses Schriftwort erfüllt vor euren Ohren. 22 Und alle gaben ihm Zeugnis und verwunderten sich über die Worte voll Anmut, die aus seinem Munde kamen, und sagten:

Ist dieser nicht der Sohn Josephs?

23 Und er sprach zu ihnen: Jedenfalls werdet ihr mir dieses Sprichwort sagen: Arzt, heile dich selbst! So große Dinge in Kapernaum geschehen sind, wie wir gehört haben — [so große] tue auch hier in deiner Vaterstadt! 24 Er sprach aber: Wahrlich, ich sage euch: Kein Prophet ist gut aufgenommen in seiner Vaterstadt.

Joh. 7, 15; 6, 42; 4, 44; 10, 39

7, 15 Die Juden nun verwunderten sich und sagten: Wieso kennt dieser die Schriften, da er doch ein Ungelehrter ist? 6, 42 ... und sagten: Ist das nicht Jesus, der Sohn Josephs, dessen Vater und Mutter wir kennen? Wie kann er jetzt sagen: Ich bin aus dem Himmel herabgekommen?

4, 44 Denn Jesus selbst bezeugte, daß ein Prophet in seinem eignen Vaterlande kein Ansehen genießt.

[20]

terstadt und in seinem Hause. 58 *Und er vollbrachte dort nicht viele Machttaten um ihres Unglaubens willen.*

stadt und bei seinen Verwandten und in seinem Hause. 5 *Und er konnte dort keine Machttat vollbringen, außer daß er weni= gen Kranken die Hände auflegte und sie heilte;* 6 *und er verwunderte sich wegen ihres Unglaubens.*

¹) 13, 55. Nach anderer alter Bezeugung: «Joses»; vgl. Mark. 6, 3.

Zu Luk. 4, 24 Thomasevangelium Logion 31: Jesus hat gesagt: Es gibt keinen Propheten, der in seinem Dorf aufgenommen wird. Ein Arzt pflegt die, die ihn kennen, nicht zu heilen.

11. Jesus beruft die ersten Jünger

Mat. 4, 18—22

18 Als er aber am galiläischen See hin= wandelte, sah er zwei Brüder, Simon, ge= nannt Petrus, und seinen Bruder Andreas, das Netz in den See auswerfen; sie waren nämlich Fischer. 19 Und er sagte zu ihnen: Kommet her, [folget] mir nach, und ich will euch zu Menschenfischern machen. 20 Da verließen sie alsbald die Netze und folgten ihm nach. 21 Und als er von da weiterging, sah er zwei andre Brüder, Ja= kobus, den Sohn des Zebedäus, und sei= nen Bruder Johannes, mit ihrem Vater Zebedäus im Schiff ihre Netze ausbes= sern; und er rief sie zu sich. 22 Da ver= ließen sie alsbald das Schiff und ihren Vater und folgten ihm nach.

Mark. 1, 16—20

16 Und als er am galiläischen See hinging, sah er Simon und Andreas, den Bruder des Simon, im See das Netz auswerfen; sie waren nämlich Fischer. 17 Und Jesus sprach zu ihnen: Kommet her, [folget] mir nach, und ich will machen, daß ihr Menschenfischer werdet. 18 Da verließen sie alsbald die Netze und folg= ten ihm nach. 19 Als er dann ein wenig weiterging, sah er Jakobus, den Sohn des Zebedäus, und seinen Bruder Johannes ebenfalls im Schiff, wie sie die Netze aus= besserten. 20 Und alsbald rief er sie zu sich. Da ließen sie ihren Vater Zebedäus samt den Tagelöhnern im Schiff und schlossen sich ihm an.

20: 19, 27.

Zu Mat. 4, 18—22 par. Ebionäerevangelium (Epiphanius Haer. 30, 13, 2—3): Es trat ein gewisser Mann auf, mit Namen Jesus, etwa 30 Jahre alt, der uns erwählte. Und er kam nach Kapernaum und ging in das Haus Simons, der den Beinamen Petrus hatte, öffnete seinen Mund und sprach: Ich ging am See Tiberias entlang und erwählte Johannes und Jakobus, die Söhne des Zebedäus, und Simon und Andreas und Simon den Zeloten und Judas Ischarioth, und dich, Matthäus, der du am Zoll saßt, berief ich, und du folgtest mir. Ich will nun von euch, daß ihr zwölf Apostel zum Zeugnis für Israel seid.

₂₅ Der Wahrheit gemäß aber sage ich euch: Viele Witwen waren in den Tagen des Elia in Israel, als der Himmel drei Jahre und sechs Monate[1]) lang verschlos= sen war und eine große Hungersnot über das ganze Land kam; ₂₆ und zu keiner von ihnen wurde Elia gesandt, sondern nur zu einer Witwe nach Sarepta in Sidonien. ₂₇ Und viele Aussätzige waren in Israel zur Zeit des Propheten Elisa; und keiner von ihnen wurde rein, sondern nur der Syrer Naeman. ₂₈ Da wurden alle in der Synagoge, als sie dies hörten, voll Zorn ₂₉ und standen auf, stießen ihn zur Stadt hinaus und führten ihn bis zum Abhang des Berges, auf dem ihre Stadt gebaut war, um ihn hinabzustürzen. ₃₀ Er aber schritt mitten durch sie hindurch und ging hinweg.

17: Jes. 61, 1. 2. / 18: Mat. 5, 3; 11, 5 / 19: 3. Mos. 25, 10 / 22: Joh. 6, 42 / 23: 1. Kor. 1, 22 / 25 u. 26: 1. Kön. 17, 1. 9; 18, 1; Jak. 5, 17 / 27: 2. Kön. 5, 14 / 29 u. 30: Joh. 8, 59; 10, 39.

₁₀, ₃₉ *Da suchten sie wiederum sich seiner zu bemächtigen. Und er entkam aus ihrer Hand.*

[1]) 4, 25. Nach 1. Kön. 17, 1; 18, 1 nur bis ins dritte Jahr. Die oben genannte Zeit stimmt mit der Zeit des Unheils bei Dan. 7, 25; 12, 7 überein.

Luk. 5, 1—11 (vgl. Nr. 16)

₁ *Es begab sich aber, als das Volk sich zu ihm drängte und das Wort Gottes hörte, während er am See von Gennesaret stand,* ₂ *da sah er zwei Schiffe am Ufer des Sees liegen; die Fischer je= doch waren aus ihnen ausgestiegen und wuschen die Netze.* ₃ *Da stieg er in eins der Schiffe, das Simon gehörte, und bat ihn, ein wenig vom Lande wegzufahren. Darauf setzte er sich und lehrte die Volksmenge vom Schiffe aus.* ₄ *Als er aber aufgehört hatte zu reden, sprach er zu Simon: Fahre hinaus auf die Höhe, und wer= fet eure Netze zum Fang aus!* ₅ *Und Simon ant= wortete und sagte: Meister, wir haben die ganze Nacht hindurch gearbeitet und nichts gefangen; doch auf dein Wort will ich die Netze auswerfen.* ₆ *Und als sie dies getan hatten, fingen sie eine große Menge Fische; ihre Netze aber wollten zerreißen.* ₇ *Und sie winkten den Gefährten im andern Schiffe, sie möchten kommen und ihnen helfen; und sie kamen, und sie füllten beide Schiffe, so daß sie zu sinken drohten.* ₈ *Als Si= mon Petrus das sah, warf er sich zu den Knien Jesu nieder und sprach: Geh von mir hinaus, denn ich bin ein sündiger Mensch, o Herr!* ₉ *Denn Schrecken umfing ihn und alle, die bei ihm waren, wegen des Fischfanges, den sie getan hatten,* ₁₀ *ebenso aber auch Jakobus und Jo= hannes, die Söhne des Zebedäus, die Simons Genossen waren. Und Jesus sprach zu Simon: Fürchte dich nicht! Von nun an wirst du Men= schen fangen.* ₁₁ *Und sie brachten die Schiffe ans Land, verließen alles und folgten ihm nach.*

Joh. 1, 35—42

₃₅ *Am folgenden Tage stand Johannes wiederum da und zwei von seinen Jün= gern.* ₃₆ *Und indem er auf Jesus blickte, wie er umherging, sagte er: Siehe, das Lamm Gottes!* ₃₇ *Und die beiden Jünger hörten ihn reden und folgten Jesus nach.* ₃₈ *Als aber Jesus sich umwandte und sie nachfolgen sah, sagte er zu ihnen: Was begehrt ihr? Da sagten sie zu ihm: Rabbi (das heißt übersetzt: Lehrer), wo hältst du dich auf?* ₃₉ *Er sagt zu ihnen: Kommet, so werdet ihr es sehen! Sie kamen nun und sahen, wo er sich aufhielt, und blie= ben jenen Tag bei ihm. Es war um die zehnte Stunde.* ₄₀ *Andreas, der Bruder des Simon Petrus, war einer von den zweien, die es von Johannes gehört hatten und ihm nachgefolgt waren.* ₄₁ *Dieser findet zuerst seinen Bruder Simon und sagt zu ihm: Wir haben den Messias gefunden (das ist übersetzt: der Gesalbte).* ₄₂ *Er führte ihn zu Jesus. Jesus sah ihn an und sprach: Du bist Simon, der Sohn des Jo= hannes; du wirst Kephas genannt werden (das heißt übersetzt: Fels)[1]).*

[1]) 1, 42. Vgl. Anmerkung zu Mat. 16, 18; Nr. 119.

12. Heilung eines Besessenen in Kapernaum

Mat. 7, 28—29 (vgl. Nr. 42)

28 Und es geschah, als Jesus diese Reden beendet hatte, erstaunte die Volksmenge über seine Lehre; 29 denn er lehrte sie wie einer, der Gewalt hat, und nicht wie ihre Schriftgelehrten.

Mark. 1, 21—28

21 Und sie gingen hinein nach Kapernaum; und alsbald lehrte er am Sabbat in der Synagoge. 22 Und sie erstaunten über seine Lehre; denn er lehrte sie wie einer, der Gewalt hat, und nicht wie die Schriftge= lehrten. 23 Und alsbald war in ihrer Syn= agoge ein Mensch mit einem unreinen Geist, der schrie auf 24 und rief: Was ha= ben wir mit dir zu schaffen, Jesus von Nazareth? Bist du gekommen, uns zu ver= derben? Wir wissen, wer du bist: der Hei= lige Gottes! 25 Da bedrohte ihn Jesus und sprach: Verstumme und fahre aus von ihm! 26 Und der unreine Geist riß ihn hin und her, schrie mit lauter Stimme und fuhr von ihm aus. 27 Und sie erstaunten alle, so daß sie sich besprachen und sag= ten: Was ist das? Eine neue Lehre voll Gewalt; und den unreinen Geistern ge= bietet er, und sie gehorchen ihm. 28 Und das Gerücht über ihn verbreitete sich als= bald überallhin in die ganze umliegende Landschaft von Galiläa.

28: 22, 33.

21: Richter 11, 12; 1. Kö. 17, 18; Mat. 4, 13 / 24: 5, 7 par. / 26: 9, 26.

13. Jesus heilt die Schwiegermutter des Petrus und andere Kranke

Mat. 8, 14—17 (vgl. Nr. 45. 46)

14 Und als Jesus in das Haus des Petrus kam, sah er dessen Schwiegermutter dar= niederliegen und am Fieber leiden.·
15 Und er berührte ihre Hand, und das Fie= ber verließ sie, und sie stand auf und diente ihm.

16 Als es aber Abend geworden war, brach= ten sie viele Besessene zu ihm, und er trieb die Geister mit dem Worte aus und heilte alle Kranken,

17 damit erfüllt würde, was durch den Pro= pheten Jesaja gesprochen worden ist, wel= cher sagt:
 «Er nahm unsre Gebrechen weg, und unsre Krankheiten trug er fort.»

Mark. 1, 29—34

29 Und sobald sie aus der Synagoge ka= men, gingen sie in das Haus des Simon und des Andreas mit Jakobus und Johan= nes. 30 Die Schwiegermutter des Simon aber lag am Fieber darnieder, und alsbald sagten sie ihm von ihr. 31 Und er trat hin= zu, ergriff ihre Hand und richtete sie auf; und das Fieber verließ sie, und sie diente ihnen.
32 Als es aber Abend geworden war, brach= ten sie nach Sonnenuntergang alle zu ihm, die krank und besessen waren. 33 Und die ganze Stadt war an der Türe versammelt. 34 Und er heilte viele, die an mancherlei Krankheiten litten, und trieb viele Dä= monen aus und ließ die Dämonen nicht reden, weil sie ihn kannten.

30: Apg. 28, 8 / 34 par.: Apg. 16, 17. 18; 3, 10. 11; Mat. 12, 16.

[22]

Luk. 4, 31—37

31 Und er kam hinab nach Kapernaum, einer Stadt in Galiläa, und lehrte sie am Sabbat. 32 Und sie erstaunten über seine Lehre, denn seine Rede war voll Gewalt. 33 Und in der Synagoge war ein Mensch, der von einem Geist, einem unreinen Dämon, besessen war. Und er schrie mit lauter Stimme: 34 Ach, was haben wir mit dir zu schaffen, Jesus von Nazareth? Bist du gekommen, uns zu verderben? Ich weiß, wer du bist: der Heilige Gottes! 35 Und Jesus bedrohte ihn und sprach: Verstumme und fahre aus von ihm! Da riß ihn der Dämon in die Mitte und fuhr von ihm aus, ohne ihm Schaden zu tun. 36 Und Staunen kam über alle, und sie redeten untereinander und sagten: Was ist das für eine Rede? Er gebietet ja den unreinen Geistern mit Gewalt und Macht, und sie fahren aus. 37 Und die Kunde von ihm verbreitete sich in jeden Ort der umliegenden Landschaft.

Joh. 7, 46

46 Die Diener antworteten: Nie hat ein Mensch so geredet, wie dieser Mensch redet.

inhaltl. beides gleich

Luk. 4, 38—41

38 Nachdem er sich aber aus der Synagoge aufgemacht hatte, ging er in das Haus des Simon. Die Schwiegermutter des Simon aber war mit einem starken Fieber behaftet, und sie baten ihn für sie. 39 Und er trat ihr zu Häupten und bedrohte das Fieber, und es verließ sie. Da stand sie sofort auf und diente ihnen.

40 Als aber die Sonne unterging, brachten alle, die Kranke hatten mit mancherlei Leiden, sie zu ihm; und er legte jedem von ihnen die Hände auf und heilte sie. 41 Es fuhren aber auch Dämonen von vielen aus, indem sie schrien: Du bist der Sohn Gottes! Und er bedrohte sie und ließ sie nicht reden, weil sie wußten, daß er der Christus sei.

14. Jesus zieht von Kapernaum weg

Mark. 1, 35—38

35 Und am Morgen, als es noch sehr dun=
kel war, stand er auf, ging hinaus und
begab sich an einen einsamen Ort und
betete dort. **36** Und Simon eilte ihm nach
samt seinen Begleitern; **37** und sie fanden
ihn und sagten zu ihm: Jedermann sucht
dich. **38** Da sagte er zu ihnen: Lasset uns
anderswohin gehen, in die benachbarten
Marktflecken, damit ich auch dort pre=
dige; denn dazu bin ich ausgegangen.

15. Jesus lehrt und heilt in Galiläa

Mat. 4, 23—25

23 Und er zog umher in ganz Galiläa,
lehrte in ihren Synagogen, predigte das
Evangelium vom Reich und heilte jede
Krankheit und jedes Gebrechen im Volke.

24 Und sein Ruf verbreitete sich in ganz
Syrien; und sie brachten alle Leidenden
zu ihm, die mit mancherlei Krankheiten
und Qualen behaftet waren, Besessene
und Mondsüchtige und Gelähmte, und er
heilte sie. **25** Und es folgte ihm eine große
Volksmenge nach aus Galiläa und aus
dem Gebiet der Zehn Städte und aus Je=
rusalem und Judäa und von jenseits des
Jordan.

23: Luk. 4, 15; Apg. 10, 38 / 24: 14, 35; Mark. 6, 54.
55; Mat. 17, 15.

Mark. 1, 39; 3, 10. 7. 8   (vgl. Nr. 69)

39 Und er ging und predigte in ganz Gali=
läa in ihren Synagogen und trieb die Dä=
monen aus.

*3, 10 Denn er heilte viele, so daß alle, die
von Leiden gequält waren, sich zu ihm
hin drängten, um ihn anzurühren.*

*3, 7 . . . und eine große Menge aus Galiläa
folgte ihm nach; auch aus Judäa 8 und aus
Jerusalem und aus Idumäa und von jenseits
des Jordan und aus der Gegend von Tyrus
und Sidon kam eine große Menge zu ihm,
da sie hörten, wie große Dinge er tat.*

16. Der Fischzug des Petrus

Mat. 13, 1—3; 4, 18—22   (vgl. Nr. 88. 11)

*1 An jenem Tage verließ Jesus das Haus
und setzte sich an den See. 2 Und es ver=
sammelte sich eine große Volksmenge bei
ihm, so daß er in ein Schiff stieg und sich
setzte; und alles Volk stand am Gestade.
3 Und er redete zu ihnen vieles in Gleich=
nissen und sprach . . .
18 Als er aber am galiläischen See hin=
wandelte, sah er zwei Brüder, Simon, ge=
nannt Petrus, und seinen Bruder Andreas,
das Netz in den See auswerfen; sie waren
nämlich Fischer. 19 Und er sagte zu ihnen:
Kommet her, [folget] mir nach, und ich
will euch zu Menschenfischern machen.
20 Da verließen sie alsbald die Netze und
folgten ihm nach. 21 Und als er von da*

Mark. 4, 1—2; 1, 16—20   (vgl. Nr. 88. 11)

*1 Und er fing abermals an, am See zu leh=
ren. Und es versammelte sich bei ihm sehr
viel Volk, so daß er in ein Schiff stieg und
auf dem See sich setzte; und alles Volk
war am See auf dem Lande. 2 Und er
lehrte sie in Gleichnissen vieles . . .*

*16 Und als er am galiläischen See hinging,
sah er Simon und Andreas, den Bruder
des Simon, im See das Netz auswerfen;
sie waren nämlich Fischer.
17 Und Jesus sprach zu ihnen: Kommet
her, [folget] mir nach, und ich will machen,
daß ihr Menschenfischer werdet. 18 Da
verließen sie alsbald die Netze und folg=
ten ihm nach. 19 Als er dann ein wenig*

Luk. 4, 42–43

42 Als es aber Tag geworden war, ging er hinaus und begab sich an einen einsamen Ort; und die Volksmenge suchte ihn und kam zu ihm, und sie wollten ihn zurück= halten, damit er nicht von ihnen weg= ginge.
43 Er jedoch sprach zu ihnen: Auch den andern Städten muß ich das Evangelium vom Reiche Gottes verkündigen; denn dazu bin ich gesandt.
43: 8,1

Luk. 4, 44; 6, 18. 19. 17   (vgl. Nr. 69)

44 Und er predigte in den Synagogen des jüdischen Landes.

6, 18 *die gekommen waren, um ihn zu hören und von ihren Krankheiten geheilt zu werden; und die von unreinen Geistern Geplagten wurden geheilt.* 19 *Und alles Volk suchte ihn anzurühren, denn eine Kraft ging von ihm aus und heilte alle.*
17 *Und er stieg mit ihnen hinab und stellte sich auf einen ebenen Platz und [mit ihm] eine große Schar seiner Jünger und eine große Menge Volkes aus dem ganzen jü= dischen Lande und aus Jerusalem und von der Meeresküste von Tyrus und Sidon.*

(Mat. 9, 35)   (vgl. Nr. 56)

35 *Und Jesus zog umher durch alle Städte und Dörfer, lehrte in ihren Synagogen, predigte das Evangelium vom Reich und heilte jede Krankheit und jedes Gebrechen.*

Luk. 5, 1–11

1 Es begab sich aber, als das Volk sich zu ihm drängte und das Wort Gottes hörte, während er am See von Gennesaret stand, 2 da sah er zwei Schiffe am Ufer des Sees liegen; die Fischer jedoch waren aus ihnen ausgestiegen und wuschen die Netze. 3 Da stieg er in eins der Schiffe, das Simon ge= hörte, und bat ihn, ein wenig vom Lande wegzufahren. Darauf setzte er sich und lehrte die Volksmenge vom Schiffe aus.
4 Als er aber aufgehört hatte zu reden, sprach er zu Simon: Fahre hinaus auf die Höhe und werfet eure Netze zum Fang aus! 5 Und Simon antwortete und sagte: Meister, wir haben die ganze Nacht hin= durch gearbeitet und nichts gefangen; doch

Joh. 21, 1–11

1 *Darnach offenbarte sich Jesus den Jün= gern wiederum, am See von Tiberias. Er offenbarte sich aber so:* 2 *Es waren bei= sammen Simon Petrus und Thomas, der [auch] Didymus genannt wird und Natha= nael aus Kana in Galiläa und die Söhne des Zebedäus und zwei andre von seinen Jüngern.* 3 *Simon Petrus sagt zu ihnen: Ich gehe fischen. Sie sagen zu ihm: Wir kommen auch mit dir. Sie gingen hinaus und stiegen ins Schiff, und in jener Nacht fingen sie nichts.* 4 *Als es aber schon Mor= gen wurde, trat Jesus ans Gestade; doch wußten die Jünger nicht, daß es Jesus war.* 5 *Jesus sagt nun zu ihnen: Kinder, ihr habt wohl nichts [zum Brote] zu essen? Sie ant=*

weiterging, sah er zwei andere Brüder,
Jakobus, den Sohn des Zebedäus, und sei=
nen Bruder Johannes, mit ihrem Vater
Zebedäus im Schiff ihre Netze ausbes=
sern; und er rief sie zu sich. 22 Da ver=
ließen sie alsbald das Schiff und ihren
Vater und folgten ihm nach.

weiterging, sah er Jakobus, den Sohn des
Zebedäus, und seinen Bruder Johannes
ebenfalls im Schiff, wie sie die Netze aus=
besserten. 20 Und alsbald rief er sie zu
sich. Da ließen sie ihren Vater Zebedäus
samt den Tagelöhnern im Schiff und
schlossen sich ihm an.

Die Bergpredigt (Mat. 5—7)

17. Einleitung

Mat. 5, 1—2

1 Als er aber die Volksmenge sah, stieg
er auf den Berg; und als er sich gesetzt
hatte, traten seine Jünger zu ihm. 2 Und
er tat seinen Mund auf, lehrte sie und
sprach:
1: 15, 29

18. Die Seligpreisungen

Mat. 5, 3—12

3 Selig sind die geistlich Armen; denn
ihrer ist das Reich der Himmel.
4 Selig sind die Trauernden; denn sie wer=
den getröstet werden.
5 Selig sind die Sanftmütigen; denn «sie
werden das Land besitzen».
6 Selig sind, die hungern und dürsten nach
der Gerechtigkeit; denn sie werden ge=
sättigt werden.
7 Selig sind die Barmherzigen; denn sie
werden Barmherzigkeit erlangen.
8 Selig sind, die reinen Herzens sind; denn
sie werden Gott schauen.

auf dein Wort will ich die Netze auswer=
fen. ₆ Und als sie dies getan hatten, fingen
sie eine große Menge Fische; ihre Netze
aber wollten zerreißen. ₇ Und sie winkten
den Gefährten im andern Schiffe, sie möch=
ten kommen und ihnen helfen; und sie
kamen, und sie füllten beide Schiffe, so
daß sie zu sinken drohten. ₈ Als Simon
Petrus das sah, warf er sich zu den Knien
Jesu nieder und sprach: Geh von mir hin=
aus, denn ich bin ein sündiger Mensch,
o Herr! ₉ Denn Schrecken umfing ihn und
alle, die bei ihm waren, wegen des Fisch=
fanges, den sie getan hatten, ₁₀ ebenso
aber auch Jakobus und Johannes, die Söhne
des Zebedäus, die Simons Genossen wa=
ren. Und Jesus sprach zu Simon: Fürchte
dich nicht! Von nun an wirst du Menschen
fangen. ₁₁ Und sie brachten die Schiffe
ans Land, verließen alles und folgten ihm
nach.

*worteten ihm: Nein. ₆ Er aber sprach zu
ihnen: Werfet das Netz auf der rechten
Seite des Schiffes aus, so werdet ihr fin=
den! Sie warfen es nun aus, und sie ver=
mochten es vor der Menge der Fische nicht
mehr zu ziehen. ₇ Da sagt jener Jünger,
den Jesus liebhatte, zu Petrus: Es ist der
Herr. Als nun Simon Petrus hörte, daß
es der Herr sei, gürtete er sich das Ober=
kleid um — denn er war nackt — und warf
sich in den See. ₈ Die andern Jünger aber
kamen mit dem Schiffe — sie waren näm=
lich nicht fern vom Lande, sondern [nur]
etwa zweihundert Ellen weit — und
schleppten das Netz mit den Fischen nach.
₉ Wie sie nun ans Land gestiegen waren,
sehen sie ein Kohlenfeuer am Boden und
einen Fisch darauf liegen und Brot. ₁₀ Je=
sus sagt zu ihnen: Bringet von den Fischen,
die ihr jetzt gefangen habt! ₁₁ Simon Pe=
trus stieg auf das Schiff und zog das Netz
aufs Land, gefüllt mit 153 großen Fischen.
Und wiewohl es so viele waren, zerriß
das Netz nicht.*

11: Mat. 19, 27.

Zu Luk. 5, 1–11 Ebionäerevangelium, vgl. Nr. 11.

Luk. 6, 12.20 (vgl. Nr. 70. 71)
₁₂ *Es begab sich aber in diesen Tagen, daß
er hinausging auf den Berg, . . .*
₂₀ *Und er erhob seine Augen auf seine
Jünger und sprach:*

Luk. 6, 20—23 (vgl. Nr. 71)
₂₀ *Selig seid ihr Armen; denn euch gehört
das Reich Gottes.*
₂₁b *Selig seid ihr, die ihr jetzt weint; denn
ihr werdet lachen.*

₂₁a *Selig seid ihr, die ihr jetzt hungert;
denn ihr werdet gesättigt werden.*

9 Selig sind die Friedfertigen[1]); denn sie werden Söhne Gottes heißen.

10 Selig sind, die um der Gerechtigkeit willen verfolgt werden; denn ihrer ist das Reich der Himmel.

11 Selig seid ihr, wenn sie euch schmähen und verfolgen und alles Arge wider euch reden um meinetwillen und damit lügen.

12 Freuet euch und frohlocket, weil euer Lohn groß ist in den Himmeln. Denn ebenso haben sie die Propheten verfolgt, die vor euch gewesen sind.

3 par: Jes. 57, 15; Mat. 11, 5; Luk. 2, 18 / 4 par: Ps. 126, 5; Jes. 61, 2; 2. Kor. 7, 10 / 5: Ps. 37, 11 / 6: Joh. 6, 35 / 7: 25, 35–46; Jak. 2, 13 / 8: Ps. 24, 3–5; 51, 12; 1. Joh. 3, 2. 3 / 9: Heb. 12, 14 / 10: 1. Pet. 3, 14 / 11 par.: Joh. 16, 2; 1. Pet. 4, 14 / 12: Apg. 7, 52; Jak. 5, 10.

[1]) 5, 9. Wörtlich: «die Friedensstifter».

19. Die Jünger, das Salz der Erde und das Licht der Welt

Mat. 5, 13–16

13 Ihr seid das Salz der Erde. Wenn aber das Salz seine Schärfe verliert, womit soll es salzig gemacht werden? Es ist zu nichts mehr nütze, als daß es hinausgeworfen und von den Leuten zertreten wird.

14 Ihr seid das Licht der Welt. Eine Stadt, die auf einem Berge liegt, kann nicht verborgen sein. 15 Man zündet auch nicht ein Licht an und stellt es unter den Scheffel, sondern auf den Leuchter; dann leuchtet es allen, die im Hause sind. 16 So soll euer Licht vor den Menschen leuchten, damit sie eure guten Werke sehen und euren Vater, der in den Himmeln ist, preisen.

14: Phil. 2, 15; Joh. 8, 12 / 15 par.: Mark. 4, 21; Luk. 8, 16 / 16: Eph. 5, 8. 9; 1. Petr. 2, 12.

Mark. 9, 50; 4, 21 (vgl. Nr. 129. 92)

50 Das Salz ist etwas Gutes; wenn aber das Salz salzlos wird, womit wollt ihr es wieder kräftig machen?

4, 21 Und er sprach zu ihnen: Bringt man etwa das Licht, damit es unter den Scheffel oder unter das Bett gestellt wird? nicht [vielmehr], damit es auf den Leuchter gestellt wird?

Zu Mat. 5, 14 Papyrus Oxyrhynchos 1, 7: Jesus spricht: Eine Stadt, die auf dem Gipfel eines hohen Berges erbaut und fest gegründet ist, kann nicht fallen und verborgen bleiben.

20. Jesu Stellung zum Gesetz

Mat. 5, 17–20

17 Meinet nicht, daß ich gekommen sei, das Gesetz oder die Propheten aufzulösen. Ich bin nicht gekommen, aufzulösen, sondern zu erfüllen. 18 Denn wahrlich, ich sage euch: Bis der Himmel und die Erde vergehen, wird nicht ein einziges Jota oder Strichlein vom Gesetz vergehen, bis alles geschehen ist. 19 Wer nun eins dieser kleinsten Gebote auflöst und

₂₂ *Selig seid ihr, wenn euch die Menschen hassen und wenn sie euch ausschließen und schmähen und euren Namen als einen bösen ächten um des Sohnes des Menschen willen.* ₂₃ *Freuet euch an jenem Tage und frohlocket; denn siehe, euer Lohn wird groß sein im Himmel. Denn ebenso taten ihre Väter den Propheten.*

Zu Mat. 5, 10–12. 6 Thomasevangelium Logion 69; 68: Selig sind, die in ihrem Herzen verfolgt wurden. Sie sind es, die den Vater erkannt haben. Selig sind, die hungern, denn man wird den Leib dessen füllen, der wünscht. – Selig seid ihr, wenn sie euch hassen und verfolgen. Sie werden keinen Platz finden an dem Ort, an dem sie euch verfolgten.

Luk. 14, 34–35; 11, 33 (vgl. Nr. 168. 150)

₃₄ *Das Salz nun ist etwas Gutes; wenn aber sogar das Salz seine Schärfe verliert, womit soll es wieder kräftig gemacht werden?* ₃₅ *Es ist weder für das Erdreich noch für den Dünger tauglich; man wirft es hinaus. Wer Ohren hat, zu hören, der höre!*

₁₁,₃₃ *Niemand zündet ein Licht an und stellt es in ein Versteck, auch nicht unter den Scheffel, sondern auf den Leuchter, damit die Hereinkommenden den Schein sehen.*

Joh. 8, 12

₁₂ *Jesus redete nun wiederum zu ihnen und sprach: Ich bin das Licht der Welt. Wer mir nachfolgt, wird nicht in der Finsternis wandeln, sondern er wird das Licht des Lebens haben.*

Zu Mat. 5, 15 f Thomasevangelium Logion 33: Jesus hat gesagt: Was du mit deinem Ohr hören wirst, predige auf euren Dächern. Man zündet auch nicht eine Lampe an und stellt sie unter ein Gefäß oder an einen verborgenen Ort. Man stellt sie auf den Leuchter, damit alle sie sehen, alle die hinein- und hinausgehen.

Luk. 16, 16–17 (vgl. Nr. 173)

₁₆ *Das Gesetz und die Propheten galten bis zu Johannes; von da an wird das Evangelium vom Reiche Gottes verkündigt, und jeder drängt sich mit Gewalt hinein.* ₁₇ *Es ist aber leichter, daß der Himmel und die Erde vergehen, als daß ein Strichlein des Gesetzes dahinfalle.*

die Menschen so lehrt, wird der Kleinste
heißen im Reich der Himmel. Wer sie aber
tut und lehrt, der wird groß heißen im
Reich der Himmel. 20 Denn ich sage euch:
Wenn eure Gerechtigkeit nicht besser ist
als die der Schriftgelehrten und Phari=
säer, werdet ihr nicht in das Reich der
Himmel kommen.

17: Röm. 3, 31 / 19: Jak. 2, 10; Dan. 12, 3 / 20: 23,
2—33; Luk. 18, 11. 12.

Zu Mat. 5, 17 ff Ebionäerevangelium (Epiphanius, Haer. 30, 16, 5): Ich bin gekommen, die Opfer aufzu=
lösen, und wenn ihr nicht aufhört zu opfern, wird der Zorn über euch nicht aufhören.
Zu Mat. 5, 17 ff Ägypterevangelium (Clemens Alexandrinus Strom. III, 63): Ich bin gekommen, die Werke
des Weibes (der Begierde) aufzulösen.

21. Töten

Mat. 5, 21—26   *Mark. 11, 25* (vgl. Nr. 198)

21 Ihr habt gehört, daß zu den Alten ge=
sagt ist: «Du sollst nicht töten»; wer
aber tötet, soll dem Gericht verfallen sein.
22 Ich aber sage euch: Jeder, der seinem
Bruder zürnt, soll dem Gericht verfallen
sein. Wer aber zu seinem Bruder sagt:
Raka!¹) soll dem Hohen Rat verfallen sein.
Wer aber sagt: du Tor!²) soll der Hölle
mit ihrem Feuer verfallen sein. 23 Wenn   *25 Und wenn ihr dasteht und betet, so ver=*
du nun deine Opfergabe zum Altar bringst
und dort eingedenk wirst, daß dein Bru=
der etwas wider dich hat, 24 so laß deine
Gabe dort vor dem Altar und geh zuerst   *gebet, wenn ihr etwas wider jemand habt,*
hin und versöhne dich mit deinem Bru=   *damit auch euer Vater in den Himmeln*
der, und dann komm und bring deine   *euch eure Verfehlungen vergibt.*
Gabe dar! 25 Willfahre schnell deinem
Gegner, während du noch mit ihm unter=
wegs bist, damit dich nicht der Gegner
dem Richter und der Richter dem Gerichts=
diener übergibt und du ins Gefängnis ge=
setzt wirst. 26 Wahrlich, ich sage dir: Du
wirst von dort nicht herauskommen, bis
du den letzten Rappen bezahlt hast.

21: 2. Mos. 20, 13; 5. Mos. 17, 8. 9 / 22: 1. Joh. 3, 15 /
25: 6, 14. 15; 18, 35.

¹) Ein Ausdruck der Verachtung: «Du Schafskopf!»
²) 5, 22. Ein offenbar noch stärkerer, nicht sicher
übersetzbarer Ausdruck der Verachtung: «Du
Idiot!» Nach Ps. 14, 1 etwa gleichbedeutend mit:
du Gottloser.

Zu Mat. 5, 22 Hebräerevangelium (Hieronymus, Kom. zu Ez. 18, 7): In dem Hebräerevangelium, das die
Nazaräner gewöhnlich lesen, wird unter die schwersten Verbrechen gerechnet, wer den Geist seines Bruders
betrübt hat.
Zu Mat. 5, 23 f Didache 15, 3. Weiset euch einander zurecht, nicht im Zorn, sondern im Frieden, wie es im
Evangelium steht. Hat sich jemand gegen seinen Nächsten vergangen, sprecht nicht mit ihm, hört auf kein
Wort von ihm, bis er Buße getan hat.
Zu Mat. 5, 23 f Didache 14, 2: Jeder, der einen Streit mit seinem Nächsten hat, soll nicht mit euch zusam=
menkommen, bis sie sich versöhnt haben, damit euer Opfer nicht entweiht werde.

Zu Mat. 5, 17 ff Thomasevangelium Logion 11. 27: *Jesus sprach: Dieser Himmel wird vergehen, der über ihm auch. Die Toten leben nicht, die Lebenden werden nicht sterben. In den Tagen, als ihr das aßet, was tot ist, machtet ihr es lebendig. Wenn ihr im Licht seid, was werdet ihr tun? — Wenn ihr nicht der Welt gegenüber fastet, werdet ihr das Reich nicht finden. Wenn ihr nicht den Sabbat als Sabbat haltet, werdet ihr den Vater nicht sehen.*

Luk. 12, 57—59 (vgl. Nr. 158)

57 *Warum aber urteilt ihr nicht auch von euch selbst aus darüber, was recht ist?* 58 *Denn wenn du mit deinem Gegner zum Beamten gehst, so gib dir unterwegs Mühe, gütlich von ihm loszukommen, damit er dich nicht etwa vor den Richter schleppt und der Richter dich dem Ge=richtsdiener übergibt und der Gerichts=diener dich ins Gefängnis setzt.* 59 *Ich sage dir: Du wirst von dort nicht heraus=kommen, bis du auch den letzten Heller bezahlt hast.*

Zu Mat. 5, 23 f Hebräerevangelium (Hieronymus, Kom. zu Eph. 5, 4): *Wie wir im hebräischen Evangelium lasen, sagt der Herr zu seinen Jüngern: Und niemals sollt ihr fröhlich sein, außer wenn ihr auf euren Bruder in Liebe schaut.*

22. Ehebruch

Mat. 5, 27–30

27 Ihr habt gehört, daß gesagt ist: «Du
sollst nicht ehebrechen.» 28 Ich aber sage
euch: Jeder, der eine Ehefrau ansieht, um
sie zu begehren, hat ihr gegenüber in sei=
nem Herzen schon Ehebruch begangen.
29 Wenn dich aber dein rechtes Auge zur
Sünde verführt, so reiß es aus und wirf
es von dir; denn es ist besser für dich,
daß eins deiner Glieder verlorengeht und
nicht dein ganzer Leib in die Hölle gewor=
fen wird. 30 Und wenn dich deine rechte Hand zur
Sünde verführt, so haue sie ab und wirf
sie von dir; denn es ist besser für dich,
daß eins deiner Glieder verlorengeht und
nicht dein ganzer Leib in die Hölle kommt.

Mark. 9, 43–48   (vgl. Nr. 128)

47 *Und wenn dich dein Auge zur Sünde
verführt, so reiß es aus! Es ist besser, daß
du einäugig in das Reich Gottes eingehst,
als daß du zwei Augen hast und in die
Hölle geworfen wirst,* 48 *wo «ihr Wurm
nicht stirbt und das Feuer nicht verlischt».*
43 *Und wenn dich deine Hand zur Sünde
verführt, so haue sie ab! Es ist besser,
daß du verstümmelt in das Leben ein=
gehst, als daß du beide Hände hast und
in die Hölle kommst, in das unauslösch=
liche Feuer.*[1] 45 *Und wenn dich dein Fuß
zur Sünde verführt, so haue ihn ab! Es
ist besser, daß du lahm in das Leben ein=
gehst, als daß du beide Füße hast und in
die Hölle geworfen wirst.*[2]

27: 2. Mos. 20, 14 / 28: 2. Sam. 11, 2; Hiob 31, 1;
2. Petr. 2, 14 / 29–30: Kol. 3, 5.

[1] 9, 43. Mehrere alte Textzeugen haben (mit einem
Zusatz wohl aus Vers 48): «... Feuer, 44 wo ihr
Wurm nicht stirbt und das Feuer nicht verlischt.»
[2] 9, 45. Mehrere alte Textzeugen haben (mit einem
Zusatz wohl aus Vers 48): «... wirst, 46 wo ihr
Wurm nicht stirbt und das Feuer nicht verlischt.»

23. Ehescheidung

Mat. 5, 31–32

31 Es ist ferner gesagt: «Wer seine Frau
entläßt, soll ihr einen Scheidebrief ge=
ben.» 32 Ich aber sage euch: Jeder, der
seine Frau entläßt, außer wegen Unzucht,
gibt Anlaß, daß ihr gegenüber Ehebruch
begangen wird; und wer eine Entlassene
heiratet, begeht Ehebruch.[1]

31: 5. Mos. 24, 1.

Mark. 10, 11–12   (vgl. Nr. 184)

11 *Und er sprach zu ihnen: Wer seine Frau
entläßt und eine andre heiratet, begeht
ihr gegenüber Ehebruch.*[1] 12 *Und wenn
s i e ihren Mann entläßt und einen andern
heiratet, begeht sie Ehebruch.*

24. Schwören

Mat. 5, 33–37

33 Wiederum habt ihr gehört, daß zu den
Alten gesagt ist: «Du sollst nicht falsch
schwören», «du sollst aber dem Herrn
deine Eide halten.» 34 Ich aber sage euch,
daß ihr überhaupt nicht schwören sollt,
weder beim Himmel, denn er ist Gottes
Thron, 35 noch bei der Erde, denn sie ist
der Schemel seiner Füße, noch bei Jerusa=

(Mat. 18, 8—9)   (vgl. Nr. 128)

₉*Und wenn dich dein Auge zur Sünde verführt, so reiß es aus und wirf es von dir! Es ist besser für dich, daß du ein=äugig in das Leben eingehst, als daß du zwei Augen hast und in die Hölle mit ihrem Feuer geworfen wirst.*
₈*Wenn dich aber deine Hand oder dein Fuß zur Sünde verführt, so haue ihn ab und wirf ihn von dir! Es ist besser für dich, daß du verstümmelt oder lahm in das Leben eingehst, als daß du zwei Hände oder zwei Füße hast und in das ewige Feuer geworfen wirst.*

Luk. 16,18   (vgl. Nr. 173)

₁₈*Jeder, der seine Frau entläßt und eine andre heiratet, begeht Ehebruch, und wer eine von ihrem Mann Entlassene heiratet, begeht Ehebruch.*

(Mat. 19,9)   (vgl. Nr. 184)

₉*Ich sage euch aber: Wer seine Frau ent=läßt, außer wegen Unzucht, und eine an=dre heiratet, begeht Ehebruch.*[1])

[1]) Nämlich: ihr gegenüber. — Für Jesus gibt es keine Ehescheidung. Heirate ich nach meiner Ehescheidung, so breche ich damit meine unlösliche erste Ehe. Vgl. noch 1. Kor. 7, 10. 11. Nur Mat. 5, 32; 19, 9 hält die Ehe u. U. für scheidbar.

lem, denn sie ist die Stadt des großen
Königs. 36 Auch bei deinem Haupte sollst
du nicht schwören; denn du vermagst
nicht ein einziges Haar weiß oder schwarz
zu machen. 37 Vielmehr sei eure Rede: «Ja,
ja; nein, nein.» Was darüber ist, das ist
vom Bösen.

33: 2. Mos. 20, 7; 3. Mos. 19, 12; 4. Mos. 30, 3;
5. Mos. 23, 21; Ps. 50, 14 / 34: 23, 16—22 (vgl. Nr. 207);
Jes. 66, 1 / 35: Ps. 48, 3 / 37: 2. Kor. 1, 17; Jak. 5, 12.

25. Wiedervergeltung

Mat. 5, 38—42

38 Ihr habt gehört, daß gesagt ist: «Auge
um Auge und Zahn um Zahn.» 39 Ich aber
sage euch, daß ihr dem Bösen nicht wider=
stehen sollt; sondern wer dich auf den
rechten Backen schlägt, dem biete auch
den andern dar, 40 und dem, der gegen
dich den Richter anruft und dir den Rock
nehmen will, dem laß auch den Mantel,
41 und wer dich nötigt, eine Meile weit zu
gehen, mit dem gehe zwei! 42 Gib dem,
der dich bittet, und wende dich nicht von
dem ab, der von dir borgen will!

38: 2. Mos. 21, 23—25; 3. Mos. 24, 19. 20 / 39: Spr.
24, 29 / 40: 1. Kor. 6, 7 / 42: 5. Mos. 15, 7. 8; Luk.
6, 34.

26. Feindesliebe

Mat. 5, 43—48

43 Ihr habt gehört, daß gesagt ist: «Du
sollst deinen Nächsten lieben» und deinen
Feind hassen. 44 Ich aber sage euch: Liebet
eure Feinde und bittet für die, welche
euch verfolgen [1]), 45 damit ihr Söhne eures
Vaters in den Himmeln seid! Denn er
läßt seine Sonne aufgehen über Böse und
Gute und läßt regnen über Gerechte und
Ungerechte. 46 Denn wenn ihr [nur] die
liebt, die euch lieben, was habt ihr für
einen Lohn? Tun nicht auch die Zöllner
dasselbe? 47 Und wenn ihr nur eure Brü=
der grüßt, was tut ihr Besonderes? Tun
nicht auch die Heiden dasselbe?

Luk. 6, 29—30 (vgl. Nr. 73)

²⁹ *Dem, der dich auf den Backen schlägt,*
biete auch den andern dar, und dem, der
dir den Mantel nimmt, verweigere auch
den Rock nicht!
³⁰ *Jedem, der dich bittet, gib, und von dem,*
der dir das Deine nimmt, fordere es nicht
zurück!

Zu Mat. 5, 38—42 Didache 1, 4—5: Enthalte dich von den fleischlichen und leiblichen Begierden . . . Jedem,
der dich bittet, dem gib und fordere es nicht zurück; denn der Vater will, daß allen von den eigenen
Gnadengaben gegeben werde. Selig ist, der nach dem Gebot gibt, denn er ist unsträflich. Wehe dem, der
da nimmt! Wenn jemand aus Mangel nimmt, wird er unsträflich sein.

Luk. 6, 27—28. 32—36 (vgl. Nr. 73)

²⁷ *Euch aber, die ihr zuhört, sage ich: Lie=*
bet eure Feinde; tut Gutes denen, die euch
hassen; ²⁸ *segnet die, welche euch fluchen;*
bittet für die, welche euch beleidigen!

³² *Und wenn ihr die liebt, die euch lieben,*
was für einen Dank habt ihr? Denn auch
die Sünder lieben die, welche s i e lieben.
³³ *Und wenn ihr denen Gutes tut, die euch*
Gutes tun, was für einen Dank habt ihr?
Auch die Sünder tun dasselbe. ³⁴ *Und*
wenn ihr denen leiht, von denen ihr zu=
rückzuerhalten hofft, was für einen Dank
habt ihr? Auch die Sünder leihen den
Sündern, damit sie das gleiche zurücker=
halten. ³⁵ *Vielmehr liebet eure Feinde und*
tut Gutes und leihet, ohne etwas zurück=
zuerwarten. Dann wird euer Lohn groß
sein, und ihr werdet Söhne des Höchsten
sein; denn er ist gütig gegen die Undank=

48 Ihr nun sollt vollkommen sein, wie euer himmlischer Vater vollkommen ist.

43: 3. Mos. 19, 18 / 44: Spr. 25, 21. 22; 23, 34; Apg. 7, 60; 1. Pet. 3, 9; Röm. 12, 14–20 / 45: Eph. 5, 1 / 48: 5. Mos. 18, 13; 3. Mos. 19, 2.

¹) 5, 44. In minder gewichtigen Textzeugen ist aus Luk. 6, 27. 28 hinter «Feinde» der Zusatz eingefügt: «segnet die, welche euch fluchen, tut Gutes denen, die euch hassen» und ebenso vor «verfolgen» der Zusatz: «beleidigen und».

27. Almosengeben

Mat. 6, 1–4

1 Habet acht, daß ihr eure Gerechtigkeit nicht übt vor den Leuten, um von ihnen gesehen zu werden; wo nicht, so habt ihr keinen Lohn bei eurem Vater in den Himmeln. 2 Wenn du nun Almosen gibst, so laß nicht vor dir her posaunen, wie die Heuchler tun in den Synagogen und auf den Gassen, damit sie von den Leuten gepriesen werden. Wahrlich, ich sage euch: Sie haben ihren Lohn dahin. 3 Wenn aber du Almosen gibst, soll deine linke Hand nicht wissen, was deine rechte tut, 4 damit dein Almosen im Verborgenen sei; und dein Vater, der ins Verborgene sieht, wird es dir vergelten.

1: 23, 5 / 3: Röm. 12, 8 / 4: Luk. 14, 14.

28. Beten

Mat. 6, 5–8

5 Und wenn ihr betet, sollt ihr nicht sein wie die Heuchler; denn sie beten gern in den Synagogen und wenn sie an den Ecken der Straßen stehen, um sich vor den Leuten sehen zu lassen. Wahrlich, ich sage euch: Sie haben ihren Lohn dahin. 6 Du aber geh, wenn du betest, in dein Kämmerlein und schließ deine Tür zu und bete im Verborgenen zu deinem Vater; und dein Vater, der ins Verborgene sieht, wird es dir vergelten. 7 Wenn ihr aber betet, sollt ihr kein unnützes Geschwätz machen wie die Heiden; denn sie meinen, daß sie um ihrer vielen Worte willen Erhörung finden werden. 8 Seid ihnen nun nicht gleich; denn euer Vater weiß, was ihr bedürft, ehe ihr ihn bittet.

5: 23, 6 / 6: 2. Kön. 4, 33 / 7: Jes. 1, 15; 1. Kön. 18, 26 / 8: 6, 32.

baren und Bösen. ₃₆ *Seid barmherzig, wie*
euer Vater barmherzig ist!

34: 3. Mos. 25, 35—37.

Zu Mat. 5, 44 Papyrus Oxyrhynchos 1224: Und betet für eure Feinde.

Zu Mat. 5, 44 2. Clemens 13, 4: Wenn sie von uns hören, daß Gott sagt: Wenn ihr die liebt, die euch
lieben, habt ihr keine Gnade; wenn ihr die Feinde liebt, die euch hassen, habt ihr Gnade. Wenn sie das
hören, bewundern sie die übermäßige Güte. Sehen sie aber, daß wir weder die lieben, die uns hassen,
noch die, die uns lieben, lachen sie uns aus, und der Name wird gelästert.

Zu Mat. 6, 1—4 Thomasevangelium Logion 62: Jesus sprach: Ich sage meine Geheimnisse denen, die meiner
Geheimnisse würdig sind. Das was deine rechte Hand tun wird, soll deine linke nicht erkennen, was sie
tut.

Zu Mat. 6, 5—8 Thomasevangelium Logion 6: Seine Jünger fragten ihn: Willst du, daß wir fasten? Wie sol-
len wir beten und Almosen geben? Welche Speisevorschriften sollen wir halten? Jesus sprach: Sprecht
keine Lüge und tut nicht, was ihr haßt. Denn vor dem Himmel ist alles offenbar. Denn es gibt nichts
Verborgenes, das nicht enthüllt, und nichts Verdecktes, das nicht aufgedeckt werden wird.

29. Vater-Unser

Mat. 6, 9—15

9 Ihr nun sollt so beten:
Unser Vater,
der du bist in den Himmeln,
dein Name werde geheiligt.
10 Dein Reich komme.
Dein Wille geschehe
wie im Himmel, [so] auch auf Erden.
11 Gib uns heute unser tägliches Brot[1]).
12 Und vergib uns unsre Schulden,
wie auch wir vergeben haben
unsern Schuldnern.
13 Und führe uns nicht in Versuchung,
sondern erlöse uns von dem Bösen[2]).
14 Denn wenn ihr den Menschen ihre Ver=
fehlungen vergebt, wird euer himm=
lischer Vater euch auch vergeben. 15 Wenn
ihr aber den Menschen nicht vergebt, wird
euer Vater eure Verfehlungen auch nicht
vergeben.

9: Ez. 36, 23 / 10: 26, 42; Luk. 22, 42; Ps. 103, 21 /
11: Spr. 30, 8 / 12: 18, 21—35 / 13: 26. 41; Joh. 17,
11. 15; 1. Kor. 10, 13; 2. Tim. 4, 18 / 14: Kol. 3, 13.

[1]) 6, 11. Wahrscheinlichere Übersetzungen für
«tägliches Brot» lauten:
1. «das zum Leben nötige Brot».
2. «Tagesration Brot».
3. «Brot für den kommenden Tag».

[2]) 6, 13. Minder gewichtige Textzeugen fügen hin=
zu: «Denn dein ist das Reich und die Kraft und
die Herrlichkeit in Ewigkeit. Amen.» — Die ein=
zelnen Ausdrücke dieses Zusatzes finden sich in
ähnlichen Lobpreisungen, z. B. 1. Chr. 29, 11. 12;
Off. 4, 11; 12, 10.

Mark. 11, 25—26 (vgl. Nr. 198)

25 *Und wenn ihr dasteht und betet, so ver=
gebet, wenn ihr etwas wider jemand habt,
damit auch euer Vater in den Himmeln
euch eure Verfehlungen vergibt.*[1])

[1]) 11, 25. Mehrere alte Textzeugen haben hier
(wohl nach Mat. 6, 15) noch: «26 Wenn aber ihr
nicht vergebt, wird auch euer Vater in den Him=
meln eure Verfehlungen nicht vergeben.»
25: Mat. 5, 23.

*Zu Mat. 6, 11 Nazaräerevangelium (Hieronymus, Kom. zu Mat. 6, 11): Im sog. Evangelium nach den
Hebräern fand ich für ‚zum Dasein notwendig‘ ein ‚mahar‘, d. h. morgig, so daß der Sinn ist: ‚Unser
morgiges‘ — d. h. zukünftiges — ‚Brot gib uns heute‘.*

30. Vom Fasten

Mat. 6, 16—18

16 Wenn ihr aber fastet, sollt ihr nicht fin=
ster dreinsehen wie die Heuchler; denn
sie verstellen ihr Angesicht, um sich mit
ihrem Fasten vor den Leuten sehen zu
lassen. Wahrlich, ich sage euch: Sie haben
ihren Lohn dahin. 17 Du aber salbe, wenn
du fastest, dein Haupt und wasche dein
Angesicht, 18 damit du mit deinem Fasten
dich nicht den Leuten zeigest, sondern
deinem Vater, der im Verborgenen ist[1]);
und dein Vater, der ins Verborgene sieht,
wird es dir vergelten.

16: Jes. 58, 5—8.

[1]) 6, 18. Die Verse 4 und 6 lassen vermuten, daß
es ursprünglich hier entsprechend lautete: son=
dern im Verborgenen deinem Vater.

Luk. 11,2—4 (vgl. Nr. 143)

2 *Da sprach er zu ihnen: Wenn ihr betet,
so sprechet: Vater,*

*dein Name werde geheiligt.
Dein Reich komme.*[1])

3 *Gib uns täglich*[2]*) unser tägliches Brot.*[3])
4 *Und vergib uns unsre Sünden,
denn auch wir vergeben jedem,
der gegen uns in Schuld ist.
Und führe uns nicht in Versuchung.*

[1]) 11,2. Statt dieser Bitte findet sich gut bezeugt
die andere: «Dein heiliger Geist komme auf uns
und reinige uns.»
[2]) besser «Tag für Tag».
[3]) 11,3. Vgl. Anmerkung zu Mat. 6,11.

*Zu Mat. 6,9—15 Didache 8,2: Die Didache bringt als Vater-Unser die matthäische Fassung (von Einzel-
heiten abgesehen) und fügt als Doxologie an: Denn dein ist die Kraft und die Herrlichkeit in Ewigkeit.*

*Zu Mat. 6,16 Thomasevangelium Logion 27: Wenn ihr nicht gegenüber der Welt fastet, werdet ihr das
Reich nicht finden. Wenn ihr den Sabbat nicht als Sabbat haltet, werdet ihr den Vater nicht sehen.
Zu Mat. 6,16 Thomasevangelium Logion 6: Seine Jünger fragten ihn: Willst du, daß wir fasten? Wie sollen
wir beten und Almosen geben? Welche Speisevorschriften sollen wir halten? Jesus sprach: Sprecht keine
Lüge und tut nicht, was ihr haßt. Denn vor dem Himmel ist alles offenbar. Denn es gibt nichts Verbor-
genes, das nicht enthüllt, und nichts Verdecktes, das nicht aufgedeckt werden wird.*

31. Warnung vor Habsucht

Mat. 6, 19–21

19 Sammelt euch nicht Schätze auf Erden,
wo Motte und Rost [sie] zunichte machen
und wo Diebe einbrechen und stehlen!
20 Sammelt euch vielmehr Schätze im Him=
mel, wo weder Motte noch Rost [sie] zu=
nichte machen und wo Diebe nicht einbre=
chen und stehlen! 21 Denn wo dein Schatz
ist, da wird auch dein Herz sein.

20: 19, 21 par.; Luk. 16, 9; Kol. 3, 1. 2.

32. Das Gleichnis vom Auge

Mat. 6, 22–23

22 Das Licht des Leibes ist das Auge. Wenn
nun dein Auge lauter ist, wird dein gan=
zer Leib voll Licht sein. 23 Wenn aber dein
Auge böse ist, wird dein ganzer Leib fin=
ster sein. Wenn nun das Licht, das in dir
ist, Finsternis ist, wie groß wird die Fin=
sternis sein!

23: 20, 15; Mark. 7, 22; Joh. 11, 10.

33. Vom Doppeldienst

Mat. 6, 24

24 Niemand kann zwei Herren dienen;
denn entweder wird er den einen hassen
und den andern lieben, oder er wird dem
einen anhangen und den andern verach=
ten. Ihr könnt nicht Gott dienen und dem
Mammon.

*Zu Mat. 6, 24 Thomasevangelium Logion 47: Es ist unmöglich, daß ein Mensch auf zwei Pferden reitet,
zwei Bogen spannt, daß ein Diener zwei Herren dient.*

34. Irdische Sorgen

Mat. 6, 25–34

25 Deshalb sage ich euch: Sorget euch nicht
um euer Leben, was ihr essen oder was
ihr trinken sollt, noch um euren Leib, was
ihr anziehen sollt! Ist nicht das Leben
mehr als die Speise und der Leib mehr
als die Kleidung? 26 Sehet die Vögel des
Himmels an! Sie säen nicht und ernten
nicht und sammeln nicht in Scheunen, und
euer himmlischer Vater ernährt sie [doch].
Seid ihr nicht viel mehr wert als sie? 27 Wer
aber von euch kann durch sein Sorgen zu

Luk. 12, 33—34 (vgl. Nr. 154)

₃₃ *Verkaufet euren Besitz und gebet ihn als Almosen;*

machet euch Beutel, die nicht veralten, einen unerschöpflichen Schatz in den Him=meln, wo kein Dieb sich naht und keine Motte Zerstörung anrichtet! ₃₄ *Denn wo euer Schatz ist, da wird auch euer Herz sein.*

Luk. 11, 34—36 (vgl. Nr. 150)

₃₄ *Das Licht des Leibes ist dein Auge. Wenn dein Auge lauter ist, so ist auch dein gan= zer Leib voll Licht; wenn es aber böse ist, so ist auch dein Leib finster.* ₃₅ *Sieh nun zu, ob das Licht, das in dir ist, nicht etwa Finsternis sei!* ₃₆ *Wenn nun dein ganzer Leib voll Licht ist und gar keinen finstern Teil an sich hat, wird er ganz [so] voll Licht sein, wie wenn das Licht dich mit seinem Strahl beleuchtet.*

Luk. 16, 13 (vgl. Nr. 171)

₁₃ *Kein Knecht kann zwei Herren dienen; denn entweder wird er den einen hassen und den andern lieben, oder er wird dem einen anhangen und den andern verach= ten. Ihr könnt nicht Gott dienen und dem Mammon.*

Zu Mat. 6, 24 2. Clemens 6, 1: *Der Herr aber sagt: Kein Knecht kann zwei Herren dienen. Wenn wir Gott und dem Mammon dienen wollen, ist das uns nichts nütze.*

Luk. 12, 22—32 (vgl. Nr. 154)

₂₂ *Er sprach aber zu seinen Jüngern: Des= halb sage ich euch: Sorget euch nicht um das Leben, was ihr essen sollt, noch um den Leib, was ihr anziehen sollt!* ₂₃ *Denn das Leben ist mehr als die Speise und der Leib mehr als die Kleidung.* ₂₄ *Betrach= tet die Raben: Sie säen nicht und ernten nicht, sie haben weder Vorratskammer noch Scheune, und Gott ernährt sie [doch]. Wieviel mehr wert seid ihr als die Vögel!* ₂₅ *Wer aber von euch kann durch sein*

seiner Lebenslänge eine einzige Elle hin=
zusetzen? 28 Und warum sorgt ihr euch um
die Kleidung? Betrachtet die Lilien des
Feldes, wie sie wachsen! Sie arbeiten nicht
und spinnen nicht; 29 ich sage euch aber,
daß auch Salomo in all' seiner Pracht nicht
gekleidet war wie eine von diesen. 30 Wenn
aber Gott das Gras des Feldes, das heute
steht und morgen in den Ofen geworfen
wird, so kleidet, wird er das nicht viel
mehr euch tun, ihr Kleingläubigen? 31 Dar=
um sollt ihr euch nicht sorgen und sagen:
Was werden wir essen, oder was werden
wir trinken, oder womit werden wir uns
kleiden? 32 Denn nach allen diesen Dingen
trachten die Heiden. Euer himmlischer
Vater weiß ja, daß ihr all dieser Dinge
bedürft. 33 Suchet vielmehr zuerst sein
Reich und seine Gerechtigkeit! dann wer=
den euch alle diese Dinge hinzugefügt
werden. 34 Darum sorget euch nicht um
den morgenden Tag; denn der morgende
Tag wird seine eigne Sorge haben. Jeder
Tag hat genug an seiner eignen Plage.

25: Phil. 4, 6; 1. Pet. 5, 7 / 26: 10, 29–31 / 31: Röm.
14, 17 / 32: 6, 8 / 33: 1. Kön. 3, 13. 14; Luk. 10, 42.

Zu Mat. 6, 23 Clemens Alexandrinus Strom. I, 24, 158: Erbittet das Große, so wird euch Gott das Kleine dazutun.

Zu Mat. 6, 30 Papyrus Oxyrhynchos 655: Er selbst wird euch euer Kleid geben.

35. Richten und Entweihung des Heiligen

Mat. 7, 1—6   Mark. 4, 24 (vgl. Nr. 92)

1 Richtet nicht, damit ihr nicht gerichtet
werdet! 2 Denn mit welchem Gericht ihr
richtet, mit dem werdet ihr gerichtet wer=
den,

und mit welchem Maß ihr meßt, mit dem
wird euch gemessen werden. 3 Was siehst
du aber den Splitter in deines Bruders
Auge, des Balken jedoch in deinem Auge
wirst du nicht gewahr?

4 Oder wie kannst du zu deinem Bruder
sagen: Halt, ich will den Splitter aus dei=
nem Auge ziehen; und siehe, in deinem
Auge ist der Balken? 5 Du Heuchler, ziehe
zuerst den Balken aus deinem Auge, und
dann magst du zusehen, daß du den Split=
ter aus deines Bruders Auge ziehst.

24 *Und er sprach zu ihnen: Gebet acht auf das, was ihr hört! Mit welchem Maß ihr meßt, mit dem wird euch gemessen wer= den, und es wird euch [noch] hinzugefügt werden.*

Sorgen seiner Lebenslänge eine Elle zu=
setzen? 26 Wenn ihr nun auch nicht das
geringste vermögt, was sorgt ihr euch um
das übrige? 27 Betrachtet die Lilien, wie
sie weder spinnen noch weben;
ich sage euch aber: Auch Salomo in all
seiner Pracht war nicht gekleidet wie eine
von diesen. 28 Wenn aber Gott das Gras
auf dem Feld, das heute steht und mor=
gen in den Ofen geworfen wird, so klei=
det, wieviel mehr euch, ihr Kleingläubi=
gen! 29 Und ihr — fraget [doch] nicht,
was ihr essen und was ihr trinken sollt,
und seid nicht in Unruhe! 30 Denn nach
allen diesen Dingen trachten die Völker
der Welt; euer Vater aber weiß, daß ihr
diese Dinge bedürft.
31 Vielmehr suchet sein Reich, dann wird
euch dies hinzugefügt werden! 32 Fürchte
dich nicht, du kleine Herde! Denn es hat
eurem Vater gefallen, euch das Reich zu
geben.

Zu Mat. 6, 25—34 Thomasevangelium Logion 27: Wenn ihr nicht gegenüber der Welt fastet, werdet ihr das
Reich nicht finden. Wenn ihr den Sabbat nicht als Sabbat haltet, werdet ihr den Vater nicht sehen.

Luk. 6, 37—38. 41—42 (vgl. Nr. 74)
37 Und richtet nicht, so werdet ihr nicht ge=
richtet werden, und verurteilt nicht, so
werdet ihr nicht verurteilt werden; spre=
chet frei, so werdet ihr freigesprochen
werden! 38 Gebet, so wird euch gegeben
werden; ein gutes, vollgedrücktes, gerüt=
teltes, überfließendes Maß wird man in
euren Schoß geben. Denn mit welchem
Maß ihr meßt, mit dem wird euch wieder
gemessen werden.
41 Was siehst du aber den Splitter in dei=
ners Bruders Auge, des Balkens jedoch in
deinem eignen Auge wirst du nicht ge=
wahr? 42 Wie kannst du zu deinem Bruder
sagen: «Bruder, halt, ich will den Splitter,
der in deinem Auge ist, herausziehen»,
wenn du selber den Balken in deinem
Auge nicht siehst? Du Heuchler, ziehe
zuerst den Balken aus deinem Auge, und
dann magst du zusehen, daß du den Split=
ter herausziehst, der in deines Bruders
Auge ist.

Joh. 8, 2—11
2 Am Morgen jedoch fand er sich wieder
im Tempel ein. 3 Da bringen die Schrift=
gelehrten und die Pharisäer eine Frau, die
beim Ehebruch ergriffen worden war, stel=
len sie in die Mitte 4 und sagen zu ihm:
Meister, diese Frau ist auf frischer Tat
beim Ehebruch ergriffen worden. 5 Im Ge=
setz aber hat [uns] Mose geboten, solche
zu steinigen. Was sagst nun du? 6 Da
bückte sich Jesus nieder und schrieb mit
dem Finger auf die Erde. 7 Als sie aber be=
harrlich weiterfragten, richtete er sich auf
und sprach: Wer unter euch ohne Sünde
ist, werfe den ersten Stein auf sie! 8 Und
er bückte sich wiederum nieder und schrieb
auf die Erde. 9 Sie aber gingen, als sie es
hörten, einer nach dem andern hinaus, die
Ältesten voran, und er blieb allein zu=
rück mit der Frau, die in der Mitte war.
10 Da richtete sich Jesus auf und sprach zu
ihr: Weib, wo sind sie? Hat dich niemand
verurteilt? 11 Sie aber sagte: Niemand,

6 Gebet das Heilige nicht den Hunden und
werfet eure Perlen nicht vor die Schweine,
damit sie nicht etwa mit ihren Füßen sie
zertreten und sich umwenden und euch
zerreißen.

1: Röm. 2, 1.

Zu Mat. 7, 1 1. Clemens 13, 2: Denn ER hat also gesagt: Erbarmt euch, damit ihr Erbarmen findet; vergebt, damit ihr Vergebung findet. Wie ihr tut, so wird euch getan werden. Wie ihr gebt, so wird euch gegeben werden. Wie ihr richtet, so werdet ihr gerichtet werden. Wie ihr euch liebreich erweist, so wird man sich auch gegen euch liebreich erweisen. Mit welchem Maß ihr meßt, mit dem werdet ihr gemessen werden.

36. Erhörung des Gebetes

Mat. 7, 7—11

7 Bittet, so wird euch gegeben werden; su=
chet, so werdet ihr finden; klopfet an, so
wird euch aufgetan werden! 8 Denn jeder,
der bittet, empfängt; und wer sucht, der
findet; und wer anklopft, dem wird auf=
getan werden! 9 Oder welcher Mensch ist
unter euch, der seinem Sohn, wenn er ihn
um ein Brot bittet, einen Stein gäbe, 10 oder
auch, wenn er um einen Fisch bittet, ihm
eine Schlange gäbe?
11 Wenn nun ihr, die ihr [doch] böse seid,
euren Kindern gute Gaben zu geben wißt,
wieviel mehr wird euer Vater in den Him=
meln denen Gutes geben, die ihn bitten!

7: Joh. 14, 13. 14; Jak. 1, 5 / 11: Jak. 1, 17.

Zu Mat. 7, 7 Hebräerevangelium (Clemens Alexandrinus Strom. V, 14, 96): Wer sucht, wird nicht ruhen, bis er findet, wer aber gefunden hat, wird sich verwundern; wer sich aber verwundert, wird die Herrschaft antreten; wer aber die Herrschaft angetreten hat, wird ruhen.

37. Goldene Regel

Mat. 7, 12

12 Alles nun, was ihr wollt, daß es euch die
Menschen tun, das sollt auch ihr ihnen
tun; denn darin besteht das Gesetz und
die Propheten.

12: Röm. 13, 8—10.

Zu Mat. 7, 12 Didache 1, 2: Der Weg zum Leben ist nun der: 1. du sollst Gott lieben, der dich geschaffen hat, 2. deinen Nächsten wie dich selbst. Aber alles, was du willst, daß es dir nicht geschehe, das tu auch nicht einem anderen.

38. Der schmale und der breite Weg

Mat. 7, 13—14

13 Gehet ein durch die enge Pforte! Denn
die Pforte ist weit und der Weg ist breit,
der zum Verderben hinführt, und viele
sind es, die auf ihm hineingehen; 14 denn
die Pforte ist eng und der Weg ist schmal,
der zum Leben hinführt, und wenige sind
es, die ihn finden.

14: 19, 24; Apg. 14, 22.

Herr! Darauf sprach Jesus: Auch ich ver=
urteile dich nicht; geh, sündige von jetzt
an nicht mehr![1]

[1]) Dieser Text gehört nicht zur Urform des Joh.,
noch zur kirchlich redigierten Gestalt. Er stammt
von späterer Hand.

*Zu Mat. 7, 3 ff Thomasevangelium Logion 26 (ab ,dann magst . . .' auch Papyrus Oxyrhynchos 1, 1–4): Den
Splitter, der in deines Bruders Auge ist, den siehst du. Aber den Balken, der in deinem Auge ist, den
siehst du nicht. Wenn du den Balken aus deinem Auge herausziehst, dann magst du zusehen, den Splitter
aus deines Bruders Auge herauszuziehen.*

Luk. 11, 9—13 (vgl. Nr. 145)

9 Und i c h sage euch: Bittet, so wird euch
gegeben werden; suchet, so werdet ihr fin=
den, klopfet an, so wird euch aufgetan wer=
den! 10 Denn jeder, der bittet, empfängt;
und wer sucht, der findet; und wer an=
klopft, dem wird aufgetan werden. 11 Wo
ist unter euch ein Vater, der, wenn ihn
sein Sohn um einen Fisch bittet, ihm statt
des Fisches eine Schlange gäbe, 12 oder
auch, wenn er um ein Ei bittet, ihm einen
Skorpion gäbe? 13 Wenn nun ihr, die ihr
[doch] böse seid, euren Kindern gute Ga=
ben zu geben wißt, wieviel mehr wird der
Vater im Himmel den heiligen Geist de=
nen geben, die ihn bitten!

*Zu Mat. 7, 7 Thomasevangelium Logion 92: Suchet, so werdet ihr finden. Wonach ihr mich in diesen Tagen
fragtet, das habe ich euch damals nicht gesagt. Jetzt will ich es sagen, und ihr suchet nicht danach.*

Luk. 6, 31 (vgl. Nr. 73)

31 Und wie ihr wollt, daß euch die Leute
tun, ebenso sollt auch ihr ihnen tun.

Luk. 13, 23—24 (vgl. Nr. 162)

23 Jemand aber sagte zu ihm: Herr, sind
es wenige, die gerettet werden? Da sprach
er zu ihnen: 24 Ringet darnach, daß ihr
durch die enge Türe hineingeht! Denn
viele, sage ich euch, werden hineinzuge=
hen suchen und es nicht vermögen.

*Zu Mat. 7, 13 f Didache 1, 1: Zwei Wege gibt es: einen zum Leben, einen zum Tode. Es ist aber ein großer
Unterschied zwischen beiden Wegen.*

39. Rechte Frömmigkeit

Mat. 7, 15—20

15 Hütet euch vor den falschen Propheten,
die in Schafskleidern zu euch kommen, in=
wendig aber sind sie räuberische Wölfe!
16 An ihren Früchten werdet ihr sie erken=
nen. Sammelt man etwa Trauben von Dor=
nen oder Feigen von Disteln? 17 So bringt
jeder gute Baum gute Früchte, der faule
Baum aber bringt schlechte Früchte. 18 Ein
guter Baum kann nicht schlechte Früchte
bringen, noch [kann] ein fauler Baum gute
Früchte bringen. 19 Jeder Baum, der nicht
gute Frucht bringt, wird umgehauen und
ins Feuer geworfen. 20 Also werdet ihr sie
an ihren Früchten erkennen.

15: 24, 4. 5. 24; Apg. 20, 29 / 16: Gal. 5, 19—23; Jak.
3, 12 / 17: 12, 33 / 19: 3, 10; Joh. 15, 2. 6.

*Zu Mat. 7, 15 Justin, Dialog 35, 3: ER sagte nämlich: Viele werden in meinem Namen kommen, die äußer-
lich einen Schafpelz anhaben, inwendig sind sie aber reißende Wölfe . . . Es wird Spaltungen und Sekten
geben.*

40. Warnung vor Selbsttäuschung

Mat. 7, 21—23

21 Nicht jeder, der zu mir sagt: Herr, Herr!
wird in das Reich der Himmel kommen,
sondern wer den Willen meines Vaters in
den Himmeln tut. 22 Viele werden an je=
nem Tage zu mir sagen: Herr, Herr, ha=
ben wir nicht in deinem Namen als Pro=
pheten geredet und in deinem Namen Dä=
monen ausgetrieben und in deinem Na=
men viele Machttaten vollbracht? 23 Und
dann werde ich ihnen bekennen: Ich habe
euch nie gekannt; «weichet von mir, die
ihr begeht, was wider das Gesetz ist».

21: 21, 29; Röm. 2, 13; Jak. 1, 22—25 / 22: 1. Kor. 13,
1. 2; Jer. 27, 15 / 23 par.: 25, 41; Ps. 6, 9; 2. Tim. 2, 19.

*Zu Mat. 7, 21 2. Clemens 4, 2: ER sagt nämlich: Nicht jeder, der zu mir sagt: Herr, Herr! wird gerettet
werden, sondern der die Gerechtigkeit tut.*

41. Das Gleichnis vom Haus auf dem Felsen

Mat. 7, 24—27

24 Jeder nun, der diese meine Worte hört
und sie tut,

ist einem klugen Manne zu vergleichen,

Luk. 6, 43—45   (vgl. Nr. 75)   (Mat. 12, 33—35)   (vgl. Nr. 84)

⁴⁴ᵇ von Dornen sammelt man ja keine Fei=
gen, und von einem Dornbusch schneidet
man keine Traube.

⁴³ Denn es gibt keinen guten Baum, der
faule Frucht bringt, und wiederum keinen
faulen Baum, der gute Frucht bringt. ⁴⁴
Denn jeder Baum wird an seiner Frucht
erkannt; ⁴⁵ Der gute Mensch bringt aus
dem guten Schatze seines Herzens das
Gute hervor, und der böse bringt aus dem
bösen [Schatze seines Herzens] das Böse
hervor. Denn wovon sein Herz voll ist,
davon redet sein Mund.

³³ Entweder machet den Baum gut, dann
ist seine Frucht gut, oder machet den
Baum faul, dann ist seine Frucht faul.
Denn an der Frucht erkennt man den
Baum. ³⁴ Ihr Natterngezücht, wie könnt
ihr Gutes reden, da ihr doch böse seid?
Denn wovon das Herz voll ist, davon re=
det der Mund. ³⁵ Der gute Mensch bringt
aus seinem guten Schatze Gutes hervor,
und der böse Mensch bringt aus seinem
bösen Schatze Böses hervor.

Zu Mat. 7, 16 ff Thomasevangelium Logion 45: Man liest nicht Trauben von den Dornen und Feigen von
den Disteln. Ein guter Mensch bringt Gutes aus seinem Schatz, ein schlechter Schlechtes aus seinem
schlechten Schatz, der in seinem Herzen ist. Und er sagt Schlechtes, denn aus der Fülle des Herzens bringt
er Schlechtes hervor.

Luk. 6, 46; 13, 26—27   (vgl. Nr. 75. 162)
⁴⁶ Was nennt ihr mich aber: Herr, Herr!
und tut nicht, was ich sage?

¹³, ²⁶ Dann werdet ihr anfangen zu sagen:
Wir haben vor deinen Augen gegessen
und getrunken, und auf unsern Straßen
hast du gelehrt. ²⁷ Und er wird sagen: Ich
sage euch: Ich weiß nicht, woher ihr seid.
«Weichet von mir, ihr alle, die ihr die Un=
gerechtigkeit übt!»

Zu Mat. 7, 22, 2. Clemens 4, 5: Wenn ihr an meiner Brust vereint seid und meine Gebote nicht haltet,
werde ich euch verwerfen und zu euch sprechen: Weichet von mir, ich kenne euch nicht, woher ihr seid, ihr
Missetäter! (,An der Brust sein' [auf einem Polster gemeinsam zu Tische liegen] ist der Ausdruck tiefster
Gemeinschaft.)

Luk. 6, 47—49   (vgl. Nr. 76)
⁴⁷ Jeder, der zu mir kommt und meine
Worte hört und sie tut — ich will euch zei=
gen, wem er gleich ist. ⁴⁸ Er ist gleich einem
Menschen, der beim Bau eines Hauses
tief grub und die Grundmauer auf dem

der sein Haus auf den Felsen baute. 25 Und
der Platzregen fiel und die Wasserströme
kamen und die Winde wehten und sties=
sen an jenes Haus, und es fiel nicht ein,
denn es war auf den Felsen gegründet.
26 Und jeder, der diese meine Worte hört
und sie nicht tut, ist einem törichten Manne
zu vergleichen, der sein Haus auf den Sand
baute. 27 Und der Platzregen fiel und die
Wasserströme kamen und die Winde weh=
ten und stießen an jenes Haus, und es
fiel ein, und sein Fall war groß.

26: Jak. 1, 22 / 27: Ez. 13, 10—12.

Zu Mat. 7, 24 Thomasevangelium Logion 32: Eine Stadt, die man auf einem hohen Berge erbaut und befestigt, kann nicht fallen und sich verbergen.

42. Die Wirkung der Bergpredigt

Mat. 7, 28—29

28 Und es geschah, als Jesus diese Reden
beendet hatte, erstaunte die Volksmenge
über seine Lehre; 29 denn er lehrte sie wie
einer, der Gewalt hat, und nicht wie ihre
Schriftgelehrten.

28: 22, 33; Luk. 4, 32.

Mark. 1, 22   (vgl. Nr. 12)

*22 Und sie erstaunten über seine Lehre;
denn er lehrte sie wie einer, der Gewalt
hat, und nicht wie die Schriftgelehrten.*

43. Heilung eines Aussätzigen

Mat. 8, 1—4

1 Als er aber von dem Berge hinabstieg,
folgte ihm eine große Volksmenge nach.
2 Und siehe, ein Aussätziger kam herbei,
warf sich vor ihm nieder und sagte: Herr,
wenn du willst, kannst du mich rein ma=
chen.
3 Und er streckte die Hand aus, rührte ihn
an und sprach: Ich will es; werde rein!
Und alsbald wurde er von seinem Aus=
satz rein.

4 Und Jesus sagt zu ihm: Sieh zu, sage
es niemandem, sondern geh hin, zeige
dich dem Priester und bringe das Opfer,
das Mose befohlen hat, ihnen zum Zeug=
nis!

4 par.: 9, 30; Mark. 7, 36; Luk. 17, 14; 3. Mos. 13,
49; 14, 2—32.

Mark. 1, 40—45

40 Und ein Aussätziger kommt bittend zu
ihm, wirft sich vor ihm auf die Knie und
sagt zu ihm: Wenn du willst, kannst du
mich rein machen. 41 Da hatte er Erbarmen
mit ihm, streckte seine Hand aus, rührte
ihn an und sprach zu ihm: Ich will es,
werde rein! 42 Und alsbald wich der Aus=
satz von ihm, und er wurde rein. 43 Und
er drohte ihm ernstlich und hieß ihn als=
bald weggehen 44 und sprach zu ihm: Sieh
zu, sage niemandem etwas, sondern geh
hin, zeige dich dem Priester und opfere
für deine Reinigung, was Mose befohlen
hat, ihnen zum Zeugnis! 45 Der aber ging
hinweg und fing an, die Sache vielfach zu
verkündigen und auszubreiten, so daß er
nicht mehr offen in eine Stadt hineinge=
hen konnte, sondern er war draußen an
einsamen Orten, und sie kamen von über=
allher zu ihm.

*Zu Mat. 8, 2—4 Papyrus Egerton 2: Und siehe, ein Aussätziger trat herzu und spricht: Meister Jesus,
. . . Wenn du nun willst, werde ich rein! Sogleich sprach der Herr zu ihm: Ich will es, sei rein! Und so=
gleich wich der Aussatz von ihm. Der Herr aber sprach zu ihm: Geh und zeige dich den Priestern . . .*

*Felsen errichtete. Als aber eine Flut kam,
stieß der Wasserstrom an jenes Haus, und
er vermochte es nicht zu erschüttern, weil
es gut gebaut war.*

49 *Wer aber hört und nicht tut, ist gleich
einem Menschen, der ein Haus ohne
Grundmauer auf das Erdreich baute;*

*und der Wasserstrom stieß daran, und
alsbald stürzte es zusammen,
und der Einsturz jenes Hauses war groß.*

Luk. 7, 1a (vgl. Nr. 77)
1 *Nachdem er vor den Ohren des Volkes
alle seine Aussprüche beendet hatte,...*

Joh. 7, 46
46 *Die Diener antworteten: Nie hat ein
Mensch so geredet, wie dieser Mensch re=
det.*

Luk. 5, 12—16
12 Und es begab sich, als er in einer der
Städte war, siehe, da war ein Mann voll
Aussatz. Als der Jesus sah, warf er sich
aufs Angesicht nieder und bat ihm: Herr,
wenn du willst, kannst du mich rein ma=
chen.
13 Da streckte er die Hand aus, rührte ihn
an und sprach: Ich will es, werde rein!
Und alsbald wich der Aussatz von ihm.

14 Und er gebot ihm, es niemandem zu
sagen; sondern [,sprach er,] geh hin, zeige
dich dem Priester und opfere für deine
Reinigung, wie Mose befohlen hat, ihnen
zum Zeugnis! 15 Aber die Rede über ihn
breitete sich noch mehr aus; und eine
große Volksmenge kam zusammen, um
ihn zu hören und von ihren Krankheiten
geheilt zu werden. 16 Er jedoch zog sich in
einsame Gegenden zurück und verweilte
im Gebet.

44. Der Hauptmann von Kapernaum

Mat. 8, 5–13   Mark. 7, 30   (vgl. Nr. 113)

5 Als er aber nach Kapernaum hineinkam,
trat ein Hauptmann zu ihm, bat ihn 6 und
sagte: Herr, mein Knecht liegt daheim ge=
lähmt darnieder und leidet große Pein.
7 Er sagt zu ihm: Ich will kommen und
ihn heilen.

8 Der Hauptmann aber antwortete und
sprach: Herr, ich bin nicht wert, daß du
unter mein Dach hineingehst, sondern
sprich nur ein Wort, so wird mein Knecht
geheilt werden. 9 Denn auch ich bin ein
Mensch, der unter Vorgesetzten steht, und
unter mir habe ich Soldaten; und sage ich
zu diesem: Geh! so geht er; und zu einem
andern: Komm! so kommt er; und zu
meinem Knecht: Tue das! so tut er's.

10 Als Jesus das hörte, verwunderte er sich
und sprach zu denen, die ihm nachfolgten:
Wahrlich, ich sage euch: Bei keinem in Is=
rael habe ich so großen Glauben gefun=
den. 11 Ich sage euch aber: Viele werden
von Morgen und Abend kommen und
sich mit Abraham und Isaak und Jakob
im Reich der Himmel zu Tische setzen,
12 die Söhne des Reiches dagegen werden
in die Finsternis, die draußen ist, hinaus=
gestoßen werden.
Dort wird Heulen und Zähneknirschen
sein.
13 Und Jesus sprach zu dem Hauptmann: 30 Da ging sie hinweg in ihr Haus und
Geh hin: dir geschehe, wie du geglaubt   fand das Kind auf dem Bette liegend und
hast! Und sein Knecht wurde in jener   den Dämon ausgefahren.
Stunde geheilt.

10: 15, 28; Mark. 6, 6 / 11 par.: Ps. 106, 3; Jes. 49,
12; Mal. 1, 11 / 12: 13, 42. 50; 22, 13; 24, 51; 25, 30 /
13: 9, 29; 15, 28.

45. Jesus heilt die Schwiegermutter des Petrus

Mat. 8, 14–15   Mark. 1, 29–31   (vgl. Nr. 13)

14 Und als Jesus in das Haus des Petrus   29 Und sobald sie aus der Synagoge ka=
kam, sah er dessen Schwiegermutter dar=   men, gingen sie in das Haus des Simon und
niederliegen und am Fieber leiden.   des Andreas mit Jakobus und Johannes. 30

Luk. 7, 1—10; 13, 28—30 (vgl. Nr. 77. 162)

1 *Nachdem er vor den Ohren des Volkes alle seine Aussprüche beendet hatte, ging er hinein nach Kapernaum.* 2 *Der Knecht eines Hauptmanns aber, der diesem wert war, lag krank und war am Sterben.* 3 *Da er aber von Jesus gehört hatte, sandte er Älteste der Juden zu ihm und ließ ihn bitten, daß er kommen und seinen Knecht retten möchte.* 4 *Sie aber kamen zu Jesus, baten ihn angelegentlich und sagten: Er verdient es, daß du ihm dies gewährst;* 5 *denn er hat unser Volk lieb, und er ist es, der uns die Synagoge gebaut hat.* 6 *Da ging Jesus mit ihnen hin. Als er aber mehr fern von dem Hause war, schickte der Hauptmann Freunde und ließ ihm sagen: Herr, bemühe dich nicht! denn ich bin nicht wert, daß du unter mein Dach kommst.* 7 *Daher hielt ich auch mich nicht für würdig, selber zu dir zu kommen; sondern sprich nur ein Wort, so wird mein Knecht geheilt werden.* 8 *Denn auch ich bin ein Mensch, der unter Vorgesetzten steht, und unter mir habe ich Soldaten; und sage ich zu diesem: Geh! so geht er; und zu einem andern: Komm! so kommt er; und zu meinem Knecht: Tue das! so tut er's.* 9 *Als aber Jesus dies hörte, verwunderte er sich über ihn und wandte sich um und sprach zu dem Volke, das ihm nachfolgte: Ich sage euch: Selbst in Israel habe ich so großen Glauben nicht gefunden.* 13, 29 *Und sie werden von Morgen und Abend und von Mitternacht und Mittag kommen und sich im Reiche Gottes zu Tische setzen.* 30 *Und siehe, es sind Letzte, die werden Erste sein, und es sind Erste, die werden Letzte sein.* 28 *Dort wird Heulen und Zähneknirschen sein, wenn ihr Abraham und Isaak und Jakob und alle Propheten im Reiche Gottes sehen werdet, während ihr hinausgestoßen seid.* 7, 10 *Und als die Abgesandten in das Haus zurückkamen, fanden sie den Knecht gesund.*

Joh. 4, 46—53

46 *Er kam nun wieder nach Kana in Galiläa, wo er das Wasser zu Wein gemacht hatte. Und es war ein königlicher Beamter in Kapernaum, dessen Sohn krank war.* 47 *Als dieser hörte, daß Jesus aus Judäa nach Galiläa gekommen sei, ging er zu ihm hin und bat, er möge hinabkommen und seinen Sohn heilen; denn er lag im Sterben.* 48 *Jesus sprach nun zu ihm: Wenn ihr nicht Zeichen und Wunder seht, werdet ihr nicht glauben.* 49 *Der königliche Beamte sagt zu ihm: Herr, komm hinab, ehe mein Kind stirbt!* 50 *Jesus sagt zu ihm: Geh hin, dein Sohn lebt! Der Mann glaubte dem Worte, das Jesus zu ihm gesprochen hatte, und ging hin.* 51 *Aber schon während er hinabging, kamen ihm seine Knechte entgegen und sagten, sein Knabe lebe.* 52 *Er erkundigte sich nun bei ihnen nach der Stunde, in der es mit ihm besser geworden war. Sie erwiderten ihm: Gestern in der siebenten Stunde verließ ihn das Fieber.* 53 *Da erkannte der Vater, daß [es geschehen war] zu jener Stunde, in der Jesus zu ihm gesprochen hatte: Dein Sohn lebt. Und er glaubte samt seinem ganzen Hause.*

Luk. 4, 38—39 (vgl. Nr. 13)

38 *Nachdem er sich aber aus der Synagoge aufgemacht hatte, ging er in das Haus des Simon. Die Schwiegermutter des Simon*

	Die Schwiegermutter des Simon aber lag
	am Fieber darnieder, und alsbald sagten
15 Und er berührte ihre Hand, und das Fie=	*sie ihm von ihr.* 31 *Und er trat hinzu, ergriff*
ber verließ sie, und sie stand auf und	*ihre Hand und richtete sie auf; und das*
diente ihm.	*Fieber verließ sie, und sie diente ihnen.*
14: 1. Kor. 9, 5.	

46. Jesus heilt andere Kranke

Mat. 8, 16—17   *Mark. 1, 32—34*   (vgl. Nr. 13)

16 Als es aber Abend geworden war, brach=   32 *Als es aber Abend geworden war, brach=*
ten sie viele Besessene zu ihm, und er   *ten sie nach Sonnenuntergang alle zu ihm,*
    die krank und besessen waren. 33 *Und die*
    ganze Stadt war an der Türe versammelt.
trieb die Geister mit dem Worte aus und   34 *Und er heilte viele, die an mancherlei*
heilte alle Kranken,   *Krankheiten litten, und trieb viele Dä=*
    monen aus und ließ die Dämonen nicht
    reden, weil sie ihn kannten.

17 damit erfüllt würde, was durch den Pro=
pheten Jesaja gesprochen worden ist, wel=
cher sagt:
    «Er nahm unsre Gebrechen weg, und
    unsre Krankheiten trug er fort.»
17: Jes. 53, 4; Joh. 1, 29.

47. Zwei verschiedene Nachfolger Jesu

Mat. 8, 18—22   *Mark. 4, 35*   (vgl. Nr. 102)

18 Als aber Jesus eine große Volksmenge   35 *Und an jenem Tage sagte er zu ihnen,*
um sich sah, befahl er, ans jenseitige Ufer   *als es Abend geworden war: Lasset uns*
zu fahren. 19 Und ein Schriftgelehrter trat   *ans jenseitige Ufer fahren!*
hinzu und sagte zu ihm: Meister, ich will
dir nachfolgen, wohin du auch gehst. 20 Und
Jesus sagt zu ihm: Die Füchse haben Gru=
ben und die Vögel des Himmels [haben]
Nester; der Sohn des Menschen dagegen
hat nicht, wo er sein Haupt hinlegen kann.

21 Ein andrer aber von den Jüngern sagte
zu ihm: Herr, erlaube mir, zuvor hinzu=
gehen und meinen Vater zu begraben.
22 Da sagt Jesus zu ihm: Folge mir nach
und laß die Toten ihre Toten begraben!
18: Luk. 8, 22 / 20: 2. Kor. 8, 9 / 21: 1. Kön. 19, 20.
*Zu Mat. 8, 20. 22 Thomasevangelium Logion 82: Der, der mir nahe ist, ist dem Feuer nahe, und der mir
fern ist, ist dem Himmelreich fern.*

48. Die Stillung des Seesturmes

Mat. 8, 23—27   *Mark. 4, 35—41*   (vgl. Nr. 102)

    35 *Und an jenem Tage sagte er zu ihnen,*
    als es Abend geworden war: Lasset uns
    ans jenseitige Ufer fahren! 36 *Und sie ver=*
    ließen das Volk und nahmen ihn, wie er

aber war mit einem starken Fieber behaf=
tet, und sie baten ihn für sie. ₃₉*Und er*
trat ihr zu Häupten und bedrohte das Fie=
ber, und es verließ sie. Da stand sie so=
fort auf und diente ihnen.

Luk. 4, 40—41 (vgl. Nr. 13)

₄₀*Als aber die Sonne unterging, brachten*
alle, die Kranke hatten mit mancherlei
Leiden, sie zu ihm; und er legte jedem
von ihnen die Hände auf und heilte sie.
₄₁*Es fuhren aber auch Dämonen von vie=*
len aus, indem sie schrien: Du bist der
Sohn Gottes! Und er bedrohte sie und
ließ sie nicht reden, weil sie wußten, daß
er der Christus sei.

Luk. 8, 22; 9, 57—60 (vgl. Nr. 102. 135)

₈,₂₂*Es begab sich aber eines Tages, da stieg*
er in ein Schiff samt seinen Jüngern; und
er sagte zu ihnen: Lasset uns ans jensei=
tige Ufer des Sees fahren. ₉,₅₇*Und als*
sie wanderten, sagte einer auf dem Wege
zu ihm: Ich will dir nachfolgen, wohin du
auch gehst. ₅₈*Und Jesus sprach zu ihm:*
Die Füchse haben Gruben und die Vögel
des Himmels [haben] Nester; der Sohn
des Menschen dagegen hat nicht, wo er
sein Haupt hinlegen kann.
₅₉*Er sprach aber zu einem andern: Folge*
mir nach! Der antwortete: Erlaube mir,
zuvor hinzugehen und meinen Vater zu
begraben. ₆₀*Da sprach er zu ihm: Laß die*
Toten ihre Toten begraben; du aber geh
hin und verkündige das Reich Gottes!

Luk. 8, 22—25 (vgl. Nr. 102)

₂₂*Es begab sich aber eines Tages, da stieg*
er in ein Schiff samt seinen Jüngern; und
er sagte zu ihnen: Lasset uns ans jensei=
tige Ufer des Sees fahren! Und sie fuh=

23 Und er stieg ins Schiff, und seine Jün= ger folgten ihm.
24 Und siehe, es erhob sich ein großer Sturm auf dem See, so daß das Schiff von den Wellen bedeckt wurde. Er aber schlief.
25 Da traten sie hinzu, weckten ihn auf und sagten: Herr, hilf, wir gehen unter. 26 Und er sagt zu ihnen: Warum seid ihr [so] furchtsam, ihr Kleingläubigen? Dann stand er auf, bedrohte die Winde und den See, und es trat große Windstille ein.

27 Die Menschen aber verwunderten sich und sagten: Was ist das für ein Mann, daß ihm sogar die Winde und der See ge= horsam sind?

24: Ps. 4, 9 / 26: 14, 31; 16, 8.

war, im Schiffe mit; und andere Schiffe wa= ren bei ihm. 37 Und es erhob sich ein gro= ßer Windsturm, und die Wellen schlugen ins Schiff, so daß das Schiff sich schon füllte. 38 Und er schlief im Hinterteil des Schiffes auf dem Kissen. Und sie wecken ihn und sagen zu ihm: Meister, kümmert es dich nicht, daß wir untergehen? 39 Und nachdem er erwacht war, bedrohte er den Wind und sprach zum See: Schweig, ver= stumme! Da legte sich der Wind, und es trat eine große Windstille ein. 40 Und er sprach zu ihnen: Warum seid ihr so furcht= sam? Habt ihr noch keinen Glauben? 41 Und sie gerieten in große Furcht und sagten zueinander: Wer ist doch dieser, daß ihm sogar der Wind und der See gehorsam sind?

49. Heilung zweier besessener Gadarener

Mat. 8, 28—34

28 Und als er ans jenseitige Ufer in die Landschaft der Gadarener gekommen war, begegneten ihm, von den Grüften her kommend, zwei Besessene, die sehr bös= artig waren, so daß niemand auf jenem Weg vorbeigehen konnte.

29 Und siehe, sie erhoben ein Geschrei und sagten: Was haben wir mit dir zu schaf= fen, du Sohn Gottes? Bist du hierher ge= kommen, um uns vor der Zeit zu peinigen?

30 Es war aber fern von ihnen eine Herde von vielen Schweinen zur Weide. 31 Da ba=

Mark. 5, 1—20 (vgl. Nr. 103)

1 Und sie kamen ans jenseitige Ufer des Sees in die Landschaft der Gerasener. 2 Und als er aus dem Schiff gestiegen war, kam ihm alsbald von den Grüften her ein Mensch mit einem unreinen Geist entge= gen, 3 der seine Wohnung in den Grüf= ten hatte. Und niemand konnte ihn mehr fesseln, auch nicht mit einer Kette; 4 denn oft war er in Fußfesseln und Ketten ge= schlossen gewesen, und die Ketten waren von ihm zerrissen und die Fußfesseln zer= rieben worden, und niemand vermochte ihn zu bändigen. 5 Und er war allezeit, Tag und Nacht, in den Grüften und auf den Bergen, schrie und schlug sich mit Steinen. 6 Und als er Jesus von ferne sah, lief er und warf sich vor ihm nieder 7 und schrie mit lauter Stimme: Was habe ich mit dir zu schaffen, Jesus, du Sohn Got= tes, des Höchsten? Ich beschwöre dich bei Gott, peinige mich nicht! 8 Er hatte näm= lich zu ihm gesagt: Fahre aus, du unreiner Geist, aus dem Menschen!

Vers 4. 5

9 Und er fragte ihn: Was ist dein Name? Er antwortete ihm: Legion ist mein Na= me, denn wir sind viele. 10 Und er bat ihn dringend, sie nicht aus der Gegend zu ver= weisen. 11 Es war aber dort am Berg eine große Herde Schweine zur Weide. 12 Und

ren ab. 23 Als sie aber auf der Fahrt wa=
ren, schlief er ein. Und es kam ein Wind=
sturm auf den See herab, und das Schiff
wurde voll Wasser, und sie standen in
Gefahr.
24 Da traten sie hinzu, weckten ihn auf und
sagten: Meister, Meister, wir gehen un=
ter! Nachdem er aber erwacht war, be=
drohte er den Wind und die Wogen des

Wassers, und sie legten sich, und es trat
Windstille ein. 25 Da sprach er zu ihnen:
Wo ist euer Glaube?

Sie aber fürchteten und verwunderten sich
und sagten zueinander: Wer ist doch die=
ser, daß er sogar den Winden gebietet und
dem Wasser, und sie ihm gehorsam sind?

Luk. 8, 26—39 (vgl. Nr. 103)

26 Und sie fuhren nach der Landschaft der
Gergesener, die Galiläa gegenüberliegt.
27 Als er aber ans Land gestiegen war,
kam ihm ein Mann aus der Stadt entge=
gen, der Dämonen hatte und seit langer
Zeit keine Kleider anzog und in keinem
Hause blieb, sondern in den Grüften.
29 b Jener hatte ihn nämlich seit langer Zeit
mit sich fortgerissen, und er wurde in
Ketten und Fußfesseln geschlossen und
verwahrt; und er zerriß die Fesseln und
wurde von dem Dämon in die Einöde ge=
trieben.

28 Als dieser Jesus sah, schrie er auf, warf
sich vor ihm nieder und sprach mit lau=
ter Stimme: Was habe ich mit dir zu schaf=
fen, Jesus, du Sohn Gottes, des Höchsten?
Ich bitte dich, peinige mich nicht! 29 Er
hatte nämlich dem unreinen Geist gebo=
ten, aus dem Menschen auszufahren. Je=
ner hatte ihn nämlich seit langer Zeit mit
sich fortgerissen, und er wurde in Ketten
und Fußfesseln geschlossen und verwahrt;
und er zerriß die Fesseln und wurde von
dem Dämon in die Einöde getrieben. 30 Und
Jesus fragte ihn: Was ist dein Name? Er
antwortete: Legion. Denn viele Dämonen
waren in ihn gefahren. 31 Und sie baten
ihn, er möchte ihnen nicht befehlen, in die
Unterwelt zu fahren. 32 Es war aber dort
eine Herde von vielen Schweinen auf dem

ten ihn die Dämonen: Wenn du uns aus=
treibst, so schicke uns in die Schweine=
herde. ³²Und er sprach zu ihnen: Fahret
hin! Sie aber fuhren aus und fuhren in
die Schweine. Und siehe, die ganze Herde
stürzte sich den Abhang hinunter in den
See und kam im Wasser um.

³³Die Hirten aber flohen und gingen in die
Stadt und verkündigten alles, auch was mit
den Besessenen vorgegangen war. ³⁴Und
siehe, die ganze Stadt ging hinaus, Jesus
entgegen; und als sie ihn sahen,

baten sie ihn, aus ihrem Gebiet wegzu=
gehen.

*sie baten ihn: Schicke uns in die Schweine,
damit wir in sie fahren! ¹³Und er erlaubte
es ihnen. Da fuhren die unreinen Geister
aus und fuhren in die Schweine. Und die
Herde stürzte sich den Abhang hinunter
in den See, ungefähr zweitausend, und sie
ertranken im See.*
¹⁴*Und die Hirten flohen und verkündig=
ten es in der Stadt und auf dem Lande.*

*Da gingen die Leute, um zu sehen, was
geschehen war. ¹⁵Und sie kamen zu Jesus
und sahen den Besessenen, der die Legion
gehabt hatte, bekleidet und vernünftig
dasitzen; und sie fürchteten sich.*
¹⁶*Und die es gesehen hatten, erzählten
ihnen, wie es mit dem Besessenen zuge=
gangen war, und [das] von den Schwei=
nen. ¹⁷Da fingen sie an, ihn zu bitten, er
möge aus ihrem Gebiet hinweggehen.*

¹⁸*Und als er ins Schiff stieg, bat ihn der,
welcher besessen gewesen war, daß er
bei ihm bleiben dürfe. ¹⁹Und er ließ es
ihm nicht zu, sondern sagte zu ihm:
Geh in dein Haus zu den Deinen und
berichte ihnen, was der Herr dir Großes
getan, und wie er sich deiner erbarmt hat.
²⁰Und er ging aus und fing an, im Ge=
biet der Zehn Städte zu verkündigen, was
Jesus ihm Großes getan hatte, und jeder=
mann verwunderte sich.*

29: Mark. 1, 24; Luk. 4, 41; 1. Kön. 17, 18.

50. Heilung eines Gelähmten

Mat. 9, 1—8
¹Und er stieg in ein Schiff, fuhr hinüber
und kam in seine Stadt.

²Und siehe, da brachten sie zu ihm einen
Gelähmten, der auf einem Bette lag.

Und als Jesus ihren Glauben sah, sprach
er zu dem Gelähmten: Sei getrost, mein
Sohn; deine Sünden sind dir vergeben.

Mark. 2, 1—12
¹Und als er nach einigen Tagen wieder
nach Kapernaum hineingegangen war,
hörte man, daß er im Hause sei. ²Und es
versammelten sich viele, so daß nicht ein=
mal der Platz vor der Türe mehr reichte,
und er verkündigte ihnen das Wort.
³Da kamen Leute und brachten zu ihm
einen Gelähmten, der von vieren getragen
wurde.
⁴Und da sie ihn wegen des Volkes nicht
zu ihm bringen konnten, deckten sie das
Dach ab, wo er war, und nachdem sie es
durchbrochen hatten, ließen sie das Bett
hinab, worauf der Gelähmte lag. ⁵Und
als Jesus ihren Glauben sah, sprach er zu
dem Gelähmten: Mein Sohn, deine Sün=
den sind dir vergeben. ⁶Es saßen aber

*Berg zur Weide; und sie baten ihn, er
möchte ihnen erlauben, in diese zu fahren.
Und er erlaubte es ihnen.* ₃₃ *Da fuhren die
Dämonen aus dem Menschen aus und fuh=
ren in die Schweine. Und die Herde stürzte
sich den Abhang hinunter in den See und
ertrank.*
₃₄ *Als aber die Hirten sahen, was gesche=
hen war, flohen sie und verkündigten es
in der Stadt und auf dem Lande.* ₃₅ *Da
gingen die Leute hinaus, um zu sehen,
was geschehen war. Und sie kamen zu Je=
sus und fanden den Menschen, von dem
die Dämonen ausgefahren waren, beklei=
det und vernünftig zu den Füßen Jesu sit=
zen; und sie fürchteten sich.* ₃₆ *Die aber,
welche es gesehen hatten, erzählten ihnen,
wie der Besessene gesund geworden war.*

₃₇ *Und die ganze Menge aus der umlie=
genden Landschaft der Gergesener bat ihn,
von ihnen wegzugehen; denn große Furcht
hatte sie ergriffen. Da stieg er in ein Schiff
und kehrte zurück.* ₃₈ *Der Mann aber, von
dem die Dämonen ausgefahren waren, bat
ihn, daß er bei ihm bleiben dürfe. Doch er
entließ ihn und sagte:* ₃₉ *Kehre zurück in
dein Haus und erzähle, was Gott dir Gro=
ßes getan hat!
Und er ging aus und verkündigte in der
ganzen Stadt, was Jesus ihm Großes ge=
tan hatte.*

Luk. 5, 17—26   Joh. 5, 8—9

₁₇ Und es begab sich an einem der Tage,
daß er lehrte; und es saßen Pharisäer und
Gesetzeslehrer da, die aus allen Ortschaf=
ten von Galiläa und Judäa und von Jeru=
salem gekommen waren. Und die Kraft
des Herrn [in ihm] war darauf gerichtet
zu heilen. ₁₈ Und siehe, da trugen Män=
ner auf einem Bett einen Menschen, der
gelähmt war, und suchten ihn hineinzu=
bringen und vor ihn hinzulegen. ₁₉ Und
da sie wegen des Volkes keinen Weg fan=
den, wo sie ihn hineinbringen könnten,
stiegen sie auf das Haus und ließen ihn
samt dem Bett durch das Ziegeldach hin=
ab in die Mitte vor Jesus hin. ₂₀ Und als
er ihren Glauben sah, sprach er: Mensch,
deine Sünden sind dir vergeben! ₂₁ Da fin=

3 Und siehe, etliche der Schriftgelehrten sagten bei sich selbst: Dieser lästert.

dort etliche der Schriftgelehrten und machten sich in ihren Herzen Gedanken: 7 Was redet dieser so? Er lästert. Wer kann Sünden vergeben außer Gott allein? 8 Und alsbald merkte Jesus in seinem Geiste, daß sie sich bei sich selbst solche Gedanken machten, und sprach zu ihnen: Was macht ihr euch da für Gedanken in euren Herzen? 9 Was ist leichter, zu dem Gelähmten zu sagen: Deine Sünden sind dir vergeben, oder zu sagen: Steh auf, hebe dein Bett auf und geh hinweg? 10 Damit ihr aber wißt, daß der Sohn des Menschen Macht hat, auf Erden Sünden zu vergeben — sagt er zu dem Gelähmten: 11 Ich sage dir: Steh auf, hebe dein Bett auf und geh in dein Haus! 12 Und er stand auf, hob alsbald sein Bett auf und ging vor aller Augen hinaus,

4 Und da Jesus ihre Gedanken kannte, sprach er: Warum denkt ihr Böses in euren Herzen?

5 Denn was ist leichter, zu sagen: Deine Sünden sind dir vergeben. oder zu sagen: Steh auf und geh umher? 6 Damit ihr aber wißt, daß der Sohn des Menschen Macht hat, auf Erden Sünden zu vergeben — dann sagt er zu dem Gelähmten: Steh auf, hebe dein Bett auf und geh in dein Haus! 7 Und er stand auf und ging hinweg in sein Haus.

8 Als es aber die Volksmenge sah, erschrak sie und pries Gott, der solche Macht den Menschen gegeben habe.

so daß sie alle erstaunten, Gott priesen und sagten: Solches haben wir noch nie gesehen.

1: 4, 13 / 4 par.: 12, 25; Joh. 2, 25.

7 par.: Ps. 130, 4; Jes. 43, 25; 44, 22.

51. Die Berufung des Levi

Mat. 9, 9—13

9 Und als Jesus von da weiterging, sah er an der Zollstätte einen Mann sitzen, der Matthäus hieß; und er sagt zu ihm: Folge mir nach! Da stand er auf und folgte ihm nach. 10 Und es begab sich, als er in dem Haus [des Matthäus] zu Tische saß, siehe, da kamen viele Zöllner und Sünder und saßen mit Jesus und seinen Jüngern zu Tische.

11 Als die Pharisäer das sahen, sagten sie zu seinen Jüngern: Warum ißt euer Meister mit den Zöllnern und Sündern? 12 Er aber hörte es und sagte: Nicht die Starken bedürfen des Arztes, sondern die Kranken. 13 Gehet aber hin und lernet, was das heißt:

«Barmherzigkeit will ich und nicht Opfer.»

Denn ich bin nicht gekommen, Gerechte zu berufen, sondern Sünder.

Mark. 2, 13—17

13 Und er ging wieder an den See hinaus, und alles Volk kam zu ihm, und er lehrte sie. 14 Und im Vorübergehen sah er Levi, den Sohn des Alphäus, an der Zollstätte sitzen; und er sagte zu ihm: Folge mir nach! Da stand er auf und folgte ihm nach. 15 Und es begab sich, daß er in dessen Hause zu Tische saß, und viele Zöllner und Sünder saßen mit Jesus und seinen Jüngern zu Tische; denn es waren viele, die ihm nachfolgten. 16 Und als die Schriftgelehrten [von der Partei] der Pharisäer sahen, daß er mit den Zöllnern und Sündern aß, sagten sie zu seinen Jüngern: Warum ißt er mit den Zöllnern und Sündern? 17 Und Jesus hörte es und sprach zu ihnen: Nicht die Starken bedürfen des Arztes, sondern die Kranken.

Ich bin nicht gekommen, Gerechte zu berufen, sondern Sünder.

17: 1. Kor. 1, 26—30.

11 par.: Luk. 15, 1. 2; 19, 7 / 13: 12, 7; 1. Sam. 15, 22; Hos. 6, 6.
Zu Mat. 9, 9 vgl. Ebionäerevangelium, vgl. Nr. 56.
Zu Mark. 2, 16 ff par.: Papyrus Oxyrhynchos 1224: Als die Schriftgelehrten, Pharisäer und Priester ihn aber sahen, daß er mitten unter den Sündern zu Tische saß, waren sie aufgebracht. Als aber Jesus es hörte, sprach er: Die Gesunden haben den Arzt nicht nötig.

gen die Schriftgelehrten und die Phari=
säer an, sich darüber Gedanken zu ma=
chen, und sagten: Wer ist dieser, der [sol=
che] Lästerungen redet? Wer kann Sün=
den vergeben außer Gott allein? 22 Als
aber Jesus ihre Gedanken merkte, begann
er und sprach zu ihnen: Was macht ihr
euch da für Gedanken in euren Herzen?
23 Was ist leichter, zu sagen: Deine Sün=
den sind dir vergeben, oder zu sagen: Steh
auf und geh umher?

24 Damit ihr aber wißt, daß der Sohn des
Menschen Macht hat, auf Erden Sünden
zu vergeben — sprach er zu dem Gelähm=
ten: Ich sage dir: Steh auf, hebe dein Bett
auf und geh in dein Haus! 25 Und sofort
stand er vor ihren Augen auf, hob [das
Bett] auf, worauf er gelegen hatte, ging
hinweg in sein Haus und pries Gott.
26 Und Staunen ergriff alle, und sie prie=
sen Gott und wurden voll Furcht und sag=
ten: Wir haben heute unglaubliche Dinge
gesehen.

22: 6, 8 / 24: Joh. 17, 2.

8 *Jesus sagt zu ihm: Steh auf, hebe dein
Bett auf und geh umher!* 9 *Und alsbald
wurde der Mensch gesund, hob sein Bett
auf und ging umher.*

Luk. 5, 27—32
27 Und darnach ging er aus

und sah einen Zöllner mit Namen Levi
an der Zollstätte sitzen und sprach zu
ihm: Folge mir nach! 28 Da verließ er alles,
stand auf und folgte ihm nach. 29 Und
Levi veranstaltete für ihn ein großes Mahl
in seinem Hause; und es war eine große
Schar von Zöllnern und andern da, die
mit ihnen zu Tische saßen. 30 Da murrten
die Pharisäer und ihre Schriftgelehrten
gegen seine Jünger.

und sagten: Warum eßt und trinkt ihr
mit den Zöllnern und Sündern? 31 Und Je=
sus antwortete und sprach zu ihnen: Nicht
die Gesunden bedürfen des Arztes, son=
dern die Kranken;

32 ich bin nicht gekommen, Gerechte zu
berufen, sondern Sünder zur Buße.

*Zu Mark. 2, 17 par. 2. Clemens 2, 4: Eine andere Schrift sagt: Ich bin nicht gekommen, Gerechte zu berufen,
sondern Sünder. D. h., daß man die Verlorenen retten muß.*

52. Jesus lehnt für seine Jünger das Fasten ab

Mat. 9,14—17

14 Da kommen die Jünger des Johannes zu ihm und sagen: Warum fasten wir und die Pharisäer, deine Jünger aber fasten nicht? 15 Und Jesus sprach zu ihnen: Können etwa die Hochzeitsleute trauern, solange der Bräutigam bei ihnen ist?

Doch es werden Tage kommen, wo der Bräutigam von ihnen genommen sein wird, und dann werden sie fasten.

16 Niemand setzt aber ein Stück ungewalk= tes Tuch auf ein altes Kleid; denn von dem Kleide reißt sein Flickstück [einen Teil] ab, und der Riß wird schlimmer. 17 Man füllt auch nicht neuen Wein in alte Schläuche; sonst zerreißen die Schläuche und der Wein wird verschüttet und die Schläuche gehen zugrunde.

Sondern man füllt neuen Wein in neue Schläuche; dann bleiben beide miteinan= der erhalten.

14: Luk. 18,12 / 17 par.: Hiob 32,19.

Mark. 2,18—22

18 Und die Jünger des Johannes und die Pharisäer hatten Fasttag. Und die Leute kamen und sagten zu ihm: Warum fasten die Jünger des Johannes und die Jünger der Pharisäer, deine Jünger aber fasten nicht? 19 Da sprach Jesus zu ihnen: Kön= nen etwa die Hochzeitsleute fasten, wäh= rend der Bräutigam bei ihnen ist? Solange sie den Bräutigam bei sich haben, können sie nicht fasten. 20 Doch es werden Tage kommen, wo der Bräutigam von ihnen ge= nommen sein wird, und dann werden sie fasten an jenem Tage.

21 Niemand näht ein Stück ungewalktes Tuch auf ein altes Kleid; sonst reißt das Flickstück [einen Teil] von ihm ab, das neue von dem alten, und der Riß wird schlimmer. 22 Und niemand füllt neuen Wein in alte Schläuche; sonst wird der Wein die Schläuche zerreißen, und der Wein geht zugrunde samt den Schläuchen.

Sondern neuen Wein [füllt man] in neue Schläuche.

20: Luk. 17,22; Joh. 16,20.

53. Heilung der Blutflüssigen und Auferweckung der Tochter des Jairus

Mat. 9,18—26

18 Als er dies zu ihnen redete, siehe, da kam ein Vorsteher [der Synagoge], warf sich vor ihm nieder und sagte: Meine Tochter ist soeben gestorben; aber komm und lege deine Hand auf sie, so wird sie leben.

19 Und Jesus stand auf und folgte ihm samt seinen Jüngern. 20 Und siehe, eine Frau, die zwölf Jahre blutflüssig war,

trat von hinten hinzu und rührte die

Mark. 5,21—43 (vgl. Nr. 104)

21 Und als Jesus im Schiffe wieder an das jenseitige Ufer hinübergefahren war, ver= sammelte sich viel Volk bei ihm; und er war am See. 22 Da kommt einer der Vor= steher der Synagoge mit Namen Jairus; und wie er ihn erblickt, wirft er sich ihm zu Füßen 23 und bittet ihn inständig. Mein Töchterlein liegt in den letzten Zügen; komm und lege ihr die Hände auf, damit sie gerettet wird und am Leben bleibt. 24 Da ging er mit ihm; und es folgte ihm viel Volk nach, und sie umdrängten ihn. 25 Und es war eine Frau, die litt zwölf Jahre am Blutfluß, 26 und sie hatte viel durchge= macht mit vielen Ärzten und all ihr Gut aufgewendet, und es hatte ihr nichts ge= holfen, sondern es war vielmehr schlim= mer mit ihr geworden. 27 Als sie von Jesus gehört hatte, kam sie unter dem Volke von hinten herzu und rührte sein Kleid

Luk. 5, 33—39

Joh. 3, 29

33 Sie aber sagten zu ihm: Die Jünger des Johannes fasten häufig und verrichten Ge= bete, ebenso auch die der Pharisäer; die deinigen dagegen essen und trinken. 34 Da sprach Jesus zu ihnen: Könnt ihr etwa die Hochzeitsleute zum Fasten bringen, wäh= rend der Bräutigam bei ihnen ist?
35 Doch es werden Tage kommen, und dann, wenn der Bräutigam von ihnen ge= nommen sein wird, werden sie fasten in jenen Tagen.
36 Er sagte aber auch ein Gleichnis zu ihnen: Niemand reißt ein Stück von einem neuen Kleid ab und setzt es auf ein altes Kleid; sonst wird er nicht nur das neue zerrei= ßen, sondern auch zu dem alten wird das Stück vom neuen nicht passen. 37 Und nie= mand füllt neuen Wein in alte Schläuche; sonst wird der neue Wein die Schläuche zerreißen, und er selbst wird verschüttet werden, und die Schläuche werden zu= grunde gehen. 38 Sondern neuen Wein soll man in neue Schläuche füllen. 39 Und nie= mand, der alten getrunken hat, will neuen; denn er sagt: Der alte ist gut.
33: 11, 1.

29 Wer die Braut hat, ist der Bräutigam; der Freund des Bräutigams aber, der da= steht und ihn hört, freut sich sehr, daß er die Stimme des Bräutigams hört. Diese meine Freude nun hat sich erfüllt.

Luk. 8, 40—56 (vgl. Nr. 104)

40 Als aber Jesus zurückkam, empfing ihn das Volk; denn sie warteten alle auf ihn. 41 Und siehe, es kam ein Mann namens Jairus, und dieser war Vorsteher der Syn= agoge. Und er warf sich Jesus zu Füßen und bat ihn, in sein Haus zu kommen; 42 denn er hatte eine einzige Tochter von etwa zwölf Jahren, und diese lag im Ster= ben.
Während er aber hinging, umdrängte ihn die Volksmenge.
43 Und eine Frau, die seit zwölf Jahren am Blutfluß litt und all ihr Gut an die Ärzte gewendet hatte[1]) und von niemandem hatte geheilt werden können,

44 trat von hinten hinzu und rührte die

Quaste seines Kleides an. 21 Denn sie sagte
bei sich selbst: Wenn ich nur sein Kleid
anrühre, werde ich gesund werden.

22 Jesus aber wandte sich um, sah sie und
sprach: Sei getrost, meine Tochter; dein
Glaube hat dich gerettet. Und die Frau
war von jener Stunde an gesund.

23 Und als Jesus in das Haus des Vorste=
hers kam und die Flötenbläser und das
Volk lärmen sah, 24 sprach er:

Gehet hinweg: denn das Mädchen ist
nicht gestorben, sondern es schläft. Und
sie verlachten ihn. 25 Als aber das Volk
hinausgetrieben war, ging er hinein und

ergriff ihre Hand;

und das Mädchen stand auf.

26 Und das Gerücht hiervon verbreitete sich
in jener ganzen Gegend.

21: 14, 36 / 24 par.: Joh. 11, 11. 14. 25 / 26: Luk. 7, 17.

---

an. 28 Denn sie sagte: Wenn ich auch nur
seine Kleider anrühre, werde ich gesund
werden. 29 Und alsbald versiegte der Quell
ihres Blutes, und sie spürte es am Leibe,
daß sie von ihrer Qual geheilt war. 30 Und
alsbald spürte Jesus an sich selbst, daß eine
Kraft von ihm ausgegangen war, wandte
sich unter dem Volke um und sagte: Wer
hat meine Kleider angerührt? 31 Und seine
Jünger sagten zu ihm: Du siehst, wie das
Volk dich umdrängt, und sagst: Wer hat
mich angerührt? 32 Und er blickte umher,
um die zu sehen, welche dies getan hatte.

33 Die Frau aber kam mit Furcht und Zit=
tern, weil sie wußte, was ihr geschehen
war, warf sich vor ihm nieder und sagte
ihm die ganze Wahrheit.

34 Er aber sprach zu ihr: Meine Tochter,
dein Glaube hat dich gerettet. Geh hin in
Frieden und sei von deiner Qual gesund!
35 Während er noch redet, kommen Leute
des Vorstehers der Synagoge und sagen:
Deine Tochter ist gestorben; was bemühst
du den Meister noch? 36 Jesus aber achtete
nicht auf das Wort, das gesprochen wur=
de, und sagte zu dem Vorsteher der Syn=
agoge: Fürchte dich nicht, glaube nur!
37 Und er ließ niemand mit sich gehen außer
Petrus und Jakobus und Johannes, den
Bruder des Jakobus. 38 Und sie kommen
in das Haus des Vorstehers der Synagoge,
und er nimmt den Lärm wahr und Leute,
die weinen und laut klagen. 39 Und er geht
hinein und sagt zu ihnen: Was lärmt und
weint ihr? Das Kind ist nicht gestorben,
sondern es schläft. 40 Und sie verlachten
ihn. Er aber treibt alle hinaus, nimmt des
Kindes Vater und Mutter und seine Be=
gleiter mit sich und geht [in das Gemach]
hinein, wo das Kind war. 41 Und er ergreift
des Kindes Hand und sagt zu ihm: Tali=
tha kumi! was übersetzt heißt: Mädchen,
ich sage dir, steh auf! 42 Da stand das
Mädchen sogleich auf und ging umher;
es war nämlich zwölf Jahre alt. Und sie
gerieten alsbald in großes Staunen. 43 Und
er gebot ihnen ernstlich, daß niemand dies
erfahren solle, und befahl, ihr zu essen
zu geben.

Quaste seines Kleides an;

*und sofort kam ihr Blutfluß zum Still-
stand.*

45 *Und Jesus sprach: Wer hat mich angerührt? Als aber alle es verneinten, sagte
Petrus: Meister, die Volksmenge drückt
und drängt dich.* 46 *Doch Jesus sprach: Es
hat mich jemand angerührt; denn ich habe
gespürt, daß eine Kraft von mir ausgegangen ist.*
47 *Als aber die Frau sah, daß sie nicht verborgen bleiben konnte, kam sie zitternd,
warf sich vor ihm nieder und erzählte ihm
vor dem ganzen Volke, aus welchem Grunde sie ihn angerührt habe und wie sie
sofort geheilt worden sei.*
48 *Er aber sprach zu ihr: Meine Tochter,
dein Glaube hat dich gerettet; gehe hin in
Frieden!*
49 *Während er noch redete, kam jemand
von den Leuten des Vorstehers der Synagoge und sagte: Deine Tochter ist gestorben; bemühe den Meister nicht mehr!*
50 *Als Jesus das hörte, antwortete er ihm:
Fürchte dich nicht! glaube nur! und sie
wird gerettet werden.* 51 *Als er aber in das
Haus kam, ließ er niemand mit sich hineingehen als Petrus und Johannes und Jakobus und den Vater des Kindes und die
Mutter.*

52 *Sie weinten aber alle und klagten um
sie. Er jedoch sprach: Weinet nicht! sie ist
nicht gestorben, sondern sie schläft.* 53 *Und
sie verlachten ihn, weil sie wußten, daß
sie gestorben war.*

54 *Er aber ergriff ihre Hand und rief: Kind,
steh auf!*

55 *Da kehrte ihr Geist wieder, und sie
stand sofort auf; und er befahl, ihr zu
essen zu geben.* 56 *Und ihre Eltern erstaunten; er aber gebot ihnen, niemandem zu
sagen, was geschehen war.*

¹) 8, 43. Mehrere alte Textzeugen lassen die Worte
weg: «und all ihr Gut an die Ärzte gewendet
hatte».

54. Heilung zweier Blinder   (vgl. Nr. 190)

Mat. 9, 27—31

27 Und als Jesus von da weiterging, folg=
ten ihm zwei Blinde nach, die schrien: Er=
barme dich unser, du Sohn Davids! 28 Als
er aber in das Haus hineinging, kamen
die Blinden zu ihm. Und Jesus sagt zu
ihnen: Glaubt ihr, daß ich dies tun kann?
Sie sagen zu ihm: Ja, Herr. 29 Da rührte
er ihre Augen an und sprach: Euch ge=
schehe nach eurem Glauben! 30 Und ihre
Augen wurden geöffnet. Und Jesus drohte
ihnen ernstlich und sagte: Sehet zu, nie=
mand soll es erfahren. 31 Sie aber gingen
hinaus und machten ihn in jener ganzen
Gegend bekannt.

55. Heilung eines besessenen Stummen

Mat. 9, 32—34

32 Als sie aber hinausgingen, siehe, da
brachte man einen Stummen zu ihm, der
besessen war. 33 Und nachdem der Dä=
mon ausgetrieben war, redete der Stum=
me. Und die Volksmenge verwunderte
sich und sagte: Noch nie ist solches in
Israel gesehen worden. 34 Die Pharisäer
aber sagten: Durch den Herrscher der
Dämonen treibt er die Dämonen aus.

Mark. 3, 20—22   (vgl. Nr. 83)

20 Und er ging in ein Haus, und das Volk
kam abermals zusammen, so daß sie nicht
einmal Speise zu sich nehmen konnten.
21 Als die Seinigen das hörten, gingen sie
aus, um sich seiner zu bemächtigen; denn
sie sagten: Er ist von Sinnen.
22 Und die Schriftgelehrten, die von Jeru=
salem herabgekommen waren, sagten: Er
hat den Beelzebul, und: Durch den Herr=
scher der Dämonen treibt er die Dämonen
aus.

56. Die Aussendung der zwölf Apostel

Mat. 9, 35 — 10, 16

35 Und Jesus zog umher durch alle Städte
und Dörfer, lehrte in ihren Synagogen,
predigte das Evangelium vom Reich und
heilte jede Krankheit und jedes Gebre=
chen. 36 Als er aber die Volksmenge sah,
fühlte er Erbarmen mit ihnen; denn sie
waren abgequält und erschöpft wie Scha=
fe, die keinen Hirten haben. 37 Da sagte
er zu seinen Jüngern: Die Ernte ist groß,
aber der Arbeiter sind wenige. 38 Bittet
daher den Herrn der Ernte, daß er Ar=
beiter in seine Ernte sende!
10, 1 Und er rief seine zwölf Jünger zu sich
und gab ihnen Macht über die unreinen
Geister, sie auszutreiben und jede Krank=
heit und jedes Gebrechen zu heilen.

Mark. 6, 6. 34. 7; 3, 13—19; 6, 8—11
(vgl. Nr. 105. 106. 109. 70)

6 Und er zog durch die Dörfer ringsum=
her und lehrte.

34 Und als er ausstieg, sah er viel Volk,
und er fühlte Erbarmen mit ihnen, denn
sie waren wie Schafe, die keinen Hirten
haben; und er fing an, sie vieles zu lehren.

7 Und er rief die Zwölf zu sich und fing
an, sie je zwei und zwei auszusenden, und
gab ihnen Macht über die unreinen Gei=
ster.
3, 13 Und er stieg auf den Berg und rief zu
sich, welche er wollte, und sie kamen zu

Luk. 11,14—16 (vgl. Nr. 146)

14 *Und er trieb einen Dämon aus, der stumm war. Es begab sich aber, nachdem der Dämon ausgefahren war, da redete der Stumme. Und die Volksmenge verwunderte sich.*

15 *Etliche von ihnen sagten jedoch: Durch Beelzebul, den Herrscher der Dämonen, treibt er die Dämonen aus.* 16 *Andre aber versuchten ihn und forderten von ihm ein Zeichen vom Himmel.*

(Mat. 12,22—24) (vgl. Nr. 83)

22 *Da wurde ein Besessener zu ihm gebracht, der blind und stumm war, und er heilte ihn, so daß der Stumme redete und sah.* 23 *Und die ganze Volksmenge erstaunte und sagte: Dieser ist doch nicht etwa der Sohn Davids?* 24 *Als das die Pharisäer hörten, sagten sie: Dieser treibt die Dämonen nicht anders aus als durch Beelzebul, den Herrscher der Dämonen.*

Luk. 8,1; 10,2; 9,1; 6,13—16 ; 9,2—5
(vgl. Nr. 82. 136. 106. 70)

1 *Und es begab sich bald darauf, daß er Städte und Dörfer durchwanderte, indem er predigte und das Evangelium vom Reiche Gottes verkündigte, und die Zwölf begleiteten ihn.*

Joh. 4,35; (Apg. 1,13; Luk. 10,3—12)

10,2 *Und er sprach zu ihnen: Die Ernte ist groß, aber der Arbeiter sind wenige. Bittet daher den Herrn der Ernte, daß er Arbeiter in seine Ernte sende!* 9,1 *Er rief aber die Zwölf zusammen und gab ihnen Macht und Gewalt über alle Dämonen und zur Heilung von Krankheiten;*

35 *Sagt ihr nicht:*
Es sind noch vier Monate, dann kommt die Ernte? Siehe, ich sage euch: Erhebet eure Augen und betrachtet die Felder: sie sind schon weiß zur Ernte.

*ihm. 14 Und er bestimmte zwölf, damit
sie um ihn wären und damit er sie aus=
senden könnte zur Predigt [des Evange=
liums]15 und mit der Macht, die Dämo=
nen auszutreiben; 16 und er bestimmte
[so] die Zwölf und legte dem Simon den
Namen Petrus bei, 17 und Jakobus, den
Sohn des Zebedäus, und Johannes, den
Bruder des Jakobus, denen er den Namen
Boanerges (das heißt: Donnersöhne) bei=
legte, 18 und Andreas und Philippus und
Bartholomäus und Matthäus und Thomas
und Jakobus, den Sohn des Alphäus, und
Thaddäus und Simon den Kananäer 19 und
Judas Ischarioth, den, der ihn verriet.*

2 Die Namen der zwölf Apostel aber sind
diese: Zuerst Simon, genannt Petrus, und
sein Bruder Andreas, dann Jakobus, der
Sohn des Zebedäus, und sein Bruder Jo=
hannes,
3 Philippus und Bartholomäus, Thomas
und Matthäus der Zöllner, Jakobus, der
Sohn des Alphäus, und Thaddäus¹), 4 Si=
mon der Kanaanäer und Judas Ischarioth,
der, welcher ihn verriet.
5 Diese Zwölf sandte Jesus aus und ge=
bot ihnen: Gehet nicht auf eine Straße
der Heiden und gehet nicht in eine Stadt
der Samariter, 6 sondern gehet vielmehr
zu den verlorenen Schafen des Hauses Is=
rael! 7 Wenn ihr aber hingeht, so predi=
get: «Das Reich der Himmel ist genaht.»
8 Heilet Kranke, wecket Tote auf, machet
Aussätzige rein, treibet Dämonen aus!
Umsonst habt ihr es empfangen, um=
sonst gebet es! 9 Verschaffet euch nicht
Gold noch Silber noch Kupfer in eure
Gürtel, 10 keine Tasche auf den Weg, auch
nicht zwei Röcke, auch nicht Schuhe noch
Stab; denn der Arbeiter ist seiner Speise
wert. 11 Wo ihr aber in eine Stadt oder
in ein Dorf kommt, erkundigt euch, wer
darin würdig sei, und bleibet dort, bis
ihr weiterzieht! 12 Wenn ihr aber in das
Haus eintretet, so grüßet es! 13 Und wenn
das Haus würdig ist, soll euer Friedens=
gruß über dasselbe kommen. Ist es aber
nicht würdig, so soll euer Friedensgruß
zu euch zurückkehren.
14 Und wenn man euch nicht aufnimmt
noch eure Worte anhört, so gehet fort
aus jenem Haus oder aus jener Stadt und
schüttelt den Staub von euren Füßen.

*6, 8 Und er befahl ihnen, sie sollten nichts
mit auf den Weg nehmen als nur einen
Stab, kein Brot, keine Tasche, kein Geld
im Gürtel, 9 sondern [nur] Sandalen an
den Füßen; und ziehet [,sprach er,] nicht
zwei Röcke an! 10 Und er sprach zu ihnen:
Wo ihr in ein Haus eintretet, da bleibet,
bis ihr von dannen weiterzieht!*

*11 Und wenn ein Ort euch nicht aufnimmt
und sie euch nicht anhören, so ziehet von
dort weiter und schüttelt den Staub ab,
der euch an den Sohlen hängt, ihnen zum
Zeugnis!*

15 Wahrlich, ich sage euch: Es wird dem
Lande Sodom und Gomorrha am Tage
des Gerichtes erträglicher ergehen als
dieser Stadt. 16 Siehe, ich sende euch wie
Schafe mitten unter die Wölfe. Darum
seid klug wie die Schlangen und ohne
Falsch wie die Tauben!
36 par.: 14, 14; 4. Mos. 27, 17; 1. Kön. 22, 17; Ez. 34,
4. 5. / 1: 17, 19. 20 / 2—4: Joh. 1, 40—49 / 6: 15, 24;

6,13 und erwählte aus ihnen zwölf, die er auch Apostel nannte: 14 Simon, den er auch Petrus nannte, und dessen Bruder Andreas, und Jakobus und Johannes

und Philippus und Bartholomäus 15 und Matthäus und Thomas und Jakobus, den Sohn des Alphäus, und Simon, genannt Eiferer, 16 und Judas, den Sohn des Jakobus, und Judas Ischarioth, der zum Verräter wurde.

(Apg.) 1,13 Und als sie hineingekommen waren, gingen sie hinauf in das Obergemach, wo sie sich aufzuhalten pflegten, Petrus und Johannes und Jakobus und Andreas, Philippus und Thomas, Bartholomäus und Matthäus, Jakobus, der Sohn des Alphäus, und Simon der Eiferer und Judas, der Sohn des Jakobus.

9,2 und er sandte sie aus, das Reich Gottes zu predigen und zu heilen.
3 Und er sprach zu ihnen:
Nehmet nichts mit auf den Weg, weder Stab noch Tasche noch Brot noch Geld, noch soll einer zwei Röcke haben. 4 Und in dem Hause, in das ihr hineingeht,

da bleibet und von da ziehet weiter!

(Luk.) 10,4 Traget keinen Beutel, keine Tasche, keine Schuhe, und auf dem Wege grüßet niemand! 5 Wo ihr aber in ein Haus eintretet, da sprechet zuerst: Friede diesem Hause! 6 Und wenn dort ein Sohn des Friedens ist, wird euer Friedensgruß auf ihm ruhen; wenn aber nicht, wird er zu euch zurückkehren. 7 In ebendiesem Haus aber bleibet und esset und trinket, was ihr von ihnen bekommt; denn der Arbeiter ist seines Lohnes wert. Gehet nicht aus einem Hause weg in das andre! 8 Und wo ihr in eine Stadt kommt und sie euch aufnehmen, da esset, was euch vorgesetzt wird, 9 und heilet die Kranken, die darin sind, und saget ihnen: Das Reich Gottes ist zu euch genaht! 10 Wo ihr aber in eine Stadt kommt und sie euch nicht aufnehmen, da gehet auf ihre Straßen hinaus und sprechet: 11 Auch den Staub, der sich von eurer Stadt uns an die Füße gesetzt hat, wischen wir [zum Zeichen] wider euch ab; doch das sollt ihr wissen, daß das Reich Gottes genaht ist. 12 Ich sage euch: Es wird Sodom an jenem Tag erträglicher ergehen als dieser Stadt.

5 Und wo immer sie euch nicht aufnehmen, ziehet aus jener Stadt weiter und schüttelt den Staub von euren Füßen zum Zeugnis wider sie!

10,3 Gehet hin! Siehe, ich sende euch wie Lämmer mitten unter die Wölfe.

Apg. 13, 46 / 7: 4, 17 / 8: Mark. 16, 17. 18; Apg. 8,
20; 9, 34. 40; 2. Kön. 5, 16 / 10: 1. Kor. 9, 5—14; 1. Tim.
5, 18; 4. Mos. 18, 31 / 14 par.: Apg. 13, 51; 18, 6 /
15: 11, 24.

¹) 10, 3. Nach andern Textzeugen: «Lebbäus»; wie=
der andre schreiben: «Lebbäus, zubenannt Thad=
däus».

*Zu Mat. 10, 2—4 Ebionäerevangelium (Epiphanius, Haer. 30, 13, 2 f): Und als er nach Kapernaum kam,
betrat er das Haus Simons, mit Beinamen Petrus, öffnete seinen Mund und sprach: Als ich am See
Tiberias entlang ging, erwählte ich Johannes und Jakobus, die Söhne des Zebedäus, und Simon und An=
dreas und Thaddäus und Simon den Eiferer und Judas Ischarioth, und Dich, Matthäus, der du am Zoll
saßest, berief ich, und du folgtest mir. Von euch nun will ich, daß ihr 12 Apostel seid, zum Zeugnis für
Israel.*

57. Ermutigung zum Ausharren in Verfolgung

Mat. 10, 17—25

17 Hütet euch aber vor den Menschen; denn
sie werden euch an die Gerichte überlie=
fern, und in ihren Synagogen werden sie
euch geißeln. 18 Und auch vor Statthalter
und Könige werdet ihr um meinetwillen
geführt werden, ihnen und den Heiden
zum Zeugnis. 19 Wenn sie euch aber über=
liefern, so sorget euch nicht darum, wie
oder was ihr reden sollt; denn es wird
euch in jener Stunde gegeben werden,
was ihr reden sollt. 20 Denn nicht ihr seid
es, die reden, sondern der Geist eures Va=
ters ist's, der in euch redet. 21 Es wird
aber ein Bruder den andern zum Tode
überliefern und ein Vater das Kind, und
Kinder werden wider die Eltern auftreten
und sie zum Tode bringen; 22 und ihr wer=
det um meines Namen willen von jeder=
mann gehaßt sein. Wer aber ausharrt bis
ans Ende, der wird gerettet werden. 23 Wenn
sie euch aber verfolgen in dieser Stadt, so
fliehet in die andre! Denn wahrlich, ich
sage euch: Ihr werdet mit den Städten Is=
raels nicht zu Ende kommen, bis der Sohn
des Menschen kommt. 24 Ein Jünger ist
nicht über dem Meister noch ein Knecht
über seinem Herrn. 25 Es ist genug für den
Jünger, daß er ist wie sein Meister, und
[es ist genug,] daß der Knecht ist wie sein
Herr. Haben sie den Hausherrn Beelzebul
geheißen, wieviel mehr seine Hausgenos=
sen!

17: 24, 9 / 18: Apg. 25, 23; 27, 24 / 19: Luk. 12, 11.
12 / 21: Mi. 7, 6 / 22: 24, 9. 13; Joh. 15, 21 / 23: 16,
28; 23, 34.

Mark. 13, 9—13   (vgl. Nr. 212)

9 *Ihr aber, sehet auf euch selbst! Man
wird euch an die Gerichte überliefern,
und in den Synagogen werdet ihr ge=
schlagen werden, und vor Statthalter und
Könige werdet ihr gestellt werden um
meinetwillen, ihnen zum Zeugnis. 10 Und
unter allen Völkern muß zuvor das Evan=
gelium gepredigt werden. 11 Wenn sie
euch dann hinführen, um euch zu über=
liefern, so sorget euch nicht zum voraus
darum, was ihr reden sollt, sondern was
euch in jener Stunde gegeben wird, das
redet! Denn nicht ihr seid es, die reden,
sondern der heilige Geist. 12 Und ein
Bruder wird den andern zum Tode über=
liefern und ein Vater das Kind, und Kin=
der werden wider die Eltern auftreten
und sie zum Tode bringen; 13 und ihr wer=
det um meines Namens willen von jeder=
mann gehaßt sein. Wer aber ausharrt bis
ans Ende, der wird gerettet werden.*

58. Aufforderung zu furchtlosem Bekenntnis

Mat. 10, 26—33

26 Fürchtet sie nun nicht! Denn nichts ist
verhüllt, was nicht enthüllt werden wird,

Mark. 4, 22; 8, 38   (vgl. Nr. 92. 120)

22 *Denn nichts ist verborgen, außer damit
es offenbar wird, und nichts ist ein Ge=*

Zu Mat. 10, 8–10 Thomasevangelium Logion 14: Wenn ihr in irgendein Land geht, wenn ihr in Gegenden wandert, und man nimmt euch auf, dann eßt das, was man euch vorsetzt. Heilt, die unter ihnen krank sind. Denn was in euren Mund hineingehen wird, befleckt euch nicht. Aber das, was aus euren Mund hinausgeht, das ist es, was euch beflecken wird.

Zu Mat. 10, 16: 2. Clemens, vgl. Nr. 58

Luk. 21, 12—17. 19; 6, 40 (vgl. Nr. 212. 74)

₁₂ *Vor diesem allem aber wird man Hand an euch legen und euch verfolgen, indem man euch an die Synagogen und Gefäng= nisse überliefert, um euch vor Könige und Statthalter zu führen um meines Na= mens willen.* ₁₃ *Es wird euch dazu aus= schlagen, daß ihr Zeugnis [für mich] ab= legen müßt.* ₁₄ *Darum präget es euren Herzen ein, nicht zum voraus darauf zu sinnen, wie ihr euch verantworten sollt!* ₁₅ *Denn ich werde euch Mund und Weis= heit geben, der alle eure Widersacher nicht werden widerstehen oder wider= sprechen können.* ₁₆ *Ihr werdet aber auch von Eltern und Brüdern und Verwandten und Freunden ausgeliefert werden, und man wird etliche von euch töten,* ₁₇ *und ihr werdet um meines Namens willen von jedermann gehaßt sein.* ₁₉ *Durch eure Standhaftigkeit gewinnet euer [künftiges] Leben!*

₆, ₄₀ *Ein Jünger ist nicht über dem Meister; jeder aber, wenn er ganz vollendet ist, wird [nur] wie sein Meister sein.*

Joh. 14, 26; 13, 16; 15, 20

₂₆ *Der Beistand¹) aber, der heilige Geist, den der Vater in meinem Namen senden wird, der wird euch alles lehren und euch an alles erinnern, was ich euch gesagt habe,*

₁₃, ₁₆ *Wahrlich, wahrlich, ich sage euch: Ein Knecht ist nicht größer als sein Herr, noch ein Gesandter größer als der, welcher ihn gesandt hat.* ₁₅, ₂₀ *Gedenket an das Wort, das ich euch gesagt habe. Ein Knecht ist nicht größer als sein Herr! Haben sie mich verfolgt, so werden sie auch euch verfolgen; haben sie mein Wort gehalten, so werden sie auch das eure halten.*

¹) 14, 26. Im Grundtext «Paraklet», das heißt wörtlich: «der als Beistand Zugezogene»; damit ist gemeint ein Helfer, Anwalt oder Fürsprecher.

Luk. 12, 2—9 (vgl. Nr. 152)

₂ *Nichts aber ist verhüllt, was nicht ent= hüllt werden wird, und [nichts] verborgen,*

und [nichts] verborgen, was nicht bekannt werden wird. 27 Was ich euch im Dunkeln sage, das saget im Licht, und was ihr ins Ohr hört, das prediget auf den Dächern!

heimnis geworden, außer damit es an den Tag kommt.

28 Und fürchtet euch nicht vor denen, die den Leib töten, die Seele aber nicht töten können,

sondern fürchtet vielmehr den, der Seele und Leib verderben kann in der Hölle. 29 Verkauft man nicht zwei Sperlinge für fünf Rappen? und nicht einer von ihnen wird ohne Zutun eures Vaters auf die Erde fallen. 30 Aber auch die Haare eures Hauptes sind alle gezählt. 31 Darum fürch= tet euch nicht! Ihr seid mehr wert als viele Sperlinge.

32 Wer immer nun sich zu mir bekennt vor den Menschen, zu dem werde auch ich mich bekennen vor meinem Vater in den Himmeln. 33 Wer mich aber verleugnet vor den Menschen, den werde auch ich ver= leugnen vor meinem Vater in den Him= meln.

8, 38 *Denn wer sich meiner und meiner Wor= te schämt unter diesem abtrünnigen und sündhaften Geschlecht, dessen wird sich auch der Sohn des Menschen schämen, wenn er kommen wird in der Herrlichkeit seines Vaters mit den heiligen Engeln.*

30: Luk. 21, 18 / 31: 6, 26; 12, 12 / 33: 2. Tim. 2, 12.

Zu Mat. 10, 26 Papyrus Oxyrhynchos 654, 27—31: Jesus spricht: Alles was nicht vor deinem Blick liegt und vor dir verborgen ist, wird offenbart werden. Nichts ist verborgen, was nicht offenbart werden wird, und begraben, was nicht auferweckt werden wird.

59. Zwiespalt unter den Nächsten

Mat. 10, 34—36

34 Meinet nicht, daß ich gekommen sei, Frieden auf die Erde zu bringen. Ich bin nicht gekommen, Frieden zu bringen, son= dern das Schwert. 35 Denn ich bin gekom= men, einen Menschen mit seinem Vater zu entzweien und eine Tochter mit ihrer Mutter und eine Schwiegertochter mit ihrer Schwiegermutter, 36 und «des Men= schen Feinde werden die eignen Hausge= nossen sein».

35 f par.: Mich. 7, 6.

Zu Mat. 10, 34—36 Thomasevangelium Logion 16: Vielleicht denken die Menschen, ich kam, den Frieden auf die Welt zu bringen. Sie wissen nicht, daß ich kam, um Trennung, Feuer, Schwert, Krieg auf die Erde

60. Forderung an die Nachfolger

Mat. 10, 37—39

37 Wer Vater oder Mutter mehr liebt als mich, ist meiner nicht wert; und wer Sohn

Mark. 8, 34. 35   (vgl. Nr. 120)

was nicht bekannt werden wird. ₃ Des=
*wegen wird alles, was ihr im Dunkeln
gesagt habt, im Licht gehört werden, und
was ihr in den Kammern ins Ohr ge=
redet habt, wird auf den Dächern gepre=
digt werden.* ₄ *Ich sage aber euch, meinen
Freunden: Fürchtet euch nicht vor denen,
die den Leib töten und nachher nichts
Weiteres tun können!* ₅ *Ich will euch aber
zeigen, wen ihr fürchten sollt: Fürchtet
den, der, nachdem er getötet hat, Macht
besitzt, in die Hölle zu werfen! Ja, ich
sage euch: Den fürchtet!* ₆ *Verkauft man
nicht fünf Sperlinge für zehn Rappen?
und nicht e i n e r von ihnen ist vor Gott
vergessen.* ₇ *Aber auch die Haare eures
Hauptes sind alle gezählt. Fürchtet euch
nicht! Ihr seid mehr wert als viele Sper=
linge.*
₈ *Ich sage euch aber: Wer immer sich zu
mir bekennt vor den Menschen, zu dem
wird sich auch der Sohn des Menschen
bekennen vor den Engeln Gottes.* ₉ *Wer
mich aber verleugnet vor den Menschen,
der wird verleugnet werden vor den En=
geln Gottes.*

*Zu Mat. 10, 28 2. Clemens 5, 2–4: Denn der Herr spricht: Ihr werdet sein wie Schafe mitten unter den
Wölfen. Da antwortet aber Petrus und spricht: Wenn nun die Wölfe die Schafe zerreißen? Jesus sprach zu
Petrus: Die Schafe sollen nicht nach ihrem Tode die Wölfe fürchten. Fürchtet ihr auch nicht die, die euch
(wohl) töten, und euch nichts tun können. Fürchtet euch aber vor dem, der nach dem Tode Macht über
Seele und Leib hat, euch in die Feuerhölle zu werfen.*

Luk. 12, 51—53   (vgl. Nr. 157)

₅₁ *Meint ihr, daß ich gekommen sei, Frie=
den auf der Erde zu schaffen? Nein, sage
ich euch, sondern Entzweiung.* ₅₂ *Denn von
jetzt an werden fünf in e i n e m Haus
entzweit sein, drei mit zweien und zwei
mit dreien.* ₅₃ *Es werden entzweit sein der
Vater mit dem Sohn und der Sohn mit
dem Vater, die Mutter mit der Tochter
und die Tochter mit der Mutter, die
Schwiegermutter mit ihrer Schwiegertoch=
ter und die Schwiegertochter mit der
Schwiegermutter.*

*zu bringen. Fünf werden in einem Haus sein; drei werden gegen zwei und zwei gegen drei sein. Der Vater
gegen den Sohn, der Sohn gegen den Vater. Und sie werden allein dastehen.*

Luk. 14, 26—27; 17, 33   (vgl. Nr. 168. 181)

₂₆ *Wenn jemand zu mir kommt und nicht
seinen Vater und seine Mutter und sein*

Joh. 12, 25

oder Tochter mehr liebt als mich, ist mei=
ner nicht wert;

38 und wer nicht sein Kreuz nimmt und
mir nachfolgt, ist meiner nicht wert. 39 Wer
sein Leben findet, der wird es verlieren;
und wer sein Leben verliert um meinet=
willen, der wird es finden.

*34 Wenn jemand mit mir gehen will, ver=
leugne er sich selbst und nehme sein
Kreuz auf sich und folge mir nach! 35 Denn
wer sein Leben retten will, der wird es
verlieren; wer aber sein Leben verliert
um meinetwillen und um des Evangeliums
willen, der wird es retten.*

37 par.: 5. Mose 13, 6–11; Luk. 18, 29 / 38. 39: vgl.
Nr. 120.

Zu Mat. 10, 37–39 Thomasevangelium Logion 55: Wer nicht seinen Vater und seine Mutter haßt, wird nicht
Jünger sein können. Wer nicht seine Brüder und Schwestern haßt und nicht sein Kreuz trägt wie ich, wird
meiner nicht würdig sein.

61. Von der Belohnung jedes Dienstes um Jesu willen

Mat. 10, 40 – 11, 1   *Mark. 9, 41*   (vgl. Nr. 127)

40 Wer euch aufnimmt, der nimmt mich
auf; und wer mich aufnimmt, der nimmt
den auf, der mich gesandt hat. 41 Wer einen
Propheten aufnimmt, weil er ein Prophet
ist, wird den Lohn eines Propheten emp=
fangen; und wer einen Gerechten auf=
nimmt, weil er ein Gerechter ist, wird
den Lohn eines Gerechten empfangen;
42 und wer einem dieser Geringen auch
nur einen Becher kalten Wassers zu trinken gibt, weil er ein Jünger ist, wahrlich,
ich sage euch: Ihm soll sein Lohn nicht
mangeln.
11, 1 Und es begab sich, als Jesus seine
Anweisungen an seine Jünger beendet
hatte, ging er von da weiter, um in ihren
Städten zu lehren und zu predigen.

*41 Denn wer euch einen Becher Wasser zu
trinken gibt auf meinen Namen hin, weil
ihr Christo angehört, wahrlich, ich sage
euch: Ihm soll sein Lohn nicht mangeln.*

41: 1. Kön. 17, 9–24; 2. Kön. 4, 8–37 / 42: 25, 40.

62. Johannes sendet zu Jesus

Mat. 11, 2—6

2 Als aber Johannes im Gefängnis von den
Werken Christi hörte, ließ er ihm durch
seine Jünger sagen: 3 Bist du es, der da
kommen soll, oder sollen wir auf einen
andern warten?

4 Und Jesus antwortete und sprach zu
ihnen: Gehet hin und berichtet dem Jo=

*Weib und seine Kinder und seine Brüder
und seine Schwestern und dazu auch sein
Leben haßt, kann er nicht mein Jünger
sein.* 27 *Wer nicht sein Kreuz trägt und
mit mir geht, kann nicht mein Jünger sein.*
17, 33 *Wer sein Leben zu erhalten sucht,
der wird es verlieren, und wer es verliert,
der wird es [neu] gewinnen.*

25 *Wer sein Leben liebt, verliert es, und
wer sein Leben in dieser Welt haßt, wird
es ins ewige Leben bewahren.*

Luk. 10, 16 (vgl. Nr. 136)

16 *Wer euch hört, der hört mich, und wer
euch verwirft, der verwirft mich; wer aber
mich verwirft, der verwirft den, der mich
gesandt hat.*

Joh. 12, 44. 45; 13, 20

44 *Jesus aber rief: Wer an mich glaubt, der
glaubt nicht an mich, sondern an den, der
mich gesandt hat;* 45 *und wer mich sieht,
der sieht den, der mich gesandt hat.*
13, 20 *Wahrlich, wahrlich, ich sage euch:
Wer einen aufnimmt, wenn ich ihn sende,
nimmt mich auf; wer aber mich aufnimmt,
nimmt den auf, der mich gesandt hat.*

Zu Mat. 10, 41 Didache 11, 4: Jeden Apostel, der zu euch kommt, nehmt wie den Herrn auf!

Luk. 7, 18—23 (vgl. Nr. 79)

18 *Und dem Johannes berichteten seine
Jünger über dies alles. Da rief Johannes
zwei seiner Jünger zu sich,* 19 *sandte sie
zum Herrn und ließ ihm sagen: Bist du es,
der da kommen soll, oder sollen wir auf
einen andern warten?* 20 *Die Männer aber
kamen zu ihm und sagten: Johannes der
Täufer hat uns zu dir gesandt und läßt
dir sagen: Bist du es, der da kommen soll,
oder sollen wir auf einen andern warten?*
21 *In jener Stunde heilte er viele von Krankheiten und Qualen und bösen Geistern,
und vielen Blinden schenkte er das Augenlicht.* 22 *Und er antwortete und sprach zu
ihnen: Gehet hin und berichtet dem Jo-*

hannes, was ihr hört und seht: 5 «Blinde werden sehend» und Lahme gehen, Aus= sätzige werden rein und Taube hören, Tote werden auferweckt und «Armen wird die frohe Botschaft gebracht», 6 und selig ist, wer an mir keinen Anstoß nimmt.

2: 14, 3 / 3: 3, 11; Mal. 3, 1 / 5 par.: 15, 30. 31; Jes. 29, 18. 19; 35, 5. 6; 61, 1; Luk. 4, 18 / 6: 13, 57; 26, 31.

63. Jesu Urteil über Johannes. Das Gleichnis von den spielenden Kindern

Mat. 11, 7—19

7 Als diese aber hinweggingen, fing Jesus an, zur Volksmenge von Johannes zu re= den: Wozu seid ihr in die Wüste hinaus= gegangen? Ein Rohr zu schauen, das vom Wind bewegt wird? 8 Oder wozu seid ihr hinausgegangen? Einen Menschen zu se= hen, der mit weichen Kleidern angetan ist? Siehe, die weiche Kleider tragen, sind in den Häusern der Könige. 9 Oder wozu seid ihr hinausgegangen? Einen Prophe= ten zu sehen? Ja, ich sage euch: Sogar mehr als einen Propheten. 10 Dieser ist's, über den geschrieben steht:

«Siehe, ich sende meinen Boten vor dei= nem Angesicht her, der deinen Weg vor dir bereiten wird.»

11 Wahrlich, ich sage euch: Unter denen, die von Frauen geboren sind, ist kein Größerer aufgetreten als Johannes der Täufer. Doch der Kleinste im Reich der Himmel ist größer als er.

Mark. 1, 2; 9, 13 (vgl. Nr. 1. 122)

2 Wie geschrieben steht beim Propheten Jesaja:
«Siehe, ich sende meinen Boten vor dei= nem Angesicht her, der deinen Weg be= reiten wird».

12 Aber von den Tagen Johannes des Täu= fers an bis jetzt wird das Reich der Him= mel mit Gewalt erstrebt, und gewaltsam Ringende reißen es an sich. 13 Denn alle Propheten und das Gesetz haben auf Jo= hannes hin geweissagt, 14 und wenn ihr es annehmen wollt: er ist Elia, der kom= men soll. 15 Wer Ohren hat, der höre! 16 Wem soll ich aber dieses Geschlecht ver= gleichen? Es ist Kindern gleich, die auf den Marktplätzen sitzen und den andern zu= rufen 17 und sagen:
Wir haben euch aufgespielt,
und ihr habt nicht getanzt;
wir haben Klagelieder gesungen,
und ihr habt nicht getrauert.

9, 13 Aber ich sage euch: Elia ist wirklich gekommen, und sie taten ihm, was sie wollten, wie über ihn geschrieben steht.

hannes, was ihr gesehen und gehört habt:
«Blinde werden sehend», Lahme gehen,
Aussätzige werden rein und Taube hören,
Tote werden auferweckt, «Armen wird die
frohe Botschaft gebracht»; 23 und selig ist,
wer an mir keinen Anstoß nimmt.

Luk. 7, 24—35; 16, 16 (vgl. Nr. 80. 173)

24 Als aber die Boten des Johannes hin=
weggegangen waren, fing er an, zur Volks=
menge von Johannes zu reden: Was zu
schauen seid ihr in die Wüste hinausge=
gangen? Ein Rohr, das vom Wind bewegt
wird? 25 Oder was zu sehen seid ihr hin=
ausgegangen? Einen Menschen, der mit
weichen Kleidern angetan ist? Siehe, die
in herrlicher Kleidung und Üppigkeit le=
ben, sind in den Königspalästen. 26 Oder
was zu sehen seid ihr hinausgegangen?
Einen Propheten? Ja, ich sage euch: So=
gar mehr als einen Propheten. 27 Dieser
ist's, über den geschrieben steht:

«Siehe, ich sende meinen Boten vor
deinem Angesicht her, der deinen Weg
vor dir bereiten wird.»

28 Ich sage euch: Unter denen, die von
Frauen geboren sind, ist kein größerer
Prophet als Johannes. Doch der Kleinste
im Reiche Gottes ist größer als er. 29 Und
alles Volk, das zuhörte, und die Zöllner
haben Gott recht gegeben, indem sie sich
mit der Taufe des Johannes taufen lie=
ßen. 30 Die Pharisäer aber und die Geset=
zeskundigen haben den Ratschluß Gottes
über sie selber verworfen, indem sie sich
von ihm nicht taufen ließen.
16, 16 Das Gesetz und die Propheten gal=
ten bis zu Johannes; von da an wird das
Evangelium vom Reiche Gottes verkün=
digt, und jeder drängt sich mit Gewalt
hinein.

7, 31 Wem soll ich nun die Menschen die=
ses Geschlechts vergleichen, und wem sind
sie gleich? 32 Sie sind Kindern gleich, die
am Markte sitzen und einander zurufen:

Wir haben euch aufgespielt,
und ihr habt nicht getanzt;
wir haben Klagelieder gesungen,
und ihr habt nicht geweint.

18 Denn Johannes ist gekommen, der aß
nicht und trank nicht; da sagen sie: Er
hat einen Dämon. 19 Der Sohn des Men=
schen ist gekommen, der ißt und trinkt;
da sagen sie: Siehe, ein Schlemmer und
Zecher, Freund mit Zöllnern und Sün=
dern! Und die Weisheit ist aus ihren Wer=
ken[1]) gerechtfertigt worden.

7 par.: 3, 5 / 9 par.: Luk. 1, 76 / 10 par.: 2. Mos.
23, 20; Mal. 3, 1; Joh. 3, 28 / 14: Mal. 4, 5; Luk. 1,
17; Mat. 17, 10—13 / 15: 13, 9 / 18 par.: 3, 4; Joh.
10, 20 / 19: 9, 10. 14. 15; Joh. 2, 2.
[1]) 11, 19. Statt «aus ihren Werken» haben viele
alte Textzeugen: «von ihren Kindern» (vgl. Luk.).

64. Weheruf über einige unbußfertige Städte

Mat. 11, 20—24

20 Darauf fing er an, die Städte, in denen
die meisten seiner machtvollen Taten ge=
schehen waren, zu schelten, weil sie nicht
Buße taten: 21 Wehe dir, Chorazin! wehe
dir, Bethsaida! Denn wenn in Tyrus und
Sidon die machtvollen Taten geschehen
wären, die bei euch geschehen sind, so
hätten sie längst in Sack und Asche Buße
getan. 22 Ja, ich sage euch: Tyrus und Si=
don wird es am Tage des Gerichtes erträg=
licher ergehen als euch. 23 Und du, Ka=
pernaum, wirst du «bis zum Himmel er=
hoben werden? Bis zum Totenreich wirst
du hinabfahren». Denn wenn in Sodom
die machtvollen Taten geschehen wären,
die bei dir geschehen sind, stände es noch
heute. 24 Ja, ich sage euch: Dem Lande
Sodom wird es am Tage des Gerichtes
erträglicher ergehen als dir.

21 par.: Hiob 42, 6; Dan. 9, 3; Jon. 3, 6; Luk. 9, 10 /
23 par.: 4, 13; Jes. 14, 13. 15 / 24: 10, 15.

65. Jesus dankt dem Vater

Mat. 11, 25—27

25 Zu jener Zeit begann Jesus und sprach:
Ich preise dich, Vater, Herr des Himmels
und der Erde, daß du dies vor Weisen
und Verständigen verborgen und es Un=
mündigen geoffenbart hast. 26 Ja, Vater,
denn so ist es wohlgefällig gewesen
vor dir. 27 Alles ist mir von meinem Vater
übergeben worden, und niemand erkennt
den Sohn als nur der Vater, und den Va=
ter erkennt niemand als nur der Sohn
und wem es der Sohn offenbaren will.

33 *Denn Johannes der Täufer ist gekom=*
men, der aß nicht Brot und trank nicht
Wein; da sagt ihr: Er hat einen Dämon.
34 *Der Sohn des Menschen ist gekommen,*
der ißt und trinkt; da sagt ihr: Siehe, ein
Schlemmer und Zecher, Freund mit Zöll=
nern und Sündern! 35 *Und die Weisheit*
ist von allen ihren Kindern gerechtfertigt
worden.

Zu Mat. 11, 11 Thomasevangelium Logion 46: Von Adam bis Johannes dem Täufer gibt es unter den von
Frauen Geborenen keinen, der größer als Johannes der Täufer ist, so daß seine Augen nicht brechen (?).
Ich aber habe gesagt: Wer unter euch klein werden wird, wird das Reich erkennen und Johannes über=
treffen.

Luk. 10, 12—15   (vgl. Nr. 136)

13 *Wehe dir, Chorazin! Wehe dir, Beth=*
saida! Denn wenn in Tyrus und Sidon die
machtvollen Taten geschehen wären, die
bei euch geschehen sind, so hätten sie
längst in Sack und Asche sitzend Buße
getan. 14 *Ja, Tyrus und Sidon wird es im*
Gericht erträglicher ergehen als euch. 15
Und du, Kapernaum, wirst du «bis zum
Himmel erhoben werden? Bis zum Toten=
reich wirst du hinuntergestoßen werden»

12 Ich sage euch: Es wird Sodom an jenem
Tag erträglicher ergehen als dieser Stadt.

Zu Mat. 11, 20 f Nazaräerevangelium, vgl. Nr. 136.

Luk. 10, 21—22   (vgl. Nr. 138)

21 *In ebendieser Stunde sprach er froh=*
lockend, erfüllt vom heiligen Geist: Ich
preise dich, Vater, Herr des Himmels und
der Erde, daß du dies vor Weisen und Ver=
ständigen verborgen und es Unmündigen
geoffenbart hast. Ja, Vater, denn so ist es
wohlgefällig gewesen vor dir. 22 *Alles ist*
mir von meinem Vater übergeben wor=
den, und niemand weiß, wer der Sohn ist,
als nur der Vater, und wer der Vater ist,
[weiß niemand] als nur der Sohn und wem

Joh. 3, 35; 10, 14—15; 17, 2

35 *Der Vater liebt den Sohn und hat alles*
in seine Hand gegeben. 10, 14 *Ich bin der*
gute Hirt und kenne die Meinen und die
Meinen kennen mich, 15 *wie der Vater*
mich kennt und ich den Vater kenne. Und
ich gebe mein Leben hin für die Schafe.

[49]

25: 5, 3; 1. Kor. 1, 19—29; Jes. 29, 14 / 27: 28, 18.

Zu Mat. 11, 25 Thomasevangelium Logion 4: Ein Greis wird in seinen Tagen nicht zögern, ein kleines Kind von 7 Tagen nach dem Ort des Lebens zu fragen. Und er wird leben.

66. Der Heiland der Bedrückten

Mat. 11, 28—30

28 Kommet her zu mir alle, die ihr müh= selig und beladen seid, so will ich euch Ruhe geben. 29 Nehmet mein Joch¹) auf euch und lernet von mir, denn ich bin sanftmütig und von Herzen demütig; so «werdet ihr Ruhe finden für eure Seelen». 30 Denn mein Joch ist sanft und meine Last ist leicht.

28: Jer. 31, 25; Sirach 51, 23—27 / 29: Jer. 6, 16; Sach. 9, 9; Phil. 2, 5—8.

¹) 11, 29. Ein Joch ist der Waagebalken an der Deichsel, den man den Zugtieren auf den Nacken legt. Das «Joch Christi» («mein J.») ist hier wohl dem Joch der Gesetzesreligion (23, 4) gegenüber- gestellt. Nur dann ist die Paradoxie «sanftes, leichtes Joch» zu verstehen.

67. Das Ährenessen am Sabbat

Mat. 12, 1—8

1 Zu jener Zeit wanderte Jesus am Sabbat durch die Saaten; seine Jünger aber hun= gerten und fingen an, Ähren abzureißen und zu essen. 2 Als das die Pharisäer sa= hen, sagten sie zu ihm: Siehe, deine Jün= ger tun, was am Sabbat zu tun nicht er= laubt ist. 3 Er aber sprach zu ihnen: Habt ihr nicht gelesen, was David tat, als ihn und seine Begleiter hungerte? 4 Wie er in das Haus Gottes hineinging und sie die Schaubrote aßen, die er nicht essen durfte noch seine Begleiter, sondern allein die Priester? 5 Oder habt ihr im Gesetz nicht gelesen, daß am Sabbat die Priester im Tempel den Sabbat entheiligen und [doch] ohne Schuld sind? 6 Ich sage euch aber: Hier ist Größeres als der Tempel. 7 Wenn ihr aber erkannt hättet, was das heißt: «Barmherzigkeit will ich und nicht Opfer», so hättet ihr die Unschuldigen nicht ver= urteilt.

8 Denn der Sohn des Menschen ist Herr über den Sabbat.

Mark. 2, 23—28

23 Und es begab sich, daß er am Sabbat durch die Saaten dahinwanderte; und seine Jünger fingen an, auf dem Weg Ähren abzureißen. 24 Und die Pharisäer sagten zu ihm: Siehe, warum tun sie am Sabbat, was nicht er= laubt ist? 25 Da sprach er zu ihnen: Habt ihr niemals gelesen, was David tat, als er Not litt und ihn und seine Begleiter hun= gerte? 26 Wie er in das Haus Gottes hin= einging zur Zeit des Hohenpriesters Ab= jathar¹) und die Schaubrote aß, die nie= mand essen darf als nur die Priester, und [wie er] auch seinen Begleitern gab?

27 Und er sprach zu ihnen: Der Sabbat ist um des Menschen willen geschaffen wor= den und nicht der Mensch um des Sab= bats willen. 28 Somit ist der Sohn des Men= schen Herr auch über den Sabbat.

es der Sohn offenbaren will.

17,2 *wie du ihm Macht über alles Fleisch gegeben hast, damit er allen, die du ihm gegeben hast, ewiges Leben gebe.*

Zu Mat. 11, 27 b Justin Dialog 100, 1: Niemand hat den Vater erkannt als nur der Sohn, und niemand den Sohn als nur der Vater und wem es der Sohn offenbaren will.

Zu Mat. 11, 29 Hebräerevangelium (Clemens Alexandrinus Strom. II, 9, 45): Wer sich verwundert, wird zur Herrschaft gelangen; und wer zur Herrschaft gelangt ist, wird ruhen. (a. a. O. V, 14, 96): Wer sucht, wird nicht ruhen, bis daß er findet. Wer aber gefunden hat, wird sich verwundern. Wer aber sich verwundert, wird zur Herrschaft gelangen. Wer aber zur Herrschaft gelangt ist, wird ruhen.

Luk. 6, 1—5

1 Es begab sich aber, daß er an einem Sab= bat durch die Saaten wanderte; und seine Jünger rissen Ähren ab, zerrieben sie mit den Händen und aßen sie. 2 Da sagten et= liche von den Pharisäern zu ihnen: War= um tut ihr, was am Sabbat nicht erlaubt ist? 3 Und Jesus antwortete und sprach zu ihnen: Habt ihr [denn] das auch gar nicht gelesen, was David tat, als ihn und seine Begleiter hungerte? 4 Wie er in das Haus Gottes hineinging und die Schau= brote nahm und aß, die niemand essen darf als die Priester allein, und auch sei= nen Begleitern davon gab?

Joh. 5, 10

10 Die Juden sagten nun zu dem Geheil= ten: Es ist Sabbat, und es ist dir nicht er= laubt, das Bett aufzuheben.

5 Und er sprach zu ihnen: Der Sohn des Menschen ist Herr auch über den Sabbat.

1 par.: 5. Mos. 23, 25 / 2 par.: 5. Mos. 5, 14; 2. Mos.   ¹) 2, 26. Nach 1. Sam. 21, 1—7 geschah es zur Zeit
20, 10 / 3 par.: 1. Sam. 21, 1—7 / 4 par.: 3. Mos. 24,   des Priesters Ahimelech, des Vaters Abjathars.
5—9 / 5: 4. Mos. 28, 9 / 7: 9, 13; Hos. 6, 6.

68. Jesus heilt am Sabbat eine erstorbene Hand

Mat. 12, 9—14   Mark. 3, 1—6

9 Und nachdem er von da weitergezogen   1 Und er ging wiederum in eine Synagoge.
war, ging er in ihre Synagoge. 10 Und   Und es war dort ein Mensch, der hatte
siehe, da war ein Mensch, der hatte eine   eine erstorbene Hand.
erstorbene Hand.
Und sie fragten ihn: Ist es erlaubt, am   2 Und sie gaben acht auf ihn, ob er ihn
Sabbat zu heilen? — damit sie ihn an=   am Sabbat heilen würde, damit sie ihn
klagen könnten.   anklagen könnten.

                                                   3 Da sagte er zu dem Menschen, der die
                                                   erstorbene Hand hatte: Tritt her in die
                                                   Mitte!

11 Er aber sprach zu ihnen: Welcher Mensch
ist unter euch, der ein Schaf hat und, wenn
es am Sabbat in eine Grube fällt, es nicht
ergreift und herauszieht? 12 Wieviel mehr
wert ist nun ein Mensch als ein Schaf? So=   4 Und er sprach zu ihnen: Ist es erlaubt,
mit darf man am Sabbat Gutes tun.   am Sabbat Gutes zu tun oder Böses zu
                                                   tun, ein Menschenleben zu retten oder zu
                                                   töten? Sie aber schwiegen. 5 Und indem
                                                   er sie ringsumher mit Zorn ansah, betrübt
                                                   wegen der Verstocktheit ihres Herzens,
13 Dann sagt er zu dem Menschen: Strecke   sagte er zu dem Menschen: Strecke die
deine Hand aus! Und er streckte sie aus,   Hand aus! Und er streckte sie aus, und
und sie wurde wieder gesund wie die   seine Hand wurde wiederhergestellt. 6 Da
andre. 14 Da gingen die Pharisäer hinaus   gingen die Pharisäer hinaus und hielten
und hielten Rat wider ihn, wie sie ihn ins   alsbald mit den Anhängern des Herodes
Verderben bringen könnten.   Rat wider ihn, wie sie ihn ins Verderben
                                                   bringen könnten.

12 par.: Nr. 160. 165.

Zu Mat. 12, 10 ff par. Nazaräerevangelium (Hieronymus, Kom. zu Mat. 12, 13): Ich war ein Maurer; mit
meiner Hände Arbeit verdiente ich meinen Lebensunterhalt. Ich bitte Dich, Jesus, mir meine Gesundheit
wiederzugeben, damit ich nicht schändlich Lebensmittel erbetteln muß.

68a. Die Berufung der zwölf Apostel (vgl. Nr. 70)

Mat. 10, 1—4 (vgl. Nr. 56)   *Mark. 3, 13—19* (vgl. Nr. 70)

                                                   13 Und er stieg auf den Berg und rief zu
                                                   sich, welche er wollte, und sie kamen zu
                                                   ihm. 14 Und er bestimmte zwölf, damit sie
1 Und er rief seine zwölf Jünger zu sich   *um ihn wären und damit er sie aussen=*
und gab ihnen Macht über die unreinen   *den könnte zur Predigt [des Evangeliums]*
Geister, sie auszutreiben und jede Krank=   *15 und mit der Macht, die Dämonen aus=*
heit und jedes Gebrechen zu heilen. 2 Die   *zutreiben; 16 und er bestimmte [so] die*
Namen der zwölf Apostel aber sind die=   *Zwölf und legte dem Simon den Namen*
se: zuerst Simon, genannt Petrus, und   *Petrus bei, 17 und Jakobus, den Sohn des*
sein Bruder Andreas, dann Jakobus, der   *Zebedäus, und Johannes, den Bruder . .*
Sohn des Zebedäus, und sein Bruder . .

*Luk. 6, 5 lautet in Codex D (Bezae Cantabrigiensis; eine bekannte Bibelhandschrift wohl aus dem 5. Jh.):
An diesem Tage sah er einen Mann, der am Sabbat arbeitete. Er sprach zu ihm: Mensch, selig bist du,
wenn du weißt, was du tust. Wenn du es aber nicht weißt, bist du verflucht und ein Gesetzesübertreter.
Zu Mat. 12, 1–8 par. Thomasevangelium Logion 27, vgl. Nr. 20.*

Luk. 6, 6—11; 14, 5   (vgl. Nr. 165)

6 Es begab sich aber an einem andern Sab=
bat, daß er in die Synagoge ging und lehr=
te; und daselbst war ein Mensch, dessen
rechte Hand erstorben war. 7 Die Schrift=
gelehrten und die Pharisäer aber gaben
acht auf ihn, ob er am Sabbat heilen
würde, damit sie eine Anklage wider ihn
finden könnten. 8 Doch er wußte ihre Ge=
danken. Er sagte aber zu dem Mann, der
die erstorbene Hand hatte: Steh auf und
stelle dich in die Mitte! Und er stand auf
und stellte sich dahin.

14, 5 *Und zu ihnen sprach er: Wer unter
euch, dem sein Sohn oder sein Ochse in
einen Brunnen fällt, wird ihn am Sab=
battag nicht alsbald heraufziehen?*

9 Da sprach Jesus zu ihnen: Ich frage euch:
Ist es erlaubt, am Sabbat Gutes zu tun
oder Böses zu tun, ein Menschenleben zu
retten oder zu verderben? 10 Und indem
er sie alle ringsumher ansah, sagte er zu
ihm:
Strecke deine Hand aus! Der aber tat es,
und seine Hand wurde wiederhergestellt.
11 Da wurden sie voll sinnloser Wut und
unterredeten sich miteinander, was sie Je=
sus wohl antun könnten.

Luk. 6, 12—16   Joh. 1, 42 (Apg. 1, 13)

12 Es begab sich aber in diesen Tagen,
daß er hinausging auf den Berg, um zu
beten, und er verharrte die Nacht hin=
durch im Gebet zu Gott. 13 Und als es Tag
geworden war, rief er seine Jünger herzu
und erwählte aus ihnen zwölf, die er auch
Apostel nannte: 14 Simon, den er auch Pe=
trus nannte, und dessen Bruder Andreas,
und Jakobus und Johannes und Philippus
und Bartholomäus 15 und Matthäus und
Thomas und Jakobus, den Sohn des . .

69. Jesus heilt viele Kranke

Mat. 12, 15—21; 4, 25   (vgl. Nr. 15)

Mark. 3, 7—12

15 Als Jesus das merkte, zog er von dort hinweg, und viele folgten ihm nach, 4, 25 *Und es folgte ihm eine große Volks= menge nach aus Galiläa und aus dem Ge= biet der Zehn Städte und aus Jerusalem und Judäa und von jenseits des Jordan.*

7 Und Jesus zog sich mit seinen Jüngern an den See zurück, und eine große Menge aus Galiläa folgt ihm nach; auch aus Judäa 8 und aus Jerusalem und aus Idu= mäa und von jenseits des Jordan und aus der Gegend von Tyrus und Sidon kam eine große Menge zu ihm, da sie hörten, wie große Dinge er tat. 9 Und er befahl seinen Jüngern, einen Kahn für ihn be= reitzuhalten um des Volkes willen, damit sie ihn nicht zu sehr bedrängten. 10 Denn er heilte viele, so daß alle, die von Leiden gequält waren, sich zu ihm hin drängten, um ihn anzurühren. 11 Und die unreinen Geister warfen sich, wenn sie ihn erblick= ten, vor ihm nieder und schrien: Du bist der Sohn Gottes. 12 Und er gebot ihnen nachdrücklich, daß sie ihn nicht offenbar machen sollten.

15b und er heilte sie alle.

16 Und er gebot ihnen, daß sie ihn nicht offenbar machen sollten, 17 damit erfüllt würde, was durch den Propheten Jesaja gesprochen worden ist, welcher sagt: 18 «Siehe, mein Knecht, den ich erwählt habe, mein Geliebter, an dem meine Seele Wohlgefallen gefunden hat. Ich will meinen Geist auf ihn legen, und er wird den Heiden das Recht verkündi= gen. 19 Er wird nicht zanken noch schrei= en, und niemand wird auf den Straßen seine Stimme hören. 20 Ein geknicktes Rohr wird er nicht zerbrechen und einen glimmenden Docht wird er nicht aus= löschen, bis er das Recht zum Sieg hin= ausführt. 21 Und die Heiden werden auf seinen Namen hoffen.»

16: 8, 4; 9, 30; Joh. 7, 4 / 18: Jes. 42, 1—4; Mat. 3, 17 / 20: Apg. 4, 12; Röm. 15, 12.

10 par.: 1, 32—34 par. / 11: Mat. 4, 24.

70. Die Berufung der zwölf Apostel   (vgl. Nr. 56)

Mat. 10, 1—4   (vgl. Nr. 56)

Mark. 3, 13—19

1 *Und er rief seine zwölf Jünger zu sich und gab ihnen Macht über die unreinen Geister, sie auszutreiben und jede Krank= heit und jedes Gebrechen zu heilen.*

2 *Die Namen der zwölf Apostel aber sind diese: Zuerst Simon, genannt Petrus, und sein Bruder Andreas, dann Jakobus, der Sohn des Zebedäus, und sein Bruder Jo= hannes,* 3 *Philippus und Bartholomäus, Thomas und Matthäus der Zöllner, Ja=*

13 Und er stieg auf den Berg und rief zu sich, welche er wollte, und sie kamen zu ihm. 14 Und er bestimmte zwölf, damit sie um ihn wären und damit er sie aussen= den könnte zur Predigt [des Evangeliums] 15 und mit der Macht, die Dämonen aus= zutreiben; 16 und er bestimmte [so] die Zwölf und legte dem Simon den Namen Petrus bei, 17 und Jakobus, den Sohn des Zebedäus, und Johannes, den Bruder des Jakobus, denen er den Namen Boanerges (das heißt: Donnersöhne) beilegte, 18 und Andreas und Philippus und Bartholomäus

Luk. 6,17—19; 4,41   (vgl. Nr. 13)

17 Und er stieg mit ihnen hinab und stellte
sich auf einen ebenen Platz und [mit ihm]
eine große Schar seiner Jünger und eine
große Menge Volkes aus dem ganzen jü=
dischen Lande und aus Jerusalem und von
der Meeresküste von Tyrus und Sidon,

18 die gekommen waren, um ihn zu hören
und von ihren Krankheiten geheilt zu
werden; und die von unreinen Geistern
Geplagten wurden geheilt. 19 Und alles
Volk suchte ihn anzurühren, denn eine
Kraft ging von ihm aus und heilte alle.
4,41 *Es fuhren aber auch Dämonen von
vielen aus, indem sie schrien: Du bist der
Sohn Gottes! Und er bedrohte sie und
ließ sie nicht reden, weil sie wußten, daß
er der Christus sei.*

19: 5,17; 8,46.

Luk. 6,12—16   (vgl. Nr. 68a)

12 *Es begab sich aber in diesen Tagen,
daß er hinausging auf den Berg, um zu
beten, und er verharrte die Nacht hin=
durch im Gebet zu Gott. 13 Und als es Tag
geworden war, rief er seine Jünger herzu
und erwählte aus ihnen zwölf, die er auch
Apostel nannte:*

14 *Simon, den er auch Petrus nannte, und
dessen Bruder Andreas, und Jakobus und
Johannes*

und Philippus und Bartholomäus 15 *und*

Joh. 1,42 (Apg. 1,13)

42 *Er führte ihn zu Jesus. Jesus sah ihn an
und sprach: Du bist Simon, der Sohn des
Johannes; du wirst Kephas genannt wer=
den (das heißt übersetzt: Fels).*
(Apg.) 1,13 *Und als sie hineingekommen
waren, gingen sie hinauf in das Oberge=
mach, wo sie sich aufzuhalten pflegten,
Petrus und Johannes und Jakobus und*

kobus, der Sohn des Alphäus, und Thad=
däus[1]*), 4 Simon der Kananäer und Judas*
Ischarioth, der, welcher ihn verriet.

[1]) 10, 3. Nach andern Textzeugen: «Lebbäus»; wie=
der andre schreiben: «Lebbäus, zubenannt Thad=
däus».

und Matthäus und Thomas und Jakobus,
den Sohn des Alphäus, und Thaddäus und
Simon den Kananäer 19 und Judas Ischa=
rioth, den, der ihn verriet.

17: Luk. 9, 54.

Die Feldrede   (Luk. 6, 20—49)

71. Die Seligpreisungen

Mat. 5, 3. 6. 11. 12   (vgl. Nr. 18)

3 *Selig sind die geistlich Armen; denn ihrer*
ist das Reich der Himmel.
6 *Selig sind, die hungern und dürsten nach*
der Gerechtigkeit; denn sie werden ge=
sättigt werden.

11 *Selig seid ihr, wenn sie euch schmähen*
und verfolgen und alles Arge wider euch
reden um meinetwillen und damit lügen.

12 *Freuet euch und frohlocket, weil euer*
Lohn groß ist in den Himmeln. Denn
ebenso haben sie die Propheten verfolgt,
die vor euch gewesen sind.

72. Die Weherufe

73. Feindesliebe

Mat. 5, 39—42. 44—48; 7, 12.
            (vgl. Nr. 26. 25. 37)
44 *Ich aber sage euch: Liebet eure Feinde*
und bittet für die, welche euch verfolgen,...
39 *Ich aber sage euch, daß ihr dem Bösen*

Matthäus und Thomas und Jakobus, den
Sohn des Alphäus, und Simon, genannt
Eiferer, ₁₆und Judas, den Sohn des Jako=
bus, und Judas Ischarioth, der zum Ver=
räter wurde.

Andreas, Philippus und Thomas, Bartho=
lomäus und Matthäus, Jakobus, der Sohn
des Alphäus, und Simon der Eiferer und
Judas, der Sohn des Jakobus.

Zu Mark. 3, 16—19 par. Ebionäerevangelium (Epiphanius, Haer. 30, 13. 2 f): Und als er nach Kapernaum
kam, betrat er das Haus Simons, mit Beinamen Petrus, öffnete seinen Mund und sprach: Als ich am See
Tiberias entlang ging, erwählte ich Johannes und Jakobus, die Söhne des Zebedäus, und Simon und
Andreas und Thaddäus und Simon den Eiferer und Judas Ischarioth, und Dich, Matthäus, der du am
Zoll saßest, berief ich, und du folgtest mir. Von euch nun will ich, daß ihr 12 Apostel seid, zum Zeugnis
für Israel.

Luk. 6, 20—23

₂₀Und er erhob seine Augen auf seine Jün=
ger und sprach:
Selig seid ihr Armen; denn euch gehört
das Reich Gottes.
₂₁Selig seid ihr, die ihr jetzt hungert; denn
ihr werdet gesättigt werden.
Selig seid ihr, die ihr jetzt weint; denn
ihr werdet lachen.
₂₂Selig seid ihr, wenn euch die Menschen
hassen und wenn sie euch ausschließen
und schmähen und euren Namen als
einen bösen ächten um des Sohnes des
Menschen willen.
₂₃Freuet euch an jenem Tage und froh=
locket; denn siehe, euer Lohn wird groß
sein im Himmel. Denn ebenso taten ihre
Väter den Propheten.

20: Jak. 2, 5 / 21: Off. 7, 16. 17; Ps. 126, 5. 6; Jes. 61,
3 / 22: Joh. 15, 18. 19; 16, 2 / 23: Apg. 5, 41.

Zu Luk. 6, 21—23 Thomasevangelium Logion 68. 69, vgl. Nr. 18

Luk. 6, 24—26

₂₄Doch wehe euch, ihr Reichen; denn ihr
habt euren Trost dahin.
₂₅Wehe euch, die ihr jetzt satt seid; denn
ihr werdet hungern.
Wehe euch, die ihr jetzt lacht; denn ihr
werdet trauern und weinen.
₂₆Wehe, wenn alle Menschen gut von euch
reden; denn ebenso taten ihre Väter den
falschen Propheten.

24: Jak. 5, 1 / 25: Jak. 4, 9 / 26: Jak. 4, 4; Jer. 5, 31.

Luk. 6, 27—36

₂₇Euch aber, die ihr zuhört, sage ich: Lie=
bet eure Feinde; tut Gutes denen, die euch
hassen; ₂₈segnet die, welche euch fluchen;

*nicht widerstehen sollt; sondern wer dich
auf den rechten Backen schlägt, dem biete
auch den andern dar,* 40 *und dem, der ge=
gen dich den Richter anruft und dir den
Rock nehmen will, dem laß auch den Man=
tel,* 41 *und wer dich nötigt, eine Meile weit
zu gehen, mit dem gehe zwei!* 42 *Gib dem,
der dich bittet, und wende dich nicht von
dem ab, der von dir borgen will!*

7,12 *Alles nun, was ihr wollt, daß es euch
die Menschen tun, das sollt auch ihr ihnen
tun; denn darin besteht das Gesetz und
die Propheten.*

5,46 *Denn wenn ihr [nur] die liebt, die
euch lieben, was habt ihr für einen Lohn?
Tun nicht auch die Zöllner dasselbe?* 47 *Und
wenn ihr nur eure Brüder grüßt, was tut
ihr Besonderes? Tun nicht auch die Hei=
den dasselbe?*

44 *Ich aber sage euch: Liebet eure Feinde
und bittet für die, welche euch verfolgen,*
45 *damit ihr Söhne eures Vaters in den
Himmeln seid! Denn er läßt seine Sonne
aufgehen über Böse und Gute und läßt
regnen über Gerechte und Ungerechte.*
48 *Ihr nun sollt vollkommen sein, wie euer
himmlischer Vater vollkommen ist.*

Zu Luk. 6, 27 ff Papyrus Oxyrhynchos 1224: (Christus spricht:) Und betet für eure Feinde.
Zu Luk. 6, 32 2. Clemens 13, 4: Gott spricht: Ihr werdet nicht Dank (Gnade) haben, wenn ihr die liebt, die
euch lieben; sondern ihr werdet Dank (Gnade) haben, wenn ihr die Feinde liebt und die, die euch hassen.

74. Vom Richten

Mat. 7, 1—5; 15, 14; 10, 24—25
(vgl. Nr. 35. 112. 57)

Mark. 4, 24   (vgl. Nr. 92)

1 *Richtet nicht, damit ihr nicht gerichtet
werdet!* 2 *Denn mit welchem Gericht ihr
richtet, mit dem werdet ihr gerichtet wer=
den,*

24 *Und er sprach zu ihnen: Gebet acht auf
das, was ihr hört! Mit welchem Maß ihr
meßt, mit dem wird euch gemessen wer=
den, und es wird euch [noch] hinzugefügt
werden.*

*und mit welchem Maß ihr meßt, mit dem
wird euch gemessen werden.*

15, 14 *Lasset sie; sie sind blinde Führer von
Blinden. Wenn aber ein Blinder einen
Blinden führt, werden beide in eine Grube
fallen.*

10, 24 *Ein Jünger ist nicht über dem Meister*

bittet für die, welche euch beleidigen!
29 Dem, der dich auf den Backen schlägt,
biete auch den andern dar, und dem, der
dir den Mantel nimmt, verweigere auch
den Rock nicht!

30 Jedem, der dich bittet, gib, und von dem,
der dir das Deine nimmt, fordere es nicht
zurück.
31 Und wie ihr wollt, daß euch die Leute
tun, ebenso sollt auch ihr ihnen tun.

32 Und wenn ihr die liebt, die euch lieben,
was für einen Dank habt ihr? Denn auch
die Sünder lieben die, welche s i e lieben.
33 Und wenn ihr denen Gutes tut, die euch
Gutes tun, was für einen Dank habt ihr?
Auch die Sünder tun dasselbe. 34 Und wenn
ihr denen leiht, von denen ihr zurückzu=
erhalten hofft, was für einen Dank habt
ihr? Auch die Sünder leihen den Sündern,
damit sie das gleiche zurückerhalten.
35 Vielmehr liebet eure Feinde und tut Gu=
tes und leihet, ohne etwas zurückzuer=
warten. Dann wird euer Lohn groß sein,
und ihr werdet Söhne des Höchsten sein;
denn er ist gütig gegen die Undankbaren
und Bösen.
36 Seid barmherzig, wie euer Vater barm=
herzig ist!
34: 3. Mos. 25, 35—37.

*Zu Luk. 6, 31 Didache 1, 2: Der Weg zum Leben ist nun der: 1. du sollst Gott lieben, der dich geschaffen
hat, 2. deinen Nächsten wie dich selbst. Alles aber, was du willst, das es dir nicht geschehe, das tu auch
nicht einem anderen.*

Luk. 6, 37—42

37 Und richtet nicht, so werdet ihr nicht ge=
richtet werden, und verurteilt nicht, so
werdet ihr nicht verurteilt werden; spre=
chet frei, so werdet ihr freigesprochen wer=
den! 38 Gebet, so wird euch gegeben wer=
den; ein gutes, vollgedrücktes, gerütteltes,
überfließendes Maß wird man in euren
Schoß geben. Denn mit welchem Maß ihr
meßt, mit dem wird euch wieder gemessen
werden.
39 Er sagte ihnen aber auch ein Gleichnis:
Kann etwa ein Blinder einen Blinden füh=
ren? Werden nicht beide in eine Grube
fallen?
40 Ein Jünger ist nicht über dem Meister;

Joh. 13, 16; 15, 20

16 *Wahrlich, wahrlich, ich sage euch: Ein*

noch ein Knecht über seinem Herrn. ₂₅ *Es
ist genug für den Jünger, daß er ist wie
sein Meister, und [es ist genug], daß der
Knecht ist wie sein Herr.* ₇,₃ *Was siehst du
aber den Splitter in deines Bruders Auge,
des Balkens jedoch in deinem Auge wirst
du nicht gewahr?* ₄ *Oder wie kannst du zu
deinem Bruder sagen: Halt, ich will den
Splitter aus deinem Auge ziehen; und
siehe, in deinem Auge ist der Balken?*
₅ *Du Heuchler, ziehe zuerst den Balken aus
deinem Auge und dann magst du zusehen,
daß du den Splitter aus deines Bruders
Auge ziehst.*

Zu Luk. 6, 37 1. Clemens 13, 2, vgl. Nr. 35. Zu Luk. 6, 41 f Thomasevangelium Logion 26, vgl. Nr. 35.

75. Wie der Baum, so die Frucht

Mat. 7, 16—21   (vgl. Nr. 39. 40)

₁₆ *An ihren Früchten werdet ihr sie erkennen. Sammelt man etwa Trauben von
Dornen oder Feigen von Disteln?* ₁₇ *So
bringt jeder gute Baum gute Früchte, der
faule Baum aber bringt schlechte Früchte.*
₁₈ *Ein guter Baum kann nicht schlechte
Früchte bringen, noch [kann] ein fauler
Baum gute Früchte bringen.* ₁₉ *Jeder Baum,
der nicht gute Frucht bringt, wird umgehauen und ins Feuer geworfen.* ₂₀ *Also
werdet ihr sie an ihren Früchten erkennen.* ₂₁ *Nicht jeder, der zu mir sagt: Herr,
Herr! wird in das Reich der Himmel kommen, sondern wer den Willen meines Vaters in den Himmeln tut.*

Zu Luk. 6, 44 f Thomasevangelium Logion 45, vgl. Nr. 39. Zu Luk. 6, 46 Papyrus Egerton 2, vgl. Nr. 203.

76. Das Gleichnis vom Haus auf dem Felsen

Mat. 7, 24—27   (vgl. Nr. 41)

₂₄ *Jeder nun, der diese meine Worte hört
und sie tut,
ist einem klugen Manne zu vergleichen,
der sein Haus auf dem Felsen baute.* ₂₅ *Und
der Platzregen fiel, und die Wasserströme
kamen, und die Winde wehten und stießen an jenes Haus, und es fiel nicht ein,
denn es war auf den Felsen gegründet.*
₂₆ *Und jeder, der diese meine Worte hört
und sie nicht tut, ist einem törichten Manne
zu vergleichen, der sein Haus auf den Sand
baute.* ²⁷ *Und der Platzregen fiel, und die
Wasserströme kamen, und die Winde wehten und stießen an jenes Haus, und es
fiel ein, und sein Fall war groß.*

[55]

jeder aber, wenn er ganz vollendet ist, wird [nur] wie sein Meister sein.

41 Was siehst du aber den Splitter in dei=nes Bruders Auge, des Balkens jedoch in deinem eignen Auge wirst du nicht ge=wahr? 42 Wie kannst du zu deinem Bru=der sagen: «Bruder, halt, ich will den Split=ter, der in deinem Auge ist, herausziehen», wenn du selber den Balken in deinem Auge nicht siehst? Du Heuchler, ziehe zu=erst den Balken aus deinem Auge, und dann magst du zusehen, daß du den Split=ter herausziehst, der in deines Bruders Auge ist.

38 par.: Spr. 19, 17; 2. Kor. 9, 6.

Knecht ist nicht größer als sein Herr, noch ein Gesandter größer als der, wel=cher ihn gesandt hat. 20 Gedenket an das Wort, das ich euch gesagt habe: Ein Knecht ist nicht größer als sein Herr! Haben sie mich verfolgt, so werden sie auch euch verfolgen; haben sie mein Wort gehalten, so werden sie auch das eure halten.

Luk. 6, 43—46

43 Denn es gibt keinen guten Baum, der faule Frucht bringt, und wiederum keinen faulen Baum, der gute Frucht bringt. 44 Denn jeder Baum wird an seiner Frucht erkannt; von Dornen sammelt man ja keine Feigen, und von einem Dornbusch schneidet man keine Traube. 45 Der gute Mensch bringt aus dem guten Schatze seines Herzens das Gute hervor, und der böse bringt aus dem bösen [Schatze sei=nes Herzens] das Böse hervor. Denn wo=von sein Herz voll ist, davon redet sein Mund. 46 Was nennt ihr mich aber: Herr, Herr! und tut nicht, was ich sage?

46: Mal. 1, 6.

(Mat. 12, 33—35) (vgl. Nr. 84)

33 Entweder machet den Baum gut, dann ist seine Frucht gut, oder machet den Baum faul, dann ist seine Frucht faul. Denn an der Frucht erkennt man den Baum. 34 Ihr Natterngezücht, wie könnt ihr Gutes reden, da ihr doch böse seid? Denn wovon das Herz voll ist, davon re=det der Mund. 35 Der gute Mensch bringt aus seinem guten Schatze Gutes hervor, und der böse Mensch bringt aus seinem bösen Schatze Böses hervor.

Luk. 6, 47—49

47 Jeder, der zu mir kommt und meine Worte hört und sie tut — ich will euch zeigen, wem er gleich ist. 48 Er ist gleich einem Menschen, der beim Bau eines Hau=ses tief grub und die Grundmauer auf dem Felsen errichtete. Als aber eine Flut kam, stieß der Wasserstrom an jedes Haus, und er vermochte es nicht zu erschüttern, weil es gut gebaut war[1]. 49 Wer aber hört und nicht tut, ist gleich einem Menschen, der ein Haus ohne Grundmauer auf das Erdreich baute; und der Wasserstrom stieß daran, und alsbald stürzte es zu=sammen, und der Einsturz jenes Hauses war groß.

[1] Einige Textzeugen haben: « . . . denn es war auf den Felsen gebaut.» vgl. Mat.

77. Der Hauptmann von Kapernaum

Mat. 8, 5—10.13b   (vgl. Nr. 44)

5 *Als er aber nach Kapernaum hineinkam, trat ein Hauptmann zu ihm, bat ihn* **6** *und sagte: Herr, mein Knecht liegt daheim gelähmt darnieder und leidet große Pein.* **7** *Er sagt zu ihm: Ich will kommen und ihn heilen.*

Mark. 7, 30   (vgl. Nr. 113)

8 *Der Hauptmann aber antwortete und sprach: Herr, ich bin nicht wert, daß du unter mein Dach hineingehst, sondern sprich nur ein Wort, so wird mein Knecht geheilt werden.* **9** *Denn auch ich bin ein Mensch, der unter Vorgesetzten steht, und unter mir habe ich Soldaten; und sage ich zu diesem: Geh! so geht er; und zu einem andern: Komm! so kommt er; und zu meinem Knecht: Tue das! so tut er's.* **10** *Als Jesus das hörte, verwunderte er sich und sprach zu denen, die ihm nachfolgten: Wahrlich, ich sage euch: Bei keinem in Israel habe ich so großen Glauben gefunden.*

13b *Und sein Knecht wurde in jener Stunde geheilt.*

30 *Da ging sie hinweg in ihr Haus und fand das Kind auf dem Bette liegend und den Dämon ausgefahren.*

78. Die Auferweckung des Jüngling von Nain

Luk. 7, 1—10

1 Nachdem er vor den Ohren des Volkes alle seine Aussprüche beendet hatte, ging er hinein nach Kapernaum. 2 Der Knecht eines Hauptmanns aber, der diesem wert war, lag krank und war am Sterben. 3 Da er aber von Jesus gehört hatte, sandte er Älteste der Juden zu ihm und ließ ihn bitten, daß er kommen und seinen Knecht retten möchte. 4 Sie aber kamen zu Jesus, baten ihn angelegentlich und sagten: Er verdient es, daß du ihm dies gewährst; 5 denn er hat unser Volk lieb, und er ist es, der uns die Synagoge gebaut hat. 6 Da ging Jesus mit ihnen hin. Als er aber nicht mehr fern von dem Hause war, schickte der Hauptmann Freunde und ließ ihm sa= gen: Herr, bemühe dich nicht! denn ich bin nicht wert, daß du unter mein Dach kommst. 7 Daher hielt ich auch mich nicht für würdig, selber zu dir zu kommen; sondern sprich nur ein Wort, so wird mein Knecht geheilt werden. 8 Denn auch ich bin ein Mensch, der unter Vorgesetz= ten steht, und unter mir habe ich Soldaten; und sage ich zu diesem: Geh! so geht er; und zu einem andern: Komm! so kommt er; und zu meinem Knecht: Tue das! so tut er's. 9 Als aber Jesus dies hörte, ver= wunderte er sich über ihn und wandte sich um und sprach zu dem Volke, das ihm nachfolgte: Ich sage euch: Selbst in Israel habe ich so großen Glauben nicht gefunden. 10 Und als die Abgesandten in das Haus zurückkamen, fanden sie den Knecht gesund.

5: Apg. 10, 2.

Joh. 4, 46—54

46 Er kam nun wieder nach Kana in Ga= liläa, wo er das Wasser zu Wein gemacht hatte. Und es war ein königlicher Beam= ter in Kapernaum, dessen Sohn krank war. 47 Als dieser hörte, daß Jesus aus Judäa nach Galiläa gekommen sei, ging er zu ihm hin und bat, er möge hinab= kommen und seinen Sohn heilen; denn er lag im Sterben. 48 Jesus sprach nun zu ihm: Wenn ihr nicht Zeichen und Wun= der seht, werdet ihr nicht glauben. 49 Der königliche Beamte sagt zu ihm: Herr, komm hinab, ehe mein Kind stirbt! 50 Je= sus sagt zu ihm: Geh hin, dein Sohn lebt! Der Mann glaubte dem Worte, das Jesus zu ihm gesprochen hatte, und ging hin. 51 Aber schon während er hinabging, ka= men ihm seine Knechte entgegen und sagten, sein Knabe lebe. 52 Er erkundigte sich nun bei ihnen nach der Stunde, in der es mit ihm besser geworden war. Sie erwiderten ihm: Gestern in der siebenten Stunde verließ ihn das Fieber. 53 Da er= kannte der Vater, daß [es geschehen war] zu jener Stunde, in der Jesus zu ihm ge= sprochen hatte: Dein Sohn lebt. Und er glaubte samt seinem ganzen Hause. 54 Dies war hinwiederum das zweite Zeichen, das Jesus tat, als er aus Judäa nach Galiläa gekommen war.

Luk. 7, 11—17

11 Und es begab sich bald darauf, daß er nach einer Stadt namens Nain ging; und mit ihm zogen seine Jünger und viel Volk. 12 Wie er sich aber dem Stadttor näherte, siehe, da wurde ein Toter herausgetra= gen, der einzige Sohn seiner Mutter, und sie war eine Witwe; und viel Volk aus der Stadt war mit ihr. 13 Und als der Herr sie sah, fühlte er Erbarmen mit ihr und sprach zu ihr: Weine nicht! 14 Und er trat hinzu und rührte den Sarg an; die Träger aber standen still. Und er sprach: Jüng= ling, ich sage dir, steh auf! 15 Und der

79. Johannes sendet zu Jesus

Mat. 11, 2—6 (vgl. Nr. 62)

*2 Als aber Johannes im Gefängnis von
den Werken Christi hörte, ließ er ihm
durch seine Jünger sagen: 3 Bist du es, der
da kommen soll, oder sollen wir auf einen
andern warten?*

*4 Und Jesus antwortete und sprach zu
ihnen: Gehet hin und berichtet dem Jo=
hannes, was ihr hört und seht:
5 «Blinde werden sehend» und Lahme ge=
hen, Aussätzige werden rein und Taube
hören, Tote werden auferweckt und
«Armen wird die frohe Botschaft ge=
bracht», 6 und selig ist, wer an mir keinen
Anstoß nimmt.*

80. Jesu Urteil über Johannes. Das Gleichnis von den spielenden Kindern

Mat. 11, 7—11. 16—19 (vgl. Nr. 63)

*7 Als diese aber hinweggingen, fing Jesus
an, zur Volksmenge von Johannes zu re=
den: Wozu seid ihr in die Wüste hinaus=
gegangen? Ein Rohr zu schauen, das vom
Wind bewegt wird? 8 Oder wozu seid ihr
hinausgegangen? Einen Menschen zu se=
hen, der mit weichen Kleidern angetan
ist? Siehe, die weiche Kleider tragen, sind
in den Häusern der Könige.*

*9 Oder wozu seid ihr hinausgegangen?
Einen Propheten zu sehen? Ja, ich sage
euch: Sogar mehr als einen Propheten.
10 Dieser ist's, über den geschrieben steht:*

Mark. 1, 2 (vgl. Nr. 1)

2 Wie geschrieben steht beim Propheten

Tote setzte sich auf und fing an zu reden;
und er gab ihn seiner Mutter. 16 Furcht
aber ergriff alle, und sie priesen Gott
und sagten: Ein großer Prophet ist un=
ter uns aufgestanden, und Gott hat sich
seines Volkes angenommen. 17 Und diese
Rede über ihn verbreitete sich im ganzen
jüdischen Lande und in der ganzen Um=
gegend.

13: 8, 52; Off. 5, 5 / 15: 1. Kön. 17, 23; 2. Kön. 4, 36 /
16: 1, 68; Mat. 15, 31.

Luk. 7, 18—23

18 Und dem Johannes berichteten seine
Jünger über dies alles. Da rief Johannes
zwei seiner Jünger zu sich, 19 sandte sie
zum Herrn und ließ ihm sagen: Bist du
es, der da kommen soll, oder sollen wir
auf einen andern warten? 20 Die Männer
aber kamen zu ihm und sagten: Johan=
nes der Täufer hat uns zu dir gesandt
und läßt dir sagen: Bist du es, der da kom=
men soll, oder sollen wir auf einen an=
dern warten? 21 In jener Stunde heilte er
viele von Krankheiten und Qualen und
bösen Geistern, und vielen Blinden schenk=
te er das Augenlicht. 22 Und er antwortete
und sprach zu ihnen: Gehet hin und be=
richtet dem Johannes, was ihr gesehen und
gehört habt: «Blinde werden sehend»,
Lahme gehen, Aussätzige werden rein,
und Taube hören, Tote werden auferweckt,
«Armen wird die frohe Botschaft gebracht»;
23 und selig ist, wer an mir keinen Anstoß
nimmt.

22: Jes. 35, 5 f.; 29, 18 f.; 61, 1.

Luk. 7, 24—35

24 Als aber die Boten des Johannes hin=
weggegangen waren, fing er an, zur Volks=
menge von Johannes zu reden: Was zu
schauen seid ihr in die Wüste hinausge=
gangen? Ein Rohr, das vom Wind bewegt
wird? 25 Oder was zu sehen seid ihr hin=
ausgegangen? Einen Menschen, der mit
weichen Kleidern angetan ist? Siehe, die
in herrlicher Kleidung und Üppigkeit le=
ben, sind in den Königspalästen. 26 Oder
was zu sehen seid ihr hinausgegangen?
Einen Propheten? Ja, ich sage euch: Sogar
mehr als einen Propheten. 27 Dieser ist's,
über den geschrieben steht:

«Siehe, ich sende meinen Boten vor dei=
nem Angesicht her, der deinen Weg vor
dir bereiten wird.»
11 Wahrlich, ich sage euch: Unter denen,
die von Frauen geboren sind, ist kein Grö=
ßerer aufgetreten als Johannes der Täufer.
Doch der Kleinste im Reich der Himmel
ist größer als er.

Jesaja: «Siehe, ich sende meinen Boten
vor deinem Angesicht her, der deinen Weg
bereiten wird».

16 Wem soll ich aber dieses Geschlecht ver=
gleichen? Es ist Kindern gleich, die auf
den Marktplätzen sitzen und den andern
zurufen 17 und sagen:
  Wir haben euch aufgespielt,
  und ihr habt nicht getanzt;
  wir haben Klagelieder gesungen,
  und ihr habt nicht getrauert.
18 Denn Johannes ist gekommen, der aß
nicht und trank nicht; da sagen sie: Er
hat einen Dämon. 19 Der Sohn des Men=
schen ist gekommen, der ißt und trinkt;
da sagen sie: Siehe, ein Schlemmer und
Zecher, Freund mit Zöllnern und Sündern!
Und die Weisheit ist aus ihren Werken[1])
gerechtfertigt worden.

[1]) 11, 19. Statt «aus ihren Werken» haben viele
alte Textzeugen: «von ihren Kindern» (wie Luk.
7, 35).

81. Jesus wird von einer Sünderin gesalbt. Das Gleichnis von den zwei Schuldnern

Mat. 26, 6—13   (vgl. Nr. 227)
6 Als aber Jesus in Bethanien im Hause
Simons des Aussätzigen war,

7 trat eine Frau zu ihm

mit einer Alabasterflasche voll kostbarer
Salbe und goß sie ihm über das Haupt,
während er bei Tische saß.

8 Als die Jünger das sahen, wurden sie
unwillig und sagten: Wozu diese Ver=
schwendung? 9 Das hätte man ja teuer ver=
kaufen und [den Erlös] den Armen geben
können.

Mark. 14, 3—9   (vgl. Nr. 227)
3 Und als er in Bethanien im Hause Si=
mons des Aussätzigen war,

kam, während er bei Tische saß,

eine Frau mit einer Alabasterflasche voll
echter, teurer Nardensalbe; sie zerbrach
die Alabasterflasche und goß sie ihm über
das Haupt.

4 Da murrten etliche bei sich selbst: Wo=
zu ist diese Vergeudung der Salbe ge=
schehen? 5 Man hätte diese Salbe ja für
mehr als dreihundert Denare verkaufen
und [den Erlös] den Armen geben kön=
nen. Und sie fuhren sie an.

«Siehe, ich sende meinen Boten vor
deinem Angesicht her, der deinen Weg
vor dir bereiten wird.»
²⁸Ich sage euch: Unter denen, die von
Frauen geboren sind, ist kein größerer
Prophet als Johannes. Doch der Kleinste
im Reiche Gottes ist größer als er. ²⁹Und
alles Volk, das zuhörte, und die Zöllner
haben Gott recht gegeben, indem sie sich
mit der Taufe des Johannes taufen ließen.
³⁰Die Pharisäer aber und die Gesetzes=
kundigen haben den Ratschluß Gottes
über sie selber verworfen, indem sie sich
von ihm nicht taufen ließen.
³¹Wem soll ich nun die Menschen die=
ses Geschlechts vergleichen, und wem sind
sie gleich? ³²Sie sind Kindern gleich, die
am Markte sitzen und einander zurufen:
  Wir haben euch aufgespielt,
  und ihr habt nicht getanzt;
  wir haben Klagelieder gesungen,
  und ihr habt nicht geweint.
³³Denn Johannes der Täufer ist gekom=
men, der aß nicht Brot und trank nicht
Wein; da sagt ihr: Er hat einen Dämon.
³⁴Der Sohn des Menschen ist gekommen,
der ißt und trinkt; da sagt ihr: Siehe, ein
Schlemmer und Zecher, Freund mit Zöll=
nern und Sündern! ³⁵Und die Weisheit ist
von allen ihren Kindern gerechtfertigt
worden.

26: 1, 76 / 27: Mal. 3, 1; 2. Mos. 23, 20 / 29: Mat.
21, 32 / 33: 1, 15; Joh. 10, 20.

Zu Luk. 7, 28 Thomasevangelium Logion 46, vgl. Nr. 63.

Luk. 7, 36—50

³⁶Es bat ihn aber einer der Pharisäer, mit
ihm zu essen. Und er ging in das Haus
des Pharisäers und setzte sich zu Tische.
³⁷Und siehe, eine Frau in der Stadt, die
eine Sünderin war, hatte vernommen, daß
er im Hause des Pharisäers zu Tische war,
brachte eine Alabasterflasche voll Salbe
³⁸und trat hinten zu seinen Füßen, weinte
und fing an, seine Füße mit ihren Tränen
zu benetzen, und trocknete sie mit den
Haaren ihres Hauptes, küßte seine Füße
und salbte sie mit der Salbe. ³⁹Als der
Pharisäer, der ihn eingeladen hatte, das
sah, sagte er bei sich selbst: Wenn dieser
ein Prophet wäre, wüßte er, wer es ist
und was für eine Frau, die ihn anrührt,
daß sie [nämlich] eine Sünderin ist. ⁴⁰Und
Jesus begann und sprach zu ihm: Simon,

Joh. 12, 1—8

*1 Jesus nun kam sechs Tage vor dem Passa
nach Bethanien, wo Lazarus war, den er
von den Toten auferweckt hatte. 2 Dort
bereiteten sie ihm ein Mahl, und Martha
besorgte die Bedienung; Lazarus aber war
einer von denen, die mit ihm zu Tische
saßen. 3 Da nahm Maria ein Pfund echter,
kostbarer Nardensalbe, salbte Jesus die
Füße und trocknete mit ihren Haaren seine
Füße ab; das Haus aber wurde erfüllt vom
Geruch der Salbe. 4 Judas Ischarioth aber,
einer von seinen Jüngern, der ihn verra=
ten sollte, sagte: 5 Warum wurde diese
Salbe nicht für dreihundert Denare ver=
kauft und [der Erlös] den Armen gege=
ben? 6 Er sagte dies aber nicht, weil ihm
die Armen am Herzen lagen, sondern
weil er ein Dieb war und die Kasse hatte*

10 *Als es aber Jesus merkte, sprach er zu ihnen: Was betrübt ihr die Frau? Sie hat doch eine schöne Tat an mir getan.* 11 *Die Armen habt ihr ja allezeit bei euch, mich aber habt ihr nicht allezeit.*

6 *Jesus aber sprach: Lasset sie! Was betrübt ihr sie? Sie hat eine schöne Tat an mir getan.* 7 *Die Armen habt ihr ja allezeit bei euch, und sooft ihr wollt, könnt ihr ihnen wohltun; mich aber habt ihr nicht allezeit.* 8 *Was sie vermochte, hat sie getan;*

12 *Denn, daß sie diese Salbe auf meinen Leib goß, das hat sie getan für mein Begräbnis.* 13 *Wahrlich, ich sage euch: Wo immer in der ganzen Welt dieses Evangelium gepredigt wird, da wird auch das, was sie getan hat, zu ihrem Gedächtnis erzählt werden.*

sie hat im voraus meinen Leib zum Begräbnis gesalbt. 9 *Und wahrlich, ich sage euch: Wo immer in der ganzen Welt das Evangelium gepredigt wird, da wird auch das, was sie getan hat, zu ihrem Gedächtnis erzählt werden.*

82. Jesu Jüngerinnen

Mat. 9, 35; 27, 55   (vgl. Nr. 56. 246)
35 *Und Jesus zog umher durch alle Städte und Dörfer, lehrte in ihren Synagogen, predigte das Evangelium vom Reich und heilte jede Krankheit und jedes Gebrechen.*

Mark. 16, 9   (vgl. S. 168)

9 *Als er aber früh am ersten Tag der Woche auferstanden war, erschien er zuerst der Maria aus Magdala, von der er sieben Dämonen ausgetrieben hatte.*

27, 55 *Es sahen aber dort viele Frauen von ferne zu, die Jesus von Galiläa her gefolgt waren, um ihm zu dienen.*

83. Jesus steht nicht im Bunde mit Beelzebul   (vgl. Nr. 55)

Mat. 12, 22—24

Mark. 3, 20—22
20 *Und er ging in ein Haus, und das Volk kam abermals zusammen, so daß sie nicht einmal Speise zu sich nehmen konnten.*

ich habe dir etwas zu sagen. Er erwider=
te: Meister, sprich! 41 Ein Geldverleiher
hatte zwei Schuldner. Der eine war fünf=
hundert Denare schuldig, der andre fünf=
zig. 42 Da sie nicht bezahlen konnten,
schenkte er es beiden. Welcher von ihnen
wird ihn nun am meisten lieben? 43 Si=
mon antwortete und sagte: Ich denke,
der, dem er das meiste geschenkt hat. Da
sprach er zu ihm: Du hast recht geurteilt.
44 Und indem er sich zu der Frau hin=
wandte, sprach er zu Simon: Siehst du
diese Frau?
Ich bin in dein Haus gekommen: Wasser
für die Füße hast du mir nicht gegeben;
sie aber hat meine Füße mit ihren Trä=
nen benetzt und mit ihren Haaren ge=
trocknet. 45 Einen Kuß hast du mir nicht
gegeben; sie aber hat, seit sie hereinge=
kommen ist, nicht aufgehört, meine Füße
zu küssen. 46 Mit Öl hast du mein Haupt
nicht gesalbt; sie aber hat mit Salbe mei=
ne Füße gesalbt.
47 Deshalb sage ich dir: Ihre vielen Sünden
sind ihr vergeben, denn sie hat viel geliebt;
wem aber wenig vergeben wird, der liebt
wenig. 48 Er sprach aber zu ihr: Deine Sün=
den sind dir vergeben. 49 Da fingen die
Tischgenossen an, bei sich selbst zu sagen:
Wer ist dieser, der sogar Sünden vergibt?
50 Er sprach aber zu der Frau: Dein Glaube
hat dich gerettet; geh hin in Frieden!

36: 11, 37 / 37 f: Mat. 26, 6. 7 / 46: Ps. 23, 5 / 48 f:
5, 20. 21 / 50: 8, 48; 17, 19; 18, 42; Mark. 5, 34; 10, 52.

Luk. 8, 1—3

1 Und es begab sich bald darauf, daß er
Städte und Dörfer durchwanderte, indem
er predigte und das Evangelium vom Rei=
che Gottes verkündigte, und die Zwölf
begleiteten ihn 2 und einige Frauen, die
von bösen Geistern und Krankheiten ge=
heilt worden waren: Maria, genannt die
aus Magdala, aus der sieben Dämonen
ausgefahren waren, 3 und Johanna, die
Frau des Chusa, eines Beamten des Hero=
des, und Susanna und viele andre, die mit
ihrem Vermögen für sie sorgten.

1: 4, 43; 13, 22 / 2: 24, 10; Mark. 15, 40. 41 / 3: Joh.
4, 49. 53.

und das Eingelegte beiseite brachte. 7 Da
sprach Jesus: Laß sie gewähren! für den
Tag meines Begräbnisses hat sie es auf=
bewahrt. 8 Denn die Armen habt ihr alle=
zeit bei euch; mich aber habt ihr nicht alle=
zeit.

Luk. 11, 14—16 (vgl. Nr. 146)

Joh. 10, 20

21 Als die Seinigen das hörten, gingen sie aus, um sich seiner zu bemächtigen; denn sie sagten: Er ist von Sinnen.

22 Da wurde ein Besessener zu ihm ge= bracht, der blind und stumm war, und er heilte ihn, so daß der Stumme redete und sah. 23 Und die ganze Volksmenge erstaun= te und sagte: Dieser ist doch nicht etwa der Sohn Davids? 24 Als das die Pharisäer hörten, sagten sie: Dieser treibt die Dä= monen nicht anders aus als durch Beelze= bul, den Herrscher der Dämonen.

22 Und die Schriftgelehrten, die von Jeru= salem herabgekommen waren, sagten: Er hat den Beelzebul, und: Durch den Herr= scher der Dämonen treibt er die Dämonen aus.

23: Joh. 7, 31

20: 6, 31 / 21: Joh. 7, 20; 8, 48. 52.

84. Jesus verteidigt sich

Mat. 12, 25–37

Mark. 3, 23–30; 9, 40 (vgl. Nr. 127)

25 Da er aber ihre Gedanken kannte, sprach er zu ihnen:

Jedes Reich, das mit sich selbst entzweit ist, wird verwüstet, und keine Stadt und kein Haus, das mit sich selbst entzweit ist, wird bestehen bleiben. 26 Und wenn der eine Satan den andern austreibt, so ist er mit sich selbst entzweit. Wie wird dann sein Reich bestehen? 27 Und wenn i c h durch Beelzebul die Dämonen aus= treibe, durch wen treiben eure Söhne sie aus? Deshalb werden s i e eure Richter sein.
28 Wenn ich dagegen durch den Geist Got= tes die Dämonen austreibe, so ist ja das Reich Gottes zu euch gekommen. 29 Oder wie kann jemand in das Haus des Star= ken hineingehen und ihm den Hausrat rauben, wenn er nicht zuvor den Starken bindet? Erst dann wird er sein Haus aus= rauben.
30 Wer nicht mit mir ist, der ist wider mich, und wer nicht mit mir sammelt, der zerstreut.
31 Deshalb sage ich euch: Jede Sünde und Lästerung wird den Menschen vergeben werden; aber die Lästerung wider den Geist wird nicht vergeben werden. 32 Und wer ein Wort wider den Sohn des Men= schen redet, dem wird vergeben werden; wer aber eins wider den heiligen Geist redet, dem wird nicht vergeben werden weder in dieser noch in der zukünftigen Welt.

23 Da rief er sie zu sich und sprach in Gleichnissen zu ihnen: Wie kann ein Sa= tan den andern austreiben? 24 Und wenn ein Reich mit sich selbst entzweit ist, kann dieses Reich nicht bestehen. 25 Und wenn ein Haus mit sich selbst entzweit ist, wird dieses Haus nicht bestehen können. 26 Und wenn der Satan wider sich selbst aufge= treten und [mit sich] entzweit ist, kann er nicht bestehen, sondern es ist aus mit ihm.

27 Niemand aber kann in das Haus des Starken hineingehen und ihm den Haus= rat rauben, wenn er nicht zuvor den Star= ken bindet; erst dann wird er sein Haus ausrauben.

9, 40 *Denn wer nicht wider uns ist, der ist für uns.*

28 Wahrlich, ich sage euch: Alle Sünden und Lästerungen werden den Söhnen der Menschen vergeben werden, so viele sie auch aussprechen;

29 wer aber wider den heiligen Geist lä= stert, hat in Ewigkeit keine Vergebung, sondern er ist ewiger Sünde schuldig. 30 Denn sie hatten gesagt: Er hat einen unreinen Geist.

14 *Und er trieb einen Dämon aus, der stumm war. Es begab sich aber, nachdem der Dämon ausgefahren war, da redete der Stumme. Und die Volksmenge ver= wunderte sich.*

15 *Etliche von ihnen sagten jedoch: Durch Beelzebul, den Herrscher der Dämonen, treibt er die Dämonen aus.* 16 *Andre aber versuchten ihn und forderten von ihm ein Zeichen vom Himmel.*

20 *Und zwar sagten viele von ihnen: Er hat einen Dämon und ist von Sinnen; was hört ihr auf ihn?*

Luk. 11, 17—23; 12, 10; 6, 43—45
(vgl. Nr. 146. 152. 75)

(Mat. 7, 16—20) (vgl. Nr. 39)

17 *Er jedoch sprach, da er ihre Gedanken wußte, zu ihnen: Jedes Reich, das mit sich selbst entzweit ist, wird verwüstet, und ein Haus fällt über das andre.*

18 *Wenn aber sogar der Satan mit sich selbst entzweit ist, wie kann sein Reich bestehen? Ihr sagt ja, ich treibe die Dä= monen durch Beelzebul aus.* 19 *Wenn aber ich die Dämonen durch Beelzebul austrei= be, durch wen treiben eure Söhne sie aus? Deshalb werden s i e eure Richter sein.* 20 *Wenn ich dagegen durch den Finger Gottes die Dämonen austreibe, so ist ja das Reich Gottes zu euch gekommen.* 21 *Wenn der Starke bewaffnet seinen Hof bewacht, bleibt sein Besitztum in Frie= den.* 22 *Doch wenn ein Stärkerer als er über ihn kommt und ihn überwindet, nimmt er ihm seine Waffenrüstung, auf die er sich verließ, und verteilt seine Beu= te.*
23 *Wer nicht mit mir ist, der ist wider mich, und wer nicht mit mir sammelt, der zer= streut.*

12, 10 *Und wer immer ein Wort wider den Sohn des Menschen sagt, dem wird ver= geben werden; dem aber, der wider den heiligen Geist lästert, wird nicht verge= ben werden.*

33 Entweder machet den Baum gut, dann ist seine Frucht gut, oder machet den Baum faul, dann ist seine Frucht faul. Denn an der Frucht erkennt man den Baum. 34 Ihr Natterngezücht, wie könnt ihr Gutes reden, da ihr doch böse seid? Denn wovon das Herz voll ist, davon redet der Mund. 35 Der gute Mensch bringt aus seinem guten Schatze Gutes hervor, und der böse Mensch bringt aus seinem bösen Schatze Böses hervor.

36 Ich sage euch aber, daß die Menschen von jedem unrechten Worte, das sie reden werden, am Tage des Gerichtes werden Rechenschaft geben müssen. 37 Denn nach deinen Worten wirst du gerechtgesprochen werden, und nach deinen Worten wirst du verurteilt werden.

28: 1. Joh. 3, 8 / 29: Jes. 49, 24 / 31: Heb. 6, 4—6; 10, 26 / 32: 1. Tim. 1, 13 / 34: 3, 7 / 36: Jud. 15 / 37: Luk. 19, 22.

28: 1. Joh. 5, 16 / 30: Joh. 10, 20.

85. Vom Zeichen des Jona   (vgl. Nr. 116)

Mat. 12, 38—42

38 Da antworteten ihm etliche der Schriftgelehrten und Pharisäer: Meister, wir wollen von dir ein Zeichen sehen. 39 Er aber antwortete und sprach zu ihnen:

Ein böses und abtrünniges[1]) Geschlecht begehrt ein Zeichen; und ein Zeichen wird ihm nicht gegeben werden als nur das Zeichen des Propheten Jona. 40 Denn wie «Jona drei Tage und drei Nächte im Bauch des Meerungetüms war», so wird der Sohn des Menschen drei Tage und drei Nächte im Schoß der Erde sein. 41 Die Männer von Ninive werden im Gericht mit diesem Geschlecht auftreten und es verurteilen[2]); denn sie taten Buße auf die Predigt des Jona hin, und siehe, hier ist mehr als Jona. 42 Die Königin von Süden wird im Gericht mit diesem Geschlecht auftreten und es verurteilen[2]); denn sie kam von den Enden der Erde, um die Weisheit Salomos zu hören, und siehe, hier ist mehr als Salomo.

40: Jon. 2, 1 / 41 par.: Jon. 3, 5 / 42 par.: 1. Kön. 10, 1—10.

Mark. 8, 11—13   (vgl. Nr. 116)

11 *Und die Pharisäer gingen hinaus und fingen an, mit ihm zu verhandeln, indem sie von ihm ein Zeichen vom Himmel begehrten, um ihn zu versuchen.* 12 *Da seufzte er in seinem Geiste auf und sprach: Warum begehrt dieses Geschlecht ein Zeichen? Wahrlich, ich sage euch: Diesem Geschlecht wird kein Zeichen gegeben werden.* 13 *Und er verließ sie, stieg wieder ein und fuhr ans jenseitige Ufer.*

[1]) 12, 39. Wörtlich: «ehebrecherisches». Schon von Hosea (3, 1) wird das Verhältnis zwischen Gott und dem Volke Israel als Ehe dargestellt. Fremdgötterei und Gottlosigkeit ist dann Ehebruch.

[2]) 12, 41. Nicht als Richter, sondern dadurch, daß sie sich als besser erweisen.

8,43 Denn es gibt keinen guten Baum, der faule Frucht bringt, und wiederum keinen faulen Baum, der gute Frucht bringt. 44 Denn jeder Baum wird an seiner Frucht erkannt; von Dornen sammelt man ja keine Feigen, und von einem Dornbusch schneidet man keine Traube. 45 Der gute Mensch bringt aus dem guten Schatze seines Herzens das Gute hervor, und der böse bringt aus dem bösen [Schatze seines Herzens] das Böse hervor. Denn wovon sein Herz voll ist, davon redet sein Mund.

16 An ihren Früchten werdet ihr sie erkennen. Sammelt man etwa Trauben von Dornen oder Feigen von Disteln? 17 So bringt jeder gute Baum gute Früchte, der faule Baum aber bringt schlechte Früchte. 18 Ein guter Baum kann nicht schlechte Früchte bringen, noch [kann] ein fauler Baum gute Früchte bringen. 19 Jeder Baum, der nicht gute Frucht bringt, wird umgehauen und ins Feuer geworfen. 20 Also werdet ihr sie an ihren Früchten erkennen.

Zu Mat. 12, 25–29 par. Thomasevangelium Logion 35: Unmöglich ist es, in das Haus des Starken zu gehen und es zu nehmen, außer man bindet dessen Hände. Dann wird er dessen Haus durcheinander bringen.

Zu Mat. 12, 33 ff Thomasevangelium Logion 45: Man liest nicht Trauben von den Dornen und Feigen von den Disteln. Ein guter Mensch bringt Gutes aus seinem Schatz, ein schlechter Schlechtes aus seinem schlechten Schatz, der in seinem Herzen ist. Und er sagt Schlechtes, denn aus der Fülle des Herzens bringt er Schlechtes hervor.

Luk. 11, 29–32 (vgl. Nr. 149)

29 Als aber die Volksmenge sich herzudrängte, fing er an, zu sagen:

Dieses Geschlecht ist ein böses Geschlecht; es begehrt ein Zeichen, und ein Zeichen wird ihm nicht gegeben werden als nur das Zeichen des Jona. 30 Denn wie Jona den Niniviten ein Zeichen war, so wird es auch der Sohn des Menschen diesem Geschlechte sein.

32 Die Männer von Ninive werden im Gericht mit diesem Geschlecht auftreten und es verurteilen[2]); denn sie taten Buße auf die Predigt des Jona hin, und siehe, hier ist mehr als Jona. 31 Die Königin von Süden wird im Gericht mit den Männern dieses Geschlechtes auftreten und sie verurteilen[2]); denn sie kam von den Enden der Erde, um die Weisheit Salomos zu hören, und siehe, hier ist mehr als Salomo.

(Mat. 16,1.2.4) (vgl. Nr. 116)

1 Und die Pharisäer und Sadduzäer kamen herbei und baten ihn, um ihn zu versuchen, er möge sie ein Zeichen vom Himmel sehen lassen. 2 Er aber antwortete und sprach zu ihnen:

4 Ein böses und abtrünniges Geschlecht begehrt ein Zeichen, und ein Zeichen wird ihm nicht gegeben werden als nur das Zeichen des Jona. Und er verließ sie und ging hinweg.

86. Vom Rückfall

Mat. 12, 43—45

43 Wenn aber der unreine Geist aus dem Menschen ausgefahren ist, durchzieht er wasserlose Orte und sucht eine Ruhe= stätte und findet keine. 44 Dann sagt er: Ich will in mein Haus zurückkehren, aus dem ich weggegangen bin. Und wenn er kommt, findet er es leer, gesäubert und geschmückt. 45 Dann geht er hin und nimmt sieben andre Geister mit sich, die schlim= mer sind als er, und sie ziehen ein und wohnen dort; und es wird nachher mit jenem Menschen schlimmer als vorher. So wird es auch mit diesem bösen Geschlecht sein.

45: 2. Pet. 2, 20.

87. Die wahren Verwandten Jesu

Mat. 12, 46—50

46 Als er noch zur Volksmenge redete, siehe, da standen seine Mutter und seine Brüder draußen und verlangten, mit ihm zu reden.[1])

48 Er aber antwortete und sprach zu dem, der es ihm sagte: Wer ist meine Mutter und wer sind meine Brüder?
49 Und er streckte seine Hand über seine Jünger aus und sprach: Siehe, d a s sind meine Mutter und meine Brüder!
50 Denn wer den Willen meines Vaters in den Himmeln tut, der ist mir Bruder und Schwester und Mutter.

46: 13, 55; Joh. 7, 5.
[1]) 12, 46. Viele alte Textzeugen haben hier noch (wohl aus Mark. 3, 32): «47 Einer aber sagte zu

Mark. 3, 31—35

31 Und es kamen seine Mutter und seine Brüder; und als sie draußen standen, schickten sie zu ihm und ließen ihn ru= fen. 32 Und das Volk saß um ihn her. Und sie sagen zu ihm: Siehe, deine Mutter und deine Brüder und deine Schwestern draußen suchen dich.
33 Da antwortet er ihnen und sagt: Wer sind meine Mutter und meine Brüder?

34 Und indem er ringsumher die um ihn Sitzenden ansieht, sagt er: Siehe, d a s sind meine Mutter und meine Brüder.
35 Wer den Willen Gottes tut, der ist mir Bruder und Schwester und Mutter.

ihm: Siehe, deine Mutter und deine Brüder stehen draußen und verlangen, mit dir zu reden.»

88. Das Gleichnis vom Säemann

Mat. 13, 1—9

1 An jenem Tage verließ Jesus das Haus und setzte sich an den See. 2 Und es ver= sammelte sich eine große Volksmenge bei ihm, so daß er in ein Schiff stieg und sich setzte; und alles Volk stand am Gestade.
3 Und er redete zu ihnen vieles in Gleich= nissen und sprach: Siehe, der Säemann ging aus, um zu säen. 4 Und indem er säte, fiel etliches auf den Weg, und die

Mark. 4, 1—9

1 Und er fing abermals an, am See zu leh= ren. Und es versammelte sich bei ihm sehr viel Volk, so daß er in ein Schiff stieg und auf dem See sich setzte; und alles Volk war am See auf dem Lande. 2 Und er lehrte sie in Gleichnissen vieles und sagte zu ihnen in seiner Lehre: 3 Höret zu! Sie= he, der Säemann ging aus, um zu säen.
4 Und es begab sich, indem er säte, fiel

Luk. 11,24—26   (vgl. Nr. 147)

24 *Wenn der unreine Geist aus dem Men=*
schen ausgefahren ist, durchzieht er was=
serlose Orte und sucht eine Ruhestätte.
Und findet er keine, so sagt er: Ich will
in mein Haus zurückkehren, aus dem ich
weggegangen bin. 25 *Und wenn er kommt,*
findet er es gesäubert und geschmückt.
26 *Dann geht er hin und nimmt sieben*
andre Geister mit, die schlimmer sind als
er, und sie ziehen ein und wohnen dort,
und es wird nachher mit jenem Menschen
schlimmer als vorher.

Luk. 8,19—21   (vgl. Nr. 101)   *Joh. 15,14*

19 *Es kamen aber zu ihm seine Mutter und*
seine Brüder, und sie konnten des Volkes
wegen nicht zu ihm gelangen.

20 *Da wurde ihm berichtet: Deine Mutter*
und deine Brüder stehen draußen und
wollen dich sehen.
21 *Er aber antwortete und sprach zu ihnen:*

Meine Mutter und meine Brüder sind die,   14 *Ihr seid meine Freunde, wenn ihr tut,*
welche das Wort Gottes hören und tun.   *was ich euch gebiete.*

Zu Mat. 12, 46—50 par. Ebionäerevangelium (Epiphanius, Haer. 30,14,5): Daß er ein Mensch sei, leugnen
sie (sc. die Ebionäer) offenbar auf Grund des Wortes, das der Heiland sprach, als ihm mitgeteilt wurde:
Siehe, deine Mutter und deine Brüder stehen draußen. Da sagte er nämlich: Wer ist meine Mutter und
meine Brüder? Und er streckte seine Hand über seine Jünger aus und sprach: Diese sind meine Brüder
und Mutter und Schwestern, die den Willen meines Vaters tun.

Luk. 8, 4—8

4 Als aber viel Volk zusammenkam und
die Leute aus allen Städten zu ihm hin=
zogen, sprach er in einem Gleichnis:

5 Der Säemann ging aus, um seinen Sa=
men zu säen. Und indem er säte, fiel et=
liches auf den Weg und wurde zertreten,

Vögel kamen und fraßen es auf.
5 Andres fiel auf den felsigen Boden, wo es nicht viel Erde hatte, und es ging sogleich auf, weil es nicht tiefe Erde hatte; 6 als aber die Sonne aufging, wurde es verbrannt, und weil es nicht Wurzel hatte, verdorrte es.
7 Andres fiel unter die Dornen, und die Dornen wuchsen auf und erstickten es.

8 Noch andres fiel auf den guten Boden und brachte Frucht, etliches hundertfältig, etliches sechzigfältig, etliches dreißigfältig.

9 Wer Ohren hat, der höre!
2 par.: Mark. 3, 9; Luk. 5, 1—3 / 9 par.: 11, 15.

etliches auf den Weg, und die Vögel kamen und fraßen es auf. 5 Andres fiel auf den felsigen Boden, wo es nicht viel Erde fand, und es ging sogleich auf, weil es nicht tiefe Erde fand; 6 und als die Sonne aufging, wurde es verbrannt, und weil es nicht Wurzel hatte, verdorrte es.
7 Andres fiel unter die Dornen, und die Dornen wuchsen auf und erstickten es, und es brachte keine Frucht.
8 Noch andres fiel auf den guten Boden und brachte Frucht, indem es aufging und wuchs; und eins trug dreißigfältig und eins sechzigfältig und eins hundertfältig.
9 Und er sprach: Wer Ohren hat zu hören, der höre!

89. Der Zweck der Gleichnisse

Mat. 13, 10—15

10 Und die Jünger traten herzu und sagten zu ihm: Warum redest du in Gleichnissen zu ihnen? 11 Er aber antwortete und sprach: Weil es e u c h gegeben ist, die Geheimnisse des Reiches der Himmel zu erkennen, jenen aber ist es nicht gegeben. 12 Denn wer hat, dem wird gegeben werden, und er wird Überfluß haben; wer aber nicht hat, dem wird auch das genommen werden, was er hat. 13 Deshalb rede ich in Gleichnissen zu ihnen, weil sie mit sehenden Augen nicht sehen und mit hörenden Ohren nicht hören und nicht verstehen. 14 Und es erfüllt sich an ihnen die Weissagung des Jesaja, welche sagt: «Hören werdet ihr und nicht verstehen, und sehen werdet ihr und nicht erkennen. 15 Denn das Herz dieses Volkes ist verstockt und ihre Ohren sind schwerhörig geworden und ihre Augen haben sie geschlossen, damit sie nicht etwa mit den Augen sehen und mit den Ohren hören und mit dem Herzen verstehen und sich bekehren und ich sie heile.»
12: 25, 29 par.

Mark. 4, 10—12. 25   (vgl. Nr. 92)

10 Und als er allein war, fragten ihn die, welche um ihn waren, samt den Zwölfen über die Gleichnisse. 11 Da sprach er zu ihnen: Euch ist das Geheimnis des Reiches Gottes gegeben,

25 *Denn wer hat, dem wird gegeben werden; und wer nicht hat, dem wird auch das genommen werden, was er hat,*
jenen aber, die draußen sind, wird alles in Gleichnissen[1]) zuteil, 12 auf daß «sie mit Augen sehen und nicht erkennen und mit Ohren hören und nicht verstehen, damit sie nicht etwa umkehren und ihnen vergeben werde»

12 par.: Jes. 6, 9. 10; Apg. 28, 26. 27.
[1]) Eine andere mögliche Übersetzung: „ . . . in Gleichnissen zuteil, jedoch sie sehen mit den Augen und erkennen nicht. Sie hören mit den Ohren und verstehen nicht, es sei denn, sie kehren um und ihnen wird vergeben."

90. Augenzeugen

Mat. 13, 16—17

16 Selig aber sind e u r e Augen, weil sie sehen und e u r e Ohren, weil sie hören.
17 Denn wahrlich, ich sage euch: Viele Propheten und Gerechte haben begehrt, zu sehen, was ihr seht, und haben es nicht

und die Vögel des Himmels fraßen es auf.
6 Andres fiel auf den Felsen; und als es

aufging, verdorrte es, weil es keine Feuch=
tigkeit hatte.

7 Andres fiel mitten unter die Dornen, und
die Dornen, die mit aufwuchsen, erstick=
ten es.
8 Noch andres fiel auf den guten Boden
und wuchs auf und trug hundertfältige
Frucht.

Als er das sagte, rief er:
Wer Ohren hat zu hören, der höre!

Luk. 8, 9—10. 18   (vgl. Nr. 92)   *Joh. 12, 40*
9 Seine Jünger aber fragten ihn, was die=
ses Gleichnis bedeute.
10 Da sprach er:
Euch ist es gegeben, die Geheimnisse des
Reiches Gottes zu erkennen,

18 *Denn wer hat, dem wird gegeben werden,*
und wer nicht hat, dem wird auch das ge=
nommen werden, was er zu haben meint.

den übrigen aber in Gleichnissen, damit
«sie mit sehenden Augen nicht sehen und
mit hörenden Ohren nicht verstehen».

40 *«Er hat ihre Augen geblendet und ihr*
Herz verstockt, damit sie mit den Augen
nicht sehen noch mit dem Herzen ver=
stehen und sich bekehren und ich sie
heile.»

Luk. 10, 23—24   (vgl. Nr. 139)
23 *Und er wandte sich zu den Jüngern im*
besondern und sprach: Selig sind die Au=
gen, die sehen, was ihr seht; 24 denn ich
sage euch: Viele Propheten und Könige
haben gewünscht, zu sehen, was ihr seht,

gesehen, und zu hören, was ihr hört, und
haben es nicht gehört.

16: 16, 17; Spr. 20, 12 / 17 par.: Joh. 8, 56; 1. Petr.
1, 10; Heb. 11, 13.

91. Deutung des Gleichnisses vom Säemann

Mat. 13, 18—23   Mark. 4, 13—20

18 So höret nun ihr das Gleichnis vom Säemann! 19 Sooft jemand das Wort vom Reiche hört und es nicht versteht, kommt der Böse und raubt das, was in sein Herz gesät ist. Dies ist der, welcher auf den Weg gesät ist. 28 Der aber [, bei dem der Same] auf den felsigen Boden gesät ist, das ist der, welcher das Wort hört und es alsbald mit Freuden aufnimmt; 21 er hat jedoch keine Wurzel in sich, sondern ist ein Mensch des Augenblicks; wenn aber um des Wortes willen Trübsal oder Verfolgung entsteht, nimmt er alsbald Anstoß. 22 Der aber [, bei dem der Same] unter die Dornen gesät ist, das ist der, welcher das Wort hört, und die Sorge der Welt und der Trug des Reichtums ersticken das Wort, und es bringt keine Frucht. 28 Der aber [, bei dem der Same] auf den guten Boden gesät ist, das ist der, welcher das Wort hört und versteht; dieser bringt denn auch Frucht, und zwar trägt der eine hundertfältig, der andre sechzigfältig, ein andrer dreißigfältig.

22: 6, 19—34; 19, 23; 1. Tim. 6, 9.

13 Und er sagte zu ihnen: Ihr versteht dieses Gleichnis nicht, und wie wollt ihr alle Gleichnisse begreifen? 14 Der Säemann sät das Wort. 15 Die auf dem Wege aber sind die, bei denen das Wort gesät wird, und wenn sie es gehört haben, kommt alsbald der Satan und nimmt das Wort weg, das in sie gesät worden ist. 16 Und ebenso sind die auf den felsigen Boden Gesäten die, welche das Wort, wenn sie es gehört haben, alsbald mit Freuden aufnehmen; 17 und sie haben keine Wurzel in sich, sondern sind Menschen des Augenblicks. Wenn nachher um des Wortes willen Trübsal oder Verfolgung entsteht, nehmen sie alsbald Anstoß. 18 Und andre sind die unter die Dornen Gesäten; das sind die, welche das Wort gehört haben, 19 und die Sorgen der Welt und der Trug des Reichtums und die Begierden nach andern Dingen dringen ein und ersticken das Wort, und es bringt keine Frucht. 20 Und die auf den guten Boden Gesäten sind die, welche das Wort hören und es aufnehmen und Frucht tragen, eins dreißigfältig und eins sechzigfältig und eins hundertfältig.

19: 10, 23. 24.

92. Sprüche vom rechten Hören

Mat. 5, 15; 10, 26; 7, 2; 13, 12
(vgl. Nr. 19. 58. 35. 89)   Mark. 4, 21—25

15 *Man zündet auch nicht ein Licht an und stellt es unter den Scheffel, sondern auf den Leuchter; dann leuchtet es allen, die im Hause sind.*
10, 26 *Fürchtet sie nun nicht! Denn nichts ist verhüllt, was nicht enthüllt werden wird, und [nichts] verborgen, was nicht bekannt werden wird.*

7, 2 *Denn mit welchem Gericht ihr richtet, mit dem werdet ihr gerichtet werden, und mit welchem Maß ihr meßt, mit dem wird euch gemessen werden.*

21 Und er sprach zu ihnen: Bringt man etwa das Licht, damit es unter den Scheffel oder unter das Bett gestellt wird? nicht [vielmehr], damit es auf den Leuchter gestellt wird? 22 Denn nichts ist verborgen, außer damit es offenbar wird, und nichts ist im Geheimnis geworden, außer damit es an den Tag kommt. 23 Wenn jemand Ohren hat zu hören, so höre er! 24 Und er sprach zu ihnen: Gebet acht auf das, was ihr hört! Mit welchem Maß ihr meßt, mit dem wird euch gemessen werden, und es wird euch [noch] hinzugefügt

und haben es nicht gesehen, und zu hö=
ren, was ihr hört, und haben es nicht ge=
hört.

Luk. 8, 11—15

11 Das Gleichnis aber bedeutet dies:
Der Same ist das Wort Gottes.
12 Die auf dem Wege aber sind die, welche
es gehört haben;
darnach kommt der Teufel und nimmt das
Wort von ihrem Herzen weg, damit sie
nicht glauben und gerettet werden. 13 Die
aber auf dem Felsen sind die, welche das
Wort, wenn sie es hören, mit Freuden
aufnehmen;
und diese haben keine Wurzel, sie, die
nur für den Augenblick glauben und im
Augenblick der Versuchung abfallen.

14 Was aber unter die Dornen fiel, das
sind die, welche es gehört haben; und sie
werden in ihrem Wandel von Sorgen und
Reichtum und Genüssen des Lebens

erstickt und bringen die Frucht nicht zur
Reife. 15 Das in dem guten Boden aber
sind die, welche in einem feinen und gu=
ten Herzen das Wort, das sie gehört ha=
ben, behalten und Frucht tragen in Be=
harrlichkeit.

11: 1. Pet. 1, 23 / 15: Apg. 16, 14.

Luk. 8, 16—18

16 Niemand aber, der ein Licht angezündet
hat, bedeckt es mit einem Gefäß oder stellt
es unter ein Bett, sondern er stellt es auf
einen Leuchter, damit die Hereinkommen=
den das Licht sehen. 17 Denn nichts ist ver=
borgen, was nicht offenbar werden wird,
und nichts geheim, was nicht bekannt
werden und an den Tag kommen wird.
18 Gebet nun acht, wie ihr hört!

13,12 *Denn wer hat, dem wird gegeben werden, und er wird Überfluß haben; wer aber nicht hat, dem wird auch das genommen werden, was er hat.*

werden. 25 Denn wer hat, dem wird gege=ben werden; und wer nicht hat, dem wird auch das genommen werden, was er hat.

24: Mat. 7, 2 par. / 25 par.: Mat. 25, 29 par.

93. Das Gleichnis vom geduldigen Landmann

Mark. 4, 26—29

26 Und er sprach: Mit dem Reiche Gottes ist es so, wie wenn ein Mensch den Sa=men in die Erde wirft 27 und schläft und aufsteht Nacht und Tag, und der Same sproßt und wird groß, er weiß selbst nicht wie. 28 Von selbst bringt die Erde Frucht, zuerst den Halm, dann die Ähre, dann den vollen Weizen in der Ähre. 29 Wenn aber die Frucht es zuläßt, «legt er alsbald die Sichel an; denn die Ernte ist da».

27: Jak. 5, 7; Ps. 127, 2 / 29: Joel 3, 13; Off. 14, 15.

94. Das Gleichnis vom Unkraut unter dem Weizen

Mat. 13, 24—30

24 Ein andres Gleichnis legte er ihnen vor und sprach: Das Reich der Himmel ist gleich einem Menschen, der guten Samen auf seinen Acker säte. 25 Doch während die Leute schliefen, kam sein Feind und säte Unkraut[1]) dazu mitten unter den Weizen und ging davon. 26 Als aber die Saat sproßte und Frucht brachte, da zeigte sich auch das Unkraut. 27 Da traten die Knechte des Hausherrn herzu und sagten zu ihm: Herr, hast du nicht guten Samen auf deinen Acker gesät? Woher hat er nun das Unkraut? 28 Er aber sagte zu ihnen: Ein feindlicher Mensch hat das getan. Da sagen die Knechte zu ihm: Willst du nun, daß wir hingehen und das zusammensu=chen? 29 Er aber sagt: Nein, damit ihr nicht, indem ihr das Unkraut zusammen=sucht, zugleich mit ihm den Weizen aus=rauft. 30 Lasset beides miteinander wach=sen bis zur Ernte, und zur Zeit der Ernte will ich den Schnittern sagen: Suchet zu=erst das Unkraut zusammen und bindet es in Bündel, damit man es verbrenne; den Weizen aber sammelt in meine Scheune!

30: 3, 12; Off. 14, 15.

[1]) 13, 25. Damit ist der Lolch gemeint, eine Gras-art, die sich vom Sommergetreide anfangs kaum unterscheidet. Deshalb wird Lolch anfangs nicht, später jedoch mehrmals gejätet.

Denn wer hat, dem wird gegeben werden,
und wer nicht hat, dem wird auch das ge=
nommen werden, was er zu haben meint.

Zu Luk. 8, 17 par. Papyrus Oxyrhynchos 654, 27–31: Jesus spricht: Alles, was nicht vor deinem Blick liegt und vor dir verborgen ist, wird offenbart werden. Nichts ist verborgen, was nicht offenbart werden wird, und begraben, was nicht auferweckt werden wird.

95. Die Gleichnisse vom Senfkorn und Sauerteig

Mat. 13, 31—33

31 Ein andres Gleichnis legte er ihnen vor und sprach: Das Reich der Himmel ist gleich einem Senfkorn, das ein Mensch nahm und auf seinen Acker säte. **32** Dieses ist zwar kleiner als alle [andern] Samenarten; wenn es aber herangewachsen ist, so ist es größer als die Gartengewächse und wird ein Baum, so daß die Vögel des Himmels kommen und in seinen Zweigen nisten. **33** Ein andres Gleichnis sagte er ihnen: Das Reich der Himmel ist gleich einem Sauerteig, den eine Frau nahm und unter drei Scheffel Mehl mengte, bis es ganz durchsäuert war.

32 par.: Dan. 4, 9. 18; Ez. 17, 23; 31, 6.

Mark. 4, 30—32

30 Und er sprach: Wie sollen wir das Reich Gottes abbilden oder unter welchem Gleichnis sollen wir es darstellen? **31** [Es ist] gleich einem Senfkorn, das, wenn es in die Erde gesät wird, kleiner ist als alle [andern] Samenarten auf Erden; **32** und wenn es gesät wird, geht es auf und wird größer als alle Gartengewächse und treibt große Zweige, so daß die Vögel des Himmels unter seinem Schatten nisten können.

96. Jesus spricht in Gleichnissen

Mat. 13, 34—35

34 Dies alles redete Jesus in Gleichnissen zur Volksmenge, und ohne Gleichnis redete er nichts zu ihnen,

35 damit erfüllt würde, was durch den Propheten[1]) gesprochen worden ist, welcher sagt:
«Ich will meinen Mund in Gleichnissen auftun,
will Dinge verkündigen, die verborgen waren
von Grundlegung der Welt an.»

[1]) Dieser alttestamentliche Ausspruch findet sich in keinem der Propheten. Er steht Ps. 78, 2.

Mark. 4, 33—34

33 Und in vielen solchen Gleichnissen redete er zu ihnen das Wort, wie sie es verstehen konnten. **34** Ohne Gleichnis dagegen redete er nicht zu ihnen; seinen Jüngern für sich allein aber legte er alles aus.

97. Deutung des Gleichnisses vom Unkraut unter dem Weizen

Mat. 13, 36—43

36 Da verließ Jesus die Volksmenge und ging in das Haus. Und seine Jünger traten zu ihm und sagten: Erkläre uns das Gleichnis vom Unkraut auf dem Acker! **37** Er aber antwortete und sprach: Der den guten Samen sät, ist der Sohn des Menschen. **38** Der Acker ist die Welt; der gute Same, das sind die Söhne des Reiches; das Unkraut sind die Söhne des Bösen; **39** der Feind, der es aussät, ist der Teufel; die Ernte ist das Ende der Welt, die Schnitter sind die Engel. **40** Wie man nun das Un-

Luk. 13,18—21   (vgl. **Nr. 161**)

18 *Er sprach nun: Wem ist das Reich Got=*
tes gleich, und womit soll ich es verglei=
chen?
19 *Es ist gleich einem Senfkorn, das ein*
Mensch nahm und in seinen Garten legte.

Und es wuchs
und wurde zum Baum, und die Vögel des
Himmels nisteten in seinen Zweigen.
20 *Und wiederum sprach er: Womit soll*
ich das Reich Gottes vergleichen? 21 *Es ist*
gleich einem Sauerteig, den eine Frau
nahm und unter drei Scheffel Mehl meng=
te, bis es ganz durchsäuert war.

kraut zusammensucht und mit Feuer ver=
brennt, so wird es am Ende der Welt sein:
41 Der Sohn des Menschen wird seine En=
gel aussenden, und sie werden aus sei=
nem Reich alle sammeln, die ein Ärgernis
sind, und die, welche tun, was wider das
Gesetz ist, 42 und werden sie in den Feuer=
ofen werfen. Dort wird Heulen und Zähne=
knirschen sein. 43 Dann werden die Ge=
rechten im Reich ihres Vaters leuchten
wie die Sonne. Wer Ohren hat, der höre!
38: Joh. 8, 44 / 41: 25, 31—46 / 42: 13, 50 / 43: Dan. 12, 3.

98. Die Gleichnisse vom Schatz im Acker und von der Perle

Mat. 13, 44—46

44 Das Reich der Himmel ist gleich einem
im Acker verborgenen Schatz, den ein
Mensch fand und [wieder] verbarg. Und
in seiner Freude geht er hin und verkauft
alles, was er hat, und kauft jenen Acker.
45 Wiederum ist das Reich der Himmel
gleich einem Kaufmann, der schöne Per=
len suchte. 46 Als er aber e i n e kostbare
Perle gefunden hatte, ging er hin, ver=
kaufte alles, was er hatte, und kaufte sie.
44: Spr. 2, 4; Phil. 3, 7 / 46: Spr. 8, 10. 11.

99. Das Gleichnis vom Fischnetz

Mat. 13, 47—50

47 Wiederum ist das Reich der Himmel
gleich einem Netz, das ins Meer gewor=
fen wurde und [Fische] von allerlei Art
zusammenbrachte. 48 Und als es voll ge=
worden war, zogen sie es ans Gestade,
setzten sich und sammelten die guten in
Gefäße, die faulen aber warfen sie weg.
49 So wird es am Ende der Welt sein: Die
Engel werden ausgehen und die Bösen mit=
ten aus den Gerechten aussondern 50 und
sie in den Feuerofen werfen. Dort wird
Heulen und Zähneknirschen sein.
47: 22, 9. 10; Hab. 1, 15 / 49: 25, 32 / 50: 13, 42; 8, 12.

100. Abschluß der Gleichnisse

Mat. 13, 51—52

51 Habt ihr dies alles verstanden? Sie sag=
ten zu ihm: Ja. 52 Da sagte er zu ihnen:
Deshalb ist jeder Schriftgelehrte, der für
das Reich der Himmel unterrichtet ist,
einem Hausherrn gleich, der aus seinem
Schatze Neues und Altes hervorholt.
52: 12, 35.

Zu Mat. 13, 45 Thomasevangelium Logion 76: Das Reich des Vaters ist gleich einem Kaufmann, der eine Warenladung hatte und eine Perle fand. Der kluge Kaufmann verkaufte die Warenladung, er kaufte sich einzig die Perle. Sucht auch ihr für euch nach dem Schatz, der nicht vergeht . . .

Zu Mat. 13, 47 f Thomasevangelium Logion 8: Der Mensch ist einem klugen Fischer gleich, der sein Netz ins Meer warf. Er zog es voll kleiner Fische aus dem Meer. Einen großen, guten Fisch fand der kluge Fischer darunter. Er warf alle kleinen Fische ins Meer und wählte ohne Hemmung den großen.

101. Die wahren Verwandten Jesu

Mat. 12,46. 48—50 (vgl. Nr. 87)

⁴⁶ *Als er noch zur Volksmenge redete, sie=*
he, da standen seine Mutter und seine
Brüder draußen und verlangten, mit ihm
zu reden.

⁴⁸ *Er aber antwortete und sprach zu dem,*
der es ihm sagte: Wer ist meine Mutter
und wer sind meine Brüder?
⁴⁹ *Und er streckte seine Hand über seine*
Jünger aus und sprach: Siehe, das sind
meine Mutter und meine Brüder!
⁵⁰ *Denn wer den Willen meines Vaters in*
den Himmeln tut, der ist mir Bruder und
Schwester und Mutter.

102. Die Stillung des Seesturmes

Mat. 8,18. 23—27 (vgl. Nr. 47. 48)

¹⁸ *Als aber Jesus eine große Volksmenge*
um sich sah, befahl er, ans jenseitige Ufer
zu fahren.
²³ *Und er stieg ins Schiff, und seine Jün=*
ger folgten ihm.
²⁴ *Und siehe, es erhob sich ein großer*
Sturm auf dem See, so daß das Schiff von
den Wellen bedeckt wurde. Er aber schlief.

²⁵ *Da traten sie hinzu, weckten ihn auf und*
sagten: Herr, hilf, wir gehen unter. ²⁶ *Und*
er sagt zu ihnen: Warum seid ihr [so]
furchtsam, ihr Kleingläubigen?
Dann stand er auf, bedrohte die Winde
und den See, und es trat große Windstille
ein.

²⁷ *Die Menschen aber verwunderten sich*
und sagten: Was ist das für ein Mann,
daß ihm sogar die Winde und der See ge=
horsam sind?

103. Heilung zweier besessener Gadarener

Mat. 8,28—34 (vgl. Nr. 49)

²⁸ *Und als er ans jenseitige Ufer in die*
Landschaft der Gadarener gekommen war,
begegneten ihm, von den Grüften her
kommend, zwei Besessene, die sehr bös=
artig waren, so daß niemand auf jenem
Weg vorbeigehen konnte.

[68]

Mark. 3,31—35 (vgl. Nr. 87)

³¹ *Und es kamen seine Mutter und seine*
Brüder; und als sie draußen standen,
schickten sie zu ihm und ließen ihn ru=
fen. ³² *Und das Volk saß um ihn her. Und*
sie sagen zu ihm: Siehe, deine Mutter
und deine Brüder und deine Schwestern
draußen suchen dich. ³³ *Da antwortete er ihnen und sagt: Wer*
sind meine Mutter und meine Brüder?

³⁴ *Und indem er ringsumher die um ihn*
Sitzenden ansieht, sagte er: Siehe, das
sind meine Mutter und meine Brüder.
³⁵ *Wer den Willen Gottes tut, der ist mir*
Bruder und Schwester und Mutter.

Mark. 4,35—41

³⁵ Und an jenem Tage sagte er zu ihnen,
als es Abend geworden war: Lasset uns
ans jenseitige Ufer fahren! ³⁶ Und sie ver=
ließen das Volk und nahmen ihn, wie er
war, im Schiffe mit; und andre Schiffe wa=
ren bei ihm ³⁷ Und es erhob sich ein gro=
ßer Windsturm, und die Wellen schlugen
ins Schiff, so daß das Schiff sich schon
füllte. ³⁸ Und er schlief im Hinterteil des
Schiffes auf dem Kissen. Und sie wecken
ihn und sagen zu ihm: Meister, kümmert
es dich nicht, daß wir untergehen? ³⁹ Und
nachdem er erwacht war, bedrohte er den
Wind und sprach zum See: Schweig, ver=
stumme! Da legte sich der Wind, und es
trat eine große Windstille ein. ⁴⁰ Und er
sprach zu ihnen: Warum seid ihr so furcht=
sam? Habt ihr noch keinen Glauben? ⁴¹ Und
sie gerieten in große Furcht und sagten
zueinander: Wer ist doch dieser, daß ihm
sogar der Wind und der See gehorsam
sind?

38: Luk. 10, 40 / 39 par.: 6, 51; Ps. 89, 10; 107, 23—32.

Mark. 5,1—20

¹ Und sie kamen ans jenseitige Ufer des
Sees in die Landschaft der Gerasener. ² Und
als er aus dem Schiff gestiegen war, kam
ihm alsbald von den Grüften her ein
Mensch mit einem unreinen Geist entge=
gen, ³ der seine Wohnung in den Grüf=

Luk. 8, 19—21

19 Es kamen aber zu ihm seine Mutter und seine Brüder, und sie konnten des Volkes wegen nicht zu ihm gelangen.

20 Da wurde ihm berichtet: Deine Mutter und deine Brüder stehen draußen und wollen dich sehen.
21 Er aber antwortete und sprach zu ihnen:

Meine Mutter und meine Brüder sind die, welche das Wort Gottes hören und tun.
21: 11, 28; Mat. 7, 24.

Zu Luk. 8, 19—21 Ebionäerevangelium, vgl. Nr. 87.

Joh. 15, 14

14 *Ihr seid meine Freunde, wenn ihr tut, was ich euch gebiete.*

Luk. 8, 22—25

22 Es begab sich aber eines Tages, da stieg er in ein Schiff samt seinen Jüngern; und er sagte zu ihnen: Lasset uns ans jenseitige Ufer des Sees fahren! und sie fuhren ab. 23 Als sie aber auf der Fahrt waren, schlief er ein. Und es kam ein Windsturm auf den See herab, und das Schiff wurde voll Wasser, und sie standen in Gefahr.
24 Da traten sie hinzu, weckten ihn auf und sagten: Meister, Meister, wir gehen unter! Nachdem er aber erwacht war, bedrohte er den Wind und die Wogen des Wassers,
und sie legten sich, und es trat Windstille ein. 25 Da sprach er zu ihnen:
Wo ist euer Glaube?

Sie aber fürchteten und verwunderten sich und sagten zueinander: Wer ist doch dieser, daß er sogar den Winden gebietet und dem Wasser und sie ihm gehorsam sind?

Luk. 8, 26—39

26 Und sie fuhren nach der Landschaft der Gergesener, die Galiläa gegenüberliegt.
27 Als er aber ans Land gestiegen war, kam ihm ein Mann aus der Stadt entgegen, der Dämonen hatte und seit langer Zeit keine Kleider anzog und in keinem

ten hatte. Und niemand konnte ihn mehr fesseln, auch nicht mit einer Kette; 4 denn oft war er in Fußfesseln und Ketten ge= schlossen gewesen, und die Ketten waren von ihm zerrissen und die Fußfesseln zer= rieben worden, und niemand vermochte ihn zu bändigen. 5 Und er war allezeit, Tag und Nacht, in den Grüften und auf den Bergen, schrie und schlug sich mit Steinen. 6 Und als er Jesus von ferne sah, lief er und warf sich vor ihm nieder 7 und schrie mit lauter Stimme: Was habe ich mit dir zu schaffen, Jesus, du Sohn Got= tes, des Höchsten? Ich beschwöre dich bei Gott, peinige mich nicht! 8 Er hatte näm= lich zu ihm gesagt: Fahre aus, du unreiner Geist, aus dem Menschen!

29 Und siehe, sie erhoben ein Geschrei und sagten: Was haben wir mit dir zu schaf= fen, du Sohn Gottes? Bist du hierher ge= kommen, um uns vor der Zeit zu peinigen?

Vers 4.5

9 Und er fragte ihn: Was ist dein Name? Er antwortete ihm: Legion ist mein Na= me, denn wir sind viele. 10 Und er bat ihn dringend, sie nicht aus der Gegend zu ver= weisen. 11 Es war aber dort am Berg eine große Herde Schweine zur Weide. 12 Und sie baten ihn: Schicke uns in die Schweine, damit wir in sie fahren! 13 Und er erlaubte es ihnen. Da fuhren die unreinen Geister aus und fuhren in die Schweine. Und die Herde stürzte sich den Abhang hinunter in den See, ungefähr zweitausend, und sie ertranken im See.
14 Und die Hirten flohen und verkündig= ten es in der Stadt und auf dem Lande.

30 Es war aber fern von ihnen eine Herde von vielen Schweinen zur Weide. 31 Da ba= ten ihn die Dämonen: Wenn du uns aus= treibst, so schicke uns in die Schweine= herde. 32 Und er sprach zu ihnen: Fahret hin! Sie aber fuhren aus und fuhren in die Schweine. Und siehe, die ganze Herde stürzte sich den Abhang hinunter in den See und kam im Wasser um.
33 Die Hirten aber flohen und gingen in die Stadt und verkündigten alles, auch was mit den Besessenen vorgegangen war. 34 Und siehe, die ganze Stadt ging hinaus, Jesus entgegen; und als sie ihn sahen,

Da gingen die Leute, um zu sehen, was geschehen war. 15 Und sie kamen zu Jesus und sahen den Besessenen, der die Legion gehabt hatte, bekleidet und vernünftig da= sitzen; und sie fürchteten sich. 16 Und die es gesehen hatten, erzählten ihnen, wie es mit dem Besessenen zugegangen war, und [das] von den Schweinen. 17 Da fingen sie an, ihn zu bitten, er möge aus ihrem Gebiet hinweggehen. 18 Und als er ins Schiff stieg, bat ihn der, welcher besessen gewesen war, daß er bei ihm bleiben dür= fe. 19 Und er ließ es ihm nicht zu, sondern sagte zu ihm:

baten sie ihn, aus ihrem Gebiet wegzu= gehen.

Geh in dein Haus zu den Deinen und berichte ihnen, was der Herr dir Großes getan und wie er sich deiner erbarmt

Hause blieb, sondern in den Grüften.
29b *Jener hatte ihn nämlich seit langer Zeit*
mit sich fortgerissen, und er wurde in
Ketten und Fußfesseln geschlossen und
verwahrt; und er zerriß die Fesseln und
wurde von dem Dämon in die Einöde ge-
trieben.

28 Als dieser Jesus sah, schrie er auf, warf
sich vor ihm nieder und sprach mit lauter Stimme: Was habe ich mit dir zu schaffen, Jesus, du Sohn Gottes, des Höchsten?
Ich bitte dich, peinige mich nicht! 29 Er
hatte nämlich dem unreinen Geist geboten, aus dem Menschen auszufahren. Jener hatte ihn nämlich seit langer Zeit mit
sich fortgerissen, und er wurde in Ketten
und Fußfesseln geschlossen und verwahrt;
und er zerriß die Fesseln und wurde von
dem Dämon in die Einöde getrieben. 30 Und
Jesus fragte ihn: Was ist dein Name? Er
antwortete: Legion. Denn viele Dämonen
waren in ihn gefahren. 31 Und sie baten
ihn, er möchte ihnen nicht befehlen, in die
Unterwelt zu fahren. 32 Es war aber dort
eine Herde von vielen Schweinen auf dem
Berg zur Weide; und sie baten ihn, er
möchte ihnen erlauben, in diese zu fahren.
Und er erlaubte es ihnen. 33 Da fuhren die
Dämonen aus dem Menschen aus und fuhren in die Schweine. Und die Herde stürzte
sich den Abhang hinunter in den See und
ertrank.
34 Als aber die Hirten sahen, was geschehen war, flohen sie und verkündigten es
in der Stadt und auf dem Lande. 35 Da
gingen die Leute hinaus, um zu sehen,
was geschehen war. Und sie kamen zu Jesus und fanden den Menschen, von dem
die Dämonen ausgefahren waren, bekleidet und vernünftig zu den Füßen Jesu sitzen; und sie fürchteten sich. 36 Die aber
welche es gesehen hatten, erzählten ihnen,
wie der Besessene gesund geworden war.
37 Und die ganze Menge aus der umliegenden Landschaft der Gergesener bat ihn,
von ihnen wegzugehen; denn große Furcht
hatte sie ergriffen. Da stieg er in ein Schiff
und kehrte zurück. 38 Der Mann aber, von
dem die Dämonen ausgefahren waren, bat
ihn, daß er bei ihm bleiben dürfe. Doch er
entließ ihn und sagte: 39 Kehre zurück in
dein Haus und erzähle, was Gott dir Großes getan hat!

hat. 20 Und er ging aus und fing an, im
Gebiet der Zehn Städte zu verkündigen,
was Jesus ihm Großes getan hatte, und
jedermann verwunderte sich.

7 par.: 1, 24; Jak. 2, 19 / 20: 7, 31; Mat. 4, 25.

104. Heilung der Blutflüssigen und Auferweckung der Tochter des Jairus

Mat. 9, 18—26 (vgl. Nr. 53)

18 *Als er dies zu ihnen redete, siehe, da
kam ein Vorsteher [der Synagoge], warf
sich vor ihm nieder und sagte:
Meine Tochter ist soeben gestorben; aber
komm und lege deine Hand auf sie, so
wird sie leben.*

19 *Und Jesus stand auf und folgte ihm
samt seinen Jüngern.*
20 *Und siehe, eine Frau, die zwölf Jahre
blutflüssig war,*

*trat von hinten hinzu und rührte die
Quaste seines Kleides an. 21 Denn sie sagte
bei sich selbst; Wenn ich nur sein Kleid
anrühre, werde ich gesund werden.*

Mark. 5, 21—43

21 Und als Jesus im Schiffe wieder an das
jenseitige Ufer hinübergefahren war, ver=
sammelte sich viel Volk bei ihm; und er
war am See. 22 Da kommt einer der Vor=
steher der Synagoge mit Namen Jairus;
und wie er ihn erblickt, wirft er sich ihm
zu Füßen 23 und bittet ihn inständig: Mein
Töchterlein liegt in den letzten Zügen;
komm und lege ihr die Hände auf, damit
sie gerettet wird und am Leben bleibt.
24 Da ging er mit ihm; und es folgte ihm
viel Volk nach, und sie umdrängten ihn.
25 Und es war eine Frau, die litt zwölf Jahre
am Blutfluß, 26 und sie hatte viel durchge=
macht mit vielen Ärzten und all ihr Gut
aufgewendet, und es hatte ihr nichts ge=
holfen, sondern es war vielmehr schlim=
mer mit ihr geworden. 27 Als sie von Jesus
gehört hatte, kam sie unter dem Volke
von hinten herzu und rührte sein Kleid
an. 28 Denn sie sagte: Wenn ich auch nur
seine Kleider anrühre, werde ich gesund
werden. 29 Und alsbald versiegte der Quell
ihres Blutes, und sie spürte es am Leibe,
daß sie von ihrer Qual geheilt war. 30 Und
alsbald spürte Jesus an sich selbst, daß eine
Kraft von ihm ausgegangen war, wandte
sich unter dem Volke um und sagte: Wer
hat meine Kleider angerührt? 31 Und seine
Jünger sagten zu ihm: Du siehst, wie das
Volk dich umdrängt, und sagst: Wer hat
mich angerührt? 32 Und er blickte umher,
um die zu sehen, welche dies getan hatte.
33 Die Frau aber kam mit Furcht und Zit=
tern, weil sie wußte, was ihr geschehen
war, warf sich vor ihm nieder und sagte
ihm die ganze Wahrheit.

22 *Jesus aber wandte sich um, sah sie und
sprach: Sei getrost, meine Tochter; dein
Glaube hat dich gerettet. Und die Frau war
von jener Stunde an gesund.*

34 Er aber sprach zu ihr: Meine Tochter,
dein Glaube hat dich gerettet. Geh hin in
Frieden und sei von deiner Qual gesund!
35 Während er noch redet, kommen Leute
des Vorstehers der Synagoge und sagen:
Deine Tochter ist gestorben; was bemühst
du den Meister noch? 36 Jesus aber achtete

Und er ging aus und verkündigte in der
ganzen Stadt, was Jesus ihm Großes ge=
tan hatte.

28: 4, 34 / 29: 9, 39. 42 / 39: Mat. 12, 16; Mark. 7, 36.

Luk. 8, 40—56

40 Als aber Jesus zurückkam, empfing ihn
das Volk; denn sie warteten alle auf ihn.
41 Und siehe, es kam ein Mann namens
Jairus, und dieser war Vorsteher der Syn=
agoge. Und er warf sich Jesus zu Füßen
und bat ihn, in sein Haus zu kommen;
42 denn er hatte eine einzige Tochter von
etwa zwölf Jahren, und diese lag im Ster=
ben.
Während er aber hinging, umdrängte ihn
die Volksmenge.
43 Und eine Frau, die seit zwölf Jahren am
Blutfluß litt und all ihr Gut an die Ärzte
gewendet hatte[1]) und von niemandem
hatte geheilt werden können,

44 trat von hinten hinzu und rührte die
Quaste seines Kleides an;

und sofort kam ihr Blutfluß zum Still=
stand.

45 Und Jesus sprach: Wer hat mich ange=
rührt? Als aber alle es verneinten, sagte
Petrus: Meister, die Volksmenge drückt
und drängt dich. 46 Doch Jesus sprach: Es
hat mich jemand angerührt; denn ich habe
gespürt, daß eine Kraft von mir ausge=
gangen ist.
47 Als aber die Frau sah, daß sie nicht ver=
borgen bleiben konnte, kam sie zitternd,
warf sich vor ihm nieder und erzählte ihm
vor dem ganzen Volke, aus welchem Grun=
de sie ihn angerührt habe und wie sie
sofort geheilt worden sei.

48 Er aber sprach zu ihr: Meine Tochter,
dein Glaube hat dich gerettet; gehe hin in
Frieden!
49 Während er noch redete, kam jemand
von den Leuten des Vorstehers der Syn=
agoge und sagte: Deine Tochter ist gestor=
ben; bemühe den Meister nicht mehr!

nicht auf das Wort, das gesprochen wur=
de, und sagte zu dem Vorsteher der Syn=
agoge: Fürchte dich nicht, glaube nur! ₃₇
Und er ließ niemand mit sich gehen außer
Petrus und Jakobus und Johannes, den Bru=
₂₃ *Und als Jesus in das Haus des Vorste=*   der des Jakobus. ₃₈ Und sie kommen in
hers kam und die Flötenbläser und das   das Haus des Vorstehers der Synagoge,
Volk lärmen sah, sprach er: und er nimmt den Lärm wahr und Leute,
die weinen und laut klagen. ₃₉ Und er geht
hinein und sagt zu ihnen: Was lärmt und
₂₄ *Gehet hinweg; denn das Mädchen ist*   weint ihr? Das Kind ist nicht gestorben,
nicht gestorben, sondern es schläft. Und   sondern es schläft. ₄₀ Und sie verlachten
sie verlachten ihn. ₂₅ *Als aber das Volk*   ihn. Er aber treibt alle hinaus, nimmt des
hinausgetrieben war, ging er hinein und   Kindes Vater und Mutter und seine Be=
gleiter mit sich und geht [in das Gemach]
ergriff ihre Hand;   hinein, wo das Kind war. ₄₁ Und er ergreift
des Kindes Hand und sagt zu ihm: Tali=
tha kumi! was übersetzt heißt: Mädchen,
ich sage dir, steh auf! ₄₂ Da stand das
und das Mädchen stand auf.   Mädchen sogleich auf und ging umher;
es war nämlich zwölf Jahre alt. Und sie
gerieten alsbald in großes Staunen. ₄₃ Und
er gebot ihnen ernstlich, daß niemand dies
₂₆ *Und das Gerücht hiervon verbreitete sich*   erfahren solle, und befahl, ihr zu essen
in jener ganzen Gegend.   zu geben.

24: 3, 9 / 28: 6, 56 / 30 par.: Luk. 6, 19 / 34 par.:
10, 52; Luk. 7, 50 / 39 par.: Joh. 11, 4. 11 / 41 par.:
9, 27; Luk. 7, 14 / 43: par.: 1, 44; 7, 36.

105. Jesus in Nazareth

Mat. 13, 53—58

₅₃ Und es begab sich, als Jesus diese Gleich=
nisse beendet hatte, zog er von dort hin=
weg. ₅₄ Und als er in seine Vaterstadt kam,
lehrte er sie in ihrer Synagoge,
so daß sie erstaunten und sagten: Wo=
her hat der diese Weisheit und die Wun=
derkräfte?

₅₅ Ist dieser nicht des Zimmermanns Sohn?
Heißt nicht seine Mutter Maria und seine
Brüder Jakobus und Joseph[1]) und Simon
und Judas, ₅₆ und sind nicht seine Schwe=
stern alle bei uns? Woher hat der nun
dies alles? ₅₇ Und sie nahmen Anstoß an
ihm. Jesus aber sprach zu ihnen: Ein Pro=
phet ist nirgends verachtet außer in sei=
ner Vaterstadt und in seinem Hause. ₅₈
Und er vollbrachte dort nicht viele Macht=
taten

um ihres Unglaubens willen.

Mark. 6, 1—6

₁ Und er ging von dort weg und kam in
seine Vaterstadt, und seine Jünger folg=
ten ihm nach. ₂ Und als es Sabbat war,
fing er an, in der Synagoge zu lehren.
Und die Menge, die zuhörte, erstaunte
und sagte: Woher hat der das, und was
ist das für eine Weisheit, die ihm gege=
ben ist? Und solche machtvolle Taten ge=
schehen durch seine Hände? ₃ Ist dieser
nicht der Zimmermann, der Sohn der Ma=
ria und der Bruder des Jakobus und Joses
und Judas und Simon, und sind nicht seine
Schwestern hier bei uns? Und sie nahmen
Anstoß an ihm. ₄ Da sprach Jesus zu ihnen:
Ein Prophet ist nirgends verachtet außer
in seiner Vaterstadt und bei seinen Ver=
wandten und in seinem Hause. ₅ Und er
konnte dort keine Machttat vollbringen,
außer daß er wenigen Kranken die Hände
auflegte und sie heilte; ₆ und er verwun=
derte sich wegen ihres Unglaubens. Und
er zog durch die Dörfer ringsumher und
lehrte.

6: Mat. 8, 10.

[1]) 13, 55. Nach andrer alter Bezeugung: «Joses»;
vgl. Mark. 6, 3.

⁵⁰ Als Jesus das hörte, antwortete er ihm: Fürchte dich nicht! glaube nur! und sie wird gerettet werden. ⁵¹ Als er aber in das Haus kam, ließ er niemand mit sich hin= eingehen als Petrus und Johannes und Ja= kobus und den Vater des Kindes und die Mutter.

⁵² Sie weinten aber alle und klagten um sie. Er jedoch sprach: Weinet nicht! Sie ist nicht gestorben, sondern sie schläft. ⁵³ Und sie verlachten ihn, weil sie wußten, daß sie gestorben war.

⁵⁴ Er aber ergriff ihre Hand und rief: Kind, steh auf!

⁵⁵ Da kehrte ihr Geist wieder, und sie stand sofort auf; und er befahl, ihr zu essen zu geben. ⁵⁶ Und ihre Eltern erstaun= ten; er aber gebot ihnen, niemandem zu sagen, was geschehen war.

46: 5, 17 / 51: 9, 28 / 52: 7, 13 / 56: 5, 14.

¹) 8, 43. Mehrere alte Textzeugen lassen die Worte weg: «und all ihr Gut an die Ärzte gewendet hatte».

Luk. 4, 16. 22. 24 (vgl. Nr. 10)

¹³ Und er kam nach Nazareth, wo er er= zogen worden war, und ging nach seiner Gewohnheit am Sabbattag in die Syn= agoge und stand auf, um vorzulesen.
²² Und alle gaben ihm Zeugnis und ver= wunderten sich über die Worte voll An= mut, die aus seinem Munde kamen, und sagten:
Ist dieser nicht der Sohn Josephs?

²⁴ Er sprach aber: Wahrlich, ich sage euch: Kein Prophet ist gut aufgenommen in seiner Vaterstadt.

Joh. 7, 15; 6, 42; 4, 44; 7, 5.

¹⁵ Die Juden nun verwunderten sich und sagten: Wieso kennt dieser die Schriften, da er doch ein Ungelehrter ist?

⁶, ⁴² und sagten: Ist das nicht Jesus, der Sohn Josephs, dessen Vater und Mutter wir kennen? Wie kann er jetzt sagen: Ich bin aus dem Himmel herabgekommen?

⁴, ⁴⁴ Denn Jesus selbst bezeugte, daß ein Prophet in seinem eignen Vaterlande kein Ansehen genießt.
⁷, ⁵ Denn auch seine Brüder glaubten nicht an ihn.

Zu Mat. 13, 57 par. Papyrus Oxyrhynchos 1, 31–36: Jesus spricht: Ein Prophet ist nicht willkommen in seiner Vaterstadt, und ein Arzt vollbringt keine Heilungen an denen, die ihn kennen.

106. Die Aussendung der zwölf Apostel

Mat. 10,1.9—11.14 (vgl. Nr. 56)

1 *Und er rief seine zwölf Jünger zu sich und gab ihnen Macht über die unreinen Geister, sie auszutreiben und jede Krankheit und jedes Gebrechen zu heilen.*
9 *Verschaffet euch nicht Gold noch Silber noch Kupfer in eure Gürtel,* 10 *keine Tasche auf den Weg, auch nicht zwei Röcke, auch nicht Schuhe noch Stab; denn der Arbeiter ist seiner Speise wert.* 11 *Wo ihr aber in eine Stadt oder in ein Dorf kommt, erkundiget euch, wer darin würdig sei, und bleibet dort, bis ihr weiterzieht!* 14 *Und wenn man euch nicht aufnimmt noch eure Worte anhört, so gehet fort aus jenem Haus oder aus jener Stadt und schüttelt den Staub von euren Füßen.*

Mark. 6,7—13

7 Und er rief die Zwölf zu sich und fing an, sie je zwei und zwei auszusenden, und gab ihnen Macht über die unreinen Geister. 8 Und er befahl ihnen, sie sollten nichts mit auf den Weg nehmen als nur einen Stab, kein Brot, keine Tasche, kein Geld im Gürtel, 9 sondern [nur] Sandalen an den Füßen; und ziehet [sprach er,] nicht zwei Röcke an! 10 Und er sprach zu ihnen: Wo ihr in ein Haus eintretet, da bleibet, bis ihr von dannen weiterzieht! 11 Und wenn ein Ort euch nicht aufnimmt und sie euch nicht anhören, so ziehet von dort weiter und schüttelt den Staub ab, der euch an den Sohlen hängt, ihnen zum Zeugnis! 12 Da zogen sie aus und predigten, man solle Buße tun, 13 und trieben viele Dämonen aus, salbten viele Kranke mit Öl und heilten sie.

9 par.: Mark. 3,14. 15 / 13: Jak. 5,14. 15.

107. Jesus und Herodes

Mat. 14,1—2

1 Zu jener Zeit hörte der Fürst Herodes das Gerücht über Jesus 2 und sagte zu seinen Dienern: Dieser ist Johannes der Täufer; er ist von den Toten auferweckt worden, und deshalb sind die Wunderkräfte in ihm wirksam.

Mark. 6,14—16

14 Und der König Herodes hörte das; denn sein Name wurde bekannt, und man sagte: Johannes der Täufer ist von den Toten auferweckt worden, und deshalb sind die Wunderkräfte in ihm wirksam. 15 Andre aber sagten: Es ist Elia; noch andre sagten: Er ist ein Prophet wie einer der Propheten. 16 Als es aber Herodes hörte, sagte er: Johannes, den ich habe enthaupten lassen, der ist auferweckt worden.

14: 8, 28.

108. Die Enthauptung Johannes des Täufers

Mat. 14,3—12

3 Herodes hatte nämlich den Johannes festnehmen, fesseln und ins Gefängnis setzen lassen wegen Herodias, der Frau seines Bruders Philippus. 4 Denn Johannes hatte zu ihm gesagt: Es ist dir nicht erlaubt, sie zu haben.

5 Und er hätte ihn gern töten lassen, fürchtete aber das Volk;

denn sie hielten ihn für einen Propheten.

Mark. 6,17—29

17 Er nämlich, Herodes, hatte hingesandt und Johannes festnehmen und ihn im Gefängnis fesseln lassen wegen Herodias, der Frau seines Bruders Philippus, weil er sie geheiratet hatte. 18 Denn Johannes hatte zu Herodes gesagt: Es ist dir nicht erlaubt, deines Bruders Frau zu haben. 19 Herodias aber stellte ihm nach und hätte ihn gern töten lassen, und sie vermochte es nicht. 20 Denn Herodes fürchtete den Johannes, weil er wußte, daß er ein gerechter und heiliger Mann war, und ließ

Luk. 9, 1—6

1 Er rief aber die Zwölf zusammen und gab ihnen Macht und Gewalt über alle Dämonen und zur Heilung von Krank= heiten; 2 und er sandte sie aus, das Reich Gottes zu predigen und zu heilen. 3 Und er sprach zu ihnen: Nehmet nichts mit auf den Weg, weder Stab noch Tasche noch Brot noch Geld,

noch soll einer zwei Röcke haben. 4 Und in dem Hause, in das ihr hineingeht, da bleibet und von da ziehet weiter!
5 Und wo immer sie euch nicht aufneh= men, ziehet aus jener Stadt weiter und schüttelt den Staub von euren Füßen zum Zeugnis wider sie! 6 Da zogen sie aus und wanderten von Dorf zu Dorf, indem sie überall das Evangelium verkündigten und heilten.

1—6: 10, 1—12. (Nr. 136.)

Luk. 9, 7—9

7 Der Fürst Herodes aber hörte alles, was geschah; und er war ratlos, weil von et= lichen gesagt wurde, Johannes sei von den Toten auferweckt worden,

8 von etlichen aber, Elia sei erschienen, von andern aber, einer der alten Propheten sei auferstanden. 9 Da sagte Herodes: Den Johannes habe ich enthaupten lassen; wer ist aber dieser, über den ich solche Dinge höre? Und er suchte ihn zu sehen.
8: Mat. 16, 14 / 9: 23, 8.

Luk. 3, 19. 20   (vgl. Nr. 5)

19 Der Fürst Herodes aber, der von ihm zurechtgewiesen wurde wegen Herodias, der Frau seines Bruders, und wegen all des Bösen, das Herodes getan hatte, 20 füg= te zu allem noch dies hinzu: Er ließ den Johannes ins Gefängnis einschließen.

ihn bewachen, und wenn er ihn hörte, kam er in schwere Ratlosigkeit[1]), und er hörte ihn gern.

6 Als aber der Geburtstag des Herodes gekommen war,

21 Und als ein gelegener Tag kam, wo Herodes seinen Würdenträgern und den Kriegsobersten und den Vornehmsten Galiläas an seinem Geburtstag ein Gast= mahl gab, 22 da trat ihre, der Herodias,

tanzte die Tochter der Herodias vor den Gästen, und sie gefiel dem Herodes, 7 wes= halb er mit einem Eid versprach, ihr zu geben, um was sie auch bitten würde.

Tochter herein und tanzte, und sie gefiel dem Herodes und den Tischgenossen. Der König aber sprach zu dem Mädchen: Bitte mich um was du willst, und ich will es dir geben. 23 Und er schwur ihr: Um was du mich auch bitten wirst, das will ich dir ge= ben bis zur Hälfte meines Königreiches. 24 Da ging sie hinaus und sagte zu ihrer Mutter: Um was soll ich bitten? Die aber sagte: Um das Haupt Johannes des Täu= fers. 25 Und alsbald ging sie eilends zum König hinein und bat: Ich will, daß du mir sogleich auf einer Schüssel das Haupt Jo= hannes des Täufers gibst. 26 Da wurde der König sehr betrübt; doch um der Eid= schwüre und der Tischgenossen willen wollte er sie nicht abweisen. 27 Und der König schickte alsbald einen Soldaten der Leibwache hin und befahl, sein Haupt zu bringen. Da ging dieser hin, enthaup= tete ihn im Gefängnis, 28 brachte sein Haupt auf einer Schüssel und gab es dem Mädchen, und das Mädchen gab es seiner Mutter. 29 Als seine Jünger das hörten, kamen sie, nahmen seinen Leichnam und legten ihn in eine Gruft.

8 Sie aber sagte, von ihrer Mutter ange= stiftet:

Gib mir hier auf einer Schüssel das Haupt Johannes des Täufers!

9 Und voll Schmerz befahl der König um der Eidschwüre und der Tischgenossen willen, es solle ihr gegeben werden, 10 sandte hin und ließ Johannes im Gefäng= nis enthaupten. 11 Und sein Haupt wurde auf einer Schüssel gebracht und dem Mäd= chen gegeben, und sie brachte es ihrer Mutter. 12 Und seine Jünger kamen her= bei, nahmen den Leichnam und begruben ihn, und sie gingen hin und berichteten es Jesus.

3: 11, 2 / 4 par.: 19, 9; 3. Mos. 18, 16; 20, 21 / 5: 21, 26.

23: Esth. 5, 3. 6.

109. Die Rückkehr der Jünger und die Speisung der 5000 (vgl. Nr. 115)

Mat. 14, 13—21

13 Als es aber Jesus gehört hatte,

zog er sich von dort zu Schiff abseits an einen öden Ort zurück. Und die Volks= menge folgte ihm, als sie es hörte, aus den Städten zu Fuß nach.

14 Und beim Aussteigen sah er viel Volk, und er fühlte Erbarmen mit ihnen und heilte ihre Kranken.

Mark. 6, 30—44

30 Und die Apostel kamen [wieder] bei Jesus zusammen und berichteten ihm al= les, was sie getan und was sie gelehrt hatten. 31 Da sagte er zu ihnen: Kommet ihr allein abseits an einen öden Ort und ruhet ein wenig! Denn es waren viele, die ab und zu gingen, und sie hatten nicht einmal Zeit zu essen. 32 Und sie fuhren mit dem Schiff abseits an einen öden Ort. 33 Und man sah sie wegfahren, und viele merkten es[1]); und sie liefen zu Fuß aus allen Städten dort zusammen und kamen ihnen zuvor. 34 Und als er ausstieg, sah er viel Volk, und er fühlte Erbarmen mit ihnen, denn sie waren wie Schafe, die keinen Hirten haben; und er fing an, sie vieles zu lehren.

¹) Die Worte von «und wenn» bis «Ratlosigkeit»
sind (wohl Randglosse zu 6, 16) aus Luk. 9, 7.

Luk. 9, 10—17

10 Und die Apostel kehrten zurück und er=
zählten ihm alles, was sie getan hatten.

Und er nahm sie mit sich und zog sich
abseits in eine Stadt namens Bethsaida
zurück. 11 Als aber die Volksmenge es ge=
wahr wurde, folgte sie ihm nach; und er
ließ sie zu sich und redete zu ihnen vom
Reiche Gottes, und die,
welche der Heilung bedurften, machte er
gesund.

Joh. 6, 1—13

1 Darnach ging Jesus ans jenseitige Ufer
des Sees von Tiberias. 2 Es folgte ihm
aber viel Volk nach, weil sie die Zeichen
sahen, die er an den Kranken tat. 3 Jesus
jedoch ging auf den Berg hinauf, und
dort setzte er sich mit seinen Jüngern.
4 Es war aber das Passa nahe, das Fest
der Juden. 5 Als nun Jesus die Augen
erhob und sah, daß viel Volk zu ihm kam,
sagte er zu Philippus: Wo sollen wir Brot

15 Als es aber Abend geworden war, tra= ten die Jünger zu ihm und sagten: Der Ort ist öde und die Zeit ist schon vorüber. Entlaß nun die Volksmenge, damit sie in die Ortschaften gehen und sich Speise kaufen.
16 Doch Jesus sprach zu ihnen: Sie brau= chen nicht fortzugehen. Gebet i h r ihnen zu essen!

17 Sie aber sagten zu ihm: Wir haben nichts hier als fünf Brote und zwei Fische.
18 Da sprach er: Bringet sie mir her! 19 Und er hieß die Volksmenge sich ins Gras la= gern,

nahm die fünf Brote und die zwei Fische, blickte zum Himmel auf, sprach das Dank= gebet darüber und brach und gab den Jüngern die Brote, die Jünger aber [gaben sie] der Volksmenge. 20 Und alle aßen und wurden satt.·
Und sie hoben auf, was an Brocken übrig= blieb, zwölf Körbe voll.
21 Die aber gegessen hatten, waren etwa fünftausend Männer, ohne die Frauen und Kinder.

13: 4, 12 / 14 par.: 9, 36 / 19 par.: Joh. 11, 41; 17, 1.

35 Und als die Zeit schon sehr vorgerückt war, traten seine Jünger zu ihm und sag= ten: Der Ort ist öde und die Zeit schon sehr vorgerückt. 36 Entlasse sie, damit sie in die Gehöfte und Dörfer ringsumher gehen und sich etwas zu essen kaufen.
37 Er aber antwortete und sprach zu ihnen: Gebet i h r ihnen zu essen! Und sie sag= ten zu ihm: Sollen wir hingehen und für zweihundert Denare Brot kaufen und ihnen zu essen geben? 38 Er aber sagte zu ihnen: Wieviel Brote habt ihr? Gehet hin, sehet nach! Und als sie es erkundet hatten, sagten sie: Fünf, und zwei Fische.
39 Und er befahl ihnen, alle sich nach Tischgesellschaften ins grüne Gras lagern zu lassen. 40 Und sie setzten sich in Grup= pen zu hundert und zu fünfzig. 41 Da nahm er die fünf Brote und die zwei Fische, blickte zum Himmel auf, sprach das Dank= gebet darüber, brach die Brote und gab sie den Jüngern, damit sie sie ihnen vor= legten, und die zwei Fische teilte er unter alle. 42 Und alle aßen und wurden satt.
43 Und sie hoben an Brocken zwölf Körbe voll auf, und [dazu auch] von den Fischen.
44 Und die die Brote gegessen hatten, wa= ren fünftausend Männer.

30: Luk. 10, 17 / 31: 3, 20 / 34: 4. Mos. 27, 17 / 41: 7, 34.

¹) 6, 33. Nämlich: daß sie Jesus woanders suchen müßten.

110. Jesus wandelt auf dem See

Mat. 14, 22—33

22 Und er nötigte die Jünger, ins Schiff zu steigen und ihm ans jenseitige Ufer vor= auszufahren, bis er die Volksmenge ent= lassen hätte.
23 Und nachdem er die Volksmenge ent= lassen hatte, stieg er für sich allein auf den Berg, um zu beten; und als es Abend geworden, war er allein dort. 24 Das Schiff jedoch war schon mitten auf dem See und litt Not von den Wellen; denn der Wind war [ihnen] entgegen. 25 In der vierten Nachtwache aber kam er zu ihnen, indem er auf dem See wandelte. 26 Als aber die Jünger ihn auf dem See wandeln sahen, erschraken sie und sagten: Es ist ein Ge= spenst, und schrien vor Furcht.

27 Alsbald aber redete er sie an und sprach: Seid getrost, ich bin's; fürchtet euch nicht!

Mark. 6, 45—52

45 Und alsbald nötigte er seine Jünger, ins Schiff zu steigen und ans jenseitige Ufer nach Bethsaida vorauszufahren, während er [inzwischen] das Volk ent= lassen wolle. 46 Und nachdem er sie ver= abschiedet hatte, ging er auf den Berg, um zu beten. 47 Und als es Abend gewor= den, war das Schiff mitten auf dem See und er allein auf dem Lande. 48 Und wie er sie beim Rudern Not leiden sah — der Wind war ihnen nämlich entgegen —, kam er um die vierte Nachtwache zu ihnen, auf dem See wandelnd, und wollte an ihnen vorübergehen. 49 Als sie ihn aber auf dem See wandeln sahen, meinten sie, es sei ein Gespenst, und schrien auf;
50 denn sie sahen ihn alle und erschraken. Er aber redete alsbald mit ihnen und sprach zu ihnen: Seid getrost, ich bin's; fürchtet euch nicht!

12 Aber der Tag fing an, sich zu neigen. Da traten die Zwölf herzu und sagten zu ihm: Entlaß das Volk, damit sie in die Dörfer und Gehöfte ringsumher gehen und einkehren und Speise finden; denn hier sind wir an einem öden Ort. 13 Doch er sprach zu ihnen: Gebet i h r ihnen zu essen!

Sie aber sagten: Wir haben nicht mehr als fünf Brote und zwei Fische; es sei denn, daß wir hingehen und für all dieses Volk Speise kaufen sollen. 14 Es waren nämlich etwa fünftausend Männer. Er sprach aber zu seinen Jüngern: Lasset sie sich lagern in Gruppen etwa zu je fünfzig! 15 Und sie taten so und ließen alle sich lagern.

16 Da nahm er die fünf Brote und die zwei Fische, blickte zum Himmel auf, sprach das Dankgebet darüber, brach sie und gab sie den Jüngern, sie dem Volke vorzulegen.

17 Und sie aßen und wurden alle satt. Und es wurde aufgehoben, was ihnen an Brocken übrigblieb, zwölf Körbe [voll].

kaufen, damit diese essen können? 6 Das sagte er aber, um ihn auf die Probe zu stellen; er wußte nämlich selbst, was er tun wollte. 7 Philippus antwortete ihm: Für zweihundert Denare Brot reicht für sie nicht hin, damit jeder [auch nur] ein wenig bekommt. 8 Einer von seinen Jüngern, Andreas, der Bruder des Simon Petrus, sagte zu ihm: 9 Es ist ein Knabe hier, der hat fünf Gerstenbrote und zwei Fische; aber was ist das unter so viele? 10 Jesus sprach: Heißet die Leute sich lagern! Es war aber viel Gras an dem Orte. Da lagerten sich die Männer, an Zahl etwa fünftausend. 11 Jesus nahm nun die Brote, sprach das Dankgebet darüber und teilte sie unter die aus, welche sich gelagert hatten, ebenso auch von den Fischen, so viel sie wollten. 12 Als sie aber satt geworden waren, sagte er zu seinen Jüngern: Sammelt die übriggebliebenen Brocken, damit nichts verlorengeht! 13 Da sammelten sie und füllten zwölf Körbe mit Brocken von den fünf Gerstenbroten, die denen übriggeblieben waren, welche gegessen hatten.

13—17 par.: 2. Kön. 4, 42—44.

Joh. 6, 16—21

16 Als es aber Abend wurde, gingen seine Jünger an den See hinab, 17 stiegen in ein Schiff und wollten ans jenseitige Ufer des Sees nach Kapernaum fahren. Und es war schon finster geworden, und Jesus war noch nicht zu ihnen gekommen. 18 Und der See geriet in starke Bewegung, weil ein heftiger Wind wehte. 19 Als sie nun etwa 25 oder dreißig Stadien gefahren waren, sehen sie Jesus auf dem See wandeln und nahe ans Schiff kommen; und sie fürchteten sich. 20 Er aber sagt zu ihnen: Ich bin's, fürchtet euch nicht! 21 Sie wollten ihn nun ins Schiff nehmen, und alsbald kam das Schiff an das Land, wohin sie fuhren.

28 Da antwortete ihm Petrus und sprach:
Herr, bist du es, so heiße mich zu dir auf
das Wasser kommen. 29 Er aber sprach:
Komm! Und Petrus stieg aus dem Schiff
und wandelte auf dem Wasser und kam
auf Jesus zu. 30 Doch als er den Wind sah,
fürchtete er sich, und da er anfing zu sinken, schrie er: Herr, rette mich! 31 Als=
bald aber streckte Jesus die Hand aus,
ergriff ihn und sprach zu ihm: Du Klein=
gläubiger, warum hast du gezweifelt?
32 Und als sie ins Schiff gestiegen waren,
legte sich der Wind. 33 Die im Schiff aber
warfen sich vor ihm nieder und sagten:
Du bist in Wahrheit Gottes Sohn.

23: Luk. 6, 12 / 26: Luk. 24, 37 / 31: 8, 26 / 33: 16,
16; Joh. 1, 49.

51 Und er stieg zu ihnen ins Schiff, und
der Wind legte sich. Da erstaunten sie
bei sich selbst im höchsten Maß; 52 denn
sie waren nicht zur Einsicht gekommen
bei den Broten, sondern ihr Herz war
verhärtet.

51: 4, 39 / 52: 8, 17; Mat. 16, 9.

111. Heilungen in Gennesaret

Mat. 14, 34—36

34 Und als sie hinübergefahren waren, ka=
men sie ans Land nach Gennesaret.

35 Und als ihn die Männer jenes Ortes erkannten, sandten sie in jene ganze Um=
gegend, und man brachte alle Kranken
zu ihm.

36 Und sie baten ihn, daß sie auch nur die
Quaste seines Kleides anrühren dürften;
und alle, die sie anrührten, wurden gerettet.

36 par.: 9, 21; 4, 24 par. (Nr. 15).

Mark. 6, 53—56

53 Und nachdem sie ans Land hinüberge=
fahren waren, kamen sie nach Gennesaret
und legten an. 54 Und als sie aus dem
Schiffe stiegen, erkannten ihn die Leute
alsbald, 55 und sie liefen in jener ganzen
Landschaft umher und fingen an, die Kran=
ken auf den Betten hierhin und dorthin
zu tragen, wo sie hörten, daß er [gerade]
sei. 56 Und wo er in Dörfer oder Städte
oder Gehöfte hineinging, legten sie die
Kranken auf die Marktplätze und baten
ihn, daß sie auch nur die Quaste seines
Kleides anrühren dürften. Und alle, die
sie anrührten, wurden gesund.

56: 5, 27. 28; Apg. 5, 15; 19, 11. 12.

112. Rein und unrein

Mat. 15, 1—20

1 Da kommen zu Jesus von Jerusalem her
Pharisäer und Schriftgelehrte

Mark. 7, 1—23

1 Und es versammelten sich bei ihm die
Pharisäer und etliche Schriftgelehrte,
nachdem sie von Jerusalem gekommen
waren. 2 Und als sie einige seiner Jünger
mit unreinen, das heißt: mit ungewasche=
nen Händen Speise zu sich nehmen sahen
— 3 die Pharisäer und alle Juden essen
nämlich nicht, ohne sich die Hände mit der
Faust[1]) gewaschen zu haben, indem sie die
Überlieferung der Alten festhalten; 4 und
wenn sie vom Markte kommen, essen sie
nicht, ohne sich [die Hände] abgespült zu
haben; und es gibt noch vieles andre, was

Joh. 6, 22—25

22 Am folgenden Tage sah das Volk, das
am jenseitigen Ufer des Sees stand, daß
kein andres Schiff dort gewesen war als
nur das eine, und daß Jesus nicht mit
seinen Jüngern in das Schiff gestiegen
war, sondern daß seine Jünger allein ab-
gefahren waren. 23 Aber es kamen Schiffe
aus Tiberias nahe an den Ort, wo sie das
Brot gegessen hatten, nachdem der Herr
das Dankgebet darüber gesprochen. 24 Wie
nun das Volk sah, daß Jesus nicht dort
war noch seine Jünger, stiegen sie selbst
in die Schiffe und fuhren nach Kapernaum und suchten Jesus. 25 Und als sie
ihn am jenseitigen Ufer des Sees fanden,
sagten sie zu ihm: Rabbi, wann bist du
hierher gekommen?

Luk. 11, 37—41; 6. 39 (vgl. Nr. 151. 74)

37 Während er aber redete, bat ihn ein
Pharisäer, bei ihm zu Mittag zu essen.
Da ging er hinein und setzte sich zu Tische. 38 Der Pharisäer aber verwunderte
sich, als er sah,

und sagen: 2 Warum übertreten deine Jün=
ger die Überlieferung der Alten? Denn sie
waschen ihre Hände nicht, wenn sie Speise
zu sich nehmen. 3 Er aber antwortete und
sprach zu ihnen: Warum übertretet hin=
wiederum ihr das Gebot Gottes eurer
Überlieferung wegen? 4 Denn Gott hat
geboten:
«Ehre deinen Vater und deine Mutter!»
und: «Wer Vater oder Mutter flucht,
soll des Todes sterben.»
5 Ihr aber sagt: Wer zu Vater oder Mutter
spricht: Was dir von mir zugute kommen
könnte, soll [vielmehr] eine Opfergabe [an
den Tempel] sein — 6 der braucht seinen
Vater und seine Mutter nicht zu ehren;
und so habt ihr das Wort Gottes eurer
Überlieferung wegen ungültig gemacht.
7 Ihr Heuchler, trefflich hat über euch Je=
saja geweissagt:
8 «Dieses Volk ehrt mich mit den Lip=
pen, doch ihr Herz ist weit weg von mir.
9 Vergeblich aber verehren sie mich, in=
dem sie Lehren vortragen, welche Ge=
bote von Menschen sind.»
3 Er aber antwortete und sprach zu ihnen:
Warum übertretet hinwiederum ihr das
Gebot Gottes eurer Überlieferung wegen?
4 Denn Gott hat geboten:

«Ehre deinen Vater und deine Mutter!»
und: «Wer Vater und Mutter flucht,
soll des Todes sterben.»
5 Ihr aber sagt: Wer zu Vater oder Mut=
ter spricht: Was dir von mir zugute
kommen könnte, soll [vielmehr] eine
Opfergabe [an den Tempel] sein — 6 der
braucht seinen Vater und seine Mutter
nicht zu ehren; und so habt ihr das Wort
Gottes eurer Überlieferung wegen ungül=
tig gemacht.

10 Und er rief das Volk herbei und sprach
zu ihnen: Höret zu und verstehet! 11 Nicht
was in den Mund hineinkommt, verun=
reinigt den Menschen,
sondern was aus dem Mund heraus=
kommt, das verunreinigt den Menschen.

12 Da traten die Jünger herzu und sagten
zu ihm: Weißt du, daß die Pharisäer An=
stoß genommen haben, als sie das Wort
hörten? 13 Er aber antwortete und sprach:

sie zu halten überkommen haben, Wa=
schungen der Becher und Krüge und eher=
nen Geschirre — 5 da fragten ihn die Pha=
risäer und die Schriftgelehrten: Warum
wandeln deine Jünger nicht nach der Über=
lieferung der Alten, sondern nehmen mit
unreinen Händen Speise zu sich?

vgl. Vers 8–13

6 Er aber sprach zu ihnen: Trefflich hat
Jesaja über euch Heuchler geweissagt, wie
geschrieben steht:
«Dieses Volk ehrt mich mit den Lippen,
doch ihr Herz ist weit weg von mir; 7
vergeblich aber verehren sie mich, in=
dem sie Lehren vortragen, welche Ge=
bote von Menschen sind.»
8 Ihr verlaßt das Gebot Gottes und haltet
die Überlieferung der Menschen fest. 9 Und
er sprach zu ihnen: Prächtig verwerft ihr
das Gebot Gottes, um eure Überlieferung
zu befolgen. 10 Denn Mose hat gesagt:
«Ehre deinen Vater und deine Mutter»,
und: «Wer Vater oder Mutter flucht,
soll des Todes sterben.»
11 Ihr aber sagt: Wenn jemand zu Vater
oder Mutter spricht: «Was dir von mir
zugute kommen könnte, soll [vielmehr]
Korban, das heißt: eine Opfergabe, sein»,
12 so laßt ihr ihn für seinen Vater oder
seine Mutter nichts mehr tun 13 und macht
damit das Wort Gottes ungültig durch
eure Überlieferung, die ihr überliefert
habt; und Ähnliches der Art tut ihr viel.
14 Und er rief wiederum das Volk herbei
und sprach zu ihnen: Höret mir alle zu
und verstehet! 15 Nichts kommt von außen
in den Menschen hinein, das ihn verun=
reinigen kann, sondern was aus dem Men=
schen herauskommt, das ist es, was den
Menschen verunreinigt.²)

daß er sich vor der Mahlzeit nicht zuerst gewaschen hatte. ₃₉ Da sprach der Herr zu ihm: Nun, ihr Pharisäer, ihr reinigt die Außenseite des Bechers und der Schüssel, euer Inneres aber ist voll Raub und Bos= heit. ₄₀ Ihr Toren! Hat nicht der, welcher das Äußere schuf, auch das Innere ge= schaffen? ₄₁ Doch gebet das, was darin ist, als Almosen — und siehe, alles ist euch rein.

Jede Pflanze, die nicht mein himmlischer Vater gepflanzt hat, wird ausgerissen werden. 14 Lasset sie; sie sind blinde Führer von Blinden. Wenn aber ein Blinder einen Blinden führt, werden beide in eine Grube fallen. 15 Da antwortete Petrus und sagte zu ihm: Erkläre uns das Gleichnis! 16 Er aber sprach: Seid auch ihr noch unverständig? 17 Merkt ihr nicht, daß alles, was in den Mund hineinkommt, in den Bauch gelangt und an seinen Ort ausgeschieden wird?

17 Und als er vom Volke weg ins Haus gegangen war, fragten ihn seine Jünger über das Gleichnis. 18 Und er sprach zu ihnen: Auch ihr seid so unverständig? Merkt ihr nicht, daß alles, was von außen in den Menschen hineinkommt, ihn nicht verunreinigen kann? 19 Denn es kommt nicht in sein Herz hinein, sondern in den Bauch, und kommt heraus an seinen Ort — und damit erklärte er alle Speisen für rein.

18 Was aber aus dem Mund herauskommt, das kommt aus dem Herzen hervor, und das verunreinigt den Menschen. 19 Denn aus dem Herzen kommen böse Gedanken, Mord, Ehebruch, Unzucht, Diebstahl, falsches Zeugnis, Lästerung. 20 Das ist es, was den Menschen verunreinigt; aber essen mit ungewaschenen Händen verunreinigt den Menschen nicht.

20 Er sprach aber: Was aus dem Menschen herauskommt, das verunreinigt den Menschen. 21 Denn von innen, aus dem Herzen der Menschen kommen die bösen Gedanken, Unzucht, Diebstahl, Mord, 22 Ehebruch, Habsucht, Bosheit, List, Ausschweifung, neidischer Blick, Lästerung, Hochmut, Narrheit. 23 Alle diese bösen Dinge kommen von innen heraus und verunreinigen den Menschen.

4: 2. Mos. 20, 12; 21, 17; 5. Mos. 5, 16; Spr. 23, 22 / 8 par.: Jes. 29, 13 / 9: Kol. 2, 22; Tit. 1, 14 / 11: Röm. 14, 14; 1. Tim. 4, 4; Jak. 3, 6 / 13: Joh. 15, 2; Apg. 5, 38 / 14: 23, 16. 24; Röm. 2, 19 / 19: 1. Mos. 6, 5; Röm. 7, 18.

4: Mat. 23, 25 / 15 par.: Apg. 10, 14. 15. 28.

¹) 7, 3. Nach der Anweisung der Schriftgelehrten sollte die zu waschende Hand an der zusammengeballten andern Hand gerieben werden. Für ebenfalls zulässig galt das bloße Abspülen der Hände (Vers 4).
²) 7, 15. Viele alte Textzeugen haben hier (wohl aus 4, 23) noch: «16 Wenn jemand Ohren hat zu hören, so höre er!» (Mat. 11, 15).

113. Die kanaanäische Frau

Mat. 15, 21—28

21 Und Jesus ging von dort weg und zog sich in die Gegend von Tyrus und Sidon zurück.

Mark. 7, 24—30

24 Von dort aber brach er auf und begab sich in das Gebiet von Tyrus. Und er ging in ein Haus und wollte nicht, daß es jemand erführe. Und er konnte nicht verborgen bleiben, 25 sondern sogleich hörte eine Frau von ihm,

22 Und siehe, eine kanaanäische Frau kam aus jenem Gebiet her und schrie laut: Erbarme dich meiner, Herr, du Sohn Davids! meine Tochter wird von einem Dämon schwer geplagt. 23 Er aber antwortete ihr nicht ein Wort. Und seine Jünger traten hinzu und baten ihn: Fertige sie ab, denn sie schreit uns nach! 24 Doch er antwortete und sprach: Ich bin nur zu den verlornen Schafen des Hauses Israel gesandt. 25 Da kam sie, warf sich vor ihm nieder und sagte:

deren Töchterlein einen unreinen Geist hatte.

Und sie kam, warf sich ihm zu Füßen — 26 die Frau war aber eine Heidin, aus Syrophönizien gebürtig — und bat ihn, den Dämon aus ihrer Tochter auszutreiben.

Herr, hilf mir!

39 *Er sagte ihnen aber auch ein Gleichnis: Kann etwa ein Blinder einen Blinden füh=ren? Werden nicht beide in eine Grube fallen?*

Zu Mat. 15, 7 f par. Papyrus Egerton 2: Jesus aber durchschaute ihren Plan, wurde unwillig und sprach zu ihnen: Was nennt ihr mich mit eurem Munde Meister und tut doch nicht, was ich sage? Jesaja hat recht über euch geweissagt, als er sprach (29, 13): Dieses Volk ehrt mich mit seinen Lippen, aber ihr Herz ist weit weg von mir. Vergeblich ist ihr Gottesdienst. Menschensatzung lehren sie!

Zu Mat. 15, 11 ff par. Thomasevangelium Logion 14: Wenn ihr in irgendein Land geht, wenn ihr in Gegenden wandert, und man nimmt euch auf, dann eßt das, was man euch vorsetzt. Heilt, die unter ihnen krank sind. Denn was in euren Mund hineingehen wird, befleckt euch nicht. Aber das, was aus eurem Mund hinausgeht, das ist es, was euch beflecken wird.

26 Er aber antwortete und sprach: Es ist nicht recht, den Kindern das Brot zu neh= men und es den Hunden hinzuwerfen.

27 Sie aber sagte: Gewiß, Herr, auch die Hunde zehren ja [nur] von den Brosamen, die vom Tisch ihrer Herren fallen. **28** Da antwortete Je= sus und sprach zu ihr: O Weib, dein Glau= be ist groß; dir geschehe, wie du willst!

Und ihre Tochter war geheilt von jener Stunde an.

24: 10, 6; Luk. 4, 25—27 / 28: 8, 10. 13.

27 Da sprach er zu ihr: Laß zuerst die Kin= der satt werden; denn es ist nicht recht, den Kindern das Brot zu nehmen und es den Hunden hinzuwerfen. **28** Sie aber ant= wortete und sagte zu ihm: Gewiß, Herr; auch die Hunde unter dem Tische zehren [ja nur] von den Brosamen der Kinder. **29** Und er sprach zu ihr: Um dieses Wortes willen geh hin; der Dämon ist aus deiner Tochter ausgefahren. **30** Da ging sie hin= weg in ihr Haus und fand das Kind auf dem Bette liegend und den Dämon aus= gefahren.

114. Krankenheilungen (Mat.) — eines Taubstummen (Mark.)

Mat. 15, 29—31

29 Und indem Jesus von da weiterging, kam er an den galiläischen See, und er stieg auf den Berg und setzte sich dort. **30** Und es kam eine große Volksmenge zu ihm, die hatten Lahme, Krüppel, Blinde, Stumme und viele andre bei sich und leg= ten sie zu seinen Füßen nieder. Und er heilte sie,

31 so daß das Volk sich wunderte, da es sah, daß Stumme redeten, Krüppel gesund waren und Lahme gingen und Blinde sa= hen; und sie priesen den Gott Israels.

29: 5, 1.

Mark. 7, 31—37

31 Und nachdem er das Gebiet von Tyrus wieder verlassen hatte, kam er über Si= don an den galiläischen See mitten in das Gebiet der Zehn Städte. **32** Und sie brach= ten einen Tauben zu ihm, der kaum re= den konnte, und baten ihn, ihm die Hand aufzulegen. **33** Und er nahm ihn vom Volk weg beiseite, legte ihm die Finger in die Ohren und berührte ihm die Zunge mit Speichel, **34** blickte zum Himmel auf, seufzte und sprach zu ihm: Ephatha, das heißt: tu dich auf! **35** Da taten sich seine Ohren auf, und die Bindung seiner Zunge löste sich, und er redete richtig. **36** Und er gebot ihnen, daß sie es niemandem sagen soll= ten; aber soviel er es ihnen gebot, um so viel mehr machten sie es kund. **37** Und sie erstaunten im höchsten Maß und spra= chen: Er hat alles wohl gemacht, und die Tauben macht er hören und die Stummen reden.

33: 8, 23 / 34: Joh. 11, 41 / 36: 1, 43—45 / 37: Jes. 35, 5.

115. Die Speisung der 4000 (vgl. Nr. 109)

Mat. 15, 32—39

32 Jesus aber rief seine Jünger zu sich und sprach: Mich jammert das Volk, denn sie verharren schon drei Tage bei mir und haben nichts zu essen; und ich will sie nicht nüchtern entlassen, damit sie nicht unterwegs erliegen.

Mark. 8, 1—10

1 Als in jenen Tagen wiederum viel Volk da war und sie nichts zu essen hatten, rief Jesus die Jünger zu sich und sprach zu ihnen: **2** Mich jammert das Volk; denn sie verharren schon drei Tage bei mir und haben nichts zu essen. **3** Und wenn ich sie nüchtern nach Hause entlasse, werden sie unterwegs erliegen; zudem sind einige

Joh. 6, 1—13

1 Darnach ging Jesus ans jenseitige Ufer des Sees von Tiberias. 2 Es folgte ihm aber viel Volk nach, weil sie die Zeichen sahen, die er an den Kranken tat. 3 Jesus jedoch ging auf den Berg hinauf, und dort setzte er sich mit seinen Jüngern. 4 Es war aber das Passa nahe, das Fest der Juden. 5 Als nun Jesus die Augen er=

33 Und die Jünger sagen zu ihm: Woher sollen wir in der Wüste so viele Brote nehmen, um so viel Volk zu sättigen? **34** Und Jesus sagt zu ihnen: Wieviel Brote habt ihr? Sie aber sagten: Sieben und ein paar kleine Fische. **35** Da hieß er das Volk sich auf die Erde lagern, **36** nahm die sieben Brote und die Fische, sprach das Dankgebet darüber, brach sie und gab sie den Jüngern, die Jünger aber [gaben sie] der Volksmenge.

37 Und alle aßen und wurden satt. Und sie hoben auf, was an Brocken übrigblieb, sieben Handkörbe voll. **38** Die aber gegessen hatten, waren viertausend Männer, ohne die Frauen und Kinder. **39** Und nachdem er die Volksmenge entlassen hatte, stieg er ins Schiff und kam in das Gebiet von Magdala[1]).

von ihnen von weit her gekommen. **4** Da antworteten ihm seine Jünger: Woher könnte jemand diese hier in der Wüste mit Brot sättigen? **5** Und er fragte sie: Wieviel Brote habt ihr? Sie aber sagten: Sieben.

6 Da hieß er das Volk sich auf die Erde lagern und nahm die sieben Brote, sprach das Dankgebet darüber, brach sie und gab sie seinen Jüngern, damit sie sie vorlegten. Und sie legten sie dem Volke vor. **7** Und sie hatten ein paar kleine Fische; und er sprach das Dankgebet darüber und hieß auch diese vorlegen. **8** Und sie aßen und wurden satt. Und sie hoben auf, was an Brocken übrigblieb, sieben Handkörbe [voll]. **9** Es waren aber etwa viertausend [Menschen]; und er entließ sie. **10** Und alsbald stieg er mit seinen Jüngern ins Schiff und kam in die Gegend von Dalmanutha.

[1]) 15, 39. Andre, sehr namhafte alte Textzeugen haben: «von Magadan», das sonst nicht bekannt ist.

116. Die Zeichenforderung (vgl. Nr. 85)

Mat. 16, 1–4
1 Und die Pharisäer und Sadduzäer kamen herbei und baten ihn, um ihn zu versuchen, er möge sie ein Zeichen vom Himmel sehen lassen.

2 Er aber antwortete und sprach zu ihnen: Wenn es Abend geworden ist, sagt ihr: Es wird schön, denn der Himmel ist rot; **3** und am Morgen: Heute kommt ein Ungewitter, denn der Himmel ist rot und trübe. Das Aussehen des Himmels versteht ihr zu unterscheiden, aber bei den Zeichen der Zeiten könnt ihr's nicht?[1])

4 Ein böses und abtrünniges[2]) Geschlecht begehrt ein Zeichen, und ein Zeichen wird ihm nicht gegeben werden als nur das Zeichen des Jona. Und er verließ sie und ging hinweg.

4: Jon. 2, 1.
[1]) 16, 2. 3. Der Ausspruch in Vers 2 und 3 fehlt in gewichtigen alten Textzeugen.

Mark. 8, 11–13
11 Und die Pharisäer gingen hinaus und fingen an, mit ihm zu verhandeln, indem sie von ihm ein Zeichen vom Himmel begehrten, um ihn zu versuchen. **12** Da seufzte er in seinem Geiste auf und sprach:

Warum begehrt dieses Geschlecht ein Zeichen? Wahrlich, ich sage euch: Diesem Geschlecht wird kein Zeichen gegeben werden. **13** Und er verließ sie, stieg wieder ein und fuhr ans jenseitige Ufer.

*hob und sah, daß viel Volk zu ihm kam,
sagte er zu Philippus: Wo sollen wir Brot
kaufen, damit diese essen können?* 6 *Das
sagte er aber, um ihn auf die Probe zu
stellen; er wußte nämlich selbst, was er
tun wollte.* 7 *Philippus antwortete ihm:
Für zweihundert Denare Brot reicht für
sie nicht hin, damit jeder [auch nur] ein
wenig bekommt.* 8 *Einer von seinen Jün=
gern, Andreas, der Bruder des Simon
Petrus, sagte zu ihm:* 9 *Es ist ein Knabe
hier, der hat fünf Gerstenbrote und zwei
Fische; aber was ist das unter so viele?*
10 *Jesus sprach: Heißet die Leute sich la=
gern! Es war aber viel Gras an dem Orte.
Da lagerten sich die Männer, an Zahl
etwa fünftausend.* 11 *Jesus nahm nun die
Brote, sprach das Dankgebet darüber und
teilte sie unter die aus, welche sich ge=
lagert hatten, ebenso auch von den Fi=
schen, so viel sie wollten.* 12 *Als sie aber
satt geworden waren, sagte er zu seinen
Jüngern: Sammelt die übriggebliebenen
Brocken, damit nichts verlorengeht!* 13 *Da
sammelten sie und füllten zwölf Körbe
mit Brocken von den fünf Gerstenbroten,
die denen übriggeblieben waren, welche
gegessen hatten.*

Luk. 11, 16; 12, 54—56; 11, 29b
(vgl. Nr. 146. 157. 149)
16 *Andre aber versuchten ihn und forder=
ten von ihm ein Zeichen vom Himmel.*

12, 54 *Er sprach aber auch zu der Volks=
menge: Wenn ihr im Westen eine Wolke
aufsteigen seht, sagt ihr alsbald: Es kommt
Regen; und es geschieht so.* 55 *Und wenn
ihr den Südwind wehen seht, sagt ihr:
Es wird Gluthitze geben; und es geschieht.*
56 *Ihr Heuchler, das Aussehen der Erde
und des Himmels wißt ihr zu beurteilen;
wie kommt es aber, daß ihr diese Zeit
nicht beurteilt?*
11, 29b *Dieses Geschlecht ist ein böses Ge=
schlecht; es begehrt ein Zeichen, und ein
Zeichen wird ihm nicht gegeben werden
als nur das Zeichen des Jona.*

Joh. 6, 30 (Mat. 12, 38—39) (vgl. Nr. 85)
12, 38 *Da antworteten ihm etliche der Schrift=
gelehrten und Pharisäer: Meister, wir
wollen von dir ein Zeichen sehen.*
6, 30 *Da sagten sie zu ihm: Was tust nun
du für ein Zeichen, damit wir es sehen
und dir glauben? Was wirkst du?*

12, 39 *Er aber antwortete und sprach zu
ihnen: Ein böses und abtrünniges*[2] *) Ge=
schlecht begehrt ein Zeichen; und ein Zei=
chen wird ihm nicht gegeben werden als
nur das Zeichen des Propheten Jona.*

[2]) Wörtlich: «ehebrecherisch». Schon von Hosea
(3, 1) wird das Verhältnis zwischen Gott und dem
Volke Israel als Ehe dargestellt. Fremdgötterei
und Gottlosigkeit ist dann Ehebruch.

117. Das Gespräch vom Sauerteig

Mat. 16, 5—12

5 Und als die Jünger ans jenseitige Ufer kamen, hatten sie vergessen, Brot mitzu= nehmen. 6 Jesus aber sagte zu ihnen: Se= het zu und hütet euch vor dem Sauerteig der Pharisäer und Sadduzäer! 7 Da mach= ten sie sich bei sich selbst Gedanken dar= über und sagten: Weil wir kein Brot mit= genommen haben! 8 Als Jesus das merkte, sprach er: Was macht ihr euch bei euch selbst Gedanken darüber, ihr Kleingläu= bigen, daß ihr kein Brot habt? 9 Versteht ihr noch nicht

und erinnert ihr euch nicht an die fünf Brote der Fünftausend und wieviel Körbe ihr aufgehoben habt,

10 auch nicht an die sieben Brote der Vier= tausend und wieviel Handkörbe ihr auf= gehoben habt?
11 Wie könnt ihr nicht verstehen, daß ich nicht von Brot zu euch gesprochen habe? Hütet euch aber vor dem Sauerteig der Pharisäer und Sadduzäer! 12 Da sahen sie ein, daß er nicht gemeint hatte, sie soll= ten sich hüten vor dem Sauerteig, son= dern vor der Lehre der Pharisäer und Sad= duzäer.

6: 1. Kor. 5, 6—8; Gal. 5, 9.

Mark. 8, 14—21

14 Und sie hatten vergessen, Brot mitzu= nehmen, und hatten nur ein Brot bei sich im Schiffe. 15 Und er gebot ihnen: Sehet zu, hütet euch vor dem Sauerteig der Pha= risäer und dem Sauerteig des Herodes! 16 Da machten sie sich untereinander Ge= danken: Weil wir kein Brot haben! 17 Und als er es merkte, sagte er zu ihnen: Was macht ihr euch Gedanken darüber, daß ihr kein Brot habt?
Versteht ihr noch nicht und begreift ihr nicht? Ist euer Herz verhärtet? 18 Augen habt ihr und seht nicht, und Ohren habt ihr und hört nicht? Und erinnert ihr euch nicht, 19 als ich die fünf Brote für die Fünftausend brach, wieviel Körbe voll Brocken ihr aufgehoben habt? Sie sagen zu ihm: Zwölf. 20 Als [ich] aber die sieben für die Viertausend [brach], wieviel Hand= körbe voll Brocken habt ihr aufgehoben? Und sie sagen: Sieben. 21 Da sagte er zu ihnen: Versteht ihr noch nicht?

15: 3, 6 / 17: 6, 52 / 18: Jes. 6, 9. 10; Jer. 5, 21; Ez. 12, 2; Mat. 13, 13 / 19 par.: Nr. 109 / 20 par.: Nr. 115.

118. Heilung des Blinden von Bethsaida

Mark. 8, 22—26

22 Und sie kamen nach Bethsaida. Und man brachte ihm einen Blinden und bat ihn, daß er ihn anrühre. 23 Und er nahm den Blinden bei der Hand und führte ihn vor das Dorf hinaus. Und nachdem er ihm in die Augen gespien und ihm die Hände daraufgelegt hatte, fragte er ihn: Siehst du etwas? 24 Und er blickte auf und sagte: Ich sehe die Menschen, denn We= sen wie Bäume sehe ich umhergehen. 25 Hierauf legte er ihm die Hände nochmals auf die Augen; und er blickte scharf hin und wurde wiederhergestellt und sah alles deutlich. 26 Und er schickte ihn in sein Haus und sagte: Nicht einmal ins Dorf hinein sollst du gehen.

vgl. Nr. 114; Jes. 35, 5. 6 / 26: Mat. 9, 30.

Luk. 12,1 (vgl. Nr. 151)

1 *Als sich unterdessen die Zehntausende des Volkes versammelt hatten, so daß sie einander traten, fing er an, zuerst zu seinen Jüngern zu sagen: Hütet euch vor dem Sauerteig, das heißt, vor der Heuchelei der Pharisäer!*

Joh. 12, 40

40 «*Er hat ihre Augen geblendet und ihr Herz verstockt, damit sie mit den Augen nicht sehen noch mit dem Herzen verstehen und sich bekehren und ich sie heile.*»

Joh. 9, 1—7

1 *Und im Vorübergehen sah er einen Menschen, der von Geburt an blind war.* 2 *Und seine Jünger fragten ihn: Rabbi, wer hat gesündigt, dieser oder seine Eltern, daß er blind geboren worden ist?* 3 *Jesus antwortete: Weder dieser hat gesündigt noch seine Eltern, sondern die Werke Gottes sollen an ihm offenbar werden.* 4 *Wir müssen die Werke dessen, der mich gesandt hat, wirken, solange es Tag ist; es kommt die Nacht, da niemand wirken kann.* 5 *Solange ich in der Welt bin, bin ich das Licht der Welt.* 6 *Als er dies gesagt hatte, spie er auf die Erde und machte einen Teig aus dem Speichel und legte ihm den Teig auf die Augen* 7 *und sprach zu ihm: Geh hin, wasche dich im Teiche Siloah! (was übersetzt heißt: Abgesandter). Da ging er hin und wusch sich und ging sehend weg.*

[80]

119. Das Bekenntnis des Petrus und die erste Leidensansage

Mat. 16, 13—23

13 Als aber Jesus in die Gegend von Cäsarea Philippi gekommen war, fragte er seine Jünger: Für wen halten die Leute den Sohn des Menschen? 14 Da sagten sie: Etliche für Johannes den Täufer, andre für Elia, noch andre für Jeremia oder einen der Propheten. 15 Er sagte zu ihnen: Ihr aber, für wen haltet ihr mich? 16 Da antwortete Simon Petrus und sprach: Du bist der Christus, der Sohn des lebendigen Gottes. 17 Jesus aber antwortete und sprach zu ihm: Selig bist du, Simon, Sohn des Jona; denn Fleisch und Blut hat dir das nicht geoffenbart, sondern mein Vater in den Himmeln. 18 Aber auch ich sage dir: Du bist Petrus[1]), und auf diesen Felsen will ich meine Kirche[2]) bauen, und die Pforten des Totenreichs werden nicht fester sein als sie. 19 Ich will dir die Schlüssel des Reiches der Himmel geben; und was du auf Erden binden wirst, das wird in den Himmeln gebunden sein, und was du auf Erden lösen wirst, das wird in den Himmeln gelöst sein[3]). 20 Dann gab er den Jüngern strengen Befehl, sie sollten niemandem sagen, daß er der Christus sei.

21 Von da an begann Jesus, seinen Jüngern zu zeigen, er müsse nach Jerusalem gehen und von den Ältesten und Hohenpriestern und Schriftgelehrten vieles leiden und getötet werden, und am dritten Tage [müsse er] auferweckt werden. 22 Und Petrus nahm ihn beiseite, fing an, ihm Vorwürfe zu machen, und sagte: Gott verhüte es, Herr; das soll dir nicht widerfahren! 23 Er aber wandte sich um und sprach zu Petrus: Hinweg von mir, Satan! Du bist mir ein Fallstrick, denn du sinnst nicht, was göttlich, sondern was menschlich ist.

14: 14, 2; 17, 10; Luk. 7, 16 / 16: 26, 63 / 17: Gal. 1, 16 / 18: Joh. 1, 42; Weish. 16, 13; Jes. 38, 10 / 19: 18, 18; 23, 13; Off. 1, 18 / 21: 12, 40; Joh. 2, 19 / 23: 4, 10; Jes. 8, 14; 2. Sam. 19, 23.

[1]) 16, 18. Petrus bedeutet: Fels; vgl. Joh. 1, 42.
[2]) 16, 18. Im Grundtext steht dasselbe Wort, das sonst die einzelne «Gemeinde» bedeutet. Eph. 1, 22; 3, 10; 5, 23. 24. 25. 27. 29. 32; Kol. 1, 18. 24; 1. Kor. 12, 28; Mat. 16, 18 bezeichnet es die ganze Christenheit.
[3]) 16, 19. Binden und Lösen bedeutet nach jüdischer Auffassung: für verboten oder für erlaubt erklären, nach Joh. 20, 23: Sünde für unvergeben oder für vergeben erklären.

Mark. 8, 27—33

27 Und Jesus ging samt seinen Jüngern hinweg in die Dörfer bei Cäsarea Philippi. Und auf dem Wege fragte er seine Jünger und sprach zu ihnen: Für wen halten mich die Leute? 28 Da sagten sie zu ihm: Für Johannes den Täufer, andre für Elia, noch andre für einen der Propheten. 29 Und er fragte sie: Ihr aber, für wen haltet ihr mich? Petrus antwortet und sagt zu ihm: Du bist der Christus.

30 Und er gab ihnen strengen Befehl, sie sollten zu niemandem über ihn reden.

31 Und er fing an, sie zu lehren, der Sohn des Menschen müsse viel leiden und von den Ältesten und den Hohenpriestern und den Schriftgelehrten verworfen werden und getötet werden, und nach drei Tagen [müsse er] auferstehen. 32 Und er redete das Wort frei heraus. Da nahm ihn Petrus beiseite und fing an, ihm Vorwürfe zu machen. 33 Er aber wandte sich um und sah seine Jünger an, schalt den Petrus und sprach: Hinweg von mir, Satan! Denn du sinnst nicht, was göttlich, sondern was menschlich ist.

28: 6, 14. 15 / 30: 9, 9.

Luk. 9, 18—22

18 Und es begab sich, als er für sich allein betete, waren die Jünger bei ihm, und er fragte sie: Für wen hält mich die Volks= menge? 19 Da antworteten sie und sagten: Für Johannes den Täufer, andre für Elia, noch andre [meinen], einer der alten Pro= pheten sei auferstanden. 20 Darauf sagte er zu ihnen: Ihr aber, für wen haltet ihr mich? Da antwortete Petrus und sprach: Für den Gesalbten Gottes.

Joh. 6, 66—70; 20, 22. 23

66 Von da an zogen sich viele seiner Jün= ger zurück und wandelten nicht mehr mit ihm. 67 Jesus sprach nun zu den Zwölfen: Wollt etwa auch ihr hinweggehen?

68 Simon Petrus antwortete ihm: Herr, zu wem sollten wir gehen? Du hast Worte ewigen Lebens, 69 und wir haben geglaubt und erkannt, daß du der Heilige Gottes bist.

22, 22 Und nachdem er dies gesagt hatte, hauchte er sie an und sagte zu ihnen: Empfanget [den] heiligen Geist! 23 Wenn ihr jemandem die Sünden vergebt, sind sie ihm vergeben; wenn ihr [sie] jeman= dem nicht vergebt, sind sie [ihm] nicht vergeben.[1])

21 Er aber gebot ihnen mit strengem Be= fehl, dies niemandem zu sagen,

22 indem er sprach: Der Sohn des Men= schen muß viel leiden und verworfen wer= den von den Ältesten und Hohenpriestern und Schriftgelehrten und getötet werden, und am dritten Tage [muß er] auferweckt werden.

6, 70 Jesus antwortete ihnen: Habe nicht ich euch Zwölf erwählt? Und unter euch ist einer ein Teufel[2]).

[1]) Wörtlich: «wenn ihr (sie) jemandem (als Schuld) festhaltet, sei sie (ihm als Schuld) festgehalten.»
[2]) Mit «Teufel» ist nicht Petrus, sondern der Ver= räter Judas Ischarioth gemeint.

22 par.: Nr. 124. 188; 13, 33 f; 17, 25; 24, 7. 44—46.

Zu Mark. 8, 27—33 par. Thomasevangelium Logion 13: Jesus sprach zu seinen Jüngern: Vergleicht mich, sagt mir, wem ich gleiche. Simon Petrus antwortete ihm: Du gleichst einem gerechten Engel. Matthäus: Du gleichst einem Philosophen, einem Weisen. Thomas antwortete ihm: Meister, mein Mund erträgt es nicht zu sagen, wem du gleichst. Jesus sprach: Ich bin nicht dein Meister, denn du hast getrunken und dich berauscht an der sprudelnden Quelle, die ich ausgemessen habe. Jesus nahm ihn, zog sich zurück und sagte ihm drei Worte. Als Thomas zu seinen Gefährten kam, fragten sie ihn: Was hat dir Jesus gesagt? Thomas erwiderte: Wenn ich euch eines der Worte sage, werdet ihr Steine nehmen und auf mich werfen. Aber aus den Steinen wird Feuer kommen und euch verbrennen.

120. Von der Nachfolge Jesu

Matt. 16,24—28

24 Dann sprach Jesus zu seinen Jüngern:

Wenn jemand mit mir gehen will, verleugne er sich selbst und nehme sein Kreuz auf sich und folge mir nach! 25 Denn wer sein Leben[1]) retten will, der wird es verlieren; wer aber sein Leben verliert um meinetwillen, der wird es finden.

26 Denn was wird es dem Menschen nützen, wenn er die ganze Welt gewinnt, sein [künftiges] Leben aber einbüßt? oder was kann ein Mensch als Gegenwert [zur Wiedererlangung] seines Lebens geben? 27 Denn der Sohn des Menschen wird in der Herrlichkeit seines Vaters mit seinen Engeln kommen, und dann wird er jedem nach seinem Tun vergelten.

28 Wahrlich, ich sage euch: Unter denen, die hier stehen, sind einige, die den Tod nicht schmecken werden, bis sie den Sohn des Menschen mit seiner Königsherrschaft haben kommen sehen.

24 par.: 10, 38. 39 par. / 26: 4, 8 Phil. 3, 8 / 27: 24 , 30; 25, 31; Joh. 5, 29; Röm. 2, 6; Ps. 62, 13; Spr. 24, 12 / 28: 10, 23.

1) 16, 25. 26. Mit «Leben» wird hier viermal das griechische Wort wiedergegeben, das an zahlreichen andern Stellen «Seele» bedeutet.

Mark. 8,34—9,1

34 Und er rief das Volk samt seinen Jüngern herbei und sprach zu ihnen: Wenn jemand mit mir gehen will, verleugne er sich selbst und nehme sein Kreuz auf sich und folge mir nach! 35 Denn wer sein Leben retten will, der wird es verlieren; wer aber sein Leben verliert um meinetwillen und um des Evangeliums willen, der wird es retten. 36 Denn was nützt es dem Menschen, die ganze Welt zu gewinnen und sein [künftiges] Leben einzubüßen? 37 Denn was könnte ein Mensch als Gegenwert [zur Wiedererlangung] seines Lebens geben? 38 Denn wer sich meiner und meiner Worte schämt unter diesem abtrünnigen[1]) und sündhaften Geschlecht, dessen wird sich auch der Sohn des Menschen schämen, wenn er kommen wird in die Herrlichkeit seines Vaters mit den heiligen Engeln.

9,1 Und er sprach zu ihnen: Wahrlich, ich sage euch: Unter denen, die hier stehen, sind einige, die den Tod nicht schmecken werden, bis sie gesehen haben, daß das Reich Gottes mit Macht gekommen ist.

37. Ps. 49, 8. 9 / 38 par.: Mat. 10, 33 par.

1) 8, 38. Vgl. Anmerkung zu Mat. 12, 39 (Nr. 85).

121. Die Verklärung Jesu

Mat. 17,1—8

1 Und nach sechs Tagen nimmt Jesus den Petrus und den Jakobus und dessen Bruder Johannes mit sich und führt sie abseits auf einen hohen Berg. 2 Und er wurde vor ihnen verwandelt, und sein Angesicht leuchtete wie die Sonne, seine Kleider aber wurden weiß wie das Licht.

3 Und siehe, es erschienen ihnen Mose und Elia, die mit ihm redeten.

Mark. 9,2—8

2 Und nach sechs Tagen nimmt Jesus den Petrus und den Jakobus und den Johannes mit sich und führt sie abseits allein auf einen hohen Berg. Und er wurde vor ihnen verwandelt,

3 und seine Kleider wurden ganz weißglänzend, wie sie kein Walker auf Erden so weiß machen kann. 4 Und es erschien ihnen Elia mit Mose, und sie redeten mit Jesus.

Luk. 9, 23—27

23 Er sprach aber zu allen:
Wenn jemand mit mir gehen will, ver=
leugne er sich selbst und nehme täglich
sein Kreuz auf sich und folge mir nach!
24 Denn wer sein Leben retten will, der
wird es verlieren; wer aber sein Leben
verliert um meinetwillen, der wird es
retten.

25 Denn was nützt es dem Menschen, wenn
er die ganze Welt gewinnt, sich selbst
aber ins [ewige] Verderben bringt oder
an sich selbst die Strafe leidet?

26 Denn wer sich meiner und meiner Worte
schämt, dessen wird sich der Sohn des
Menschen schämen, wenn er kommen
wird in seiner Herrlichkeit und in der
[Herrlichkeit] des Vaters und der heili=
gen Engel.
27 Ich sage euch aber der Wahrheit ge=
mäß:
Es sind einige unter denen, die hier ste=
hen, die den Tod nicht schmecken wer=
den, bis sie das Reich Gottes gesehen
haben.
23: 14, 27.

Joh. 12, 25—26; 8, 51 f.

*25 Wer sein Leben liebt, verliert es, und
wer sein Leben in dieser Welt haßt, wird
es ins ewige Leben bewahren. 26 Wenn je=
mand mir dient, so folge er mir nach,
und wo ich bin, da wird auch mein Die=
ner sein. Wenn jemand mir dient, wird
der Vater ihn ehren.*

*51 Wahrlich, wahrlich, ich sage euch: Wenn
jemand mein Wort befolgt, wird er in
Ewigkeit den Tod nicht sehen. 52 Die Ju=
den sagten zu ihm: Jetzt haben wir er=
kannt, daß du einen Dämon hast. Abra=
ham ist gestorben und [ebenso] die Pro=
pheten, und du sagst: Wenn jemand mein
Wort befolgt, wird er in Ewigkeit den
Tod nicht schmecken.*

*Zu Luk. 9, 23 f par. Thomasevangelium Logion 82: Der, der mir nahe ist, ist dem Feuer nahe, und der mir
fern ist, ist dem Himmelreich fern.*

Luk. 9, 28—36

28 Es begab sich aber etwa acht Tage nach
diesen Reden, da nahm er Petrus und
Johannes und Jakobus mit sich und stieg
auf den Berg, um zu beten. 29 Und wäh=
rend er betete, veränderte sich das Aus=
sehen seines Angesichtes, und sein Ge=
wand wurde strahlend weiß.

30 Und siehe, zwei Männer redeten mit
ihm — es waren Mose und Elia — 31 die
erschienen in Lichtglanz und redeten von
seinem Lebensausgang, den er in Jerusa=
lem vollenden sollte. 32 Petrus aber und
seine Gefährten waren vom Schlaf über=
wältigt. Als sie jedoch erwachten, sahen

Joh. 1, 14

*14 Und das Wort ward Fleisch und wohnte
unter uns, und wir schauten seine Herr=
lichkeit, eine Herrlichkeit, wie sie der ein=
zige [Sohn] von seinem Vater hat, voll
Gnade und Wahrheit.*

4 Petrus aber begann und sagte zu Jesus: Herr, es ist gut, daß wir hier sind. Wenn du willst, werde ich hier drei Hütten machen, dir eine und Mose eine und Elia eine.

5 Als er noch redete, siehe, da überschat= tete sie eine lichte Wolke,

und siehe, eine Stimme aus der Wolke sprach: «Dies ist mein geliebter Sohn, an dem ich Wohlgefallen gefunden habe; höret auf ihn!» 6 Als das die Jünger hör= ten, warfen sie sich auf ihr Angesicht nieder und fürchteten sich sehr. 7 Und Jesus trat hinzu, rührte sie an und sprach: Stehet auf und fürchtet euch nicht! 8 Als sie aber ihre Augen erhoben, sahen sie niemand als Jesus allein.

5 Und Petrus begann und sagte zu Jesus: Rabbi, es ist gut, daß wir hier sind; und wir wollen drei Hütten machen, dir eine und Mose eine und Elia eine. 6 Er wußte nämlich nicht, was er dazu sagen sollte; denn sie waren in Furcht geraten. 7 Und eine Wolke kam und überschattete sie, und aus der Wolke kam eine

Stimme: «Dies ist mein geliebter Sohn, höret auf ihn!»

8 Und plötzlich, als sie um sich blickten, sahen sie niemand mehr bei sich außer Jesus allein.

1: 26, 37 / 2 par.: 2. Pet. 1, 16–18 / 5 par.: Nr. 6; Ps. 2, 7; 5. Mos. 18, 15; Jes. 42, 1.

122. Das Gespräch beim Abstieg

Mat. 17, 9–13

9 Und als sie vom Berge hinabstiegen, ge= bot ihnen Jesus: Saget niemandem von der Erscheinung, bis der Sohn des Men= schen von den Toten auferweckt worden ist!

10 Und seine Jünger fragten ihn: Warum sagen nun die Schriftgelehrten, zuvor müsse Elia kommen? 11 Er aber antwor= tete und sprach: Elia soll zwar kommen und wird alles herstellen;

12 ich sage euch aber: Elia ist schon ge= kommen, und sie haben ihn nicht erkannt, sondern mit ihm getan, was sie wollten. So wird auch der Sohn des Menschen durch sie leiden müssen. 13 Da verstan= den die Jünger, daß er zu ihnen von Jo= hannes dem Täufer redete.

9: 16, 20 / 10 par.: 11, 14; Mal. 4, 5 / 11 par.: Mal. 3, 23 / 12: 14, 9. 10; Luk. 1, 17.

Mark. 9, 9–13

9 Und als sie vom Berge hinabstiegen, ge= bot er ihnen, sie sollten niemandem er= zählen, was sie gesehen hatten, bis der Sohn des Menschen von den Toten auf= erstanden wäre. 10 Und sie hielten das Wort fest und besprachen sich unterein= ander, was mit dem Auferstehen von den Toten gemeint sei.

11 Und sie fragten ihn: Warum sagen die Schriftgelehrten, zuvor müsse Elia kom= men? 12 Er aber sprach zu ihnen: Elia kommt zwar zuvor und stellt alles her; und wie steht über den Sohn des Men= schen geschrieben? Daß er viel leiden und verachtet werden soll. 13 Aber ich sage euch: Elia ist wirklich gekommen, und sie taten ihm, was sie wollten, wie über ihn geschrieben steht.

9: 8, 30 / 12: Jes. 53, 3 / 13 par.: Mat. 11, 14; 1. Kön. 19, 2. 10.

sie seinen Lichtglanz und die zwei Män=
ner, die bei ihm standen. 33 Und es begab
sich, als diese von ihm schieden, da sagte
Petrus zu Jesus: Meister, es ist gut, daß
wir hier sind, und wir wollen drei Hütten
machen, dir eine und Mose eine und Elia
eine; und er wußte nicht, was er sagte.
34 Während er so redete, kam eine Wolke
und überschattete sie. Sie fürchteten sich
aber, als sie in die Wolke hineinkamen.
35 Und eine Stimme erscholl aus der Wolke,
die sprach:
«Dies ist mein auserwählter Sohn, auf
ihn höret!»

36 Und während die Stimme erscholl, fand
es sich, daß Jesus allein war. Und sie
schwiegen und teilten in jenen Tagen
niemandem etwas von dem mit, was sie
gesehen hatten.
28: 8, 51 / 31: 18, 31.

123. Die Heilung eines epileptischen Knaben

Mat. 17,14—21   Mark. 9,14—29

14 Und als sie zum Volk gekommen waren,

trat ein Mensch zu ihm, warf sich vor ihm auf die Knie 15 und sagte: Herr, erbarme dich meines Sohnes, denn er ist mondsüchtig und hat schwer zu leiden;

er fällt nämlich oft ins Feuer und oft ins Wasser.

16 Und ich brachte ihn zu deinen Jüngern, und sie konnten ihn nicht heilen. 17 Da antwortete Jesus und sprach: O du ungläubiges und verkehrtes Geschlecht, wie lange soll ich bei euch sein? wie lange soll ich euch ertragen? Bringet mir ihn hierher!

15b *er fällt nämlich oft ins Feuer und oft ins Wasser.*

18 Und Jesus bedrohte ihn,

und der Dämon fuhr aus von ihm, und der Knabe war von jener Stunde an geheilt.

19 Da traten die Jünger für sich allein zu Jesus und sagten: Warum konnten w i r ihn nicht austreiben? 20 Er aber sagte zu ihnen: Um eures Klein=

14 Und als sie zu den Jüngern kamen, sahen sie viel Volk um sie her und Schrift= gelehrte, die mit ihnen verhandelten. 15 Und alles Volk erstaunte, sobald sie ihn sahen, und sie liefen hinzu und grüß= ten ihn. 16 Und er fragte sie: Was ver= handelt ihr mit ihnen? 17 Und einer aus dem Volk antwortete ihm: Meister, ich habe meinen Sohn zu dir gebracht, der einen stummen Geist hat 18 und wo er ihn überfällt, reißt er ihn herum, und er schäumt und knirscht mit den Zähnen, und er magert ab.
s. u. Vers 22
Und ich sagte deinen Jüngern, sie möch= ten ihn austreiben; und sie vermochten es nicht. 19 Da antwortete er ihnen und sprach: O du ungläubiges Geschlecht, wie lange soll ich bei euch sein? wie lange soll ich euch ertragen? Bringet ihn zu mir! 20 Und sie brachten ihn zu ihm. Und als er ihn sah, riß ihn der Geist alsbald hin und her, und er fiel auf die Erde und wälzte sich schäumend. 21 Und er fragte seinen Vater: Wie lange ist es her, daß ihm dies widerfahren ist? Er antwortete: Von Kindheit an; 22 und er hat ihn oft sogar ins Feuer und ins Wasser gewor= fen, um ihn umzubringen. Aber wenn du etwas vermagst, so hab Erbarmen mit uns und hilf uns! 23 Da sprach Jesus zu ihm: Wenn du [etwas] vermagst? Alles ist möglich dem, der glaubt! 24 Alsbald rief der Vater des Knaben laut: Ich glaube; hilf meinem Unglauben! 25 Als aber Jesus sah, daß das Volk zusammenlief, bedrohte er den unreinen Geist und sprach zu ihm: Du stummer und tauber Geist, ich gebiete dir: Fahre aus von ihm und fahre nicht mehr in ihn hinein! 26 Und nachdem er geschrien und ihn heftig hin und her ge= rissen hatte, fuhr er aus; und er wurde wie tot, so daß die meisten sagten: Er ist gestorben. 27 Jesus aber ergriff ihn bei der Hand und richtete ihn auf, und er stand auf.
28 Und als er in ein Haus gegangen war, fragten ihn seine Jünger für sich allein: Warum konnten wir ihn nicht austreiben?

Luk. 9,37—43a; 17,6 (vgl. Nr. 177)
37 Es begab sich aber tags darauf, als sie
von dem Berge hinabgingen, da kam ihm
viel Volk entgegen.

Joh. 14,9

38 Und siehe, ein Mann aus dem Volke
rief: Meister, ich bitte dich, nimm dich
meines Sohnes an, denn er ist mein ein=
ziger! 39 Und siehe, ein Geist ergreift ihn,
und auf einmal schreit er, und er reißt
ihn hin und her, so daß er schäumt, und
läßt kaum einmal davon ab, ihn zu quä=
len. 40 Und ich habe deine Jünger gebeten,daß sie
ihn austreiben möchten,und sie vermochten
es nicht. 41 Da antwortete Jesus und sprach:
O du ungläubiges und verkehrtes Ge=
schlecht, wie lange soll ich bei euch sein
und euch ertragen? Bringe deinen Sohn
hierher! 42 Aber noch während er herbei=
kam, riß und zerrte ihn der Dämon her=
um.

*9 Jesus sagt zu ihm: So lange Zeit bin ich
bei euch, und du hast mich nicht erkannt,
Philippus? Wer mich gesehen hat, der hat
den Vater gesehen; wie kannst du sagen:
Zeige uns den Vater?*

Da bedrohte Jesus den unreinen Geist

und heilte den Knaben und gab ihn sei=
nem Vater wieder. 43 Es erstaunten aber
alle über die große Macht Gottes.

17,6 *Der Herr aber sprach: Wenn ihr*

glaubens willen. Denn wahrlich, ich sage
euch: Wenn ihr Glauben habt [auch nur
so groß] wie ein Senfkorn, werdet ihr zu
diesem Berge sprechen: Hebe dich weg
von hier dorthin! und er wird sich hin=
wegheben, und nichts wird euch unmög=
lich sein[1]).

29 Da sprach er zu ihnen: Diese Art kann
durch nichts ausgetrieben werden außer
durch Gebet[1]).

19: 10, 1 / 20: 21, 21 par.; 1. Kor. 13, 2.

[1]) 17, 20. Viele alte Textzeugen haben hier noch:
«21 Aber diese Art fährt nicht aus außer durch
Gebet und Fasten.» Vgl. Mark. 9, 29.

19: Luk. 24, 25 / 23: 11, 23 / 24: Luk. 17, 5 / 26: 1,
26 / 27: 5, 41 / 28: 10, 10.

[1]) 9, 29. Viele alte Textzeugen fügen hinzu: «und
Fasten».

124. Die zweite Leidensansage

Mat. 17, 22—23

22 Als sie aber in Galiläa umherzogen,
sprach Jesus zu ihnen:

Der Sohn des Menschen wird in die Hände
der Menschen ausgeliefert werden, 23 und
sie werden ihn töten, und am dritten Tage
wird er auferweckt werden.
Und sie wurden sehr betrübt.

22 f par.: Nr. 119; 188.

Mark. 9, 30—32

30 Und sie gingen von dort weg und zogen
ohne Aufenthalt durch Galiläa. Und er
wollte nicht, daß es jemand erfahren sollte
31 Denn er lehrte seine Jünger und sprach
zu ihnen: Der Sohn des Menschen wird
in die Hände der Menschen ausgeliefert,
und sie werden ihn töten, und nachdem
er getötet worden ist, wird er nach drei
Tagen auferstehen. 32 Sie aber verstanden
das Wort nicht
und fürchteten sich, ihn zu fragen.

125. Die Tempelsteuer

Mat. 17, 24—27

24 Als sie aber nach Kapernaum gekom=
men waren, traten die Einnehmer der
Doppeldrachmen[1]) zu Petrus und sagten:
Entrichtet euer Meister keine Doppel=
drachmen? 25 Er sagte: Doch. Und als er
ins Haus gekommen war, kam ihm Jesus
zuvor und sprach: Was meinst du, Simon?
Die Könige der Erde, von wem nehmen
sie den Zoll oder die Steuer, von ihren
Söhnen oder von den Fremden? 26 Da er
aber sagte: Von den Fremden, sprach Je=
sus zu ihm: Also sind die Söhne frei.
27 Doch damit wir ihnen keinen Anstoß
geben, geh an den See, wirf die Angel
aus und nimm den ersten Fisch, der her=
aufkommt, und wenn du sein Maul öff=
nest, wirst du ein Vierdrachmenstück fin=
den; das nimm und gib es ihnen für mich
und dich!

24: 2. Mos. 30, 13 / 27: Röm. 14, 13; 1. Kor. 8, 13.

[1]) 17, 24. Dies ist der Betrag der Tempelsteuer für
jede männliche Person (eine Drachme ist der
Tagesverdienst eines Arbeiters).

*Glauben hättet [auch nur so groß] wie
ein Senfkorn, so würdet ihr zu diesem
Maulbeerfeigenbaum sagen: Entwurzle
dich und pflanze dich ins Meer, und er
würde euch gehorchen.*

*Zu Mat. 17, 19 f Thomasevangelium Logion 48: Jesus sprach: Wenn zwei miteinander in dem gleichen
Hause Frieden machen, werden sie zum Berg sagen: Fall um! Und er wird umfallen.*

Luk. 9, 43b—45

Während sich aber alle verwunderten
über alles, was er tat, sprach er zu seinen
Jüngern: 44 Fasset i h r zu Ohren diese
Worte, nämlich: Der Sohn des Menschen
muß ausgeliefert werden in die Hände
der Menschen!

45 Sie aber verstanden dieses Wort nicht,
und es war vor ihnen verborgen, damit
sie es nicht begriffen; und sie fürchteten
sich, ihn über dieses Wort zu fragen.
43 ff: 13, 33 f; 17, 25; 24, 7. 44—46.

Joh. 7, 1

1 *Und darnach zog Jesus in Galiläa um=
her; denn er wollte nicht in Judäa umher=
ziehen, weil die Juden ihn zu töten such=
ten.*

126. Von der Demut

Mat. 18,1–5

Mark. 9,33–37; 10,15 (vgl. Nr. 185)

³³ Und sie kamen nach Kapernaum. Und als er ins Haus eingetreten war, fragte er sie: Was habt ihr unterwegs verhandelt? ³⁴ Sie aber schwiegen; denn sie hatten sich unterwegs miteinander besprochen, wer der Größte sei. ³⁵ Und er setzte sich und rief die Zwölf und sprach zu ihnen: Wenn jemand der Erste sein will, sei er der Letzte von allen und der Diener von allen! ³⁶ Und er nahm ein Kind, stellte es mitten unter sie, umarmte es und sprach zu ihnen:

¹ In jener Stunde traten die Jünger zu Jesus und sagten: Wer ist wohl der Größte im Reich der Himmel?

² Und er rief ein Kind herbei, stellte es mitten unter sie ³ und sprach:

Wahrlich, ich sage euch: Wenn ihr nicht umkehrt und werdet wie die Kinder, so werdet ihr nicht ins Reich der Himmel kommen. ⁴ Wer nun sich selbst erniedrigt wie dieses Kind, der ist der Größte im Reich der Himmel.

10,15 *Wahrlich, ich sage euch: Wer das Reich Gottes nicht annimmt wie ein Kind, wird nicht hineinkommen.*

⁵ Und wer ein solches Kind um meines Namens willen aufnimmt, der nimmt mich auf.

9,37 Wer ein solches Kind um meines Namens willen aufnimmt, der nimmt mich auf; und wer mich aufnimmt, der nimmt nicht mich auf, sondern den, der mich gesandt hat.

3: 19,14; 1. Kor. 14, 20 / 4: 23,12 / 5 par.: 10, 40.

35 ff par.: Nr. 189 / 36: 10,16.

Zu Mark. 9, 33–35 par. Thomasevangelium Logion 12: Die Jünger sprachen zu Jesus: Wir wissen, daß du uns verlassen wirst. Wer ist es, der über uns groß sein wird? Jesus antwortete ihnen: Wo ihr hingegangen seid, werdet ihr zu Jakobus dem Gerechten gehen, für den Himmel und Erde gemacht sind. Zu Mark. 9, 36 f par. Thomasevangelium Logion 22: Jesus sah saugende kleine Kinder. Da sprach er zu seinen Jüngern: Diese Kleinen, die saugen, gleichen denen, die ins Reich eingehen. Sie fragten ihn: Wenn wir also kleine Kinder werden, werden wir ins Reich eingehen? Jesus antwortete ihnen: Wenn ihr aus zweien eins, das Innere wie das Äußere, das Äußere wie das Innere, das Obere wie das Untere macht, wenn ihr, der Mann mit der Frau, eins machen werdet, daß der Mann nicht mehr Mann und die Frau nicht mehr Frau ist, wenn ihr Augen statt eines Auges, Hand statt einer Hand, Fuß statt eines Fußes, Bild statt eines Bildes werden werdet, dann werdet ihr in das Reich eingehen.

127. Der fremde Dämonenaustreiber

Mat. 10,42 (vgl. Nr. 61)

Mark. 9,38–41

³⁸ Johannes sagte zu ihm: Meister, wir sahen einen, der sich nicht zu uns hält, in deinem Namen Dämonen austreiben, und wir wehrten es ihm. ³⁹ Jesus aber sprach: Wehret es ihm nicht; denn niemand wird auf meinen Namen hin eine machtvolle Tat tun und bald darauf Böses von mir reden können. ⁴⁰ Denn wer nicht wider uns ist, der ist für uns[1]. ⁴¹ Denn wer euch einen Becher Wasser zu trinken gibt auf meinen Namen hin, weil ihr Christo angehört, wahrlich, ich sage euch: Ihm soll sein Lohn nicht mangeln.

⁴² *und wer einem dieser Geringen auch nur einen Becher kalten Wassers zu trinken gibt, weil er ein Jünger ist, wahrlich, ich sage euch: Ihm soll sein Lohn nicht mangeln.*

38: 4. Mos. 11, 27. 28 / 39: 1. Kor. 12, 3.
[1] Andere Überlieferung: ‚Wer nicht wider euch ist, der ist für euch.'

Luk. 9, 46—48; 18, 17   (vgl. Nr. 185)   Joh. 3, 3; 13, 20

46 Es stieg aber ein Gedanke in ihnen auf,
wer wohl der Größte unter ihnen wäre.

47 Da aber Jesus den Gedanken ihres Her=
zens kannte,
nahm er ein Kind, stellte es neben sich

18, 17 *Wahrlich, ich sage euch: Wer das
Reich Gottes nicht annimmt wie ein Kind,
wird nicht hineinkommen.*

3 *Jesus antwortete und sprach zu ihm:
Wahrlich, wahrlich, ich sage dir: Wenn
jemand nicht von oben her[1]) geboren
wird, kann er das Reich Gottes nicht sehen.*

13, 20 *Wahrlich, wahrlich, ich sage euch:*

9, 48 und sprach zu ihnen: Wer dieses Kind
um meines Namens willen aufnimmt, der
nimmt mich auf; und wer mich aufnimmt,
der nimmt den auf, der mich gesandt hat.
Denn wer der Kleinste unter euch allen
ist, der ist groß.

*Wer einen aufnimmt, wenn ich ihn sende,
nimmt mich auf; wer aber mich auf=
nimmt, nimmt den auf, der mich gesandt
hat.*

[1]) 3, 3. Das griechische Wort, das gemäß Vers 31
und 19, 11 übersetzt ist: «von oben her», bedeutet
auch: «von neuem». Deshalb konnte Nikodemus
es mißverstehen.

Luk. 9, 49—50
49 Johannes aber begann und sprach: Mei=
ster, wir sahen einen, der in deinem Na=
men Dämonen austrieb, und wir wehrten
es ihm; denn er hält sich nicht zu uns.
50 Jesus aber sprach zu ihm: Wehret es
nicht!

denn wer nicht wider euch ist, der ist für
euch.

50: 11, 23; Phil. 1, 18.
Zu Mark. 9, 40 par. Papyrus Oxyrhynchos 1224: Und betet für eure Feinde. Denn wer nicht gegen euch ist,
der ist für euch. Und wer heute fern ist, der wird euch morgen nahe sein.

128. Von der Verführung zur Sünde

Mat. 18, 6—9

6 Wer aber einen dieser Kleinen, die an mich glauben, zur Sünde verführt, für den wäre es besser, daß ihm ein Mühlstein um den Hals gehängt und er in die Tiefe des Meeres versenkt würde. 7 Wehe der Welt der Verführungen wegen! Denn es ist [zwar] notwendig, daß die Verführungen kommen; doch wehe dem Menschen, durch den die Verführung kommt! 8 Wenn dich aber deine Hand oder dein Fuß zur Sünde verführt, so haue ihn ab und wirf ihn von dir! Es ist besser für dich, daß du verstümmelt oder lahm in das Leben eingehst, als daß du zwei Hände oder zwei Füße hast und in das ewige Feuer geworfen wirst.

9 Und wenn dich dein Auge zur Sünde verführt, so reiß es aus und wirf es von dir! Es ist besser für dich, daß du einäugig in das Leben eingehst, als daß du zwei Augen hast und in die Hölle mit ihrem Feuer geworfen wirst.

8. 9 par.: 5, 29. 30.

Mark. 9, 42—48

42 Und wer einen dieser Kleinen, die glauben, zur Sünde verführt, für den wäre es besser, wenn ihm ein Mühlstein um den Hals gelegt und er ins Meer versenkt wäre.

43 Und wenn dich deine Hand zur Sünde verführt, so haue sie ab! Es ist besser für dich, daß du verstümmelt in das Leben eingehst, als daß du beide Hände hast und in die Hölle kommst, in das unauslöschliche Feuer.[1]) 45 Und wenn dich dein Fuß zur Sünde verführt, so haue ihn ab! Es ist besser, daß du lahm in das Leben eingehst, als daß du beide Füße hast und in die Hölle geworfen wirst.[2]) 47 Und wenn dich dein Auge zur Sünde verführt, so reiß es aus! Es ist besser, daß du einäugig in das Reich Gottes eingehst, als daß du zwei Augen hast und in die Hölle geworfen wirst, 48 wo «ihr Wurm nicht stirbt und das Feuer nicht verlischt».

48: Jes. 66, 24.

[1]) 9, 43. Mehrere alte Textzeugen haben (mit einem Zusatz wohl aus Vers 48): «. . . Feuer, 44 wo ihr Wurm nicht stirbt und das Feuer nicht verlischt.»
[2]) 9, 45. Mehrere alte Textzeugen haben (mit einem Zusatz wohl aus Vers 48): «. . . wirst, 46 wo ihr Wurm nicht stirbt und das Feuer nicht verlischt.»

129. Das Wort vom Feuer und Salz

Mat. 5, 13   (vgl. Nr. 19)

13 Ihr seid das Salz der Erde. Wenn aber das Salz seine Schärfe verliert, womit soll es salzig gemacht werden? Es ist zu nichts mehr nütze, als daß es hinausgeworfen und von den Leuten zertreten wird.

Mark. 9, 49—50

49 Denn jeder wird mit Feuer gesalzen werden, und jedes Opfer wird mit Salz gesalzen werden.[1]) 50 Das Salz ist etwas Gutes; wenn aber das Salz salzlos wird, womit wollt ihr es wieder kräftig machen?

Habet Salz in euch und haltet Frieden untereinander!

49: 3. Mos. 2, 13 / 50: Kol. 4, 6; Röm. 12, 18; Heb. 12, 14.

[1]) Mehrere alte Textzeugen lassen die Worte weg: «und jedes Opfer wird mit Salz gesalzen werden».

130. Das Gleichnis vom verlorenen Schaf

Mat. 18, 10—14

10 Sehet zu, daß ihr keinen dieser Kleinen verachtet! Denn ich sage euch: Ihre

[87]

Luk. 17, 1. 2 (vgl. Nr. 175)

1 *Er sprach aber zu seinen Jüngern: Es ist
unmöglich, daß die Verführungen aus=
bleiben; doch wehe dem, durch den sie
kommen!* 2 *Für ihn wäre es besser, wenn
ihm ein Mühlstein um den Hals gelegt
und er ins Meer versenkt wäre, als daß
er einen dieser Kleinen verführte.*

Zu Mat. 18, 6 par. Hebräerevangelium (Hieronymus, Kom. zu Ez. 18, 7): *In dem Hebräerevangelium, das
die Nazaräner gewöhnlich lesen, wird unter die schwersten Verbrechen gerechnet, wer den Geist seines
Bruders betrübt hat.*

Luk. 14, 34—35 (vgl. Nr. 168)

34 *Das Salz nun ist etwas Gutes; wenn
aber sogar das Salz seine Schärfe ver=
liert, womit soll es wieder kräftig gemacht
werden?* 35 *Es ist weder für das Erdreich
noch für den Dünger tauglich; man wirft
es hinaus.*

Luk. 15, 3—7 (vgl. Nr. 169)

Engel in den Himmeln schauen allezeit
das Angesicht meines Vaters in den Him=
meln[1]).
12 Was meint ihr? Wenn ein Mensch hun=
dert Schafe hat, und es verirrt sich eins
von ihnen, wird er nicht die 99 auf den
Bergen lassen, und geht er nicht hin und
sucht das verirrte? 13 Und wenn es sich
begibt, daß er es findet, wahrlich, ich sage
euch: Er freut sich über dasselbe mehr
als über die 99, die nicht verirrt waren.

14 So ist es nicht der Wille eures Vaters
in den Himmeln, daß eins dieser Kleinen
verlorengehe.

12 par.: Ez. 34, 11. 12; 1. Pet. 2, 25.

[1]) 18, 10. Manche alte Textzeugen haben hier noch
(wohl nach Luk. 19, 10): «11 Denn der Sohn des
Menschen ist gekommen, um das Verlorne zu
retten.»

131. Von den Bruderpflichten

Mat. 18, 15—20

15 Wenn aber dein Bruder sündigt, so geh
hin und weise ihn zurecht unter vier
Augen! Hört er auf dich, so hast du dei=
nen Bruder gewonnen. 16 Hört er dagegen
nicht, so nimm noch einen oder zwei mit
dir, damit «jede Sache auf Aussage von
zwei oder drei Zeugen beruhe». 17 Wenn
er jedoch nicht auf sie hört, so sage es
der Gemeinde! Wenn er aber auch auf
die Gemeinde nicht hört, so sei er dir
wie der Heide und der Zöllner! 18 Wahr=
lich, ich sage euch: Was ihr auf Erden
binden werdet, das wird im Himmel ge=
bunden sein, und was ihr auf Erden lö=
sen werdet, das wird im Himmel gelöst
sein[1]). 19 Wiederum sage ich euch: Wenn
zwei von euch auf Erden darin überein=
stimmen werden, irgendeine Sache zu er=
bitten, so wird sie ihnen zuteil werden
von meinem Vater in den Himmeln. 20
Denn wo zwei oder drei in meinem Na=
men versammelt sind, da bin ich mitten
unter ihnen.

15: 3. Mos. 19, 17; Gal. 6, 1 / 16: 5. Mos. 19, 15 / 17:
1. Kor. 5, 13; 2. Thess. 3, 6 / 18: 16, 19 / 19: Mark.
11, 24; Joh. 16, 24 / 20: 28, 20; Luk. 24, 36.

[1]) 18, 18. Vgl. Anmerkung zu 16, 19 (Nr. 119).

*Zu Mat. 18, 15 ff Didache 15, 3: Weiset euch einander zurecht, nicht im Zorn, sondern im Frieden, wie es im
Evangelium steht. Hat sich jemand gegen seinen Nächsten vergangen, sprecht nicht mit ihm, hört auf kein
Wort von ihm, bis er Buße getan hat.*

3 Da sagte er zu ihnen dieses Gleichnis:
4 Welcher Mensch unter euch, der hundert
Schafe hat und eins von ihnen verliert,
läßt nicht die 99 in der Wüste zurück
und geht dem verlornen nach, bis er es
findet? **5** Und wenn er es gefunden hat,
legt er es voll Freude auf seine Schultern;
6 und wenn er nach Hause kommt, ruft
er seine Freunde und seine Nachbarn zusammen und sagt zu ihnen: Freuet euch
mit mir! denn ich habe mein Schaf gefunden, das verloren war. **7** Ich sage euch: So
wird im Himmel mehr Freude sein über
e i n e n Sünder, der Buße tut, als über 99
Gerechte, die der Buße nicht bedürfen.

Zu Mat. 18, 12 ff Thomasevangelium Logion 107: Das Reich ist gleich einem Hirten, der 100 Schafe hat.
Eins von ihnen, das größte, verlief sich. Er ließ die 99 zurück und suchte nach diesem einen, bis er es
fand. Als er sich abgemüht hatte, sagte er zu dem Schaf: Ich liebe dich mehr als die 99!

Luk. 17, 3   (vgl. Nr. 176)
3 Habet acht auf euch! Wenn dein Bruder
sündigt, so weise ihn zurecht, und wenn
es ihn reut, so vergib ihm!

Joh. 20, 23

23 Wenn ihr jemandem die Sünden vergebt, sind sie ihm vergeben; wenn ihr [sie]
jemandem nicht vergebt, sind sie [ihm]
nicht vergeben.

Zu Mat. 18, 20 Papyrus Oxyrhynchos 1, 26–31: Jesus spricht: . . . wo einer allein ist, sage ich: Ich bin bei
ihm. Richte den Stein auf, und dort wirst du mich finden. Spalte das Holz, und ich bin dort.

132. Mahnung zur Versöhnlichkeit

Mat. 18, 21—22

21 Da trat Petrus hinzu und sagte zu ihm: Herr, wie oft soll ich meinem Bruder, der wider mich sündigt, vergeben? Bis sie=benmal? 22 Jesus sagt zu ihm: Ich sage dir: Nicht bis siebenmal, sondern bis 77mal.

133. Das Gleichnis vom Schalksknecht

Mat. 18, 23—35

23 Deshalb ist das Reich der Himmel gleich einem König, der mit seinen Knechten[1]) abrechnen wollte. 24 Als er aber anfing ab=zurechnen, wurde einer vor ihn gebracht, der war zehntausend Talente[2]) schul=dig. 25 Weil er jedoch nicht bezahlen konn=te, befahl der Herr, daß er und sein Weib und seine Kinder und alles, was er hatte, verkauft und die Zahlung geleistet wür=de. 26 Der Knecht warf sich nun vor ihm zu Boden und sagte: Habe Geduld mit mir, und ich will dir alles bezahlen. 27 Da hatte der Herr Erbarmen mit jenem Knecht und gab ihn frei, und die Schuld erließ er ihm.

28 Als aber jener Knecht hinausging, fand er einen seiner Mitknechte, der ihm hun=dert Denare schuldig war; und er er=griff ihn, würgte ihn und sagte: Bezahle, wenn du etwas schuldig bist! 29 Sein Mit=knecht warf sich nun nieder und bat ihn: Habe Geduld mit mir, und ich will dir's bezahlen. 30 Er aber wollte nicht, sondern ging hin und ließ ihn ins Gefängnis set=zen, bis er die Schuld bezahlt hätte. 31 Als nun seine Mitknechte sahen, was ge=schehen war, wurden sie sehr betrübt und kamen und berichteten ihrem Herrn alles, was geschehen war. 32 Da ließ sein Herr ihn herbeirufen und sagte zu ihm: Du böser Knecht, jene ganze Schuld habe ich dir erlassen, weil du mich batest; 33 hät=test nicht auch du dich deines Mitknech=tes erbarmen sollen, wie ich mich deiner erbarmt habe? 34 Und sein Herr wurde zornig und übergab ihn den Folterknech=ten, bis er alles bezahlt hätte, was er ihm schuldig war. 35 So wird auch mein himmlischer Vater euch tun, wenn ihr nicht jeder seinem Bruder von Herzen vergebt.

32: 7, 2; Luk. 6, 36—38 / 33: Jak. 2, 13 / 34: 5, 26 / 35: 6, 15; Mark. 11, 25.

[89]

[1]) 18, 23. Die Knechte sind hier nicht Sklaven, sondern des Königs oberste Beamte.
[2]) 18, 24. 10 000 Talente ist eine jegliches Vorstel-lungsvermögen übersteigende Geldsumme.

Luk. 17, 4   (vgl. Nr. 176)

₄ *Und wenn er siebenmal des Tages wi=*
der dich sündigt und siebenmal sich wie=
der zu dir wendet und sagt: Es reut mich,
so sollst du ihm vergeben.

Zu Mat. 18, 21 f Didache 15, 3, vgl. Nr. 131 und Nazaräerevangelium (Hieronymus, Pelag III, 2): Wenn dein
Bruder, spricht ER, durch das Wort gesündigt und dir Genugtuung geleistet hat, nimm ihn siebenmal am
Tage auf. Da sprach sein Jünger Simon zu ihm: Siebenmal am Tage? Der Herr antwortete und sprach zu
ihm: Ja, ich sage dir, sogar bis zu siebzig mal siebenmal. Denn auch in den Propheten findet sich, nach-
dem sie mit dem heiligen Geist gesalbt wurden, sündhafte Rede.

B. Reisebericht des Lukas (Luk. 9, 51—18, 14)

134. Das ungastliche Samariterdorf

Mat. 19, 1. 2 (vgl. Nr. 184)

1 Und es begab sich, als Jesus diese Reden beendet hatte, brach er aus Galiläa auf und zog jenseits des Jordan in das Gebiet von Judäa. 2 Und eine große Volksmenge folgte ihm nach, und er heilte sie dort.

Mark. 10, 1 (vgl. Nr. 184)

1 Und er bricht von dort auf und nimmt seinen Weg jenseits des Jordan in das Gebiet von Judäa; und wieder läuft eine Volksmenge bei ihm zusammen. Und er lehrte sie wieder, wie er gewohnt war.

135. Drei verschiedene Nachfolger Jesu

Mat. 8, 19—22 (vgl. Nr. 47)

19 Und ein Schriftgelehrter trat hinzu und sagte zu ihm: Meister, ich will dir nachfolgen, wohin du auch gehst. 20 Und Jesus sagt zu ihm: Die Füchse haben Gruben und die Vögel des Himmels [haben] Nester; der Sohn des Menschen dagegen hat nicht, wo er sein Haupt hinlegen kann.

21 Ein andrer aber von den Jüngern sagte zu ihm: Herr, erlaube mir, zuvor hinzugehen und meinen Vater zu begraben. 22 Da sagt Jesus zu ihm: Folge mir nach und laß die Toten ihre Toten begraben!

Zu Luk. 9, 58. 60. 62 Thomasevangelium Logion 82: Der, der mir nahe ist, ist dem Feuer nahe, und der mir fern ist, ist dem Himmelreich fern.

Luk. 9, 51–56

51 Es begab sich aber, als sich die Tage vollendeten, daß er in den Himmel emporgehoben werden sollte, da richtete er sein Angesicht nach Jerusalem, um dorthin zu reisen. 52 Und er sandte Boten vor sich her. Und sie gingen hin und kamen in ein Dorf der Samariter, um ihm Herberge zu bereiten. 53 Und sie nahmen ihn nicht auf, weil sein Angesicht nach Jerusalem gerichtet war. 54 Als das die Jünger Jakobus und Johannes sahen, sagten sie: Herr, willst du, daß wir Feuer vom Himmel fallen und sie verzehren heißen?[1]) 55 Er aber wandte sich um und bedrohte sie.[2]) 56 Und sie begaben sich in ein andres Dorf.

51: Mark. 10, 32; Luk. 13, 22; 17, 11 / 53: Joh. 4, 9 / 54: 2. Kön. 1, 10. 12; Mark. 3, 17.

[1]) 9, 54. Viele alte Textzeugen fügen hinzu: «wie auch Elia getan hat».
[2]) 9, 55. 56. Einige alte Textzeugen fügen hinzu: «und sprach: Ihr wißt nicht, welches Geistes ihr seid. 56 Denn der Sohn des Menschen ist nicht gekommen, Menschenleben zu verderben, sondern zu retten.»

Joh. 3, 17

17 Denn Gott hat seinen Sohn nicht in die Welt gesandt, damit er die Welt richte, sondern damit die Welt durch ihn gerettet werde.

Luk. 9, 57–62

57 Und als sie wanderten, sagte einer auf dem Wege zu ihm: Ich will dir nachfolgen, wohin du auch gehst. 58 Und Jesus sprach zu ihm: Die Füchse haben Gruben und die Vögel des Himmels [haben] Nester; der Sohn des Menschen dagegen hat nicht, wo er sein Haupt hinlegen kann. 59 Er sprach aber zu einem andern: Folge mir nach! Der antwortete: Erlaube mir, zuvor hinzugehen und meinen Vater zu begraben. 60 Da sprach er zu ihm: Laß die Toten ihre Toten begraben; du aber geh hin und verkündige das Reich Gottes! 61 Es sagte aber auch ein andrer: Ich will dir nachfolgen, Herr; zuvor jedoch erlaube mir, von denen, die in meinem Hause sind, Abschied zu nehmen. 62 Da sprach Jesus zu ihm: Niemand, der seine Hand an den Pflug legt und zurückblickt, ist tauglich für das Reich Gottes.

60: 4. Mos. 6, 6. 7 / 61: 1. Kön. 19, 20 / 62: 17, 32. 33.

136. Aussendung der siebzig Jünger

Mat. 9, 37—38; 10, 7—16; 11, 21—23; 10, 40
(vgl. Nr. 56. 64. 61)

37 Da sagte er zu seinen Jüngern: Die Ern=
te ist groß, aber der Arbeiter sind we=
nige. 38 Bittet daher den Herrn der Ernte,
daß er Arbeiter in seine Ernte sende! 10, 16
Siehe, ich sende euch wie Schafe mitten
unter die Wöfe. Darum seid klug wie die
Schlangen und ohne Falsch wie die Tau=
ben!
9 Verschaffet euch nicht Gold noch Sil=
ber noch Kupfer in eure Gürtel, 10 keine
Tasche auf den Weg, auch nicht zwei
Röcke, auch nicht Schuhe noch Stab; 11 Wo
ihr aber in eine Stadt oder in ein Dorf
kommt, erkundiget euch, wer darin wür=
dig sei, und bleibet dort, bis ihr weiter=
zieht! 12 Wenn ihr aber in das Haus ein=
tretet, so grüßet es! 13 Und wenn das Haus
würdig ist, soll euer Friedensgruß über
dasselbe kommen. Ist es aber nicht wür=
dig, so soll euer Friedensgruß zu euch
zurückkehren.

10b denn der Arbeiter ist seiner Speise
wert.

7 Wenn ihr aber hingeht, so prediget:
«Das Reich der Himmel ist genaht.» 8 Hei=
let Kranke, wecket Tote auf, machet Aus=
sätzige rein, treibet Dämonen aus! Um=
sonst habt ihr es empfangen, umsonst
gebet es! 14 Und wenn man euch nicht
aufnimmt noch eure Worte anhört, so
gehet fort aus jenem Haus oder aus je=
ner Stadt und schüttelt den Staub von
euren Füßen.
15 Wahrlich, ich sage euch: Es wird dem
Lande Sodom und Gomorrha am Tage
des Gerichtes erträglicher ergehen als
dieser Stadt.
11, 21 Wehe dir, Chorazin! wehe dir, Beth=
saida! Denn wenn in Tyrus und Sidon
die machtvollen Taten geschehen wären,
die bei euch geschehen sind, so hätten sie
längst in Sack und Asche Buße getan.
22 Ja, ich sage euch: Tyrus und Sidon wird
es am Tage des Gerichtes erträglicher er=
gehen als euch. 23 Und du, Kapernaum,
wirst du «bis zum Himmel erhoben wer=
den? Bis zum Totenreich wirst du hinab=
fahren».

[91]

Luk. 10, 1—16

1 Darnach aber bestimmte der Herr sieb=
zig andre und sandte sie zu zweien vor
sich her in alle Städte und Orte, wohin er
selbst kommen wollte: 2 Und er sprach zu
ihnen: Die Ernte ist groß, aber der Ar=
beiter sind wenige. Bittet daher den Herrn
der Ernte, daß er Arbeiter in seine Ernte
sende! 3 Gehet hin! Siehe, ich sende euch
wie Lämmer mitten unter die Wölfe.

4 Traget keinen Beutel, keine Tasche, keine
Schuhe, und auf dem Wege grüßet nie=
mand!

5 Wo ihr aber in ein Haus eintretet, da
sprechet zuerst: Friede diesem Hause!
6 Und wenn dort ein Sohn des Friedens
ist, wird euer Friedensgruß auf ihm ruhen;
wenn aber nicht, wird er zu euch zurück=
kehren. 7 In ebendiesem Haus aber blei=
bet und esset und trinket, was ihr von
ihnen bekommt; denn der Arbeiter ist
seines Lohnes wert. Gehet nicht aus einem
Hause weg in das andre! 8 Und wo ihr in
eine Stadt kommt und sie euch aufneh=
men, da esset, was euch vorgesetzt wird,
9 und heilet die Kranken, die darin sind,
und saget ihnen: Das Reich Gottes ist zu
euch genaht! 10 Wo ihr aber in eine Stadt
kommt und sie euch nicht aufnehmen, da
gehet auf ihre Straßen hinaus und spre=
chet: 11 Auch den Staub, der sich von eurer
Stadt uns an die Füße gesetzt hat, wischen
wir [zum Zeichen] wider euch ab; doch
das sollt ihr wissen, daß das Reich Got=
tes genaht ist. 12 Ich sage euch: Es wird
Sodom an jenem Tag erträglicher ergehen
als dieser Stadt.

13 Wehe dir, Chorazin! Wehe dir, Beth=
saida! Denn wenn in Tyrus und Sidon die
machtvollen Taten geschehen wären, die
bei euch geschehen sind, so hätten sie
längst in Sack und Asche sitzend Buße
getan. 14 Ja, Tyrus und Sidon wird es im
Gericht erträglicher ergehen als euch.
15 Und du, Kapernaum, wirst du «bis zum
Himmel erhoben werden? Bis zum Toten=
reich wirst du hinuntergestoßen werden».
16 Wer euch hört, der hört mich, und wer

Joh. 4, 35; 5, 23; 15, 23

35 Sagt ihr nicht:
Es sind noch vier Monate, dann kommt
die Ernte? Siehe, ich sage euch: Erhebet
eure Augen und betrachtet die Felder: sie
sind schon weiß zur Ernte.

10,40 *Wer euch aufnimmt, der nimmt mich auf; und wer mich aufnimmt, der nimmt den auf, der mich gesandt hat.*

Zu Luk. 10,5 ff Thomasevangelium Logion 14, vgl. Nr. 56.

Zu Luk. 10,13 Nazaräerevangelium (Hist. Lukaskom. z. St.): In diesen Städten (sc. Chorazin und Bethsaida) sind viele Wunder vollbracht worden. Das „Hebräerevangelium" gibt 53 an.

137. Rückkehr der siebzig Jünger

Mark. 16,17.18   (vgl. S. 168)

17 *An Zeichen aber werden folgende die Gläubiggewordenen begleiten: in meinem Namen werden sie Dämonen austreiben; in neuen Zungen werden sie reden;*

18 *Schlangen werden sie aufheben, und wenn sie etwas Tödliches getrunken haben, wird es ihnen nicht schaden; Kranken werden sie die Hände auflegen, und sie werden genesen.*

138. Jesus dankt dem Vater

Mat. 11,25—27   (vgl. Nr. 65)

25 *Zu jener Zeit begann Jesus und sprach: Ich preise dich, Vater, Herr des Himmels und der Erde, daß du dies vor Weisen und Verständigen verborgen und es Unmündigen geoffenbart hast.* 26 *Ja, Vater, denn so ist es wohlgefällig gewesen vor dir.* 27 *Alles ist mir von meinem Vater übergeben worden, und niemand erkennt den Sohn als nur der Vater, und den Vater erkennt niemand als nur der Sohn[1]) und wem es der Sohn offenbaren will.*

[1]) 11,27. Bei Kirchenvätern findet man dafür: «Niemand hat den Vater erkannt als nur der Sohn, und niemand den Sohn als nur der Vater.»

139. Augenzeugen

Mat. 13,16—17   (vgl. Nr. 90)

16 *Selig aber sind e u r e Augen, weil sie sehen, und e u r e Ohren, weil sie hören.* 17 *Denn wahrlich, ich sage euch: Viele Propheten und Gerechte haben begehrt, zu sehen, was ihr seht, und haben es nicht gesehen, und zu hören, was ihr hört, und haben es nicht gehört.*

euch verwirft, der verwirft mich; wer aber mich verwirft, der verwirft den, der mich gesandt hat.

1: 9, 52; 2. Mos. 24, 1 / 4: 22, 35; 2. Kön. 4, 29 / 5: 1. Sam. 25, 6 / 7: 1. Kor. 9, 5—14 / 8: 1. Kor. 10, 27 / 9: Mat. 3, 2 / 11: Apg. 13, 51; 18, 6 / 13: 8, 26; 9, 10; Jon. 3, 6 / 15: Jes. 14, 13. 15 / 16: 1. Thess. 2, 13; 4, 8; Joh. 13, 20; 12, 44 f.

8, 23 Wer den Sohn nicht ehrt, der ehrt den Vater nicht, der ihn gesandt hat. 15, 23 Wer mich haßt, der haßt auch meinen Vater.

Luk. 10, 17—20

17 Die Siebzig aber kehrten mit Freuden zurück und sagten: Herr, auch die Dämonen sind uns untertan kraft deines Namens. 18 Da sprach er zu ihnen: Ich sah den Satan wie einen Blitz vom Himmel fallen. 19 Siehe, ich habe euch die Macht gegeben, auf Schlangen und Skorpione zu treten, und [Macht] über alle Gewalt des Feindes; und er wird euch keinen Schaden zufügen. 20 Doch nicht darüber freuet euch, daß die Geister euch untertan sind; freuet euch vielmehr, daß eure Namen in den Himmeln aufgeschrieben sind!

18: Off. 12, 8. 9; Jes. 14, 12 / 19: Apg. 28, 6; 5. Mos. 8, 15; Ps. 91, 13 / 20: Phil. 4, 3; Heb. 12, 23; Off. 20, 12; 21, 27.

Joh. 12, 31

31 Jetzt ergeht ein Gericht über diese Welt; jetzt wird der Fürst dieser Welt hinausgeworfen werden.

Luk. 10, 21—22

21 In ebendieser Stunde sprach er frohlockend, erfüllt vom heiligen Geist: Ich preise dich, Vater, Herr des Himmels und der Erde, daß du dies vor Weisen und Verständigen verborgen und es Unmündigen geoffenbart hast. Ja, Vater, denn so ist es wohlgefällig gewesen vor dir. 22 Alles ist mir von meinem Vater übergeben worden, und niemand weiß, wer der Sohn ist, als nur der Vater, und wer der Vater ist, [weiß niemand] als nur der Sohn und wem es der Sohn offenbaren will.

Joh. 3, 35; 17, 2; 10, 15

35 Der Vater liebt den Sohn und hat alles in seine Hand gegeben.

17, 2 wie du ihm Macht über alles Fleisch gegeben hast, damit er allen, die du ihm gegeben hast, ewiges Leben gebe.
10, 15 wie der Vater mich kennt und ich den Vater kenne.

Luk. 10, 23—24

23 Und er wandte sich zu den Jüngern im besonderen und sprach: Selig sind die Augen, die sehen, was ihr seht; 24 denn ich sage euch: Viele Propheten und Könige haben gewünscht, zu sehen, was ihr seht, und haben nicht gesehen, und zu hören, was ihr hört, und haben es nicht gehört.

24: 1. Pet. 1, 10.

140. Jesus wird nach d e m Gebot gefragt

Mat. 22, 34—40   (vgl. Nr. 205)

34 *Als aber die Pharisäer hörten, daß er den Sadduzäern den Mund gestopft hatte, versammelten sie sich [alle] an demselben Ort;* 35 *und einer von ihnen, ein Gesetzeskundiger, fragte ihn, um ihn zu versuchen:* 36 *Meister, welches ist das größte Gebot im Gesetz?* 37 *Er aber sprach zu ihm:*

«*Du sollst den Herrn, deinen Gott, lieben mit deinem ganzen Herzen und mit deiner ganzen Seele und mit deinem ganzen Denken.*» 38 *Dies ist das größte und erste Gebot.* 39 *Das zweite ist ihm gleich:* «*Du sollst deinen Nächsten lieben wie dich selbst.*» 40 *An diesen zwei Geboten hängt das ganze Gesetz und die Propheten.*

Mark. 12, 28—31   (vgl. Nr. 205)

28 *Und einer der Schriftgelehrten, der gehört hatte, wie sie miteinander disputierten, trat hinzu, und da er wußte, daß er ihnen trefflich geantwortet hatte, fragte er ihn:* Welches ist das erste Gebot unter allen? 29 *Jesus antwortete: Das erste ist:* «*Höre, Israel, der Herr, unser Gott, ist allein Herr;* 30 *und du sollst den Herrn, deinen Gott, lieben aus deinem ganzen Herzen und aus deiner ganzen Seele und aus deinem ganzen Denken und aus deiner ganzen Kraft.*» 31 *Das zweite ist dieses:* «*Du sollst deinen Nächsten lieben wie dich selbst.*» Größer als diese ist kein andres Gebot.

141. Das Gleichnis vom barmherzigen Samariter

Herz   Herz   Herz
Seele   Seele   Seele
Denken   Denken   Kraft
         Kraft   Denken

Herz
Erkenntnis
Kraft

32 Und der Schriftgelehrte sagte zu ihm: Trefflich Meister, nach der Wahrheit hast du gesagt «Er ist nur einer, und es gibt keinen anderen außer ihm», 33 und ihn zu lieben aus ganzem Herzen und aus ganzer Erkenntnis und aus ganzer Kraft und den Nächsten zu lieben wie sich selbst, ist weit mehr als alle Brandopfer und Schlachtopfer. 34 Und da Jesus sah daß er verständig geantwortet hatte, sprach er zu ihm: Die bist nicht fern vom Reiche Gottes. Und niemand wagte es mehr, ihn zu fragen

Luk. 10, 25—28

₂₅ Und siehe, ein Gesetzeskundiger trat
auf, ihn zu versuchen, und sagte: Meister,
was muß ich tun, damit ich das ewige Le=
ben ererbe? ₂₆ Er aber sprach zu ihm: Was
steht im Gesetze geschrieben? Wie liesest
du? ₂₇ Darauf antwortete er und sagte:

«Du sollst den Herrn, deinen Gott, lie=
ben aus deinem ganzen Herzen und
mit deiner ganzen Seele und mit deiner
ganzen Kraft und mit deinem ganzen
Denken»

und «deinen Nächsten wie dich selbst».
₂₈ Da sprach er zu ihm: Du hast recht ge=
antwortet; tue das, so wirst du leben!

25: 18, 18—20 / 27 par.: 5. Mos. 6, 5; 3. Mos. 19, 18 /
28 par.: 3. Mos. 18, 5; Röm. 10, 5.

Luk. 10, 29—37

₂₉ Der aber wollte sich rechtfertigen und
sagte zu Jesus: Und wer ist mein Näch=
ster? ₃₀ Jesus erwiderte und sprach: Ein
Mensch ging von Jerusalem nach Jericho
hinab und fiel Räubern in die Hände; die
zogen ihn aus und schlugen ihn und gin=
gen davon und ließen ihn halbtot liegen.
₃₁ Zufällig aber ging ein Priester jene
Straße hinab; und er sah ihn und ging
vorüber. ₃₂ Ebenso kam auch ein Levit an
den Ort, sah ihn und ging vorüber. ₃₃ Ein
Samariter aber, der unterwegs war, kam
in seine Nähe, und als er ihn sah, hatte
er Erbarmen mit ihm ₃₄ und trat hinzu,
verband seine Wunden, indem er Öl und
Wein darauf goß, hob ihn auf sein Tier,
brachte ihn in eine Herberge und pflegte
ihn. ₃₅ Und am folgenden Tage nahm er
zwei Denare heraus, gab sie dem Wirt
und sagte: Pflege ihn! und was du mehr
aufwenden wirst, will ich dir bezahlen,
wenn ich wiederkomme. ₃₆ Welcher von
diesen dreien, dünkt dich, sei der Nächste
dessen gewesen, der den Räubern in die
Hände gefallen war? ₃₇ Er aber sagte: Der,
welcher ihm die Barmherzigkeit erwiesen
hat. Da sprach Jesus zu ihm: Geh auch
du hin, tue desgleichen!

33: 17, 16; Joh. 4, 9; 8, 48.

142. Martha und Maria

143. Vater-Unser

Mat. 6, 9—13   (vgl. Nr. 29)

⁹*Ihr nun sollt so beten:*
Unser Vater,
der du bist in den Himmeln,
dein Name werde geheiligt.
¹⁰*Dein Reich komme.*
Dein Wille geschehe
wie im Himmel, [so] auch auf Erden.
¹¹*Gib uns heute unser tägliches Brot.*
¹²*Und vergib uns unsre Schulden,*
wie auch wir vergeben haben
unsern Schuldnern.
¹³*Und führe uns nicht in Versuchung,*
sondern erlöse von dem Bösen.

Zu Luk. 11, 3 Nazaräerevangelium, vgl. Nr. 29.

144. Das Gleichnis vom bittenden Freund

Luk. 10, 38—42

38 Es begab sich aber, als sie weiterzogen, da ging er in ein Dorf; und eine Frau mit Namen Martha nahm ihn in ihr Haus auf. 39 Und diese hatte eine Schwester namens Maria, die setzte sich zu den Füßen des Herrn und hörte seiner Rede zu. 40 Martha dagegen machte sich viel zu schaffen mit der Bedienung. Sie trat aber hinzu und sagte: Herr, achtest du nicht darauf, daß meine Schwester die Bedienung mir allein überlassen hat? Sage ihr nun, daß sie mir helfen soll! 41 Doch der Herr antwortete und sprach zu ihr: Martha, Martha, du machst dir Sorge und Unruhe um viele Dinge. 42 Weniges aber ist not; Maria nämlich[1]) hat das gute Teil erwählt, und das soll nicht von ihr genommen werden.

39: 5. Mos. 33, 3 / 41 u. 42: Mat. 6, 33.

[1]) 10, 42. Viele alte Textzeugen haben mit ernstem Anspruch auf Ursprünglichkeit: «Eins aber ist not: Maria aber . . . » Noch andre verbinden beide Lesarten so: «Weniges aber ist not oder [nur] eins: Maria nämlich . . . »

Luk. 11, 1—4

1 Und es begab sich, daß er an einem Orte betete; und als er aufgehört hatte, sagte einer seiner Jünger zu ihm: Herr, lehre uns beten, wie auch Johannes seine Jünger gelehrt hat! 2 Da sprach er zu ihnen: Wenn ihr betet, so sprechet:
Vater,

dein Name werde geheiligt.
Dein Reich komme.[1])

3 Gib uns täglich unser tägliches Brot.[2])
4 Und vergib uns unsre Sünden,
denn auch wir vergeben jedem,
der gegen uns in Schuld ist.
Und führe uns nicht in Versuchung.

1: 5, 33.

[1]) 11, 2. Statt dieser Bitte findet sich gut bezeugt die andre: «Dein heiliger Geist komme auf uns und reinige uns.»
[2]) 11, 3. Vgl. Anmerkungen in Nr. 29.

Luk. 11, 5—8

5 Und er sprach zu ihnen: Wer unter euch hätte einen Freund und ginge zu ihm um

Joh. 11, 1; 12, 1—3

1 *Es war aber einer krank, Lazarus von Bethanien, aus dem Dorf der Maria und ihrer Schwester Martha.*
12, 1 *Jesus nun kam sechs Tage vor dem Passa nach Bethanien, wo Lazarus war, den er von den Toten auferweckt hatte.* 2 *Dort bereiteten sie ihm ein Mahl, und Martha besorgte die Bedienung; Lazarus aber war einer von denen, die mit ihm zu Tische saßen.* 3 *Da nahm Maria ein Pfund echter, kostbarer Nardensalbe, salbte Jesus die Füße und trocknete mit ihren Haaren seine Füße ab; das Haus aber wurde erfüllt vom Geruch der Salbe.*

145. Erhörung des Gebetes

Mat. 7, 7—11 (vgl. Nr. 36)

7 Bittet, so wird euch gegeben werden;
suchet, so werdet ihr finden; klopfet an,
so wird euch aufgetan werden! 8 Denn
jeder, der bittet, empfängt; und wer sucht,
der findet; und wer anklopft, dem wird
aufgetan werden! 9 Oder welcher Mensch
ist unter euch, der seinem Sohn, wenn er
ihn um ein Brot bittet, einen Stein gäbe,
10 oder auch, wenn er um einen Fisch bit=
tet, ihm eine Schlange gäbe?
11 Wenn nun ihr, die ihr [doch] böse seid,
euren Kindern gute Gaben zu geben wißt,
wieviel mehr wird euer Vater in den Him=
meln denen Gutes geben, die ihn bitten!

Zu Luk. 11, 9 Hebräerevangelium (Clemens Alexandrinus Strom. V, 14, 96): Wer sucht, wird nicht ruhen,
bis er findet; wer aber gefunden hat, wird sich verwundern; wer sich aber verwundert, wird die Herr=
schaft antreten; wer aber die Herrschaft angetreten hat, wird ruhen.

146. Jesus steht nicht im Bunde mit Beelzebul

Mat. 12, 22—30 (vgl. Nr. 83. 84)

22 Da wurde ein Besessener zu ihm ge=
bracht, der blind und stumm war, und er
heilte ihn. so daß der Stumme redete und
sah. 23 Und die ganze Volksmenge erstaun=
te und sagte: Dieser ist doch nicht etwa
der Sohn Davids? 24 Als das die Pharisäer
hörten, sagten sie: Dieser treibt die Dä=
monen nicht anders aus als durch Beelze=
bul, den Herrscher der Dämonen.

25 Da er aber ihre Gedanken kannte, sprach
er zu ihnen:
Jedes Reich, das mit sich selbst entzweit

Mark. 3, 22—27; 9, 40 (vgl. Nr. 83. 84. 127)

22 Und die Schriftgelehrten, die von Jeru=
salem herabgekommen waren, sagten: Er
hat den Beelzebul, und: Durch den Herr=
scher der Dämonen treibt er die Dämonen
aus.

23 Da rief er sie zu sich und sprach in
Gleichnissen zu ihnen: Wie kann ein Sa=
tan den andern austreiben? 24 Und wenn

[95]

Mitternacht und sagte zu ihm: Freund,
leihe mir drei Brote, 6 denn ein Freund
von mir ist auf der Reise zu mir gekom=
men, und ich habe ihm nichts vorzusetzen;
7 und jener würde von innen antworten
und sagen: Mach mir keine Mühe! Die
Türe ist schon verschlossen, und meine
Kinder sind mit mir im Bett; ich kann
nicht aufstehen und dir geben. 8 Ich sage
euch: Wenn er auch nicht deswegen auf=
stehen und ihm geben wird, weil er sein
Freund ist, so wird er doch um seiner Un=
verschämtheit willen aufstehen und ihm
geben, so viel er bedarf.

8: 18, 5.

Luk. 11, 9—13

9 Und i c h sage euch: Bittet, so wird euch
gegeben werden; suchet, so werdet ihr fin=
den, klopfet an, so wird euch aufgetan wer=
den! 10 Denn jeder, der bittet, empfängt;
und wer sucht, der findet; und wer an=
klopft, dem wird aufgetan werden. 11 Wo
ist unter euch ein Vater, der, wenn ihn
sein Sohn um einen Fisch bittet, ihm statt
des Fisches eine Schlange gäbe, 12 oder
auch, wenn er um ein Ei bittet, ihm einen
Skorpion gäbe? 13 Wenn nun ihr, die ihr
[doch] böse seid, euren Kindern gute Ga=
ben zu geben wißt, wieviel mehr wird der
Vater im Himmel den heiligen Geist de=
nen geben, die ihn bitten!

10: 13, 25.

Joh. 15, 7

7 Wenn ihr in mir bleibt und meine Worte
in euch bleiben, so bittet, um was ihr
wollt, und es wird euch zuteil werden.

Zu Luk. 11,9 Thomasevangelium Logion 92: Suchet, so werdet ihr finden. Wonach ihr mich in diesen Tagen
fragtet, das habe ich euch damals nicht gesagt. Jetzt will ich es sagen, und ihr suchet nicht danach.

Luk. 11, 14—23

14 Und er trieb einen Dämonen aus, der
stumm war. Es begab sich aber, nachdem
der Dämon ausgefahren war, da redete
der Stumme. Und die Volksmenge ver=
wunderte sich.
15 Etliche von ihnen sagten jedoch: Durch
Beelzebul, den Herrscher der Dämonen,
treibt er die Dämonen aus. 16 Andre aber
versuchten ihn und forderten von ihm ein
Zeichen vom Himmel.
17 Er jedoch sprach, da er ihre Gedanken
wußte, zu ihnen:
Jedes Reich, das mit sich selbst entzweit

Joh. 10, 20

20 Und zwar sagten viele von ihnen: Er
hat einen Dämon und ist von Sinnen;
was hört ihr auf ihn?

ist, wird verwüstet, und keine Stadt und kein Haus, das mit sich selbst entzweit ist, wird bestehen bleiben. 26 Und wenn der eine Satan den andern austreibt, so ist er mit sich selbst entzweit. Wie wird dann sein Reich bestehen? 27 Und wenn i c h durch Beelzebul die Dämonen aus= treibe, durch wen treiben eure Söhne sie aus? Deshalb werden s i e eure Richter sein.

28 Wenn ich dagegen durch den Geist Got= tes die Dämonen austreibe, so ist ja das Reich Gottes zu euch gekommen. 29 Oder wie kann jemand in das Haus des Star= ken hineingehen und ihm den Hausrat rauben, wenn er nicht zuvor den Starken bindet? Erst dann wird er sein Haus aus= rauben.

30 Wer nicht mit mir ist, der ist wider mich, und wer nicht mit mir sammelt, der zerstreut.

ein Reich mit sich selbst entzweit ist, kann dieses Reich nicht bestehen. 25 Und wenn ein Haus mit sich selbst entzweit ist, wird dieses Haus nicht bestehen können. 26 Und wenn der Satan wider sich selbst aufge= treten und [mit sich] entzweit ist, kann er nicht bestehen, sondern es ist aus mit ihm.

27 Niemand aber kann in das Haus des Starken hineingehen und ihm den Haus= rat rauben, wenn er nicht zuvor den Star= ken bindet; erst dann wird er sein Haus ausrauben.

9, 40 Denn wer nicht wider uns ist, der ist für uns.

Zu Luk. 11, 17 f Thomasevangelium Logion 35: Unmöglich ist es, in das Haus des Starken zu gehen und es zu nehmen, außer man bindet dessen Hände. Dann wird er dessen Haus durcheinander bringen.

147. Vom Rückfall

Mat. 12, 43—45   (vgl. Nr. 86)

43 Wenn aber der unreine Geist aus dem Menschen ausgefahren ist, durchzieht er wasserlose Orte und sucht seine Ruhe= stätte und findet keine. 44 Dann sagt er: Ich will in mein Haus zurückkehren, aus dem ich weggegangen bin. Und wenn er kommt, findet er es leer, gesäubert und geschmückt. 45 Dann geht er hin und nimmt sieben andre Geister mit sich, die schlim= mer sind als er, und sie ziehen ein und wohnen dort; und es wird nachher mit jenem Menschen schlimmer als vorher. So wird es auch mit diesem bösen Geschlecht sein.

148. Wer ist selig?

Thomasevangelium Logion 79 ergänzt: Es werden Tage kommen, da werdet ihr sagen: Selig ist der Leib, der nicht empfangen hat, die Brüste, die nicht Milch geben.

ist, wird verwüstet, und ein Haus fällt über das andere. 18 Wenn aber sogar der Satan mit sich selbst entzweit ist, wie kann sein Reich bestehen? Ihr sagt ja, ich treibe die Dä= monen durch Beelzebul aus. 19 Wenn aber ich die Dämonen durch Beelzebul austrei= be, durch wen treiben eure Söhne sie aus? Deshalb werden s i e eure Richter sein.

20 Wenn ich dagegen durch den Finger Gottes die Dämonen austreibe, so ist ja das Reich Gottes zu euch gekommen. 21 Wenn der Starke bewaffnet seinen Hof bewacht, bleibt sein Besitztum in Frie= den. 22 Doch wenn ein Stärkerer als er über ihn kommt und ihn überwindet, nimmt er ihm seine Waffenrüstung, auf die er sich verließ, und verteilt seine Beu= te. 23 Wer nicht mit mir ist, der ist wider mich, und wer nicht mit mir sammelt, der zerstreut.

14—16: Nr. 55 / 15: Joh. 7, 20 / 16: Mat. 12, 38 par. / 22: Kol. 2, 15; 1. Joh. 4, 4.

Luk. 11, 24—26

44 Wenn der unreine Geist aus dem Men= schen ausgefahren ist, durchzieht er was= serlose Orte und sucht eine Ruhestätte. Und findet er keine, so sagt er: Ich will in mein Haus zurückkehren, aus dem ich weggegangen bin. 25 Und wenn er kommt, findet er es gesäubert und geschmückt. 26 Dann geht er hin und nimmt sieben andre Geister mit, die schlimmer sind als er, und sie ziehen ein und wohnen dort, und es wird nachher mit jenem Menschen schlimmer als vorher.

Luk. 11, 27—28

27 Und es begab sich, als er dies sagte, da erhob eine Frau aus dem Volk die Stimme und sprach zu ihm: Selig der Leib, der dich getragen hat, und die Brüste, an denen du dich genährt hast! 28 Er aber sprach: Selig sind vielmehr die, welche das Wort Gottes hören und bewahren! 27: 1, 28. 42. 48 / 28: 8, 15. 21; Jak. 1, 22—25.

149. Vom Zeichen des Jona

Mat. 12, 38—42 (vgl. Nr. 85)

38 Da antworteten ihm etliche der Schrift=
gelehrten und Pharisäer: Meister, wir wol=
len von dir ein Zeichen sehen. 39 Er aber
antwortete und sprach zu ihnen: Ein bö=
ses und abtrünniges Geschlecht begehrt
ein Zeichen; und ein Zeichen wird ihm
nicht gegeben werden als nur das Zei=
chen des Propheten Jona. 40 Denn wie
«Jona drei Tage und drei Nächte im Bauch
des Meerungetüms war», so wird der
Sohn des Menschen drei Tage und drei
Nächte im Schoß der Erde sein.
42 Die Königin von Süden wird im Gericht
mit diesem Geschlecht auftreten und es
verurteilen[1]); denn sie kam von den En=
den der Erde, um die Weisheit Salomos
zu hören, und siehe, hier ist mehr als
Salomo.
41 Die Männer von Ninive werden im Ge=
richt mit diesem Geschlecht auftreten und
es verurteilen[1]); denn sie taten Buße auf
die Predigt des Jona hin, und siehe, hier
ist mehr als Jona.

Mark. 8, 11—12 (vgl. Nr. 116)

11 Und die Pharisäer gingen hinaus und
fingen an, mit ihm zu verhandeln, indem
sie von ihm ein Zeichen vom Himmel be=
gehrten, um ihn zu versuchen. 12 Da seufzte
er in seinem Geiste auf und sprach: War=
um begehrt dieses Geschlecht ein Zeichen?
Wahrlich, ich sage euch: Diesem Geschlecht
wird kein Zeichen gegeben werden.

150. Das Gleichnis vom Auge

Mat. 5, 15; 6, 22. 23 (vgl. Nr. 19. 32)

15 Man zündet auch nicht ein Licht an und
stellt es unter den Scheffel, sondern auf
den Leuchter; dann leuchtet es allen, die
im Hause sind.
6, 22 Das Licht des Leibes ist das Auge.
Wenn nun dein Auge lauter ist, wird
dein ganzer Leib voll Licht sein. 23 Wenn
aber dein Auge böse ist, wird dein ganzer
Leib finster sein.
Wenn nun das Licht, das in dir ist, Fin=
sternis ist, wie groß wird die Finsternis
sein!

Mark. 4, 21 (vgl. Nr. 92)

21 Und er sprach zu ihnen: Bringt man
etwa das Licht, damit es unter den Schef=
fel oder unter das Bett gestellt wird? nicht
[vielmehr], damit es auf den Leuchter ge=
stellt wird?

151. Gegen die Pharisäer und Schriftgelehrten

Mat. 23, 4 ff; 16, 6. 12 (vgl. Nr. 207. 117)

Mark. 8, 15 (vgl. Nr. 117)

Luk. 11, 29—32

29 Als aber die Volksmenge sich herzu=
drängte, fing er an, zu sagen:

Dieses Geschlecht ist ein böses Geschlecht;
es begehrt ein Zeichen, und ein Zeichen
wird ihm nicht gegeben werden als nur
das Zeichen des Jona. 30 Denn wie Jona den Niniviten ein Zei=
chen war, so wird es auch der Sohn des
Menschen diesem Geschlechte sein.

31 Die Königin von Süden wird im Ge=
richt mit den Männern dieses Geschlech=
tes auftreten und sie verurteilen[1]; denn
sie kam von den Enden der Erde, um die
Weisheit Salomos zu hören, und siehe,
hier ist mehr als Salomo.
32 Die Männer von Ninive werden im Ge=
richt mit diesem Geschlecht auftreten und
es verurteilen[1]; denn sie taten Buße auf
die Predigt des Jona hin, und siehe, hier
ist mehr als Jona.

29: 1. Kor. 1, 22 / 31: 1. Kön. 10, 1—10 / 32: Jon. 3, 5.

[1] Nicht als Richter, sondern dadurch, daß sie sich
als besser erweisen.

(Mat. 16, 1. 2. 4) (vgl. Nr. 116)

1 *Und die Pharisäer und Sadduzäer ka=
men herbei und baten ihn, um ihn zu
versuchen, er möge sie ein Zeichen vom
Himmel sehen lassen.* 2 *Er aber antwor=
tete und sprach zu ihnen:* 4 *Ein böses und
abtrünniges Geschlecht begehrt ein Zei=
chen, und ein Zeichen wird ihm nicht ge=
geben werden als nur das Zeichen des
Jona. Und er verließ sie und ging hinweg.*

Luk. 11, 33—36

33 Niemand zündet ein Licht an und stellt
es in ein Versteck, auch nicht unter den
Scheffel, sondern auf den Leuchter, da=
mit die Hereinkommenden den Schein se=
hen. 34 Das Licht des Leibes ist dein Auge.
Wenn dein Auge lauter ist, so ist auch
dein ganzer Leib voll Licht; wenn es aber
böse ist, so ist auch dein Leib finster. 35
Sieh nun zu, ob das Licht, das in dir ist,
nicht etwa Finsternis sei! 36 Wenn nun
dein ganzer Leib voll Licht ist und gar
keinen finstern Teil an sich hat, wird er
ganz [so] voll Licht sein, wie wenn das
Licht dich mit seinem Strahl beleuchtet.

Zu Luk. 11, 33 Thomasevangelium Logion 33, vgl. Nr. 19.

Joh. 8, 12

12 *Jesus redete wiederum zu ihnen und
sprach: Ich bin das Licht der Welt. Wer
mir nachfolgt, wird nicht in der Finsternis
wandeln, sondern er wird das Licht des
Lebens haben.*

Luk. 11, 37—12, 1

37 Während er aber redete, bat ihn ein
Pharisäer, bei ihm zu Mittag zu essen.
Da ging er hinein und setzte sich zu Ti=
sche. 38 Der Pharisäer aber verwunderte

25 Wehe euch, ihr Schriftgelehrten und Pharisäer, ihr Heuchler, daß ihr die Außenseite des Bechers und der Schüssel reinigt; inwendig aber sind sie gefüllt mit Raub und Unmäßigkeit. 26 Du blinder Pharisäer, mache zuerst den Inhalt des Bechers rein, damit auch seine Außenseite rein wird!

23 Wehe euch, ihr Schriftgelehrten und Pharisäer, ihr Heuchler, daß ihr die Minze und den Anis und den Kümmel verzehntet und die gewichtigeren Stücke des Gesetzes außer acht gelassen habt: das Recht und die Barmherzigkeit und die Treue. Diese Dinge aber sollte man tun und jene nicht unterlassen. 6 sie lieben den obersten Platz bei den Mahlzeiten und den Vorsitz in den Synagogen 7 und die Begrüßungen auf den Märkten und daß sie von den Leuten Rabbi genannt werden.

27 Wehe euch, ihr Schriftgelehrten und Pharisäer, ihr Heuchler, daß ihr geweißten Gräbern gleich seid, die auswendig schön scheinen, inwendig aber voll von Totengebeinen und allem Unrat sind.

4 Sie binden aber schwere Bürden und legen sie auf die Schultern der Menschen; doch sie selbst wollen sie nicht [einmal] mit dem Finger bewegen. 29 Wehe euch, ihr Schriftgelehrten und Pharisäer, ihr Heuchler, daß ihr die Gräber der Propheten baut und die Grüfte der Gerechten schmückt 30 und sagt: Hätten wir in den Tagen unsrer Väter gelebt, wir hätten uns nicht mit ihnen am Blute der Propheten schuldig gemacht. 31 Somit stellt ihr euch selbst das Zeugnis aus, daß ihr Söhne derer seid, die die Propheten getötet haben.

34 Siehe, ich sende deshalb zu euch Propheten und Weise und Schriftgelehrte; etliche von ihnen werdet ihr töten und kreuzigen, und etliche von ihnen werdet ihr in euren Synagogen geißeln und von einer Stadt zur andern verfolgen, 35 damit alles gerechte Blut über euch komme, das auf Erden vergossen wird, vom Blut Abels, des Gerechten, an bis zum Blut des Sacharja, des Sohnes des Berechja, den ihr zwischen dem Tempel und dem Altar ermordet habt. 36 Wahrlich, ich sage euch: Dies alles wird über dieses Geschlecht kommen. 13 Wehe aber euch, ihr Schrift-

sich, als er sah, daß er sich vor der Mahl=
zeit nicht zuerst gewaschen hatte. ₃₉ Da
sprach der Herr zu ihm: Nun, ihr Phari=
säer, ihr reinigt die Außenseite des Be=
chers und der Schüssel, euer Inneres aber
ist voll Raub und Bosheit. ₄₀ Ihr Toren!
Hat nicht der, welcher das Äußere schuf,
auch das Innere geschaffen? ₄₁ Doch ge=
bet das, was darin ist, als Almosen — und
siehe, alles ist euch rein. ₄₂ Aber wehe
euch Pharisäern, daß ihr die Minze und
die Raute und jegliches Gartengewächs
verzehntet und das Recht und die Liebe
zu Gott außer acht laßt. Vielmehr sollte
man diese Dinge tun und jene nicht un=
terlassen. ₄₃ Wehe euch Pharisäern, daß
ihr den Vorsitz in den Synagogen und
die Begrüßungen auf den Märkten liebt.

₄₄ Wehe euch, daß ihr wie die unkennt=
lichen Grabstätten seid, über die die Leute
hingehen, ohne es zu wissen.
₄₅ Da antwortete einer der Gesetzeskun=
digen und sagte zu ihm: Meister, indem
du dies sagst, beschimpfst du auch uns.
₄₆ Er aber sprach: Wehe auch euch Ge=
setzeskundigen, daß ihr die Menschen be=
lastet mit schwer zu tragenden Lasten,
und ihr selbst rührt die Lasten mit kei=
nem Finger an.

₄₇ Wehe euch, daß ihr die Grabmäler der
Propheten baut, eure Väter aber haben
sie getötet. ₄₈ Demnach legt ihr Zeugnis
ab für die Taten eurer Väter und habt
gleichfalls Wohlgefallen daran; denn sie
haben sie getötet, ihr aber baut [Grab=
mäler für sie].

₄₉ Deshalb hat auch die Weisheit Gottes
gesagt[1]): Ich will zu ihnen Propheten und
Apostel senden, und etliche von ihnen
werden sie töten und verfolgen,

₅₀ damit das Blut aller Propheten, das seit
Erschaffung der Welt vergossen worden
ist, von diesem Geschlecht gefordert wird,
₅₁ vom Blut Abels[2]) an bis zum Blut des
Zacharias, der zwischen dem Altar und
dem [Tempel=]Haus umkam. Ja, ich sage
euch: Es wird von diesem Geschlecht ge=
fordert werden.
₅₂ Wehe euch Gesetzeskundigen, daß ihr

gelehrten und Pharisäer, ihr Heuchler, daß ihr das Reich der Himmel vor den Menschen zuschließt. Denn ihr kommt nicht hinein, und die, welche hinein wollen, laßt ihr nicht hinein.

16,6 *Jesus aber sagte zu ihnen: Sehet zu und hütet euch vor dem Sauerteig der Pharisäer und Sadduzäer!* **12** *Da sahen sie ein, daß er nicht gemeint hatte, sie sollten sich hüten vor dem Sauerteig, sondern vor der Lehre der Pharisäer und Sadduzäer.*

15 *Und er gebot ihnen: Sehet zu, hütet euch vor dem Sauerteig der Pharisäer und dem Sauerteig des Herodes!*

Zu Luk. 11, 39 ff Papyrus Oxyrhynchos 840: Da sprach der Heiland zu ihm: Wehe euch, ihr Blinden, die ihr nicht seht. In dem ausgegossenen Wasser, in dem Hunde und Schweine Tag und Nacht liegen, hast du dich gebadet. Du hast dich gewaschen und die äußere Haut abgerieben, die auch die Huren und Flötenspielerinnen salben, baden, abreiben und schminken, um die Begierde der Männer anzureizen, inwendig sind sie aber voller Skorpione und Schlechtigkeit.

152. Aufforderung zu furchtlosem Bekenntnis

Mat. 10, 26—33; 12, 32; 10, 19
(vgl. Nr. 58. 84. 57)

26 *Fürchtet sie nun nicht! Denn nichts ist verhüllt, was nicht enthüllt werden wird, und [nichts] verborgen, was nicht bekannt werden wird.* **27** *Was ich euch im Dunkeln sage, das saget im Licht, und was ihr ins Ohr hört, das prediget auf den Dächern!*

28 *Und fürchtet euch nicht vor denen, die den Leib töten, die Seele aber nicht töten können, sondern fürchtet vielmehr den, der Seele und Leib verderben kann in der Hölle.*

29 *Verkauft man nicht zwei Sperlinge für fünf Rappen? und nicht einer von ihnen wird ohne Zutun eures Vaters auf die Erde fallen.* **30** *Aber auch die Haare eures Hauptes sind alle gezählt.* **31** *Darum fürchtet euch nicht! Ihr seid mehr wert als viele Sperlinge.*

32 *Wer immer nun sich zu mir bekennt vor den Menschen, zu dem werde auch ich mich bekennen vor meinem Vater in den Himmeln.*

33 *Wer mich aber verleugnet vor den Men-*

Mark. 4, 22; 8, 38; 3, 28. 29; 13, 11
(vgl. Nr. 92. 120. 84. 212)

22 *Denn nichts ist verborgen, außer damit es offenbar wird, und nichts ist ein Geheimnis geworden, außer damit es an den Tag kommt.*

8, 38 *Denn wer sich meiner und meiner Worte schämt unter diesem abtrünnigen und sündhaften Geschlecht, dessen wird sich auch der Sohn des Menschen schämen, wenn er kommen wird in der Herrlich-*

den Schlüssel der Erkenntnis weggenom=
men habt; ihr selbst seid nicht hineinge=
kommen, und die, welche hinein wollten,
habt ihr daran verhindert. 53 Und als er
von dort weggegangen war, fingen die
Schriftgelehrten und die Pharisäer an, ihm
scharf nachzustellen und ihn über meh=
rere Dinge auszufragen, 54 indem sie ihm
auflauerten, um etwas aus seinem Munde
zu erhaschen.

12,1 Als sich unterdessen die Zehntausen=
de des Volkes versammelt hatten, so daß
sie einander traten, fing er an, zuerst zu
seinen Jüngern zu sagen: Hütet euch vor
dem Sauerteig, das heißt, vor der Heu=
chelei der Pharisäer!

37—39: Nr. 112 / 37: 7, 36; 14, 1 / 47 par.: Apg 7, 52
/ 54: 20, 20; Joh. 8, 6.
¹) 11, 49. Vielleicht in einem uns nicht erhaltenen
Buch, in dem sie als redend eingeführt war wie
Spr. 8 und 9; Sir. 24, oder das den Titel trug: Die
Weisheit Gottes.
²) 11, 51. Vgl. Nr. 207 Anm. 2.

Luk. 12, 2—12   *Joh. 14, 26*

2 Nichts aber ist verhüllt, was nicht ent=
hüllt werden wird, und [nichts] verbor=
gen, was nicht bekannt werden wird.
3 Deswegen wird alles, was ihr im Dun=
keln gesagt habt, im Licht gehört werden,
und was ihr in den Kammern ins Ohr
geredet habt, wird auf den Dächern ge=
predigt werden. 4 Ich sage aber euch, mei=
nen Freunden: Fürchtet euch nicht vor
denen, die den Leib töten und nachher
nichts Weiteres tun können! 5 Ich will
euch aber zeigen, wen ihr fürchten sollt:
Fürchtet den, der, nachdem er getötet hat,
Macht besitzt, in die Hölle zu werfen! Ja,
ich sage euch: Den fürchtet! 6 Verkauft
man nicht fünf Sperlinge für zehn Rap=
pen? und nicht e i n e r von ihnen ist vor
Gott vergessen. 7 Aber auch die Haare
eures Hauptes sind alle gezählt. Fürchtet
euch nicht! Ihr seid mehr wert als viele
Sperlinge.
8 Ich sage euch aber: Wer immer sich zu
mir bekennt vor den Menschen, zu dem
wird sich auch der Sohn des Menschen
bekennen vor den Engeln Gottes. 9 Wer
mich aber verleugnet vor den Menschen,

schen, den werde auch ich verleugnen vor meinem Vater in den Himmeln.

12, 32 *Und wer ein Wort wider den Sohn des Menschen redet, dem wird vergeben werden; wer aber eins wider den heiligen Geist redet, dem wird nicht vergeben werden weder in dieser noch in der zukünftigen Welt.*

10, 19 *Wenn sie euch aber überliefern,*

so sorget euch nicht darum, wie oder was ihr reden sollt;

denn es wird euch in jener Stunde gegeben werden, was ihr reden sollt.

keit seines Vaters mit den heiligen Engeln.

3, 28 *Wahrlich, ich sage euch: Alle Sünden und Lästerungen werden den Söhnen der Menschen vergeben werden, so viele sie auch aussprechen;* 29 *wer aber wider den heiligen Geist lästert, hat in Ewigkeit keine Vergebung, sondern er ist ewiger Sünde schuldig.* 13, 11 *Wenn sie euch dann hinführen, um euch zu überliefern, so sorget euch nicht zum voraus darum, was ihr reden sollt, sondern was euch in jener Stunde gegeben wird, das redet! Denn nicht ihr seid es, die reden, sondern der heilige Geist.*

153. Das Gleichnis vom reichen Kornbauer

154. Irdische Sorgen

Mat. 6, 25—33. 19—21   (vgl. Nr. 34. 31)

25 *Deshalb sage ich euch: Sorget euch nicht um euer Leben, was ihr essen oder was ihr trinken sollt, noch um euren Leib, was*

der wird verleugnet werden vor den En=
geln Gottes.
10 Und wer immer ein Wort wider den
Sohn des Menschen sagt, dem wird ver=
geben werden; dem aber, der wider den
heiligen Geist lästert, wird nicht verge=
ben werden.

11 Wenn sie euch aber vor die Synagogen
und die Obrigkeiten und die Machthaber
führen, so sorget euch nicht darum, wie
oder womit ihr euch verteidigen oder was
ihr sagen sollt! 12 Denn der heilige Geist
wird euch zu eben der Stunde lehren, was
ihr sagen sollt.

*26 Der Beistand aber, der heilige Geist,
den der Vater in meinem Namen senden
wird, der wird euch alles lehren und euch
an alles erinnern, was ich euch gesagt
habe.*

2: 8, 17 / 7: 21, 18 / 9: 9, 26 par. / 11 f: 21, 14 f.
*Zu Luk. 12, 2 Papyrus Oxyrhynchos 654, 27—31 vgl. Nr. 58.
Zu Luk. 12, 4. 5. 2. Clemens 5, 2—4 vgl. Nr. 58.*

Luk. 12, 13—21

13 Es sagte aber einer aus dem Volk zu
ihm: Meister, gebiete meinem Bruder, das
Erbgut mit mir zu teilen! 14 Er jedoch
sprach zu ihm: Mensch, wer hat mich
zum Richter oder Erbteiler über euch ein=
gesetzt? 15 Darauf sagte er zu ihnen: Sehet
zu und hütet euch vor aller Habsucht!
denn [auch] wenn einer Überfluß hat, be=
ruht sein Leben nicht auf seinem Besitz.
16 Er sagte aber ein Gleichnis zu ihnen:
Das Land eines reichen Mannes hatte gut
getragen. 17 Und er dachte bei sich selbst:
Was soll ich tun, da ich keinen Raum
habe, wohin ich meine Früchte sammeln
kann? 18 Und er sagte: Das will ich tun:
ich will meine Scheunen abbrechen und
größere bauen und dorthin all mein Ge=
treide und meine Güter sammeln 19 und
will zu meiner Seele sagen: Seele, du hast
viele Güter auf viele Jahre daliegen; ruhe
aus, iß, trink, sei fröhlich! 20 Aber Gott
sprach zu ihm: Du Tor! In dieser Nacht
fordert man deine Seele von dir; was du
aber bereitgelegt hast, wem wird es zu=
fallen? 21 So geht es dem, der für sich
Schätze sammelt und nicht reich ist vor
Gott.

15: 1. Tim. 6, 7—10 / 19 u. 20: Sir. 11, 18. 19 / 21:
Mat. 6, 20; 1. Tim. 6, 17—19.

Luk. 12, 22—34

22 Er sprach aber zu seinen Jüngern: Des=
halb sage ich euch: Sorget euch nicht um
das Leben, was ihr essen sollt, noch um

*ihr anziehen sollt! Ist nicht das Leben
mehr als die Speise und der Leib mehr
als die Kleidung?* 26 *Sehet die Vögel des
Himmels an! Sie säen nicht und ernten
nicht und sammeln nicht in Scheunen, und
euer himmlischer Vater ernährt sie [doch].
Seid ihr nicht viel mehr wert als sie?*
27 *Wer aber von euch kann durch sein
Sorgen zu seiner Lebenslänge eine ein=
zige Elle hinzusetzen?* 28 *Und warum
sorgt ihr euch um die Kleidung? Betrach=
tet die Lilien des Feldes, wie sie wachsen!
Sie arbeiten nicht und spinnen nicht;* 29 *ich
sage euch aber, daß auch Salomo in all
seiner Pracht nicht gekleidet war wie eine
von diesen.* 30 *Wenn aber Gott das Gras
des Feldes, das heute steht und morgen
in den Ofen geworfen wird, so kleidet,
wird er das nicht viel mehr euch tun, ihr
Kleingläubigen?* 31 *Darum sollt ihr euch
nicht sorgen und sagen: Was werden wir
essen oder was werden wir trinken oder
womit werden wir uns kleiden?* 32 *Denn
nach allen diesen Dingen trachten die
Heiden. Euer himmlischer Vater weiß ja,
daß ihr all dieser Dinge bedürft.* 33 *Suchet
vielmehr zuerst sein Reich und seine Ge=
rechtigkeit! dann werden euch alle diese
Dinge hinzugefügt werden.*

19 *Sammelt euch nicht Schätze auf Erden,
wo Motte und Rost [sie] zunichte machen
und wo Diebe einbrechen und stehlen!*
20 *Sammelt euch vielmehr Schätze im Him=
mel, wo weder Motte noch Rost [sie] zu=
nichte machen und wo Diebe nicht ein=
brechen und stehlen!* 21 *Denn wo dein
Schatz ist, da wird auch dein Herz sein.*

155. Ermahnung zur Wachsamkeit und Treue

Mat. 24,43—51   (vgl. Nr. 220. 221)

Mark. 13,33—37   (vgl. Nr. 217)
33 *Sehet zu, wachet! Denn ihr wißt nicht,
wann die Zeit da ist.* 34 *Es ist wie bei
einem Mann, der außer Landes reiste,
sein Haus verließ und seinen Knechten
Vollmacht gab, jedem sein Werk, und
dem Türhüter befahl, daß er wachen solle
— 35 wachet also! denn ihr wißt nicht,
wann der Herr des Hauses kommt, ob
am späten Abend oder um Mitternacht
oder um den Hahnenschrei oder am frü=
hen Morgen;* 36 *damit er nicht, wenn er
auf einmal kommt, euch schlafend finde.*

den Leib, was ihr anziehen sollt! 23 Denn
das Leben ist mehr als die Speise und
der Leib mehr als die Kleidung. 24 Be=
trachtet die Raben: Sie säen nicht und
ernten nicht, sie haben weder Vorrats=
kammer noch Scheune, und Gott ernährt
sie [doch]. Wieviel mehr wert seid ihr als
die Vögel! 25 Wer aber von euch kann
durch sein Sorgen seiner Lebenslänge eine
Elle zusetzen? 26 Wenn ihr nun auch nicht
das geringste vermögt, was sorgt ihr euch
um das übrige? 27 Betrachtet die Lilien,
wie sie weder spinnen noch weben; ich
sage euch aber: Auch Salomo in all seiner
Pracht war nicht gekleidet wie eine von
diesen. 28 Wenn aber Gott das Gras auf
dem Feld, das heute steht und morgen in
den Ofen geworfen wird, so kleidet, wie=
viel mehr euch, ihr Kleingläubigen!
29 Und ihr — fraget [doch] nicht, was ihr
essen und was ihr trinken sollt, und seid
nicht in Unruhe!

30 Denn nach allen diesen Dingen trach=
ten die Völker der Welt; euer Vater aber
weiß, daß ihr diese Dinge bedürft. 31 Viel=
mehr suchet sein Reich, dann wird euch
dies hinzugefügt werden!
32 Fürchte dich nicht, du kleine Herde!
Denn es hat eurem Vater gefallen, euch
das Reich zu geben. 33 Verkaufet euren
Besitz und gebet ihn als Almosen; machet
euch Beutel, die nicht veralten, einen un=
erschöpflichen Schatz in den Himmeln,
wo kein Dieb sich naht und keine Motte
Zerstörung anrichtet!
34 Denn wo euer Schatz ist, da wird auch
euer Herz sein.

32: 22, 29; Jes. 41, 14; Dan. 7, 27 / 33: 16, 9; 18, 22.
Apokryphen vgl. Nr. 34.

Luk. 12, 35—46

35 Eure Lenden seien umgürtet und eure
Lichter brennend! 36 und ihr sollt Men=
schen gleich sein, die auf ihren Herrn
warten, wann er vom Gastmahl auf=
brechen wird, damit sie, wenn er kommt
und anklopft, ihm alsbald auftun. 37 Wohl
jenen Knechten, die der Herr, wenn er
kommt, wachend finden wird! Wahrlich,
ich sage euch: Er wird sich umgürten und
sie heißen, sich zu Tische setzen, und wird
hinzutreten und sie bedienen. 38 Und wenn
er in der zweiten und wenn er in der drit=

Joh. 13, 4. 5

*4 ... und legt die Kleider ab, nimmt ein
leinenes Tuch und umgürtet sich. 5 Dar=
auf gießt er Wasser in das Becken und
fängt an, den Jüngern die Füße zu wa=
schen und mit dem leinenen Tuch abzu=
trocknen, mit dem er umgürtet war.*

[101]

⁴⁷Was ich aber euch sage, das sage ich allen: Wachet!

⁴³Das aber merket: Wenn der Hausherr wüßte, in welcher Nachtwache der Dieb kommt, würde er wachen und nicht in sein Haus einbrechen lassen. ⁴⁴Deshalb sollt auch ihr bereit sein! Denn der Sohn des Menschen kommt zu einer Stunde, wo ihr es nicht meint.

⁴⁵Wer ist also der treue und kluge Knecht, den sein Herr dazu über sein Gesinde gesetzt hat, ihnen die Speise zur rechten Zeit zu geben? ⁴⁶Wohl jenem Knecht, den sein Herr, wenn er kommt, bei solchem Tun finden wird! ⁴⁷Wahrlich, ich sage euch: Er wird ihn über sein ganzes Be= sitztum setzen. ⁴⁸Wenn aber jener böse Knecht in seinem Herzen sagt: Mein Herr bleibt noch aus, ⁴⁹und anfängt, seine Mit= knechte zu schlagen, aber mit den Trun= kenen ißt und trinkt, ⁵⁰so wird der Herr jenes Knechtes an einem Tage kommen, an dem er es nicht erwartet, und zu einer Stunde, die er nicht weiß, ⁵¹und wird ihn in Stücke hauen lassen und ihm sein Teil unter den Heuchlern geben. Dort wird Heulen und Zähneknirschen sein.

Zu Luk. 12, 39 Thomasevangelium Logion 103: Selig ist der Mensch, der weiß, wo die Räuber herein= kommen, damit er aufsteht, seine Kraft sammelt und sich gürtet um die Hüften, bevor sie hereingekommen sind.

156. Der Lohn des Knechtes

157. Die Zeichen der Zeit

Mat. 10, 34—36; 16, 2. 3   (vgl. Nr. 59 116)

ten Nachtwache kommt und sie so findet, wohl ihnen! 39 Das aber merket: Wenn der Hausherr wüßte, zu welcher Stunde der Dieb kommt, würde er nicht in sein Haus einbrechen lassen. 40 Auch ihr sollt bereit sein; denn der Sohn des Menschen kommt zu einer Stunde, wo ihr es nicht meint.

41 Petrus aber sagte: Herr, sagst du dieses Gleichnis zu uns oder auch zu allen [andern]? 42 Und der Herr sprach: Wer ist also der kluge, treue Haushalter, den sein Herr dazu über sein Gesinde setzen wird, [ihnen] zur rechten Zeit ihr Maß Speise zu geben? 43 Wohl jenem Knecht, den sein Herr, wenn er kommt, bei solchem Tun finden wird! 44 Der Wahrheit gemäß sage ich euch: Er wird ihn über sein ganzes Besitztum setzen. 45 Wenn aber jener Knecht in seinem Herzen sagt: Mein Herr verzieht zu kommen, und anfängt, die Knechte und die Mägde zu schlagen, und zu essen und zu trinken und sich zu berauschen, 46 so wird der Herr jenes Knechtes an einem Tage kommen, an dem er es nicht erwartet, und zu einer Stunde, die er nicht weiß, und wird ihn in Stücke hauen lassen und ihm sein Teil unter den Ungläubigen[1]) geben.

35: 1. Pet. 1, 13 / 36: Nr. 222 / 37: 17, 7. 8 / 39: 1. Thess. 5, 2 / 40: Nr. 218 / 44: Mat. 25, 21.

[1]) «Ungläubige» bezeichnet die Heiden, wie «Heilige» die Christen.

Luk. 12, 47—48

47 Jener Knecht aber, der den Willen seines Herrn gekannt und nichts nach seinem Willen bereitgemacht oder getan hat, wird viele Schläge erhalten; 48 der jedoch, der ihn nicht gekannt, aber etwas getan hat, was Schläge verdient, wird wenige erhalten. Von jedem aber, dem viel gegeben ist, wird viel gefordert werden, und wem man viel anvertraut hat, von dem wird man [desto] mehr verlangen.

47: Jak. 4, 17.

Luk. 12, 49—56

Joh. 12, 27

49 Ein Feuer auf die Erde zu bringen, bin ich gekommen, und wie sehr wünschte

34 Meinet nicht, daß ich gekommen sei,
Frieden auf die Erde zu bringen. Ich bin
nicht gekommen, Frieden zu bringen, sondern das Schwert.

35 Denn ich bin gekommen, einen Menschen mit seinem Vater zu entzweien und
eine Tochter mit ihrer Mutter und eine
Schwiegertochter mit ihrer Schwiegermutter, 36 und «des Menschen Feinde werden
die eignen Hausgenossen sein».
16,2 Er aber antwortete und sprach zu
ihnen: Wenn es Abend geworden ist, sagt
ihr: Es wird schön, denn der Himmel ist
rot; 3 und am Morgen: Heute kommt ein
Ungewitter, denn der Himmel ist rot und
trübe. Das Aussehen des Himmels versteht ihr zu unterscheiden, aber bei den
Zeichen der Zeiten könnt ihr's nicht?[1])

[1]) Der Ausspruch in Vers 2. 3 fehlt in gewichtigen
alten Textzeugen.

158. Versöhnung mit dem Gegner

Mat. 5, 25—26   (vgl. Nr. 21)

25 Willfahre schnell deinem Gegner, während du noch mit ihm unterwegs bist,
damit dich nicht der Gegner dem Richter
und der Richter dem Gerichtsdiener übergibt und du ins Gefängnis gesetzt wirst.

26 Wahrlich, ich sage dir: Du wirst von
dort nicht herauskommen, bis du den
letzten Rappen bezahlt hast.

159. Bußruf an die Juden. Das Gleichnis vom unfruchtbaren Feigenbaum

ich, es wäre schon entfacht! 50 Mit einer Taufe aber muß ich getauft werden, und wie ist mir so bange, bis sie vollendet ist! 51 Meint ihr, daß ich gekommen sei, Frieden auf der Erde zu schaffen? Nein, sage ich euch, sondern Entzweiung. 52 Denn von jetzt an werden fünf in e i n e m Haus entzweit sein, drei mit zweien und zwei mit dreien. 53 Es werden entzweit sein der Vater mit dem Sohn und der Sohn mit dem Vater, die Mutter mit der Tochter und die Tochter mit der Mutter, die Schwiegermutter mit ihrer Schwiegertochter und die Schwiegertochter mit der Schwiegermutter. 54 Er sprach aber auch zu der Volksmenge: Wenn ihr im Westen eine Wolke aufsteigen seht, sagt ihr alsbald: Es kommt Regen; und es geschieht so. 55 Und wenn ihr den Südwind wehen seht, sagt ihr: Es wird Gluthitze geben; und es geschieht. 56 Ihr Heuchler, das Aussehen der Erde und des Himmels wißt ihr zu beurteilen; wie kommt es aber, daß ihr diese Zeit nicht beurteilt?

50: Mark. 10, 38 / 53 par.: Mi. 7, 6.

27 *Jetzt ist meine Seele erregt. Und was soll ich sagen? Vater, rette mich aus dieser Stunde? Doch deshalb bin ich in diese Stunde gekommen.*

Zu Luk. 12, 49 (Origenes, Hom. zu Jer. 20, 3): So spricht der Heiland selbst: Wer mir nahe ist, der ist dem Feuer nahe. Wer mir fern ist, der ist dem Reiche fern.
Zu Luk. 12, 51–53 Thomasevangelium Logion 16, vgl. Nr. 59.

Luk. 12, 57–59

57 Warum aber urteilt ihr nicht auch von euch selbst aus darüber, was recht ist? 58 Denn wenn du mit deinem Gegner zum Beamten gehst, so gib dir unterwegs Mühe, gütlich von ihm loszukommen, damit er dich nicht etwa vor den Richter schleppt und der Richter dich dem Gerichtsdiener übergibt und der Gerichtsdiener dich ins Gefängnis setzt. 59 Ich sage dir: Du wirst von dort nicht herauskommen, bis du auch den letzten Heller bezahlt hast.

Luk. 13, 1–9

1 Es waren aber zu ebendieser Zeit einige zugegen, die ihm über die Galiläer berichteten, deren Blut Pilatus mit ihren Opfern vermischt hatte. 2 Und er antwortete und sprach zu ihnen: Meint ihr, diese Galiläer seien mehr als alle [andern] Galiläer Sünder gewesen, weil sie dies erlitten haben? 3 Nein, sage ich euch, sondern wenn ihr nicht Buße tut, werdet ihr

160. Heilung der verkrümmten Frau am Sabbat

alle auf gleiche Weise umkommen. 4 Oder jene Achtzehn, die der Turm am [Teich von] Siloah bei seinem Einsturz tötete, meint ihr, s i e seien schuldiger gewesen als alle [anderen] Menschen, die in Jerusalem wohnen? 5 Nein, sage ich euch, sondern wenn ihr nicht Buße tut, werdet ihr alle auf dieselbe Weise umkommen.

6 Er sagte aber dieses Gleichnis: Es hatte jemand einen Feigenbaum, der in seinen Weinberg gepflanzt war; und er kam und suchte Frucht an ihm und fand keine. 7 Da sprach er zu dem Weingärtner: Siehe, drei Jahre sind's, seit ich komme und an diesem Feigenbaum Frucht suche und keine finde. Haue ihn um! Wozu soll er noch das Land unbrauchbar machen? 8 Doch der antwortete und sagte zu ihm: Herr, laß ihn noch dieses Jahr, bis ich um ihn her gegraben und Dünger gelegt habe; 9 und wenn er in Zukunft Frucht bringt [, so ist's gut] — sonst magst du ihn umhauen lassen.

4: Neh. 3, 15 / 6: Nr. 196, 198.

Luk. 13, 10–17

10 Er lehrte aber in einer der Synagogen am Sabbat. 11 Und siehe, da war eine Frau, die achtzehn Jahre einen Krankheitsdämon hatte, und sie war verkrümmt und nicht imstande, sich ganz aufzurichten. 12 Als Jesus diese sah, rief er sie herbei und sprach zu ihr· Weib, du bist von deiner Krankheit erlöst! 13 Und er legte ihr die Hände auf, und sie wurde sofort gerade und pries Gott. 14 Der Vorsteher der Synagoge aber, unwillig darüber, daß Jesus am Sabbat heilte, begann und sagte zum Volke: Sechs Tage gibt's, an denen man arbeiten soll; an diesen nun kommet und lasset euch heilen und nicht am Sabbattag! 15 Da antwortete ihm der Herr und sprach: Ihr Heuchler, bindet nicht jeder von euch am Sabbat seinen Ochsen oder seinen Esel von der Krippe los und führt ihn zur Tränke? 16 Diese aber, eine Tochter Abrahams, die der Satan, siehe, achtzehn Jahre lang gebunden hielt, mußte sie am Sabbattag nicht von dieser Fessel befreit werden? 17 Und als er dies sagte, wurden alle seine Widersacher beschämt; und alles Volk freute sich über alle die herrlichen Dinge, die durch ihn geschahen.

Vgl. Nr. 68. 165 / 14: 2. Mos. 20, 9 / 15: 14, 5 / 17: Jes. 45, 16.

161. Die Gleichnisse vom Senfkorn und vom Sauerteig

Mat. 13, 31—33 (vgl. Nr. 95)

31 *Ein andres Gleichnis legte er ihnen vor und sprach: Das Reich der Himmel ist gleich einem Senfkorn, das ein Mensch nahm und auf seinen Acker säte.*

32 *Dieses ist zwar kleiner als alle [andern] Samenarten; wenn es aber herangewachsen ist, so ist es größer als die Gartengewächse und wird ein Baum, so daß die Vögel des Himmels kommen und in seinen Zweigen nisten.*

33 *Ein andres Gleichnis sagte er ihnen: Das Reich der Himmel ist gleich einem Sauerteig, den eine Frau nahm und unter drei Scheffel Mehl mengte, bis es ganz durchsäuert war.*

Mark. 4, 30—32 (vgl. Nr. 95)

30 *Und er sprach: Wie sollen wir das Reich Gottes abbilden oder unter welchem Gleichnis sollen wir es darstellen? 31 [Es ist] gleich einem Senfkorn, das, wenn es in die Erde gesät wird, kleiner ist als alle [andern] Samenarten auf Erden; 32 und wenn es gesät wird, geht es auf und wird größer als alle Gartengewächse und treibt große Zweige, so daß die Vögel des Himmels unter seinem Schatten nisten können.*

162. Das Gleichnis von der verschlossenen Tür

Mat. 7, 13—14; 25, 10—12; 7, 22—23; 8, 11. 12; 19, 30; 20, 16 (vgl. Nr. 38. 222. 40. 44. 186. 187)

13 *Gehet ein durch die enge Pforte! Denn die Pforte ist weit und der Weg ist breit, der zum Verderben hinführt, und viele sind es, die auf ihm hineingehen; 14 denn die Pforte ist eng und der Weg ist schmal, der zum Leben hinführt, und wenig sind es, die ihn finden.*

25, 10 *Während sie aber hingingen, um zu kaufen, kam der Bräutigam; und die, welche bereit waren, gingen mit ihm hinein zur Hochzeit, und die Türe wurde verschlossen. 11 Später kamen dann auch die übrigen Jungfrauen und sagten: Herr, Herr, öffne uns! 12 Er aber antwortete und sprach: Wahrlich, ich sage euch: Ich kenne euch nicht.*

7, 22 *Viele werden an jenem Tage zu mir sagen: Herr, Herr, haben wir nicht in deinem Namen als Propheten geredet und in deinem Namen Dämonen ausgetrieben und in deinem Namen viele Machttaten vollbracht? 23 Und dann werde ich ihnen bekennen: Ich habe euch nie gekannt; «weichet von mir, die ihr begeht, was wider das Gesetz ist».*

Mark. 10, 31 (vgl. Nr. 186)

Luk. 13, 18—21

18 Er sprach nun: Wem ist das Reich Got=
tes gleich, und womit soll ich es verglei=
chen?
19 Es ist gleich einem Senfkorn, das ein
Mensch nahm und in seinen Garten legte.

Und es wuchs
und wurde zum Baum, und die Vögel des
Himmels nisteten in seinen Zweigen.
20 Und wiederum sprach er: Womit soll
ich das Reich Gottes vergleichen? 21 Es ist
gleich einem Sauerteig, den eine Frau
nahm und unter drei Scheffel Mehl
mengte, bis es ganz durchsäuert war.

19 par.: Ez. 17, 23; 31, 6.

Luk. 13, 22—30

22 Und er wanderte lehrend durch Städte
und Dörfer und machte [so] die Reise
nach Jerusalem. 23 Jemand aber sagte zu
ihm: Herr, sind es wenige, die gerettet
werden? Da sprach er zu ihnen: 24 Rin=
get darnach, daß ihr durch die enge Türe
hineingeht! Denn viele, sage ich euch,
werden hineinzugehen suchen und es
nicht vermögen.

25 Sobald der Hausherr aufgestanden ist
und die Türe verschlossen hat und ihr
anfangen werdet, draußen zu stehen und
an die Türe zu klopfen und zu sagen:
Herr, tue uns auf! da wird er antworten
und zu euch sagen: Ich weiß von euch
nicht, woher ihr seid. 26 Dann werdet ihr
anfangen zu sagen: Wir haben vor dei=
nen Augen gesessen und getrunken, und
auf unsern Straßen hast du gelehrt. 27 Und
er wird sagen: Ich sage euch: Ich weiß
nicht, woher ihr seid. «Weichet von mir,
ihr alle, die ihr die Ungerechtigkeit übt!»
28 Dort wird Heulen und Zähneknirschen
sein, wenn ihr Abraham und Isaak und
Jakob und alle Propheten im Reiche Got=
tes sehen werdet, während ihr hinaus=
gestoßen seid.

8, 11 *Ich sage euch aber: Viele werden von Morgen und Abend kommen und sich mit Abraham und Isaak und Jakob im Reich der Himmel zu Tische setzen,* 12 *die Söhne des Reiches dagegen werden in die Finsternis, die draußen ist, hinausgestoßen werden. Dort wird Heulen und Zähneknirschen sein.*

19, 30 *Viele aber, welche Erste sind, werden Letzte sein, und [viele], welche Letzte sind, Erste.* 20, 16 *So werden die Letzten Erste und die Ersten Letzte sein.*

31 *Viele aber, welche Erste sind, werden Letzte sein und die Letzten Erste.*

163. Jesus scheidet von Galiläa

164. Wehklage über Jerusalem

Mat. 23, 37—39 (vgl. Nr. 208)

37 *Jerusalem, Jerusalem, das die Propheten tötet und die steinigt, die zu ihm gesandt sind, wie oft habe ich deine Kinder sammeln wollen, wie eine Henne ihre Küchlein unter ihre Flügel sammelt, und ihr habt nicht gewollt!* 38 *Siehe, euer Haus wird euch öde gelassen.* 39 *Denn ich sage euch: Ihr werdet mich von jetzt an nicht [mehr] sehen, bis ihr sprechen werdet: „Gepriesen sei, der da kommt im Namen des Herrn."*

165. Jesus heilt am Sabbat einen Wassersüchtigen

29 Und sie werden von Morgen und Abend und von Mitternacht und Mittag kom= und sich im Reiche Gottes zu Tische setzen.

30 Und siehe, es sind Letzte, die werden Erste sein, und es sind Erste, die werden Letzte sein.

22: 9, 51 / 27: Mat. 25, 41; Ps. 6, 9 / 29: Jes. 49, 12; Ps. 107, 3.

Luk. 13, 31—33

31 Zu ebendieser Stunde kamen einige Pharisäer herbei und sagten zu ihm: Geh fort und ziehe von hier weg, denn Hero= des will dich töten! 32 Und er sprach zu ihnen: Gehet hin und saget diesem Fuchs: Siehe, ich treibe Dämonen aus und voll= bringe Heilungen heute und morgen, und am dritten Tage werde ich vollendet. 33 Doch ich muß heute und morgen und am folgenden Tage wandern; denn es geht nicht an, daß ein Prophet außerhalb Jerusalems umkomme.

Luk. 13, 34—35

34 Jerusalem, Jerusalem, das die Prophe= ten tötet und die steinigt, die zu ihm ge= sandt sind, wie oft habe ich deine Kinder sammeln wollen wie eine Henne ihre Küchlein unter ihre Flügel, und ihr habt nicht gewollt!
35 Siehe, euer Haus wird euch öde gelas= sen. Ich sage euch aber: Ihr werdet mich nicht sehen, bis die Zeit kommen wird, wo ihr sprecht: «Gepriesen sei, der da kommt im Namen des Herrn!»

35: Ps. 69, 26; Luk. 19, 38.

Luk. 14, 1—6

1 Und es begab sich, als er an einem Sab= bat in das Haus eines der Oberen der Pharisäer kam, um an der Mahlzeit teil= zunehmen — und sie gaben acht auf ihn — 2 siehe, da war ein wassersüchtiger Mensch vor ihm. 3 Und Jesus begann und

166. Das Gleichnis von den obersten Plätzen

Zu Luk. 14, 8–10 (eine bis ins 2. Jh. zurückgehende Tradition fügt Mat. 20, 28 folgendes hinzu): Ihr aber sucht, vom Kleinen her groß zu werden und vom Größeren her gering zu sein. Geht ihr aber in ein Haus und seid zum Essen eingeladen, so setzt euch nicht auf die besten Plätze, damit nicht einer, der vornehmer ist als du, hereinkommt und der Gastgeber herantritt und sagt: Rücke weiter hinunter! und du beschämt wirst. Setzt du dich aber auf den unteren Platz und einer kommt, der geringer als du ist, dann wird der Gastgeber zu dir sagen: Rücke weiter herauf, und das wird dir nützlich sein.

167. Das Gleichnis vom großen Abendmahl

Mat. 22, 1–10   (vgl. Nr. 202)

1 Und Jesus begann und redete wieder zu ihnen in Gleichnissen und sprach: 2 Das Reich der Himmel ist gleich einem König,

sprach zu den Gesetzeskundigen und Pha=
risäern: Ist es erlaubt, am Sabbat zu hei=
len, oder nicht? ₄Sie aber schwiegen. Da
faßte er ihn an, heilte ihn und entließ
ihn. ₅Und zu ihnen sprach er: Wer unter
euch, dem sein Sohn oder sein Ochse in
einen Brunnen fällt, wird ihn am Sab=
battag nicht alsbald heraufziehen? ₆Und
sie vermochten darauf nicht zu erwidern.
Vgl. Nr. 68; 160.

Luk. 14, 7—14

₇Er sagte aber den Eingeladenen ein
Gleichnis, da er darauf achtgab, wie sie
die obersten Plätze auswählten, und sprach
zu ihnen: ₈Wenn du von jemandem zu
einem Gastmahl eingeladen bist, so setze
dich nicht an den obersten Platz; es könnte
sonst ein Vornehmerer als du von ihm
eingeladen sein, ₉und der, welcher dich
und ihn eingeladen hat, könnte kommen
und zu dir sagen: Mach diesem Platz!
und du müßtest dann beschämt den un=
tersten Platz einnehmen. ₁₀Sondern wenn
du eingeladen bist, so geh und setze dich
an den untersten Platz, damit, wenn der
kommt, welcher dich eingeladen hat, er
zu dir sage: Freund, rücke weiter hin=
auf! Dann wirst du Ehre haben vor allen
deinen Tischgenossen. ₁₁Denn jeder, der
sich selbst erhöht, wird erniedrigt wer=
den, und wer sich selbst erniedrigt, wird
erhöht werden.
₁₂Er sagte aber auch zu dem, der ihn ein=
geladen hatte: Wenn du eine Mittag= oder
Abendmahlzeit veranstaltest, so rufe nicht
deine Freunde noch deine Brüder, noch
deine Verwandten, noch reiche Nachbarn,
damit nicht etwa auch sie dich wieder
einladen und dir Vergeltung zuteil wird.
₁₃Sondern wenn du ein Gastmahl veran=
staltest, so lade Arme, Krüppel, Lahme,
Blinde ein, ₁₄und du wirst glückselig sein,
weil sie es dir nicht vergelten können;
denn es wird dir vergolten werden bei
der Auferstehung der Gerechten.
7: Mat. 23, 6 / 8: Spr. 25, 6. 7 / 11: 18, 14; Mat. 23,
12 / 13: Jes. 58, 7.

Luk. 14, 15—24

₁₅Als aber einer der Tischgenossen dies
hörte, sagte er zu ihm: Selig ist, wer am
Mahl im Reiche Gottes teilnehmen wird.

*der seinem Sohn die Hochzeitsfeier rü=
stete. ₃ Und er sandte seine Knechte aus,
um die Geladenen zur Hochzeit zu rufen,
und sie wollten nicht kommen. ₄ Wieder=
um sandte er andre Knechte aus und
sprach: Saget den Geladenen: Siehe, ich
habe meine Mahlzeit bereitet, meine
Ochsen und das Mastvieh sind geschlach=
tet und alles ist bereit; kommet zur Hoch=
zeit! ₅ Sie jedoch achteten nicht darauf,
sondern gingen hinweg, der eine auf sei=
nen Acker, der andre an sein Geschäft,
₆ die übrigen aber ergriffen seine Knech=
te, mißhandelten sie und töteten sie.*

*₇ Da wurde der König zornig und sandte
seine Heere aus, ließ jene Mörder um=
bringen und ihre Stadt anzünden. ₈ Dann
sagte er zu seinen Knechten: Die Hoch=
zeit ist zwar bereit, aber die Geladenen
waren unwürdig. ₉ Darum gehet an die
Kreuzungen der Straßen und ladet zur
Hochzeit ein, so viele ihr findet! ₁₀ Und
jene Knechte gingen hinaus auf die Stra=
ßen und brachten alle zusammen, die sie
fanden, Böse und Gute, und der Hoch=
zeitssaal wurde voll von Gästen.*

168. Forderung an die Nachfolger. Das Gleichnis vom Turm und Kriegszug.

Mat. 10, 37. 38; 5, 13   (vgl. Nr. 60. 19)   *Mark. 9, 50*   (vgl. Nr. 129)

*₃₇ Wer Vater oder Mutter mehr liebt als
mich, ist meiner nicht wert; und wer Sohn
oder Tochter mehr liebt als mich, ist mei=
ner nicht wert; ₃₈ und wer nicht sein Kreuz
nimmt und mir nachfolgt, ist meiner nicht
wert.*

16 Er aber sprach zu ihm: Ein Mann ver=
anstaltete ein großes Gastmahl und lud
viele ein. 17 Und zur Stunde des Gast=
mahls sandte er seinen Knecht, den Ein=
geladenen zu sagen: Kommet, denn es ist
nun bereit! 18 Und alle fingen gleicher=
maßen an, sich zu entschuldigen. Der
erste sagte zu ihm: Ich habe einen Acker
gekauft und muß notwendig hinausgehen
und ihn besichtigen; ich bitte dich, sieh
mich als entschuldigt an! 19 Und ein and=
rer sagte: Ich habe fünf Joch Ochsen ge=
kauft und gehe hin, um sie zu prüfen;
ich bitte dich, sieh mich als entschuldigt
an! 20 Noch ein andrer sagte: Ich habe
eine Frau genommen und kann deshalb
nicht kommen. 21 Und der Knecht kam
und berichtete dies seinem Herrn. Da
wurde der Hausherr zornig

und sagte zu seinem Knecht: Geh schnell
hinaus auf die Straßen und Gassen der
Stadt und führe die Armen und Krüp=
pel und Blinden und Lahmen hier herein!
22 Und der Knecht sagte: Herr, es ist ge=
schehen, was du befohlen hast, und es
ist noch Raum vorhanden. 23 Da sagte der
Herr zu dem Knecht: Geh hinaus auf
die Landstraßen und an die Zäune und
nötige sie, hereinzukommen, damit mein
Haus voll werde! 24 Denn ich sage euch:
Keiner jener Männer, die eingeladen wa=
ren, wird mein Gastmahl zu kosten be=
kommen.

15: 13, 29.

Zu Luk. 14, 15 ff Thomasevangelium Logion 64, vgl. Nr. 202.

Luk. 14, 25—35

25 Es zog aber eine große Volksmenge mit
ihm, und er wandte sich um und sprach
zu ihnen: 26 Wenn jemand zu mir kommt
und nicht seinen Vater und seine Mutter
und sein Weib und seine Kinder und seine
Brüder und seine Schwestern und dazu auch
sein Leben haßt, kann er nicht mein Jün=
ger sein. 27 Wer nicht sein Kreuz trägt und
mit mir geht, kann nicht mein Jünger sein.
28 Denn wer von euch, der einen Turm
bauen will, setzt sich nicht zuerst hin und
berechnet die Kosten, ob er genug habe
zur Ausführung? 29 damit nicht etwa,
wenn er den Grund gelegt hat und es
nicht zu vollenden vermag, alle Zuschauer
anfangen, über ihn zu spotten: 30 Dieser

13 Ihr seid das Salz der Erde. Wenn aber
das Salz seine Schärfe verliert, womit soll
es salzig gemacht werden? Es ist zu nichts
mehr nütze, als daß es hinausgeworfen
und von den Leuten zertreten wird.

50 Das Salz ist etwas Gutes; wenn aber
das Salz salzlos wird, womit wollt ihr es
wieder kräftig machen? Habet Salz in
euch und haltet Frieden untereinander!

*Zu Luk. 14, 26 f Thomasevangelium Logion 55: Wer nicht seinen Vater und seine Mutter haßt, wird nicht
mein Jünger sein können. Wer nicht seine Brüder und Schwestern haßt und nicht sein Kreuz trägt wie ich,
wird meiner nicht würdig sein.*

169. Die Gleichnisse vom verlorenen Schaf und verlorenen Groschen

Mat. 18,12—14   (vgl. Nr. 130)

12 Was meint ihr? Wenn ein Mensch hundert Schafe hat, und es verirrt sich eins
von ihnen, wird er nicht die 99 auf den
Bergen lassen, und geht er nicht hin und
sucht das verirrte? 13 Und wenn es sich
begibt, daß er es findet, wahrlich, ich sage
euch: Er freut sich über dasselbe mehr
als über die 99, die nicht verirrt waren.

14 So ist es nicht der Wille eures Vaters
in den Himmeln, daß eins dieser Kleinen
verlorengehe.

*Zu Luk. 15, 4—6 Thomasevangelium Logion 107: Das Reich ist gleich einem Hirten, der 100 Schafe hat. Eins
von ihnen, das größte, verlief sich. Er ließ die 99 zurück und suchte nach diesem einen, bis er es fand.
Als er sich abgemüht hatte, sagte er zu dem Schaf: Ich liebe dich mehr als die 99!*

Mensch fing an zu bauen und vermochte es nicht zu vollenden. ₃₁ Oder welcher Kö= nig, der ausziehen will, um mit einem an= dern König Krieg zu führen, wird sich nicht zuerst hinsetzen und Rat halten, ob er imstande sei, mit zehntausend dem entgegenzutreten, der mit 20 000 gegen ihn anrückt? ₃₂ Wenn aber nicht, so schickt er, während jener noch fern ist, eine Ge= sandtschaft und bittet um Frieden. ₃₃ So nun kann keiner von euch, der nicht allem entsagt, was er hat, mein Jünger sein.
₃₄ Das Salz nun ist etwas Gutes; wenn aber sogar das Salz seine Schärfe ver= liert, womit soll es wieder kräftig gemacht werden? ₃₅ Es ist weder für das Erdreich noch für den Dünger tauglich; man wirft es hinaus. Wer Ohren hat, zu hören, der höre!

26: 18, 29. 30; 5. Mos. 33, 9. 10 / 27: 9, 23 (Nr. 120).

Luk. 15, 1—10

₁ Es nahten ihm aber fortwährend alle Zöllner und Sünder, um ihn zu hören. ₂ Und die Pharisäer und die Schriftgelehr= ten murrten und sagten: Dieser nimmt Sünder an und ißt mit ihnen. ₃ Da sagte er zu ihnen dieses Gleichnis: ₄ Welcher Mensch unter euch, der hundert Schafe hat und eins von ihnen verliert, läßt nicht die 99 in der Wüste zurück und geht dem verlornen nach, bis er es findet? ₅ Und wenn er es gefunden hat, legt er es voll Freude auf seine Schultern; ₆ und wenn er nach Hause kommt, ruft er seine Freun= de und seine Nachbarn zusammen und sagt zu ihnen: Freuet euch mit mir! denn ich habe mein Schaf gefunden, das ver= loren war. ₇ Ich sage euch: So wird im Himmel mehr Freude sein über e i n e n Sünder, der Buße tut, als über 99 Gerech= te, die der Buße nicht bedürfen.
₈ Oder welche Frau, die zehn Drachmen hat, zündet nicht, wenn sie e i n e Drach= me verliert, ein Licht an und kehrt das Haus und sucht mit Fleiß, bis sie sie fin= det? ₉ Und wenn sie sie gefunden hat, ruft sie ihre Freundinnen und Nachbarin= nen zusammen und sagt: Freuet euch mit mir! denn ich habe die Drachme gefun= den, die ich verloren hatte. ₁₀ So, sage ich euch, ist bei den Engeln Gottes Freude über e i n e n Sünder, der Buße tut.

1: 19, 3; 5, 29. 30 (Nr. 51) / 2: 19, 7 / 4: Ez. 34, 11. 16; Luk. 19, 10 / 5: Jes. 40, 11 / 6: Röm. 12, 15.

170. Das Gleichnis vom verlorenen Sohn

Luk. 15, 11—32
11 Er sprach aber: Ein Mann hatte zwei
Söhne. 12 Und der jüngere von ihnen
sagte zum Vater: Vater, gib mir den Teil
des Vermögens, der mir zukommt! Der
aber verteilte seine Habe unter sie. 13 Und
nicht viele Tage darnach nahm der jün=
gere Sohn alles mit sich und zog hinweg
in ein fernes Land, und dort vergeudete
er sein Vermögen durch ein zügelloses
Leben. 14 Nachdem er aber alles durchge=
bracht hatte, kam eine gewaltige Hun=
gersnot über jenes Land, und er fing an,
Mangel zu leiden. 15 Und er ging hin und
hängte sich an einen der Bürger jenes
Landes; der schickte ihn auf seine Felder,
Schweine zu hüten. 16 Und er begehrte,
seinen Bauch mit den Schoten[1]) zu füllen,
die die Schweine fraßen; und niemand
gab sie ihm. 17 Da ging er in sich und
sprach: Wie viele Tagelöhner meines Va=
ters haben Brot im Überfluß, ich aber
komme hier vor Hunger um! 18 Ich will
mich aufmachen und zu meinem Vater
gehen und zu ihm sagen: Vater, ich habe
gesündigt gegen den Himmel und vor
dir; 19 ich bin nicht mehr wert, dein Sohn
zu heißen; stelle mich wie einen deiner
Tagelöhner! 20 Und er machte sich auf
und ging zu seinem Vater. Als er aber
noch fern war, sah ihn sein Vater und
fühlte Erbarmen, lief hin, fiel ihm um den
Hals und küßte ihn. 21 Der Sohn aber
sprach zu ihm: Vater, ich habe gesündigt
gegen den Himmel und vor dir; ich bin
nicht mehr wert, dein Sohn zu heißen.
22 Doch der Vater sagte zu seinen Knech=
ten: Bringet schnell das beste Kleid her=
aus und ziehet es ihm an und gebet ihm
einen Ring an die Hand und Schuhe an
die Füße, 23 und holet das gemästete Kalb,
schlachtet es und lasset uns essen und
fröhlich sein! 24 Denn dieser mein Sohn
war tot und ist wieder lebendig gewor=
den, er war verloren und ist wiedergefun=
den worden. Und sie fingen an, fröhlich
zu sein.
25 Sein älterer Sohn aber war auf dem
Felde; und als er kam und sich dem Hause
näherte, hörte er Musik und Reigentanz.
26 Und er rief einen der Knechte herbei
und erkundigte sich, was das sei. 27 Der
aber sagte ihm: Dein Bruder ist gekom=

Zu Luk. 15, 31. 32 Hebräerevangelium (Hieronymus, Kom. zu Eph. 5, 4): Wie wir im Hebräerevangelium gelesen haben, sagt der Herr zu seinen Jüngern: Und niemals sollt ihr fröhlich sein, wenn ihr nicht auf euren Bruder in Liebe blickt.

171. Das Gleichnis vom ungerechten Haushalter

Mat. 6, 24   (vgl. Nr. 33)

men, und dein Vater hat das gemästete
Kalb geschlachtet, weil er ihn gesund wie=
dererhalten hat. 28 Da wurde er zornig
und wollte nicht hineingehen. Doch sein
Vater kam heraus und redete ihm zu.
29 Er aber antwortete und sagte zum Va=
ter: Siehe, so viele Jahre diene ich dir
und habe nie ein Gebot von dir übertre=
ten; und mir hast du nie einen Bock ge=
geben, damit ich mit meinen Freunden
fröhlich wäre. 30 Nun aber dieser dein
Sohn gekommen ist, der deine Habe mit
Dirnen aufgezehrt hat, hast du ihm das
gemästete Kalb geschlachtet. 31 Da sagte
er zu ihm: Kind, du bist allezeit bei mir,
und alles, was mein ist, ist dein. 32 Du
solltest aber fröhlich sein und dich freuen;
denn dieser dein Bruder war tot und ist
lebendig geworden, und [war] verloren
und ist wiedergefunden worden.

11: Mat. 21, 28 / 18: Ps. 51, 6 / 24: Eph. 2, 1. 5; 5, 14
/ 28: Mat. 20, 15 / 31: Joh. 17, 10.

¹) 15, 16. Gemeint sind die schotenförmigen Früchte
des Johannisbrotbaumes, die noch heute als Vieh=
futter (und getrocknet als menschliche Nahrung)
verwendet werden.

Luk. 16, 1—13

1 Er sagte aber auch zu den Jüngern: Es
war ein reicher Mann, der hatte einen
Haushalter; und dieser wurde bei ihm
verklagt, daß er ihm den Besitz verschleu=
dere. 2 Und er ließ ihn rufen und sagte
zu ihm: Was höre ich da über dich? Lege
Rechenschaft ab über deine Verwaltung!
Denn du kannst nicht mehr Haushalter
sein. 3 Da sagte der Haushalter bei sich
selbst: Was soll ich tun, da mein Herr
mir die Verwaltung nimmt? Graben kann
ich nicht; zu betteln schäme ich mich.
4 Ich weiß, was ich tun will, damit sie,
wenn ich von der Verwaltung abgesetzt
bin, mich in ihre Häuser aufnehmen. 5 Und
er ließ jeden einzelnen der Schuldner sei=
nes Herrn zu sich rufen und sagte zu dem
ersten: Wieviel bist du meinem Herrn
schuldig? 6 Der antwortete: hundert Bath
Öl. Da sagte er zu ihm: Nimm hier dei=
nen Schuldschein, setz dich schnell hin
und schreibe: fünfzig. 7 Darnach sagte er
zu einem andern: Du aber, wieviel bist
du schuldig? Der antwortete: hundert
Kor Weizen. Er sagte zu ihm: Nimm hier
deinen Schuldschein und schreibe: achtzig.
8 Und der Herr lobte den ungerechten
Haushalter, daß er klug gehandelt habe.

24 *Niemand kann zwei Herren dienen;
denn entweder wird er den einen hassen
und den andern lieben, oder er wird dem
einen anhangen und den andern verachten.
Ihr könnte nicht Gott dienen und dem
Mammon.*

Zu Luk. 16, 10—12 2. Clemens 8, 5 f: Denn der Herr sagt im Evangelium: Wenn ihr das Geringe verliert, wer
wird euch das Große geben? Denn ich sage euch: Wer im Geringsten treu ist, ist auch in Vielem treu.
Das bedeutet: Bewahrt das Fleisch rein und das Siegel unbefleckt, damit wir das ewige Leben empfangen.

172. Von der Gerechtigkeit der Pharisäer

173. Die Geltung des Gesetzes und Ehescheidung

Mat. 11, 12—13; 5, 18. 32   (vgl. Nr. 63. 20. 23)

12 *Aber von den Tagen Johannes des Täu=
fers an bis jetzt wird das Reich der Him=
mel mit Gewalt erstrebt, und gewaltsam
Ringende reißen es an sich.* 13 *Denn alle
Propheten und das Gesetz haben auf Jo=
hannes hin geweissagt,*
5, 18 *Denn wahrlich, ich sage euch: Bis der
Himmel und die Erde vergehen, wird
nicht ein einziges Jota oder Strichlein vom
Gesetz vergehen, bis alles geschehen ist.*
32 *Ich aber sage euch: Jeder, der seine Frau
entläßt, außer wegen Unzucht, gibt An=
laß, daß ihr gegenüber Ehebruch began=
gen wird; und wer eine Entlassene hei=
ratet, begeht Ehebruch*[1]).

Mark. 10, 11. 12   (vgl. Nr. 184)

11 *Und er sprach zu ihnen: Wer seine Frau
entläßt und eine andre heiratet, begeht
ihr gegenüber Ehebruch.*[1]) 12 *Und wenn
s i e ihren Mann entläßt und einen andern
heiratet, begeht sie Ehebruch.*

[112]

Denn die Söhne dieser Welt sind ihrem Geschlecht gegenüber klüger als die Söhne des Lichts. 9 Und ich sage euch: Machet euch Freunde mit dem ungerechten Mammon, damit sie, wenn er [euch] ausgeht, euch aufnehmen in die ewigen Hütten! 10 Wer im Kleinsten treu ist, der ist auch im Großen treu; und wer im Kleinsten ungerecht ist, der ist auch im Großen ungerecht. 11 Wenn ihr nun mit dem ungerechten Mammon nicht treu waret, wer wird euch das wahre Gut anvertrauen? 12 Und wenn ihr mit dem fremden Gut nicht treu waret, wer wird euch das eure geben? 13 Kein Knecht kann zwei Herren dienen; denn entweder wird er den einen hassen und den andern lieben, oder er wird dem einen anhangen und den andern verachten. Ihr könnte nicht Gott dienen und dem Mammon.

8: Eph. 5, 8 / 9: 12, 33 par.; 14, 14; Mat. 19, 21; 25, 35—40 / 10: 19, 17 par.

Zu Luk. 16, 13 2. Clemens 6, 1: Der Herr aber sagt: Kein Knecht kann zwei Herren dienen. Wenn wir Gott und dem Mammon dienen wollen, ist das uns nichts nütze.

Luk. 16, 14—15

14 Dies alles hörten aber die Pharisäer, die geldgierig sind, und sie höhnten über ihn. 15 Und er sprach zu ihnen: Ihr seid es, die sich selbst als gerecht hinstellen vor den Menschen, aber Gott kennt eure Herzen; denn was bei den Menschen als etwas Hohes gilt, das ist ein Greuel vor Gott.

14: Mat. 23, 14 / 15: 18, 9—14; Mat. 23, 28.

Luk. 16, 16—18

16 Das Gesetz und die Propheten galten bis zu Johannes; von da an wird das Evangelium vom Reiche Gottes verkündigt, und jeder drängt sich mit Gewalt hinein.

17 Es ist aber leichter, daß der Himmel und die Erde vergehen, als daß ein Strichlein des Gesetzes dahinfalle.

18 Jeder, der seine Frau entläßt und eine andre heiratet, begeht Ehebruch, und wer eine von ihrem Mann Entlassene heiratet, begeht Ehebruch.[1]

17: 21, 33.

(Mat. 19, 9) (vgl. Nr. 184)

9 *Ich sage euch aber: Wer seine Frau entläßt, außer wegen Unzucht, und eine andre heiratet, begeht Ehebruch.[1]*

[1] Vgl. Anm. zu Mat. 5, 32 (Nr. 23).

174. Das Gleichnis vom reichen Mann und armen Lazarus

Luk. 16, 19—31

19 Es war aber ein reicher Mann, der klei=
dete sich in Purpur und kostbare Lein=
wand und lebte alle Tage herrlich und in
Freuden. 20 Ein Armer aber mit Namen
Lazarus lag vor seiner Türe; der war mit
Geschwüren bedeckt 21 und begehrte sich
von dem zu sättigen, was vom Tisch des
Reichen abfiel; dagegen kamen die Hunde
und beleckten seine Geschwüre. 22 Es be=
gab sich aber, daß der Arme starb und
daß er von den Engeln in Abrahams
Schoß getragen wurde. Aber auch der
Reiche starb und wurde begraben. 23 Und
als er im Totenreich, von Qualen geplagt,
seine Augen erhob, sah er Abraham von
ferne und Lazarus in seinem Schoß. 24 Und
er rief mit lauter Stimme: Vater Abra=
ham, erbarme dich meiner und sende
Lazarus, damit er die Spitze seines Fin=
gers ins Wasser tauche und meine Zunge
kühle; denn ich leide Pein in dieser Flam=
me. 25 Abraham aber sprach: Kind, ge=
denke daran, daß du in deinem Leben
dein Gutes empfangen hast und Lazarus
gleichermaßen das Böse; jetzt dagegen
wird er hier getröstet, du aber leidest
Pein. 26 Und bei alledem besteht zwischen
uns und euch eine große Kluft, damit die,
welche von hier zu euch hinübergehen
wollen, es nicht vermögen, noch die, wel=
che dort sind, zu uns herübergelangen
können.
27 Da sagte er: So bitte ich dich denn,
Vater, daß du ihn in das Haus meines
Vaters sendest — 28 denn ich habe fünf
Brüder — auf daß er ihnen sichere Kunde
bringe, damit nicht auch sie an diesen
Ort der Qual kommen. 29 Abraham aber
sprach: Sie haben Mose und die Prophe=
ten; sie sollen auf sie hören! 30 Der je=
doch sagte: Nein, Vater Abraham, son=
dern wenn einer von den Toten zu ihnen
geht, werden sie Buße tun. 31 Da sprach
er zu ihm: Wenn sie auf Mose und die
Propheten nicht hören, werden sie sich
auch nicht gewinnen lassen, wenn einer
von den Toten aufersteht.

19: Jak. 5, 5 / 22: Heb. 1, 14; Ps. 73 / 25: 6, 24; Ps.
17, 14 / 29: 2. Tim. 3, 16; Jes. 8, 20 / 31: Joh. 5, 46;
11, 43—53.

175. Von der Verführung zur Sünde

Mat. 18, 6. 7   (vgl. Nr. 128)   **Mark. 9, 42**   (vgl. Nr. 128)

6 *Wer aber einen dieser Kleinen, die an mich glauben, zur Sünde verführt, für den wäre es besser, daß ihm ein Mühlstein um den Hals gehängt und er in die Tiefe des Meeres versenkt würde. 7 Wehe der Welt der Verführungen wegen! Denn es ist [zwar] notwendig, daß die Verführungen kommen; doch wehe dem Menschen, durch den die Verführung kommt!*

42 *Und wer einen dieser Kleinen, die glauben, zur Sünde verführt, für den wäre es besser, wenn ihm ein Mühlstein um den Hals gelegt und er ins Meer versenkt wäre.*

176. Mahnung zur Versöhnlichkeit

Mat. 18, 15. 21—22   (vgl. Nr. 131. 132)

15 *Wenn aber dein Bruder sündigt, so geh hin und weise ihn zurecht unter vier Augen! Hört er auf dich, so hast du deinen Bruder gewonnen.*
21 *Da trat Petrus hinzu und sagte zu ihm: Herr, wie oft soll ich meinem Bruder, der wider mich sündigt, vergeben? Bis siebenmal? 22 Jesus sagt zu ihm: Ich sage dir: Nicht bis siebenmal, sondern bis 77mal.*

177. Vom Glauben

Mat. 17, 20   (vgl. Nr. 123)

20 *Er aber sagte zu ihnen: Um eures Kleinglaubens willen. Denn wahrlich, ich sage euch: Wenn ihr Glauben habt [auch nur so groß] wie ein Senfkorn, werdet ihr zu diesem Berge sprechen: Hebe dich weg von hier dorthin! und er wird sich hinwegheben, und nichts wird euch unmöglich sein.*

178. Das Gleichnis vom dienenden Knecht

Luk. 17, 1—2

1 Er sprach aber zu seinen Jüngern: Es ist
unmöglich, daß die Verführungen aus•
bleiben; doch wehe dem, durch den sie
kommen! 2 Für ihn wäre es besser, wenn
ihm ein Mühlstein um den Hals gelegt
und er ins Meer versenkt wäre, als daß
er einen dieser Kleinen verführte.

1: Mat. 26, 24.

Luk. 17, 3—4

3 Habet acht auf euch! Wenn dein Bruder
sündigt, so weise ihn zurecht, und wenn
es ihn reut, so vergib ihm!

4 Und wenn er siebenmal des Tages wider
dich sündigt und siebenmal sich wieder
zu dir wendet und sagt: Es reut mich, so
sollst du ihm vergeben.

Zu Luk. 17, 3 Didache 15, 3 vgl. Nr. 132.
Zu Luk. 17, 4 Nazaräerevangelium, vgl. Nr. 132.

Luk. 17, 5—6

5 Und die Apostel sagten zum Herrn:
Mehre uns den Glauben! 6 Der Herr aber
sprach: Wenn ihr Glauben hättet [auch
nur so groß] wie ein Senfkorn, so würdet
ihr zu diesem Maulbeerfeigenbaum sa•
gen: Entwurzle dich und pflanze dich ins
Meer, und er würde euch gehorchen.

5: Mark. 9, 24 / 6: Mark. 11, 22. 23 par. (Nr. 198).

Zu Luk. 17, 5—6 Thomasevangelium Logion 48: Wenn zwei miteinander Frieden schließen in einem Hause,
werden sie zum Berge sagen: Hebe dich weg! Und er wird sich wegheben.

Luk. 17, 7—10

7 Wer aber von euch, der einen Knecht
beim Pflügen oder auf der Weide hat,
wird zu ihm, wenn er vom Felde heim•
kommt, sagen: Komm sogleich her und

179. Heilung der zehn Aussätzigen

180. Vom Reiche Gottes

*Zu Luk. 17, 20 f Thomasevangelium Logion 113: Seine Jünger fragten ihn: Wann wird das Reich kommen?
– Es wird nicht kommen, wenn ihr danach ausschaut. Man wird auch nicht sagen: Siehe hier! oder: dort!
Denn das Reich des Vaters ist über die Erde ausgebreitet und die Menschen sehen es nicht.
Zu Luk. 17, 21 Papyrus Oxyrhynchos 654, 3: . . . und das Reich der Himmel ist inwendig in euch, (und wer
sich selbst) erkennt, wird dieses finden.*

setz dich zu Tische: 8 Wird er nicht viel=
mehr zu ihm sagen: Bereite mir etwas zu
essen, umgürte dich und bediene mich,
bis ich gegessen und getrunken habe, und
nachher magst du essen und trinken?
9 Weiß er etwa dem Knechte Dank dafür,
daß er getan hat, was ihm befohlen war?
10 So sollt auch ihr, wenn ihr alles getan
habt, was euch befohlen war, sagen: Wir
sind unnütze Knechte; wir haben [nur]
getan, was wir zu tun schuldig waren.
7: 12, 37.

Luk. 17, 11—19

11 Und es geschah auf der Wanderung
nach Jerusalem, als er [längs der Grenze]
zwischen Samarien und Galiläa hinzog,
12 da kamen ihm beim Betreten eines
Dorfes zehn aussätzige Männer entgegen,
die in der Ferne stehenblieben. 13 Und sie
erhoben ihre Stimme und riefen: Jesus,
Meister, erbarme dich unser! 14 Und als
er sie sah, sagte er zu ihnen: Gehet und
zeiget euch den Priestern! Und es begab
sich, während sie hingingen, wurden sie
rein. 15 Einer aber von ihnen, der sah, daß
er geheilt worden war, kehrte zurück, in=
dem er mit lauter Stimme Gott pries,
16 warf sich aufs Angesicht zu seinen
Füßen und dankte ihm; und das war ein
Samariter. 17 Da antwortete Jesus und
sprach: Sind nicht die Zehn rein gewor=
den? Wo sind aber die Neun? 18 Haben
sich keine gefunden, die zurückgekehrt
wären, um Gott die Ehre zu geben, als
nur dieser Fremde? 19 Und er sprach zu
ihm: Steh auf und geh hin! dein Glaube
hat dich gerettet.
11: 9, 51 par. / 12: 3. Mos. 13, 45. 46 / 14: 5, 12—14;
3. Mos. 13, 49; 14, 2. 3 / 19: 7, 50; 8, 48.

Luk. 17, 20—21

20 Als er aber von den Pharisäern gefragt
wurde, wann das Reich Gottes komme,
antwortete er ihnen und sprach: Das Reich
Gottes kommt nicht so, daß man es be=
obachten könnte. 21 Man wird auch nicht
sagen: Siehe, hier! oder: dort! Denn
siehe, das Reich Gottes ist in eurer Mitte[1]).
20: Joh. 3, 3; 18, 36 / 21: 19, 11; Apg. 1, 6; Röm. 14,
17; 1. Kor. 4, 20; Mark. 13, 21 par., Nr. 213.
[1]) bzw. «. . . ist inwendig in euch.»

181. Der Tag des Menschensohns

Mat. 24, 26. 27. 37—39. 17. 18; 16, 25; 24, 40.
41. 28   (vgl. Nr. 213. 219. 120)

Mark. 8, 35   (vgl. Nr. 120)

²⁶Wenn man nun zu euch sagt: Siehe, er
ist in der Wüste, so gehet nicht hinaus;
siehe, er ist in den Gemächern, so glaubet
es nicht! ²⁷Denn wie der Blitz vom Osten
ausfährt und bis zum Westen leuchtet,
so wird die Wiederkunft des Sohnes des
Menschen sein.

³⁷Denn wie die Tage des Noah, so wird
die Wiederkunft des Sohnes des Menschen sein. ³⁸Wie sie nämlich in den Tagen vor der Sintflut schmausten und tranken, heirateten und verheirateten bis zu
dem Tage, da Noah in die Arche ging,
³⁹und es nicht merkten, bis die Sintflut
kam und alle hinwegraffte, so wird auch
die Wiederkunft des Sohnes des Menschen sein.

¹⁷Wer auf dem Dach ist, soll nicht hinabsteigen, um seine Habe aus seinem Haus
zu holen, ¹⁸und wer auf dem Feld ist, soll
nicht zurückkehren, um seinen Mantel zu
holen.
²⁵Denn wer sein Leben retten will, der
wird es verlieren; wer aber sein Leben
verliert um meinetwillen, der wird es
finden.

³⁵Denn wer sein Leben retten will, der
wird es verlieren; wer aber sein Leben
verliert um meinetwillen und um des
Evangeliums willen, der wird es retten.

²⁴, ⁴⁰Dann werden zwei auf dem Felde
sein: einer wird angenommen und einer
wird zurückgelassen. ⁴¹Zwei werden mit
dem Mühlstein mahlen: eine wird angenommen und eine wird zurückgelassen.
²⁸Wo das Aas ist, da sammeln sich die
Adler.

Zu Luk. 17, 31 ff Clemens Alexandrinus (Exc. ex Theod. 2, 2): Rette dich und dein Leben ¹)!

Lukas 17, 22—37

Joh. 12, 25

22 Er sprach aber zu den Jüngern: Es wer=
den Tage kommen, wo ihr begehren wer=
det, auch nur einen von den Tagen des
Sohnes des Menschen zu sehen, und ihr
werdet ihn nicht sehen. 23 Und man wird
zu euch sagen: Siehe, dort! siehe, hier!
Gehet nicht hin und laufet nicht nach!
24 Denn wie der Blitz aufblitzt und von
einer Gegend unter dem Himmel zur an=
dern unter dem Himmel leuchtet, so wird
der Sohn des Menschen an seinem Tage
sein. 25 Zuvor aber muß er vieles leiden
und verworfen werden von diesem Ge=
schlecht. 26 Und wie es in den Tagen
Noahs zuging, so wird es auch in den
Tagen des Sohnes des Menschen sein:
27 Sie aßen, sie tranken, sie heirateten, sie
wurden verheiratet, bis zu dem Tage, da
Noah in die Arche ging und die Sintflut
kam und alle vertilgte. 28 Ebenso wie es
in den Tagen Lots zuging: Sie aßen, sie
tranken, sie kauften, sie verkauften, sie
pflanzten, sie bauten; 29 an dem Tage
aber, da Lot aus Sodom hinausging, reg=
nete es Feuer und Schwefel vom Himmel
und vertilgte alle. 30 Auf gleiche Weise
wird es an dem Tage sein, da der Sohn
des Menschen sich offenbart. 31 Wer an
jenem Tage auf dem Dach sein wird und
seinen Hausrat im Hause hat, soll nicht
hinabsteigen, um ihn zu holen; und wer
auf dem Felde sein wird, soll gleichfalls
nicht zurückkehren. 32 Denket an Lots
Frau! 33 Wer sein Leben[1]) zu erhalten
sucht, der wird es verlieren, und wer es
verliert, der wird es [neu] gewinnen. 34 Ich
sage euch: In dieser Nacht werden zwei
auf e i n e m Bette sein; der eine wird an=
genommen und der andre zurückgelassen
werden. 35 Zwei werden am gleichen Orte
mahlen; die eine wird angenommen, die
andre aber zurückgelassen werden.[2])
37 Und sie antworteten und sagten zu ihm:
Wo, Herr? Er aber sprach zu ihnen: Wo
die Leichen sind, da sammeln sich auch
die Adler.

25 Wer sein Leben liebt, verliert es, und
wer sein Leben in dieser Welt haßt, wird
es ins ewige Leben bewahren.

23: 21, 8; Mat. 24, 23 / 25: 9, 22 / 27: 1. Mos. 7, 7—23
/ 28: 1. Mos. 18, 20 / 29: 1. Mos. 19, 24. 25 / 31: 21,
21 / 32: 1. Mos. 19, 26 / 33: 9, 24 / 37: Hiob 39, 30.

[1]) Kann auch mit «Seele» übersetzt werden.
[2]) 17, 35. Einige Textzeugen fügen (wohl nach
Mat. 24, 40) hinzu: «36 Zwei werden auf dem
Felde sein; der eine wird angenommen und der
andre zurückgelassen werden.»

182. Das Gleichnis vom ungerechten Richter

183. Das Gleichnis vom Pharisäer und Zöllner

Luk. 18, 1–8

1 Er sagte ihnen aber ein Gleichnis, um ihnen zu zeigen, daß sie allezeit beten und nicht müde werden sollten, 2 und sprach: Es war ein Richter in einer Stadt, der Gott nicht fürchtete und sich vor keinem Menschen scheute. 3 Und eine Witwe war in jener Stadt, die kam [immer wieder] zu ihm und sagte: Schaffe mir Recht gegenüber meinem Gegner! 4 Und er wollte eine Zeitlang nicht; doch nachher sagte er bei sich selbst: Wenn ich auch Gott nicht fürchte und mich vor keinem Menschen scheue, 5 so will ich doch, weil mir diese Witwe Mühe macht, ihr Recht schaffen, damit sie nicht schließlich kommt und mich ins Gesicht schlägt. 6 Weiter sprach der Herr: Höret, was der ungerechte Richter sagt! 7 Gott aber sollte seinen Auserwählten, die Tag und Nacht zu ihm rufen, ihr Recht nicht schaffen und sollte bei ihnen Langmut [gegen ihre Gegner] üben? 8 Ich sage euch: Er wird ihnen ihr Recht schaffen in Bälde. Wird jedoch der Sohn des Menschen, wenn er kommt, auf Erden den Glauben finden?

1: Röm. 12, 12; Eph. 6, 18; Kol. 4, 2; 1. Thess. 5, 17 / 3: 2. Mos. 22, 22–24; Jes. 1, 17 / 5: 11, 8 / 7: Ps. 55, 17. 18.

Luk. 18, 9–14

9 Er sagte aber auch zu etlichen, die sich selbst zutrauten, gerecht zu sein, und die übrigen verachteten, dieses Gleichnis: 10 Zwei Menschen gingen hinauf in den Tempel, um zu beten, der eine ein Pharisäer und der andre ein Zöllner. 11 Der Pharisäer stellte sich für sich allein hin und betete so: O Gott, ich danke dir, daß ich nicht bin wie die übrigen Menschen, Räuber, Ungerechte, Ehebrecher oder auch wie dieser Zöllner. 12 Ich faste zweimal in der Woche, ich gebe den Zehnten von meinem ganzen Einkommen. 13 Der Zöllner aber stand von ferne und wollte nicht einmal seine Augen zum Himmel erheben, sondern er schlug an seine Brust und sprach: O Gott, sei mir Sünder gnädig! 14 Ich sage euch: Dieser ging mehr gerechtfertigt in sein Haus hinab als jener. Denn jeder, der sich selbst erhöht, wird erniedrigt werden; wer sich aber selbst erniedrigt, wird erhöht werden.

9: 16, 15 / 11: Jes. 58, 2 / 12: 11, 42; Mat. 9, 14; 23, 23 / 13: Ps. 51, 3 / 14: 14, 11; Mat. 23, 12.

C. Jesus in Judäa (Mat. 19—27; Mark. 10—15; Luk. 18, 15—23)

1. Jesus zieht nach Jerusalem (Mat. 19—20; Mark. 10; Luk. 18,15—19, 27)

184. Über die Ehescheidung

Mat. 19,1—12

1 Und es begab sich, als Jesus diese Re=
den beendet hatte, brach er aus Galiläa
auf und zog jenseits des Jordan in das
Gebiet von Judäa. 2 Und eine große Volks=
menge folgte ihm nach, und er heilte sie
dort. 3 Da traten Pharisäer zu ihm, ver=
suchten ihn und sagten: Ist es erlaubt,
seine Frau aus beliebiger Ursache zu ent=
lassen?

7 *Sie sagen zu ihm: Warum hat dann Mose
im Gesetz gestattet, einen Scheidebrief
zu geben und [die Frau] zu entlassen?*
8 *Er sagt zu ihnen: Mose hat euch mit
Rücksicht auf die Härte eures Herzens er=
laubt, eure Frauen zu entlassen; von An=
fang an aber ist es nicht so gewesen*
4 Er aber antwortete und sprach: Habt ihr
nicht gelesen, daß der Schöpfer sie von
Anfang an als Mann und Weib geschaf=
fen 5 und gesagt hat:
«Darum wird ein Mensch Vater und
Mutter verlassen und seinem Weibe
anhangen, und die zwei werden ein
Leib sein»?
6 Somit sind sie nicht mehr zwei, sondern
[sie sind] e i n Leib. Was nun Gott zu=
sammengefügt hat, soll der Mensch nicht
scheiden. 7 Sie sagen zu ihm: Warum hat
dann Mose im Gesetz gestattet, einen
Scheidebrief zu geben und [die Frau] zu
entlassen? 8 Er sagt zu ihnen: Mose hat
euch mit Rücksicht auf die Härte eures
Herzens erlaubt, eure Frauen zu entlas=
sen; von Anfang an aber ist es nicht so
gewesen.

9 Ich sage euch aber: Wer seine Frau ent=
läßt, außer wegen Unzucht, und eine
andre heiratet, begeht Ehebruch[1]).

10 Die Jünger sagen zu ihm: Wenn die
Sache des Mannes mit dem Weibe so
steht, ist es nicht gut, zu heiraten. 11 Er

Mark. 10,1—12

1 Und er bricht von dort auf und nimmt
seinen Weg jenseits des Jordan in das
Gebiet von Judäa; und wieder läuft eine
Volksmenge bei ihm zusammen. Und er
lehrte sie wieder, wie er gewohnt war.
2 Und die Pharisäer traten herzu und
fragten ihn — um ihn zu versuchen —, ob
es dem Mann erlaubt sei, seine Frau zu
entlassen. 3 Da antwortete er und sprach
zu ihnen: Was hat euch Mose geboten?
4 Sie aber sagten: Mose hat erlaubt, einen
Scheidebrief zu schreiben und [die Frau]
zu entlassen.
5 Da sprach Jesus zu ihnen: Mit Rück=
sicht auf die Härte eures Herzens hat er
euch dieses Gebot vorgeschrieben.

6 Vom Anfang der Schöpfung an aber hat
er sie als Mann und Weib geschaffen.
7 «Darum wird ein Mensch seinen Va=
ter und seine Mutter verlassen und
seinem Weibe anhangen, 8 und die zwei
werden e i n Leib sein.»
Somit sind sie nicht mehr zwei, sondern
[sie sind] e i n L e i b. 9 Was nun Gott zu=
sammengefügt hat, soll der Mensch nicht
scheiden.
4 *Sie aber sagten: Mose hat erlaubt, einen
Scheidebrief zu schreiben und [die Frau]
zu entlassen. 5 Da sprach Jesus zu ihnen:
Mit Rücksicht auf die Härte eures Her=
zens hat er euch dieses Gebot vorge=
schrieben.*
10 Und zu Hause fragten ihn die Jünger
wiederum darüber. 11 Und er sprach zu
ihnen: Wer seine Frau entläßt und eine
andre heiratet, begeht ihr gegenüber Ehe=
bruch.[1]) 12 Und wenn s i e ihren Mann
entläßt und einen andern heiratet, begeht
sie Ehebruch.

Luk. 9, 51 ; 16, 18   (vgl. Nr. 134. 173)

51 Es begab sich aber, als sich die Tage
vollendeten, daß er in den Himmel emporgehoben werden sollte, da richtete er
sein Angesicht nach Jerusalem, um dorthin zu reisen.

16, 18 Jeder, der seine Frau entläßt und eine
andre heiratet, begeht Ehebruch, und wer
eine von ihrem Mann Entlassene heiratet,
begeht Ehebruch.

aber sprach zu ihnen: Nicht alle fassen dieses Wort, sondern [nur] die, denen es gegeben ist. 12 Denn es gibt Verschnit= tene, die von Mutterleib so geboren sind, und es gibt Verschnittene, die von den Menschen verschnitten worden sind, und es gibt Verschnittene, die sich selbst ver= schnitten haben um des Reiches der Him= mel willen. Wer es fassen kann, fasse es!

3: 5, 31. 32 / 4 par.: 1. Mos. 1, 27 / 5 par.: 1. Mos. 2, 24; Eph. 5, 31 / 7: 5. Mos. 24, 1 / 9 par.: Nr. 23 / 11: 1. Kor. 7, 7. 17 / 12: 1. Kor. 7, 32–35.

1: Joh. 10, 40 / 4: 5. Mos. 24, 1 / 8: 1. Kor. 6, 16 / 10: 9, 28.
[1]) Gemeint ist: Er bricht die Ehe, die ihn bis da= hin mit seiner ersten Frau verbunden hat; vgl. Anmerkung bei Nr. 23.

185. Segnung der Kinder

Mat. 19, 13–15 ; 18, 3   (vgl. Nr. 126)

13 Da wurden Kinder zu ihm gebracht, damit er ihnen die Hände auflegen und über ihnen beten möchte. Die Jünger aber schalten sie.
14 Doch Jesus sprach: Lasset die Kinder, und wehret ihnen nicht, zu mir zu kom= men; denn solchen gehört das Reich der Himmel!

18, 3 *und sprach: Wahrlich, ich sage euch: Wenn ihr nicht umkehrt und werdet wie die Kinder, so werdet ihr nicht ins Reich der Himmel kommen.*
15 Und nachdem er ihnen die Hände auf= gelegt hatte, ging er von dort weg.

Mark. 10, 13–16

13 Und sie brachten Kinder zu ihm, damit er sie anrühren möchte.
Die Jünger aber schalten die, welche sie brachten. 14 Als Jesus das sah, wurde er unwillig und sprach zu ihnen: Lasset die Kinder zu mir kommen, wehret ihnen nicht; denn solchen gehört das Reich Gottes.

15 Wahrlich, ich sage euch: Wer das Reich Gottes nicht annimmt wie ein Kind, wird nicht hineinkommen.

16 Und er umarmte und segnete sie, in= dem er ihnen die Hände auflegte.

186. Die Frage eines Reichen nach dem ewigen Leben

Mat. 19, 16–30

16 Und siehe, es kam einer herbei und sagte zu ihm: Meister, was muß ich Gu= tes tun, damit ich das ewige Leben er= lange? 17 Er aber sprach zu ihm: Warum fragst du mich über das Gute? Einer ist der Gute. Willst du aber in das Leben eingehen, so halte die Gebote! 18 Er sagte zu ihm: Welche? Jesus aber sprach: «Du sollst nicht töten, du sollst nicht ehebrechen, du sollst nicht stehlen, du sollst nicht falsches Zeugnis reden, 19 ehre deinen Vater und deine Mutter» und «du sollst deinen Nächsten lieben wie dich selbst.»
20 Der Jüngling sagte zu ihm: Dies alles habe ich gehalten; was fehlt mir noch? 21 Jesus sprach zu ihm: Willst du voll=

Mark. 10, 17–31

17 Und als er sich auf den Weg machte, lief einer herzu, warf sich vor ihm auf die Knie und fragte ihn: Guter Meister, was muß ich tun, damit ich das ewige Le= ben ererbe? 18 Jesus aber sprach zu ihm: Was nennst du mich gut? Niemand ist gut außer Gott allein.

19 Du kennst die Gebote:
«Du sollst nicht töten, du sollst nicht ehebrechen, du sollst nicht stehlen, du sollst nicht falsches Zeugnis reden» du sollst nicht berauben, «ehre deinen Vater und deine Mutter!»
20 Er aber sagte zu ihm: Meister, dies alles habe ich gehalten von meiner Ju= gend an. 21 Da blickte ihn Jesus an, ge= wann ihn lieb und sprach zu ihm: Eins

Zu Mat. 19, 12 Ägypterevangelium (Clemens Alexandrinus Strom. III, 6, 45, 3): Und als sich Salome beim Herrn erkundigte: Bis wann wird der Tod Gewalt haben?, antwortete der Herr (nicht als sei das Leben etwas Schlechtes und die Schöpfung etwas Böses): Solange ihr Frauen gebärt! (sondern um die natürliche Gesetzmäßigkeit zu lehren). — (III, 9, 64, 1) . . . sagt Salome: Bis wann werden die Menschen sterben? . . . antwortete der Herr: Solange die Frauen gebären! i. e. die Begierden mächtig sind. — (III, 9, 63, 2) Ich bin gekommen, die Werke des Weibes aufzulösen! — (III, 9, 66, 2) . . . als sie (sc. Salome) nämlich sagte: Ich hätte also gut daran getan, nicht zu gebären? als ob es ungehörig sei, . . . antwortete der Herr: Iß jede Pflanze; die aber, die Bitterkeit hat, iß nicht.

Luk. 18, 15—17

15 Sie brachten aber auch die Kindlein zu ihm, damit er sie anrühren möchte. Als die Jünger das sahen, schalten sie sie.

16 Jesus aber rief sie zu sich und sprach: Lasset die Kinder zu mir kommen und wehret es ihnen nicht! denn solchen ge= hört das Reich Gottes.

17 Wahrlich, ich sage euch: Wer das Reich Gottes nicht annimmt wie ein Kind, wird nicht hineinkommen.

Joh. 3, 3. 5

3 Jesus antwortete und sprach zu ihm: Wahrlich, wahrlich, ich sage dir: Wenn jemand nicht von oben her geboren wird, kann er das Reich Gottes nicht sehen.
5 Jesus antwortete: Wahrlich, wahrlich, ich sage dir: Wenn jemand nicht aus Wasser und Geist geboren wird, kann er nicht in das Reich Gottes kommen.

Luk. 18, 18—30; 22, 28—30; 13, 30
(vgl. Nr. 232. 162)

18 Und es fragte ihn ein Vorsteher: Guter Meister, was muß ich tun, damit ich das ewige Leben ererbe? 19 Jesus aber sprach zu ihm: Was nennst du mich gut? Nie= mand ist gut außer Gott allein.

20 Du kennst die Gebote:
    «Du sollst nicht ehebrechen, du sollst nicht töten, du sollst nicht stehlen, du sollst nicht falsches Zeugnis reden, ehre deinen Vater und deine Mutter!»

21 Er aber sagte: Dies alles habe ich ge= halten von Jugend auf.
22 Als Jesus das hörte, sprach er zu ihm: Eins mangelt dir noch: Verkaufe alles,

kommen sein, so geh hin, verkaufe, was du hast, und gib es Armen, und du wirst einen Schatz in den Himmeln haben; und komm, folge mir nach! 22 Als aber der Jüngling das Wort hörte, ging er betrübt hinweg; denn er hatte viele Güter.

23 Da sprach Jesus zu seinen Jüngern: Wahrlich, ich sage euch: Ein Reicher wird [nur] schwer in das Reich der Himmel kommen.

24 Wiederum aber sage ich euch: Es ist leichter, daß ein Kamel durch ein Nadel= öhr geht als ein Reicher ins Reich Gottes. 25 Als die Jünger das hörten, entsetzten sie sich sehr und sagten: Wer kann dann gerettet werden? 26 Jesus aber blickte sie an und sprach zu ihnen: Bei den Men= schen ist dies unmöglich, bei Gott aber sind alle Dinge möglich.

27 Da begann Petrus und sagte zu ihm: Siehe, wir haben alles verlassen und sind dir nachgefolgt; was wird uns also zuteil werden? 28 Jesus aber sprach zu ihnen: Wahrlich, ich sage euch: Ihr, die ihr mir nachgefolgt seid, werdet in der Wieder= geburt, wenn der Sohn des Menschen auf dem Throne seiner Herrlichkeit sitzen wird, auch auf zwölf Thronen sitzen, um die zwölf Stämme Israels zu richten.

fehlt dir. Geh hin, verkaufe alles, was du hast, und gib es den Armen, und du wirst einen Schatz im Himmel haben; und komm, folge mir nach! 22 Er aber wurde traurig über das Wort und ging betrübt hinweg; denn er hatte viele Güter.

23 Und Jesus blickte umher und sprach zu seinen Jüngern: Wie schwer werden die Begüterten in das Reich Gottes kommen! 24 Die Jünger aber erstaunten über seine Worte. Da begann Jesus wiederum und sprach zu ihnen: Kinder, wie schwer ist es, in das Reich Gottes zu kommen! 25 Es ist leichter, daß ein Kamel durch ein Na= delöhr hindurchgeht, als daß ein Reicher in das Reich Gottes kommt. 26 Sie aber entsetzten sich in hohem Maß und sag= ten zueinander: Wer kann dann gerettet werden? 27 Jesus blickte sie an und sprach: Bei den Menschen ist es unmöglich, aber nicht bei Gott; denn bei Gott sind alle Dinge möglich.

28 Petrus fing an, zu ihm zu sagen: Siehe, wir haben alles verlassen und sind dir nachgefolgt.

29 Jesus sprach: Wahrlich, ich sage euch:

29 Und jeder, der Häuser oder Brüder oder Schwestern oder Vater und Mutter oder Weib oder Kinder oder Äcker um meines Namens willen verlassen hat, der wird es vielfältig empfangen

und das ewige Leben ererben. 30 Viele aber, welche Erste sind, werden Letzte sein, und [viele], welche letzte sind, Erste.

16: Röm. 2, 7 / 17: Luk. 10, 26–28; Gal. 3, 12. 21 / 21: Luk. 12, 33 / 24: 13, 22 / 26: 1. Mos. 18, 14; Luk. 1, 37 / 27: 4, 20; Luk. 5, 11 / 28: Off. 3, 21 / 30: 20, 16.

Es ist niemand, der Haus oder Brüder oder Schwestern oder Mutter oder Vater oder Kinder oder Äcker um meinetwillen und um des Evangeliums willen verlas= sen hat, 30 ohne hundertfach zu empfan= gen jetzt in dieser Zeit Häuser und Brü= der und Schwestern und Mütter und Kin= der und Äcker — unter Verfolgungen — und in der zukünftigen Welt das ewige Leben. 31 Viele aber, welche Erste sind, werden Letzte sein und die Letzten Erste.

19 par.: 2. Mos. 20, 12–16; 3. Mos. 19, 13; 5. Mos. 5, 16–20 / 21 par.: Mat. 6, 20; Luk. 16, 9 / 23: Spr. 11, 28; Ps. 62, 11 / 27: Hiob 42, 2; 1. Mos. 18, 14.

Zu Mat. 19, 16–24 par. Nazaräerevangelium (Origines, Kom. zu Mat. 15, 14): Es sprach zu ihm ein anderer der beiden Reichen: Meister, was soll ich Gutes tun, daß ich lebe? Er sprach zu ihm: Mensch, erfülle das Gesetz und die Propheten. Er antwortete ihm: Ich habe es getan. Da sagte er zu ihm: Geh, verkaufe alles, was du besitzt und verteile es unter die Armen und komm, folge mir nach! Da begann der Reiche sich seinen Kopf zu kratzen, und es wollte ihm nicht gefallen. Da sagte der Herr zu ihm: Wie kannst du sagen: ich habe das Gesetz und die Propheten gehalten? Weil bekanntermaßen im Gesetz geschrieben

was du hast, und verteile es an Arme, so
wirst du einen Schatz in den Himmeln
haben; und komm, folge mir nach!
23 Der aber wurde tief betrübt, als er dies
hörte; denn er war sehr reich.

24 Als ihn aber Jesus [so traurig] sah,
sprach er: Wie schwer kommen die Be=
güterten in das Reich Gottes!

25 Denn es ist leichter, daß ein Kamel
durch ein Nadelöhr geht, als daß ein Rei=
cher in das Reich Gottes kommt. 26 Da
sagten die, welche es gehört hatten:
Wer kann dann gerettet werden? 27 Er
aber sprach: Was unmöglich ist bei den
Menschen, ist möglich bei Gott.

28 Petrus aber sagte: Siehe, wir haben
unser Eigentum verlassen und sind dir
nachgefolgt.

29 Da sprach er zu ihnen: Wahrlich, ich
sage euch:
22, 28 *Ihr aber seid die, welche in meinen
Versuchungen bei mir ausgeharrt haben.
29 Und wie mir mein Vater ein Königreich
bestimmt hat, bestimme ich für euch,
30 daß ihr an meinem Tisch essen und
trinken sollt in meinem Reich und auf
Thronen sitzen, um die zwölf Stämme
Israels zu richten.*
18, 29b Es ist niemand, der Haus oder Weib
oder Brüder oder Eltern oder Kinder um
des Reiches Gottes willen verlassen hat,
30 der es nicht vielfältig empfangen würde
in dieser Zeit

und in der zukünftigen Welt das ewige
Leben. 13, 30 *Und siehe, es sind Letzte, die
werden Erste sein, und es sind Erste, die
werden Letzte sein.*
27: 19, 8. 9.

---

*steht: Du sollst deinen Nächsten lieben wie dich selbst. Und siehe, viele deiner Brüder, Abrahams Söhne,
sind mit Staub bedeckt, sterben vor Hunger, und dein Haus ist voll von vielen Gütern, und nie kommt
aus ihm etwas zu ihnen. Und er wandte sich um zu Simon und sprach zu Simon, der bei ihm saß: Simon,
Jonas Sohn, es ist leichter, daß ein Kamel durch ein Nadelöhr geht als ein Reicher ins Himmelreich.
Zu Mat. 19, 30 par. Thomasevangelium Logion 4: Ein Greis wird in seinen Tagen nicht zögern ein kleines
Kind von 7 Tagen nach dem Ort des Lebens zu fragen. Und er wird leben.*

187. Das Gleichnis von den Arbeitern im Weinberg

Mat. 20, 1—16

1 Denn das Reich der Himmel ist gleich einem Hausherrn, der am Morgen früh ausging, um Arbeiter in seinen Weinberg zu dingen. 2 Nachdem er aber mit den Arbeitern um einen Denar für den Tag übereingekommen war, sandte er sie in seinen Weinberg. 3 Und als er um die dritte Stunde ausging, sah er andre mü= ßig auf dem Markte stehen 4 und sagte zu diesen: Gehet auch ihr in den Wein= berg, und was recht ist, will ich euch geben. 5 Sie aber gingen hin. Wiederum ging er um die sechste und um die neunte Stunde aus und tat ebenso. 3 Als er aber um die elfte Stunde ausging, fand er an= dre dastehen und sagte zu ihnen: Warum steht ihr hier den ganzen Tag müßig? 7 Sie antworteten ihm: Weil uns niemand gedungen hat. Er sagte zu ihnen: Gehet auch ihr in den Weinberg! 8 Als es aber Abend geworden war, sagte der Herr des Weinbergs zu seinem Ver= walter: Rufe die Arbeiter und zahle den Lohn aus, indem du bei den Letzten an= fängst, bis zu den Ersten! 9 Da kamen die von der elften Stunde und empfingen je= der einen Denar. 10 Und als die Ersten kamen, meinten sie, sie würden mehr empfangen; und auch sie empfingen je= der einen Denar. 11 Als sie ihn aber emp= fangen hatten, murrten sie wider den Hausherren 12 und sagten: Diese Letzten haben [nur] e i n e Stunde gearbeitet, und du hast sie uns gleich gemacht, die wir die Last und Hitze des Tages getragen haben. 13 Er jedoch antwortete und sprach zu einem unter ihnen: Freund, ich tue dir nicht Unrecht. Bist du nicht um einen De= nar mit mir übereingekommen? 14 Nimm das Deine und geh hin! Ich w i l l aber die= sem Letzten so viel geben wie dir. 15 Oder steht es mir nicht frei, mit dem Meinigen zu tun, was ich will? Oder ist dein Auge neidisch, weil ich gütig bin? 16 So werden die Letzten Erste und die Ersten Letzte sein[1]).

1: 21, 33; Jes. 5, 1—7 / 8: 3. Mos. 19, 13; 5. Mos. 24, 14. 15 / 15: 6, 23; Röm. 9, 16. 21 / 16: 19, 30, Nr. 186.

[1]) Zahlreiche Textzeugen ergänzen (22, 14): «Denn viele sind berufen, wenige aber auserwählt.»

188. Die dritte Leidensansage

Mat. 20, 17—19

17 Als aber Jesus im Begriff war, nach Jerusalem hinaufzuziehen,

Mark. 10, 32—34

32 Sie waren aber auf ihrer Wanderung unterwegs nach Jerusalem, und Jesus

ging ihnen voran, und sie erstaunten; die aber, welche nachfolgten, fürchteten sich. Und er nahm die Zwölf abermals an seine Seite und fing an, ihnen zu sagen, was ihm widerfahren sollte: 33 Siehe, wir ziehen hinauf nach Jerusalem, und der Sohn des Menschen wird den Hohenpriestern und den Schriftgelehrten ausgeliefert werden, und sie werden ihn zum Tode verurteilen und ihn den Heiden ausliefern; 34 und sie werden ihn verspotten, ihn anspeien, ihn geißeln und ihn töten, und nach drei Tagen wird er auferstehen.

nahm er die Zwölf beiseite und sprach unterwegs zu ihnen:

18 Siehe, wir ziehen nach Jerusalem hinauf, und der Sohn des Menschen wird den Hohenpriestern und Schriftgelehrten ausgeliefert werden, und sie werden ihn zum Tode verurteilen 19 und werden ihn den Heiden ausliefern, damit sie ihn verspotten und geißeln und kreuzigen, und am dritten Tage wird er auferweckt werden.

189. Jesus und die Söhne des Zebedäus

Mat. 20, 20—28

20 Da trat die Mutter der Söhne des Zebedäus mit ihren Söhnen zu ihm, warf sich ihm zu Füßen und wollte etwas von ihm erbitten. 21 Er aber sprach zu ihr: Was willst du? Sie sagte zu ihm: Bestimme, daß diese meine zwei Söhne einer zu deiner Rechten und einer zu deiner Linken sitzen sollen in deinem Reiche! 22 Jesus aber antwortete und sprach: Ihr wißt nicht, um was ihr bittet. Könnt ihr den Kelch trinken, den ich trinken werde?

Sie sagen zu ihm: Wir können es. 23 Er sagt zu ihnen: Meinen Kelch zwar werdet ihr trinken,

aber das Sitzen zu meiner Rechten und zu meiner Linken, das zu verleihen, steht nicht mir zu, sondern denen [wird es zuteil], welchen es von meinem Vater bereitet worden ist. 24 Als die Zehn das hörten, wurden sie über die zwei Brüder unwillig. 25 Jesus aber rief sie zu sich und sprach: Ihr wißt, daß die Fürsten der Völker sie knechten und die Großen über sie Gewalt üben. 26 Unter euch soll es nicht so sein, sondern wer unter euch groß sein will, sei euer Diener, 27 und wer unter euch der Erste sein will, sei euer Knecht,

28 wie der Sohn des Menschen nicht gekommen ist, damit ihm gedient werde, sondern damit er diene und sein Leben gebe als Lösegeld für viele.

Mark. 10, 35—45

35 Und Jakobus und Johannes, die Söhne des Zebedäus, gehen zu ihm hin und sagen zu ihm: Meister, wir wollen, daß du uns tust, um was wir dich bitten werden. 36 Er aber sprach zu ihnen: Was wollt ihr, daß ich euch tun soll? 37 Da sagten sie zu ihm: Verleihe uns, daß wir einer zu deiner Rechten und einer zu deiner Linken sitzen dürfen in deiner Herrlichkeit! 38 Jesus aber sprach zu ihnen: Ihr wißt nicht, um was ihr bittet. Könnt ihr den Kelch trinken, den ich trinke, oder euch taufen lassen mit der Taufe, womit ich getauft werde? 39 Sie aber sagten zu ihm: Wir können es. Da sprach Jesus zu ihnen: Den Kelch, den ich trinke, werdet ihr trinken, und mit der Taufe, womit ich getauft werde, werdet ihr getauft werden; 40 aber das Sitzen zu meiner Rechten oder zu meiner Linken zu verleihen, steht nicht mir zu, sondern denen [wird es zuteil], welchen es bereitet worden ist.

41 Als die Zehn das hörten, fingen sie an, über Jakobus und Johannes unwillig zu werden. 42 Und Jesus ruft sie zu sich und sagt zu ihnen: Ihr wißt, daß die, welche als Fürsten der Völker gelten, sie knechten und ihre Großen über sie Gewalt üben. 43 Unter euch ist es aber nicht so, sondern wer unter euch groß sein will, sei euer Diener, 44 und wer unter euch der Erste sein will, sei der Knecht aller; 45 denn auch der Sohn des Menschen ist nicht gekommen, damit ihm gedient werde, sondern damit er diene und sein Leben gebe als Lösegeld für viele.

₃₁ Er nahm aber die Zwölf an seine Seite und sprach zu ihnen: Siehe, wir ziehen hinauf nach Jerusalem, und alles wird vollendet werden, was durch den Propheten auf den Sohn des Menschen hin geschrieben ist. ₃₂ Denn er wird den Heiden ausgeliefert und verspottet und mißhandelt und angespien werden, ₃₃ und sie werden ihn geißeln und töten, und am dritten Tage wird er auferstehen. ₃₄ Und sie erfaßten nichts von diesen Dingen, und dieses Wort war vor ihnen verborgen, und sie begriffen das Gesagte nicht.

31 ff par.: 13, 33 f; 17, 25; 24, 7. 44—46; Nr. 119; 124.

Luk. 12, 50; 22, 24—27   (vgl. Nr. 157. 232)

Joh. 13, 12—17

₅₀ *Mit einer Taufe aber muß ich getauft werden, und wie ist mir so bange, bis sie vollendet ist!*

₂₂, ₂₄ *Es entstand aber unter ihnen auch ein Streit darüber, wer von ihnen als der Größte gelten könne.* ₂₅ *Da sprach er zu ihnen: Die Könige der Völker üben die Herrschaft über sie aus, und ihre Gewalthaber lassen sich Wohltäter nennen.* ₂₆ *Ihr dagegen nicht so! Sondern der Größte unter euch soll werden wie der Jüngste, und der Hochstehende wie der Dienende.* ₂₇ *Denn wer ist größer, der zu Tische Sitzende oder der Dienende? Ist es nicht der zu Tische Sitzende? Ich aber bin mitten unter euch wie der Dienende.*

₁₂ *Als er ihnen nun die Füße gewaschen und seine Kleider genommen und sich wieder zu Tische gesetzt hatte, sprach er zu ihnen: Versteht ihr, was ich euch getan habe?* ₁₃ *Ihr nennt mich Meister und Herr, und ihr sagt es mit Recht; denn ich bin es.* ₁₄ *Wenn nun ich, der Herr und der Meister, euch die Füße gewaschen habe, ist es auch eure Pflicht, einander die Füße zu waschen.* ₁₅ *Denn ein Vorbild habe ich euch gegeben, damit auch ihr tut, wie ich euch getan habe.* ₁₆ *Wahrlich, wahrlich, ich sage euch: Ein Knecht ist nicht größer als sein Herr, noch ein Gesandter größer als der, welcher ihn gesandt hat.* ₁₇ *Wenn ihr dies wißt — selig seid ihr, wenn ihr es tut.*

[122]

20: 10, 2 / 22: 26, 39; Joh. 18, 11 / 27: 23, 11; 1. Kor. 9, 19 / 28 par.: Ps. 49, 8; Jes. 53, 10–12; Phil. 2, 7; 1. Tim. 2, 6; 1. Pet. 1, 18. 19.

38 par.: 14, 36; Röm. 6, 3 / 39 par.: Apg. 12, 2; Off. 1, 9 / 43 par.: 9, 35 par.

190. Heilung eines Blinden

Mat. 20, 29–34

29 Und als sie von Jericho wegzogen, folgt ihm viel Volk nach. 30 Und siehe, zwei Blinde, die am Wege saßen, hörten,

daß Jesus vorüberging, und schrien: Herr, erbarme dich unser, du Sohn Davids! 31 Das Volk aber bedrohte sie, sie sollten schweigen. Sie schrien jedoch noch mehr: Herr, erbarme dich unser, du Sohn Davids! 32 Und Jesus stand still, rief sie

und sprach: Was wollt ihr, daß ich euch tun soll? 33 Sie sagten zu ihm: Herr, daß unsre Augen geöffnet werden. 34 Da hatte Jesus Erbarmen mit ihnen und berührte ihre Augen; und alsbald sahen sie wieder und folgten ihm nach.

Mark. 10, 46–52

46 Und sie kamen nach Jericho. Und als er und seine Jünger und viel Volk von Jericho hinwegzogen, saß der Sohn des Timäus, Bartimäus, ein blinder Bettler, am Wege. 47 Als der hörte, daß es Jesus der Nazarener sei, fing er an zu schreien: Sohn Davids, Jesus, erbarme dich meiner! 48 Und es bedrohten ihn viele, er solle schweigen; er schrie jedoch noch viel mehr: Sohn Davids, erbarme dich meiner! 49 Und Jesus stand still und sagte: Rufet ihn! Und sie rufen den Blinden und sagen zu ihm: Sei getrost, steh auf; er ruft dich! 50 Der aber warf seinen Mantel ab, sprang auf und kam zu Jesus. 51 Und Jesus begann und sprach zu ihm: Was willst du, daß ich dir tun soll? Der Blinde aber sagte zu ihm: Rabbuni, daß ich wieder sehen kann. 52 Da sprach Jesus zu ihm: Geh hin; dein Glaube hat dich gerettet. Und alsbald sah er wieder und folgte ihm auf dem Wege nach.

52: 5, 34.

191. Zachäus

Zu Mat. 20, 28 fügt eine alte Tradition etwas hinzu, vgl. Nr. 166.

Luk. 18,35—43

35 Es begab sich aber, als er sich Jericho näherte, da saß ein Blinder am Weg und bettelte. **36** Und als dieser das Volk vorüberziehen hörte, erkundigte er sich, was das sei. **37** Da teilten sie ihm mit, Jesus der Nazo= räer gehe vorüber. **38** Und er rief: Jesus, du Sohn Davids, erbarme dich meiner! **39** Und die Voranziehenden bedrohten ihn, er solle schweigen; er schrie jedoch noch viel mehr: Sohn Davids, erbarme dich meiner! **40** Da blieb Jesus stehen und be= fahl, man solle ihn zu ihm führen.

Als er aber nahe herangekommen war, fragte er ihn: **41** Was willst du, daß ich dir tun soll? Er antwortete: Herr, daß ich wieder sehen kann. **42** Und Jesus sprach zu ihm: Werde wieder sehend! Dein Glaube hat dich gerettet. **43** Und sofort wurde er wieder sehend, und er folgte ihm nach und pries Gott. Und alles Volk, das zusah, gab Gott die Ehre.

42: 7, 50; 17, 19 / 43: 7, 16; 17, 15; 19, 37.

(Mat. 9, 27—31) (vgl. Nr. 54)

27 *Und als Jesus von da weiterging, folgten ihm zwei Blinde nach, die schrien:*

Erbarme dich unser, du Sohn Davids!

28 *Als er aber in das Haus hineinging, kamen die Blinden zu ihm.*

Und Jesus sagt zu ihnen: Glaubt ihr, daß ich dies tun kann? Sie sagen ja zu ihm: Ja, Herr. **29** *Da rührte er ihre Augen an und sprach: Euch geschehe nach eurem Glauben!* **30** *Und ihre Augen wurden geöffnet. Und Jesus drohte ihnen ernstlich und sagte: Sehet zu, niemand soll es erfahren.* **31** *Sie aber gingen hinaus und machten ihn in jener ganzen Gegend bekannt.*

Luk. 19,1—10

1 Und er kam nach Jericho hinein und wollte hindurchziehen. **2** Und siehe, da war ein Mann mit Namen Zachäus, der war Oberzöllner und war reich. **3** Und er suchte Jesus zu sehen, wer er sei, und er vermochte es nicht wegen der Volks= menge, weil er von Gestalt klein war. **4** Da lief er voraus und stieg auf einen Maulbeerfeigenbaum, um ihn zu sehen; denn er sollte auf jenem Weg hindurch= ziehen. **5** Und als Jesus an den Ort kam, blickte er zu ihm auf und sprach: Zachäus, steig eilends herab! denn heute muß ich in deinem Hause bleiben. **6** Und er stieg eilends herab und nahm ihn mit Freuden auf. **7** Und als sie es sahen, murrten sie alle und sagten: Bei einem sündigen Mann ist er eingekehrt, um Herberge zu

192. Das Gleichnis von den anvertrauten Geldern

Mat. 25,14—30   (vgl. Nr. 223)

14 *Denn es ist wie bei einem Mann, der*
außer Landes reisen wollte, seine Knechte
rief und ihnen sein Vermögen übergab.
15 *Und dem einen gab er fünf Talente,*
dem andern zwei, dem dritten eins, jedem
nach seinen Kräften, und reiste ab. Als=
bald 16 *ging der hin, der die fünf Talente*
empfangen hatte, handelte damit und ge=
wann fünf andre. 17 *Ebenso gewann der,*
welcher die zwei [Talente empfangen
hatte], zwei andre. 18 *Der aber das e i n e*
empfangen hatte, ging hin, machte eine
Grube in die Erde und verbarg das Geld
seines Herrn.

19 *Nach langer Zeit aber kommt der Herr*
jener Knechte und rechnet mit ihnen ab.

20 *Und der, welcher die fünf Talente emp=*
fangen hatte, trat herzu, brachte fünf
andre Talente herbei und sagte: Herr,
fünf Talente hast du mir übergeben;
siehe, ich habe fünf andre Talente ge=
wonnen. 21 *Sein Herr sprach zu ihm: Recht*
so, du guter und treuer Knecht, du bist
über weniges treu gewesen, ich will dich
über vieles setzen; geh ein zum Freuden=
fest deines Herrn! 22 *Auch der, welcher*
die zwei [Talente empfangen hatte], trat
herzu und sagte: Herr, zwei Talente hast
du mir übergeben; siehe, ich habe zwei
andre Talente gewonnen. 23 *Sein Herr*
sprach zu ihm: Recht so, du guter und
treuer Knecht, du bist über weniges treu
gewesen, ich will dich über vieles setzen;
geh ein zum Freudenfest deines Herrn!

nehmen. 8 Zachäus aber trat hin und sagte zum Herrn: Siehe, Herr, die Hälfte meines Besitzes gebe ich [nunmehr] den Armen, und wenn ich von jemandem etwas erpreßt habe, gebe ich es vierfach zurück. 9 Da sprach Jesus zu ihm: Heute ist diesem Hause Heil widerfahren, wie denn auch er ein Sohn Abrahams ist. 10 Denn der Sohn des Menschen ist gekommen, um das Verlorne zu suchen und zu retten.

6: Joh. 1, 12 / 7: 5, 30; 15, 2; Mat. 9, 11 / 8: 2. Mos. 22, 1. 9 / 10: Ez. 34, 16; Mat. 18, 11; Joh. 3, 17.

Luk. 19, 11—27

11 Als sie aber dies hörten, fuhr er fort und sagte ein Gleichnis, weil er nahe bei Jerusalem war und sie meinten, das Reich Gottes werde sofort sichtbar werden. 12 Er sagte also: Ein Mann von vornehmer Abkunft begab sich in ein fernes Land, um sich ein Reich zu erwerben und [dann] zurückzukehren. 13 Er rief aber zehn seiner Knechte, gab ihnen zehn Pfunde¹) und sagte zu ihnen: Treibet Handel, während ich fort bin!

14 Seine Mitbürger jedoch haßten ihn, schickten eine Gesandschaft hinter ihm her und ließen sagen: Wir wollen nicht, daß dieser über uns König werde.
15 Und es begab sich, als er wiederkam, nachdem er sich das Reich erworben hatte, da ließ er die Knechte, denen er das Geld gegeben hatte, zu sich rufen, um zu erfahren, was jeder bei seinen Geschäften gewonnen habe. 16 Da kam der erste und sagte:

Herr, dein Pfund hat zehn Pfunde hinzuerworben. 17 Und er sprach zu ihm: Recht so, du guter Knecht! weil du in etwas ganz Geringem treu gewesen bist, sollst du über zehn Städte Macht haben.

18 Und der zweite kam und sagte: Dein Pfund, Herr, hat fünf Pfunde eingebracht.

19 Er sprach aber auch zu diesem: Und du sei über fünf Städte gesetzt!

24 *Aber auch der, welcher das e i n e Talent
empfangen hatte, trat herzu und sagte:
Herr, ich kannte dich, daß du ein harter
Mensch bist, daß du erntest, wo du nicht
gesät hast, und sammelst, wo du nicht
ausgestreut hast;* 25 *und ich fürchtete mich,
ging hin und verbarg dein Talent in der
Erde. Siehe, da hast du das Deine!* 26 *Sein
Herr aber antwortete und sprach zu ihm:
Du böser und fauler Knecht, wußtest du,
daß ich ernte, wo ich nicht gesät habe,
und sammle, wo ich nicht ausgestreut
habe?* 27 *Dann hättest du mein Geld den
Geldverleihern bringen sollen, und i c h
hätte bei meiner Rückkehr das Meinige
mit Zinsen zurückerhalten.* 28 *Darum neh=
met ihm das Talent weg und gebet es
dem, der die zehn Talente hat!* 29 *Denn
jedem, der hat, wird gegeben werden,
und er wird Überfluß haben; dem aber,
der nicht hat, wird auch das genommen
werden, was er hat.* 30 *Und den unnützen
Knecht stoßet hinaus in die Finsternis,
die draußen ist! Dort wird Heulen und
Zähneknirschen sein.*

Zu Luk. 19, 11—27 *Nazaräerevangelium (Eusebius, Theoph. zu Mat. 25, 14 f): Da (das Nazaräerevangelium)
. . . die Drohung nicht gegen den erhebt, der (den Zentner) verbarg, sondern gegen den, der schwelgerisch
gelebt hatte — ‚denn er (sc. der Herr) hatte drei Knechte: einen, der das Vermögen des Herren mit Dirnen
und Flötenspielerinnen verpraßte, einen anderen, der den Gewinn vervielfältigte, und einen, der das
Talent verbarg. Danach ist der eine gelobt, der andere nur getadelt, der andere aber ins Gefängnis ge=
sperrt worden' — so überlege ich, ob nicht die Drohung bei Mat., die nach dem Wort gegen den Nichtstuer
ausgesprochen ist, nicht diesem gilt, sondern durch Rückgriff dem ersten, dem, der mit den Trunkenen
gepraßt und getrunken hat, gilt.*

2. Jesus in Jerusalem   (Mat. 21—25; Mark. 11—13; Luk. 19, 28—21)

193. Der Einzug in Jerusalem

Mat. 21,1—9   Mark. 11,1—10

1 Und als sie sich Jerusalem näherten und
nach Bethphage an den Ölberg kamen,
da sandte Jesus zwei Jünger 2 und sagte
zu ihnen: Gehet in das Dorf, das vor euch
liegt, und alsbald werdet ihr eine Eselin
angebunden finden und ein Füllen bei ihr;
bindet sie los und führet sie zu mir!
3 Und wenn jemand etwas zu euch sagt,
so sollt ihr sagen: Der Herr bedarf ihrer.
Dann wird er sie alsbald freigeben. 4 Dies
geschah aber, damit erfüllt würde, was
durch den Propheten geredet worden ist,
welcher spricht:

1 Und als sie in die Nähe Jerusalems ge=
gen Bethphage und Bethanien am Ölberg
kamen, sandte er zwei seiner Jünger 2 und
sagte zu ihnen: Gehet in das Dorf, das
vor euch liegt, und gleich, wenn ihr hin=
einkommt, werdet ihr ein Füllen ange=
bunden finden, auf dem noch kein Mensch
gesessen hat; bindet es los und bringet es
her! 3 Und wenn jemand zu euch sagt:
Was macht ihr da? so saget: Der Herr
bedarf seiner, und er schickt es alsbald
wieder hierher.

₂₀ Und der andre kam und sagte: Herr, siehe, da ist dein Pfund, das ich in einem Schweißtuch verwahrt hielt. ₂₁ Denn ich fürchtete dich, weil du ein harter Mensch bist; du nimmst, was du nicht hingelegt hast, und erntest, was du nicht gesät hast. ₂₂ Er sprach zu ihm: Aus deinem Munde will ich dir das Urteil sprechen, du böser Knecht! Du wußtest, daß ich ein harter Mensch bin, daß ich nehme, was ich nicht hingelegt habe, und ernte, was ich nicht gesät habe? ₂₃ Und warum hast du mein Geld nicht auf die Bank gegeben? Dann hätte ich es bei meiner Rückkehr mit Zin= sen eingefordert. ₂₄ Und zu den Dabei= stehenden sprach er: Nehmet ihm das Pfund weg und gebet es dem, der die zehn Pfunde hat! ₂₅ Und sie sagten zu ihm: Herr, er hat [schon] zehn Pfunde. — ₂₆ Ich sage euch: Jedem, der hat, wird gegeben werden; dem aber, der nicht hat, wird auch das genommen werden, was er hat. ₂₇ Doch diese meine Feinde, die nicht wollten, daß ich über sie König würde, führet hierher und machet sie vor meinen Augen nieder!

11: 17, 20; 24, 21; Apg. 1, 6 / 14: Joh. 1, 11; 15, 18 / 17: 16, 10 / 22: Mat. 12, 37 / 26: 8, 18 par.

¹) 19, 13. Wörtlich: «Minen». Mit «Pfund» wird der Wert einer Mine (etwa 225 DM) durch An= gabe des Gewichts (jedoch nicht des heutigen) bezeichnet.

Zu Luk. 19, 17 2. Clemens 8, 5 f: Denn der Herr sagt im Evangelium: Wenn ihr das Geringe verliert, wer wird euch das Große geben? Denn ich sage euch: Wer im Geringen treu ist, ist auch in Vielem treu. Das bedeutet: Bewahrt das Fleisch rein und das Siegel unbefleckt, damit wir das ewige Leben empfangen.

Luk. 19, 28—38

₂₈ Und nachdem er dies gesagt hatte, wan= derte er weiter, um nach Jerusalem hin= aufzuziehen. ₂₉ Und es begab sich, als er in die Nähe von Bethphage und Betha= nien an dem Berge kam, der der Ölberg heißt, da sandte er zwei von den Jüngern ₃₀ und sagte: Gehet in das gegenüberlie= gende Dorf, und wenn ihr hineinkommt, werdet ihr darin ein Füllen angebunden finden, auf dem noch nie ein Mensch ge= sessen hat; das bindet los und führet es her! ₃₁ Und wenn euch jemand fragt: Warum bindet ihr es los? sollt ihr so sa= gen: Der Herr bedarf seiner.

Joh. 12, 12—19

₁₂ *Als am folgenden Tage das Volk, das zahlreich zum Fest gekommen war, hörte, daß Jesus nach Jerusalem komme, ₁₃ nah= men sie die Palmzweige und zogen hinaus ihm entgegen und riefen:*

«Hosianna!

Gepriesen sei, der da kommt im Namen des Herrn»

und [der] der König Israels [ist]!

₁₄ *Jesus aber fand einen jungen Esel und setzte sich darauf, wie geschrieben steht:*

5 «Saget der Tochter Zion: Siehe, dein
König kommt zu dir sanftmütig und
reitend auf einer Eselin und auf einem
Füllen, dem Jungen des Lasttiers.»
6 Die Jünger aber gingen hin

und taten,

wie ihnen Jesus befohlen hatte, 7 führten
die Eselin und das Füllen herbei und leg=
ten ihre Kleider auf sie, und er setzte sich
auf sie. 8 Die meisten aber unter dem
Volk bereiteten ihre Kleider auf dem Wege
aus; andre hieben Zweige von den Bäu=
men und streuten sie auf den Weg.

4 Da gingen sie hin und fanden ein Füllen
an einer Türe angebunden außen auf der
Straße, und sie banden es los. 5 Und ei=
nige der dort Stehenden sagten zu ihnen:
Was macht ihr, daß ihr das Füllen los=
bindet? 6 Sie aber sagten zu ihnen, wie
Jesus befohlen hatte, und man ließ sie
gewähren. 7 Und sie brachten das Füllen
zu Jesus und legten ihre Kleider darauf,
und er setzte sich auf dasselbe. 8 Und
viele breiteten ihre Kleider auf den Weg,
andre aber grüne Zweige, die sie auf den
Feldern abgeschnitten hatten.

9 Die Volksmenge aber, die ihm voran=
ging und nachfolgte, rief:
«Hosianna» dem Sohne Davids!
«Gepriesen sei, der da kommt
im Namen des Herrn!

Hosianna» in den Höhen!
3: 26, 18 / 5: Jes. 62, 11; Sach. 9, 9 / 8 par.: 2. Kön.
9, 13 / 9: par.: 23, 39 par.; Ps. 118, 25. 26; Sach. 9, 9.

9 Und die vorangingen und die nachfolg=
ten, riefen:
«Hosianna!»
«Gepriesen sei, der da kommt im Na=
men des Herrn!»
10 Gepriesen sei das Reich unsrs Vaters
David, das da kommt!
«Hosianna» in den Höhen!
3: 14, 14.

194. Weissagung über Jerusalem

32 Da gingen die Abgesandten hin und fanden es, wie er ihnen gesagt hatte. 33 Als sie aber das Füllen losbanden, sagten seine Herren zu ihnen: Warum bindet ihr das Füllen los? 34 Sie antworteten: Der Herr bedarf seiner. 35 Und sie führten es zu Jesus, warfen ihre Kleider auf das Füllen und ließen Jesus aufsteigen. 36 Während er aber dahinzog, breiteten sie auf dem Wege ihre Kleider hin.

37 Als er sich aber schon der Stelle näherte, wo man vom Ölberg [nach Jerusalem] hinabsteigt, fing die ganze Menge der Jünger voll Freude an, Gott mit lauter Stimme zu loben wegen all der machtvollen Taten, die sie gesehen hatten, 38 und sie sprachen:
«Gepriesen sei, der da kommt»,
der König, «im Namen des Herrn!»
Im Himmel Friede

und Ehre in den Höhen!
38: 2, 14.

15 «Fürchte dich nicht, Tochter Zion! Siehe, dein König kommt, sitzend auf dem Füllen einer Eselin.» 16 Dies verstanden seine Jünger zuerst nicht; aber als Jesus verherrlicht war, da erinnerten sie sich, daß dies über ihn geschrieben stand und daß man ihm dies getan hatte. 17 Das Volk nun, das bei ihm war, bezeugte, daß er Lazarus aus der Gruft gerufen und ihn von den Toten auferweckt hatte. 18 Deshalb ging ihm das Volk auch entgegen, weil es gehört hatten, daß er dieses Zeichen getan habe. 19 Da sagten die Pharisäer zueinander: Ihr seht, daß ihr nichts ausrichtet. Siehe, die [ganze] Welt ist ihm nachgelaufen.

Luk. 19, 39—44
39 Und aus dem Volk heraus sagten etliche der Pharisäer zu ihm: Meister, verweise es deinen Jüngern! 40 Da antwortete er und sprach: Ich sage euch: Wenn diese schweigen, werden die Steine schreien. 41 Und als er näher kam und die Stadt sah, weinte er über sie 42 und sprach: Wenn doch auch du an diesem Tag erkannt hättest, was zu deinem Frieden dient! Jetzt aber ist es vor deinen Augen verborgen. 43 Denn es werden Tage über dich kommen, da werden deine Feinde einen Wall gegen dich aufwerfen und dich ringsum einschließen und dich von allen Seiten bedrängen 44 und dich dem Erdboden gleichmachen und deine Kinder in dir [zu Boden schmettern] und keinen Stein in dir auf dem andern lassen darum, weil du die Zeit deiner [gnadenvollen] Heimsuchung nicht erkannt hast.
40: Hab. 2, 11 / 41: Joh. 11, 35 / 43: 5. Mos. 28, 52; Jes. 29, 2. 3; Jer. 6, 6; Sach. 14, 2 / 44: 21, 6 par.

195. Jesus im Tempel und Rückkehr nach Bethanien

Mat. 21,10—17

10 Und als er in Jerusalem einzog, kam die ganze Stadt in Bewegung und sagte: Wer ist das? 11 Die Volksmenge aber sagte: Das ist der Prophet Jesus aus Nazareth in Galiläa.

12 Und Jesus ging in den Tempel Gottes

und trieb alle, die im Tempel verkauften und kauften, hinaus und stieß die Tische der Wechsler und die Sitze der Taubenverkäufer um

13 und sprach zu ihnen: Es steht geschrieben:
«Mein Haus soll ein Bethaus heißen»; ihr aber macht es zu einer Räuberhöhle.

14 Und es kamen Blinde und Lahme im Tempel zu ihm, und er heilte sie. 15 Als aber die Hohenpriester und die Schriftgelehrten die staunenswerten Taten sahen, die er vollbrachte, und die Kinder, die im Tempel schrien: Hosianna dem Sohne Davids! wurden sie unwillig 16 und sagten zu ihm: Hörst du, was diese sagen? Da sprach Jesus zu ihnen: Ja, habt ihr nie gelesen:
«Aus dem Munde der Unmündigen und Säuglinge hast du dir Lob bereitet»?
17 Und er verließ sie, ging zur Stadt hinaus nach Bethanien und blieb dort übernacht.

12: Sach. 14, 21 / 13 par.: Jes. 56, 7; Jer. 7, 11 / 14: 11, 5 / 15: Ps. 118, 25 / 16: Ps. 8, 3.

Mark. 11,11.15—17　(vgl. Nr. 197)

11 Und er ging nach Jerusalem

in den Tempel hinein.
15 *Und als er in den Tempel hineingegangen war, fing er an, die, welche im Tempel verkauften und kauften, hinauszutreiben, und stieß die Tische der Wechsler und die Sitze der Taubenverkäufer um* 16 *und ließ es nicht zu, daß jemand ein Gefäß durch den Tempel trug.*
17 *Und er lehrte und sprach zu ihnen:*
Steht nicht geschrieben:
«*Mein Haus soll ein Bethaus heißen für alle Völker*»? *Ihr aber habt es zu einer Räuberhöhle gemacht.*

und nachdem er alles ringsumher angesehen hatte, ging er, da es schon spät an der Zeit war, mit den Zwölfen hinaus nach Bethanien.

196. Der verdorrende Feigenbaum　(vgl. Nr. 198)

Mat. 21,18—19

18 Als er aber am Morgen wieder in die Stadt ging,
hungerte ihn. 19 Und er sah einen Feigenbaum am Wege,
ging zu ihm hin und fand nichts daran

als nur Blätter.

Und er sprach zu ihm: Nie mehr soll Frucht von dir kommen in Ewigkeit! Und sofort verdorrte der Feigenbaum.

Mark. 11,12—14

12 Und als sie am folgenden Tage von Bethanien weggegangen waren, hungerte ihn. 13 Und er sah von ferne einen Feigenbaum, der Blätter hatte, und ging hin, ob er nun auch etwas daran fände. Und als er zu ihm hin kam, fand er nichts als Blätter (es war nämlich nicht die Zeit der Feigen). 14 Und er begann und sprach zu ihm: In Ewigkeit soll nie mehr jemand Frucht von dir essen! Und seine Jünger hörten es.

vgl. Nr. 159

Luk. 19, 45—46

45 Und nachdem er in den Tempel hineingegangen war,
fing er an, die Verkäufer hinauszutreiben,

46 und sprach zu ihnen: Es steht geschrieben:
«Und mein Haus soll ein Bethaus sein!»
Ihr aber habt es zu einer Räuberhöhle
gemacht.

197. Jesus im Tempel

Mat. 21,12—13; 22,33 (vgl. Nr. 195; 204)

12 Und Jesus ging in den Tempel Gottes und trieb alle, die im Tempel verkauften und kauften, hinaus und stieß die Tische der Wechsler und die Sitze der Tauben=verkäufer um

13 und sprach zu ihnen: Es steht geschrie=ben:
«Mein Haus soll ein Bethaus heißen»; ihr aber macht es zu einer Räuberhöhle.

22,33 Und als die Volksmenge es hörte, er=staunte sie über seine Lehre.

Mark. 11,15—19

15 Und sie kamen nach Jerusalem. Und als er in den Tempel hineingegangen war, fing er an, die, welche im Tempel ver=kauften und kauften, hinauszutreiben, und stieß die Tische der Wechsler und die Sitze der Taubenverkäufer um 16 und ließ es nicht zu, daß jemand ein Gefäß durch den Tempel trug. 17 Und er lehrte und sprach zu ihnen: Steht nicht geschrieben: «Mein Haus soll ein Bethaus heißen für alle Völker»?
Ihr aber habt es zu einer Räuberhöhle gemacht.

18 Und die Hohenpriester und die Schrift=gelehrten hörten es und suchten, wie sie ihn ins Verderben bringen könnten; denn sie fürchteten ihn. Alles Volk nämlich erstaunte über seine Lehre.

19 Und als es Abend geworden war, ging er zur Stadt hinaus.

17 par.: Jes. 56,7; Jer. 7,11 / 18: 1,22; 6,2; 7,37.

198. Der verdorrende Feigenbaum (vgl. Nr. 196)

Mat. 21,20—22; 6,14 (vgl. Nr. 29)

20 Als die Jünger das sahen, verwunder=ten sie sich und sagten:

Wie ist der Feigenbaum sofort verdorrt? 21 Jesus aber antwortete und sprach zu ihnen: Wahrlich, ich sage euch: Wenn ihr Glauben habt und nicht zweifelt, so wer=det ihr nicht nur tun, was dem Feigen=baum widerfahren ist, sondern auch, wenn ihr zu diesem Berge sagt: Hebe dich empor und wirf dich ins Meer!

so wird es geschehen. 22 Und alles, was ihr im Gebet gläubig erbittet, werdet ihr empfangen.

6,14 Denn wenn ihr den Menschen ihre Verfehlungen vergebt, wird euer himm=lischer Vater euch auch vergeben.
21 par.: 17,20 (Nr. 123).

Mark. 11,20—25

20 Und als sie am Morgen vorübergingen, sahen sie den Feigenbaum bis zu den Wurzeln verdorrt. 21 Da erinnerte sich Pe=trus und sagte zu ihm: Rabbi, siehe, der Feigenbaum, den du verflucht hast, ist verdorrt. 22 Und Jesus antwortete und sprach zu ihnen: Habet Glauben an Gott! 23 Wahrlich, ich sage euch:

Wer zu diesem Berge sagt: Hebe dich empor und wirf dich ins Meer! und in seinem Herzen nicht zweifelt, sondern glaubt, daß das, was er sagt, geschieht, dem wird es zuteil werden. 24 Darum sage ich euch: Alles, um was ihr betet und bit=tet, glaubet [nur], daß ihr es empfangen habt, und es wird euch zuteil werden. 25 Und wenn ihr dasteht und betet, so vergebet, wenn ihr etwas wider jemand habt, damit auch euer Vater in den Him=meln euch eure Verfehlungen vergibt.[1]
22: Joh. 14,1 / 24: Mat. 7,7 / 25: Mat. 5,23.

[128]

Luk. *19,45—46. 47—48; 21,37*
(vgl. Nr. 195. 225)

⁴⁵ *Und nachdem er in den Tempel hineingegangen war, fing er an, die Verkäufer
hinauszutreiben,*

⁴⁶ *und sprach zu ihnen: Es steht geschrieben:*
«*Und mein Haus soll ein Bethaus sein!*»

*Ihr aber habt es zu einer Räuberhöhle
gemacht.*

⁴⁷ Und er lehrte täglich im Tempel; die
Hohenpriester aber und die Schriftgelehrten und die Vornehmsten des Volkes
suchten ihn ins Verderben zu bringen,
⁴⁸ und sie fanden nicht, was sie tun sollten; denn das ganze Volk hing ihm an
und hörte auf ihn.

21, 37 *Er lehrte aber die Tage über im Tempel, des Nachts dagegen ging er hinaus
und übernachtete an dem Berge, der der
Ölberg heißt.*

47: 22, 53; Joh. 18, 20; Mat. 21, 45. 46 / 48: Mark.
12, 37.

Joh. 2,13—17

¹³ *Und das Passa der Juden war nahe, und
Jesus zog nach Jerusalem hinauf.* ¹⁴ *Und
er fand die Verkäufer von Ochsen, Schafen und Tauben und die Wechsler im
Tempel sitzend.* ¹⁵ *Und er machte eine
Geißel aus Stricken und trieb alle aus
dem Tempel hinaus, die Schafe wie die
Ochsen, und den Wechslern schüttete er
das Geld aus und stieß ihnen die Tische
um,* ¹⁶ *und zu den Taubenverkäufern
sprach er: Traget das von hier weg; machet nicht das Haus meines Vaters zu
einem Kaufhause!* ¹⁷ *Seine Jünger erinnerten sich, daß geschrieben steht:*
«*Der Eifer für dein Haus wird mich
verzehren.*»

17: Ps. 69, 10.

Joh. 14,13.14; 16,23

¹³ *und was ihr in meinem Namen erbitten werdet, das werde ich tun, damit der
Vater im Sohn verherrlicht wird.* ¹⁴ *Wenn
ihr in meinem Namen etwas erbitten werdet, werde ich es tun.*
¹⁶, ²³ *Und an jenem Tage werdet ihr mich
nichts fragen. Wahrlich, wahrlich, ich sage
euch: Wenn ihr den Vater um etwas bitten werdet, so wird er es euch um meines Namens willen geben.*

¹) 11, 25. Mehrere alte Textzeugen haben hier
(wohl nach Mat. 6, 15) noch: «26 Wenn aber ihr
nicht vergebt, wird auch euer Vater in den Himmeln eure Verfehlungen nicht vergeben.»
Zu Mat. 21, 21 par. Thomasevangelium Logion 48, vgl. Nr. 123.

199. Jesu Vollmacht

Mat. 21, 23—27　　　　　　　Mark. 11, 27—33

23 Und als er in den Tempel gekommen war, traten die Hohenpriester und die Ältesten des Volkes zu ihm, während er lehrte, und sagten: In was für einer Vollmacht tust du dies, und wer hat dir diese Vollmacht gegeben? 24 Jesus aber antwortete und sprach zu ihnen: Auch ich will euch etwas fragen; und wenn ihr es mir sagt, will auch ich euch sagen, in was für einer Vollmacht ich dies tue. 25 Woher stammte die Taufe des Johannes? vom Himmel oder von Menschen? Sie aber überlegten bei sich selbst: Wenn wir sagen: vom Himmel, so wird er uns erwidern: Warum habt ihr ihm dann nicht geglaubt? 26 Wenn wir aber sagen: von Menschen, so müssen wir das Volk fürchten; denn alle halten Johannes für einen Propheten. 27 Und sie antworteten Jesus: Wir wissen es nicht. Da sprach auch er zu ihnen: So sage auch ich euch nicht, in was für einer Vollmacht ich dies tue.

25: Luk. 7, 30 / 26: 14, 5.

27 Und sie kamen wieder nach Jerusalem. Und während er im Tempel umherging, kamen die Hohenpriester, die Schriftge= lehrten und die Ältesten zu ihm, 28 und sie sagten zu ihm: In was für einer Voll= macht tust du dies? oder wer hat dir diese Vollmacht gegeben, das zu tun? 29 Jesus aber sprach zu ihnen: Ich will e i n e Frage an euch richten, und ihr sollt mir antwor= ten; dann will ich euch sagen, in was für einer Vollmacht ich dies tue. 30 Stammte die Taufe des Johannes vom Himmel oder von Menschen? Antwortet mir! 31 Und sie überlegten miteinander: Wenn wir sagen: Vom Himmel, so wird er erwidern: War= um habt ihr ihm denn nicht geglaubt? 32 Sollen wir vielmehr sagen: Von Men= schen? — Sie fürchteten [nämlich] das Volk; denn alle hielten dafür, Johannes sei wirklich ein Prophet gewesen. 33 Und sie antworteten Jesus und sagten: Wir wissen es nicht. Da sprach Jesus zu ihnen: So sage auch ich euch nicht, in was für einer Vollmacht ich dies tue.

200. Das Gleichnis von den ungleichen Söhnen

Mat. 21, 28—32

28 Was meint ihr aber? Ein Mann hatte zwei Söhne. Er trat zu dem ersten und sagte: Mein Sohn, geh, arbeite heute im Weinberg! 29 Der aber antwortete: Ja, Herr, und ging nicht hin. 30 Dann trat er zu dem zweiten und sagte ebenso. Der aber antwortete: Ich will nicht. Später reute es ihn, und er ging hin. 31 Wer von den zweien hat den Willen des Vaters ge= tan? Sie sagten: Der zweite. Jesus sprach zu ihnen: Wahrlich, ich sage euch: Die Zöllner und die Dirnen kommen vor euch in das Reich Gottes. 32 Denn Johannes ist zu euch gekommen mit der Lehre von der Gerechtigkeit, und ihr habt ihm nicht ge= glaubt. Die Zöllner und die Dirnen aber haben ihm geglaubt; ihr dagegen habt, als ihr es saht, hinterdrein nicht einmal Reue empfunden, so daß ihr ihm geglaubt hättet.

31: Luk. 3, 12; 18, 14.

Luk. 20,1—8

1 Und es begab sich an einem der Tage, als er das Volk im Tempel lehrte und das Evangelium verkündigte, da traten die Hohenpriester und die Schriftgelehrten samt den Ältesten herzu 2 und sagten zu ihm: Sage uns: In was für einer Voll= macht tust du dies? oder wer ist's, der dir diese Vollmacht gegeben hat? 3 Da antwortete er und sprach zu ihnen: Auch ich will eine Frage an euch richten. Saget mir:

4 Stammte die Taufe des Johannes vom Himmel oder von Menschen? 5 Sie aber überlegten miteinander: Wenn wir sagen: vom Himmel, so wird er erwidern: War= um habt ihr ihn nicht geglaubt? 6 Wenn wir dagegen sagen: von Menschen, so wird uns das ganze Volk steinigen; denn es ist überzeugt, daß Johannes ein Pro= phet war. 7 Und sie antworteten, sie wüßten nicht woher. 8 Da sprach Jesus zu ihnen: So sage auch ich euch nicht, in was für einer Vollmacht ich dies tue.

6: Mat. 11, 9.

Joh. 2,18—22

18 Da begannen die Juden und sagten zu ihm: Was für ein Zeichen weisest du uns dafür auf, daß du dies tun darfst? 19 Je= sus antwortete und sprach zu ihnen: Brechet diesen Tempel ab, und in drei Tagen will ich ihn wiedererstehen lassen. 20 Die Juden nun sagten: In 46 Jahren ist dieser Tempel gebaut worden, und du willst ihn in drei Tagen wiedererstehen lassen? 21 Er aber sprach vom Tempel sei= nes Leibes. 22 Als er nun von den Toten auferweckt worden war, erinnerten sich seine Jünger, daß er dies gesagt hatte, und sie glaubten der Schrift und dem Worte, das Jesus gesprochen hatte.

201. Das Gleichnis von den bösen Weingärtnern

Mat. 21, 33–46

33 Höret ein andres Gleichnis: Es war ein Hausherr, der pflanzte einen Weinberg und zog einen Zaun darum und grub eine Kelter darin und baute einen Turm; und er verpachtete ihn an Weingärtner und zog außer Landes. 34 Als aber die Zeit der Früchte herangekommen war, sandte er seine Knechte zu den Weingärtnern, um seine Früchte in Empfang zu nehmen. 35 Und die Weingärtner ergriffen seine Knechte und schlugen den einen, den andern töteten sie, den dritten steinigten sie. 36 Wiederum sandte er andre Knechte hin, mehr als die ersten, und sie taten ihnen ebenso.

37 Zuletzt aber sandte er seinen Sohn zu ihnen, indem er sagte: Sie werden sich vor meinem Sohn scheuen. 38 Als jedoch die Weingärtner den Sohn sahen, sagten sie untereinander: Dies ist der Erbe; kommet, lasset uns ihn töten und sein Erbgut behalten! 39 Und sie ergriffen ihn, stießen ihn zum Weinberg hinaus und töteten ihn. 40 Wenn nun der Herr des Weinbergs kommt, was wird er mit diesen Weingärtnern tun? 41 Sie sagen zu ihm: Er wird sie als Übeltäter übel umbringen und den Weinberg an andre Weingärtner verpachten, die ihm die Früchte zu ihrer Zeit abliefern werden. 42 Jesus sagt zu ihnen: Habt ihr nie in den Schriften gelesen:
«Der Stein, den die Bauleute
verworfen haben,
der ist zum Eckstein geworden;
durch den Herrn ist dieser es geworden,
und er ist wunderbar in unsern Augen»?
43 Deshalb sage ich euch: Das Reich Gottes wird von euch genommen und einem Volk gegeben werden, das dessen Früchte bringt[1]).

45 Und als die Hohenpriester und die Pharisäer seine Gleichnisse gehört hatten, merkten sie, daß er von ihnen redete, 46 und sie suchten ihn festzunehmen, fürchteten aber die Volksmenge, weil sie ihn für einen Propheten hielt.

Mark. 12, 1–12

1 Und er fing an, in Gleichnissen zu ihnen zu reden: Ein Mensch pflanzte einen Weinberg und zog einen Zaun darum und grub eine Kelter und baute einen Turm und verpachtete ihn an Weingärtner und zog außer Landes. 2 Und als die Zeit da war, sandte er zu den Weingärtnern einen Knecht, um bei den Weingärtnern von den Früchten des Weinberges [seinen Anteil] in Empfang zu nehmen. 3 Und sie ergriffen ihn, schlugen ihn und schickten ihn mit leeren Händen fort. 4 Und er sandte wieder einen andern Knecht zu ihnen, den schlugen sie auf den Kopf und mißhandelten ihn. 5 Und er sandte einen andern, den töteten sie, und viele andre, die einen schlugen sie, die andern töteten sie. 6 Noch e i n e n hatte er, einen geliebten Sohn; den sandte er zuletzt zu ihnen, indem er sagte: Sie werden sich vor meinem Sohne scheuen. 7 Jene Weingärtner aber sagten zueinander: Dies ist der Erbe; kommet, lasset uns ihn töten, so wird das Erbgut unser sein. 8 Und sie ergriffen ihn, töteten ihn und warfen ihn zum Weinberg hinaus. 9 Was wird der Herr des Weinbergs tun? Er wird kommen und die Weingärtner umbringen und den Weinberg andern geben.

10 Habt ihr [denn] auch gar nicht dieses Schriftwort gelesen:
«Der Stein, den die Bauleute
verworfen haben,
der ist zum Eckstein geworden;
11 durch den Herrn ist dieser es geworden,
und er ist wunderbar in unsern Augen»?

12 Da suchten sie ihn festzunehmen und fürchteten doch das Volk; denn sie merkten daß er das Gleichnis gegen sie gesagt hatte. Und sie verließen ihn und gingen hinweg.

1 par.: Jes. 5, 1. 2 / 10 f par.: Ps. 118, 22. 23 / 12: 14, 1 par.

---

[1]) 21, 43. Textzeugen fügen (nach Luk. 20, 18) hinzu: «44 Und wer auf diesen Stein fällt, der wird zerschellen; auf wen er aber fällt, den wird er zermalmen.»

Luk. 20, 9—19

9 Er fing aber an, zum Volke dieses Gleich=
nis zu sagen: Ein Mensch pflanzte einen
Weinberg

und verpachtete ihn an Weingärtner und
zog für lange Zeit außer Landes. 10 Und
als die Zeit da war, sandte er zu den
Weingärtnern einen Knecht, damit sie ihm
von der Frucht des Weinbergs [seinen
Anteil] geben sollten. Die Weingärtner
aber schlugen ihn und schickten ihn mit
leeren Händen fort. 11 Er sandte sodann einen andern Knecht;
sie aber schlugen auch den, mißhandelten
ihn und schickten ihn mit leeren Händen
fort. 12 Darauf sandte er einen dritten; sie
aber verwundeten auch diesen und stie=
ßen ihn hinaus. 13 Da sprach der Herr des
Weinbergs: Was soll ich tun? Ich will
meinen geliebten Sohn senden; vielleicht
werden sie sich vor diesem scheuen. 14 Als
ihn jedoch die Weingärtner sahen, über=
legten sie miteinander und sagten: Dies
ist der Erbe; lasset uns ihn töten, damit
das Erbgut uns zufällt! 15 Und sie stießen
ihn zum Weinberg hinaus und töteten
ihn. Was wird nun der Herr des Wein=
bergs mit ihnen tun? 16 Er wird kommen
und diese Weingärtner umbringen und
den Weinberg andern geben. Als sie das
hörten, sagten sie: Das sei ferne!

17 Er aber blickte sie an und sprach: Was
bedeutet nun dieses Schriftwort:
«Der Stein, den die Bauleute
verworfen haben,
der ist zum Eckstein geworden»?

18 Jeder, der auf jenen Stein fällt, wird
zerschellen; auf wen er aber fällt, den
wird er zermalmen.

19 Und die Schriftgelehrten und die Ho=
henpriester suchten zu ebendieser Stunde
Hand an ihn zu legen — und fürchteten
doch das Volk — denn sie merkten, daß
er gegen sie dieses Gleichnis gesagt hatte.
10: 2. Chr. 36, 15 f / 18: Jes. 8, 14 f; Dan. 2, 34. 44 /
19: 19, 47 f.

202. Das Gleichnis vom großen Abendmahl

Mat. 22,1–14

1 Und Jesus begann und redete wieder zu ihnen in Gleichnissen und sprach: 2 Das Reich der Himmel ist gleich einem König, der seinem Sohn die Hochzeitsfeier rüstete. 3 Und er sandte seine Knechte aus, um die Geladenen zur Hochzeit zu rufen, und sie wollten nicht kommen. 4 Wiederum sandte er andre Knechte aus und sprach: Saget den Geladenen: Siehe, ich habe meine Mahlzeit bereitet, meine Ochsen und das Mastvieh sind geschlachtet und alles ist bereit; kommet zur Hochzeit! 5 Sie jedoch achteten nicht darauf, sondern gingen hinweg, der eine auf seinen Acker, der andre an sein Geschäft, 6 die übrigen aber ergriffen seine Knechte, mißhandelten sie und töteten sie. 7 Da wurde der König zornig und sandte seine Heere aus, ließ jene Mörder umbringen und ihre Stadt anzünden. 8 Dann sagte er zu seinen Knechten: Die Hochzeit ist zwar bereit, aber die Geladenen waren unwürdig. 9 Darum geht an die Kreuzungen der Straßen und ladet zur Hochzeit ein, so viele ihr findet! 10 Und jene Knechte gingen hinaus auf die Straßen und brachten alle zusammen, die sie fanden, Böse und Gute, und der Hochzeitssaal wurde voll von Gästen.

11 Als aber der König hineinging, um sich die Gäste zu betrachten, sah er dort einen Menschen, der nicht mit einem Hochzeitskleid angetan war. 12 Und er sagte zu ihm: Freund, wie bist du hier hereingekommen ohne ein Hochzeitskleid? Der aber verstummte. 13 Da sprach der König zu den Dienern: Bindet ihm Hände und Füße und werfet ihn hinaus in die Finsternis, die draußen ist! Dort wird Heulen und Zähneknirschen sein. 14 Denn viele sind berufen, wenige aber auserwählt.

13: 8, 12; Ps. 112, 10.

203. Die Frage der Pharisäer wegen der Steuer

Mat. 22,15–22

15 Darauf gingen die Pharisäer hin und beratschlagten, wie sie ihn bei einem Ausspruch fangen könnten. 16 Und sie sandten ihre Jünger mit den Anhängern des

Mark. 12,13–17

13 Und sie senden zu ihm etliche der Pharisäer und der Anhänger des Herodes, um ihn bei einem Ausspruch zu fangen. 14 Und sie kommen und sagen zu ihm: Meister,

Luk. 14, 16—24   (vgl. Nr. 167)

16 Er aber sprach zu ihm: Ein Mann ver=
anstaltete ein großes Gastmahl und lud
viele ein. 17 Und zur Stunde des Gastmahls
sandte er seinen Knecht, den Eingelade=
nen zu sagen: Kommet, denn es ist nun
bereit! 18 Und alle fingen gleichermaßen
an, sich zu entschuldigen. Der erste sagte
zu ihm: Ich habe einen Acker gekauft und
muß notwendig hinausgehen und ihn be=
sichtigen; ich bitte dich, sieh mich als ent=
schuldigt an! 19 Und ein andrer sagte: Ich
habe fünf Joch Ochsen gekauft und gehe
hin, um sie zu prüfen; ich bitte dich, sieh
mich als entschuldigt an! 20 Noch ein and=
rer sagte: Ich habe eine Frau genommen
und kann deshalb nicht kommen. 21 Und
der Knecht kam und berichtete dies sei=
nem Herrn. Da wurde der Hausherr zor=
nig und sagte zu seinem Knecht: Geh
schnell hinaus auf die Straßen und Gas=
sen der Stadt und führe die Armen und
Krüppel und Blinden und Lahmen hier
herein! 22 Und der Knecht sagte: Herr, es
ist geschehen, was du befohlen hast, und
es ist noch Raum vorhanden. 23 Da sagte
der Herr zu dem Knecht: Geh hinaus auf
die Landstraßen und an die Zäune und
nötige sie, hereinzukommen, damit mein
Haus voll werde! 24 Denn ich sage euch:
Keiner jener Männer, die eingeladen wa=
ren, wird mein Gastmahl zu kosten be=
kommen.

Zu Mat. 22, 1–14 Thomasevangelium Logion 64: Ein Mann hatte Gäste. Als er das Mahl bereitet hatte,
sandte er seinen Knecht, die Gäste zu laden. Er ging zum ersten und sagte: Mein Herr lädt dich ein! Er
antwortete: Ich habe Geldforderungen an Kaufleute. Sie kommen am Abend, und ich werde gehen und
ihnen Aufträge geben. Ich entschuldige mich für das Mahl. – Er kam zu einem anderen . . . Er sagte zu
ihm: Ich habe ein Haus gekauft. Man braucht mich für einen Tag. Ich werde keine Zeit haben. – Er kam
zu einem anderen . . . Er sagte zu ihm: Mein Freund wird heiraten, und ich sein Fest ausrichten. Ich
werde nicht kommen können. Entschuldige mich für das Mahl. – Er kam zu einem anderen . . . Er sagte
zu ihm: Ich habe ein Gut gekauft und gehe die Pacht holen. Ich werde nicht kommen können. – Der
Knecht ging und sagte seinem Herrn: Die du zum Mahle eingeladen hast, lassen sich entschuldigen. Der
Herr befahl seinem Knecht: Gehe hinaus auf die Straßen und bringe, wen du findest, damit sie am
Mahl teilnehmen. Käufer und Händler werden nicht in die Orte meines Vaters eingehen.

Luk. 20, 20—26

20 Und sie gaben acht auf ihn und sandten
Leute hin, die angestiftet waren, sich zu
stellen, als wäre es ihnen um die Gerech=
tigkeit zu tun; die sollten ihn bei einem
Ausspruch fassen, so daß sie ihn der Ge=

Joh. 3, 2

Herodes zu ihm, und diese sagten: Mei=
ster, wir wissen, daß du wahrhaft bist
und den Weg Gottes nach der Wahrheit
lehrst und auf niemand Rücksicht nimmst;
denn du siehst die Person der Menschen
nicht an. 17 Sage uns nun: Was meinst
du? Ist es erlaubt, dem Kaiser Steuer zu
geben, oder nicht? 18 Da aber Jesus ihre
Bosheit merkte, sprach er: Was versucht
ihr mich, ihr Heuchler? 19 Zeiget mir die
Steuermünze! Da brachten sie ihm einen
Denar. 20 Und er sagt zu ihnen: Wessen
ist dieses Bild und die Aufschrift? 21 Sie
antworteten: Des Kaisers. Da sagt er zu
ihnen: So gebet dem Kaiser, was des Kai=
sers ist, und Gott, was Gottes ist!
22 Und als sie es hörten, verwunderten sie
sich, und sie verließen ihn und gingen
hinweg.
15: Joh. 8, 6.

wir wissen, daß du wahrhaft bist und auf
niemand Rücksicht nimmst; denn du siehst
die Person der Menschen nicht an, son=
dern lehrst den Weg Gottes nach der
Wahrheit. Ist es erlaubt, dem Kaiser Steuer
zu geben, oder nicht? Sollen wir sie ge=
ben oder nicht geben? 15 Da er aber ihre
Heuchelei kannte, sprach er zu ihnen:
Was versucht ihr mich? Bringet mir einen
Denar, damit ich ihn sehe! 16 Da brach=
ten sie einen. Und er sagte zu ihnen: Wes=
sen ist dieses Bild und die Aufschrift? Sie
antworteten ihm: Des Kaisers. 17 Da
sprach Jesus zu ihnen: Gebet dem Kai=
ser, was des Kaisers ist, und Gott, was
Gottes ist!
Und sie verwunderten sich über ihn.[1]

13 par.: 3, 6.

[1] Hier könnte nach einigen Kommentatoren die
Erzählung Joh. 7, 53 – 8, 11 (vgl. Nr. 35) ge=
standen haben.

*Zu Mat. 22, 15–18 par. Papyrus Egerton 2: Sie traten zu ihm, um ihn auf die Probe zu stellen und zu ver=
suchen, indem sie sagten: Meister Jesus, wir wissen, daß du von Gott gekommen bist; was du nämlich
tust, gibt dir ein Zeugnis, das über das aller Propheten hinausgeht. Sage uns nun: Ist es erlaubt, den
Königen die der Obrigkeit zukommenden Steuern zu zahlen? Sollen wir ihnen zahlen oder nicht? Jesus
aber durchschaute ihren Plan, wurde unwillig und sprach zu ihnen: Was nennt ihr mich mit eurem Munde
Meister und tut doch nicht, was ich sage? Jesaja hat recht über euch geweissagt, als er sprach (29, 13):*

204. Die Frage der Sadduzäer wegen der Auferstehung

Mat. 22, 23–33

23 An jenem Tage kamen Sadduzäer zu
ihm, welche sagen, es gebe keine Auf=
erstehung, und fragten ihn: 24 Meister,
Mose hat gesagt:
«Wenn jemand ohne Kinder stirbt, soll
sein Bruder dessen Frau heiraten und
seinem Bruder Nachkommen schaffen.»

25 Es waren aber bei uns sieben Brüder.
Und der erste starb, nachdem er gehei=
ratet hatte; und weil er keine Nachkom=
men hatte, hinterließ er seine Frau sei=
nem Bruder. 26 Ebenso auch der zweite
und der dritte bis zum siebenten.
27 Zuletzt aber von allen starb die Frau.
28 Welchem nun von den sieben wird sie
in der Auferstehung als Frau angehören?
Sie haben sie ja alle gehabt. 29 Da ant=
wortete Jesus und sprach zu ihnen: Ihr
irrt, indem ihr die Schriften nicht kennt
noch die Kraft Gottes.

30 Denn in der Auferstehung heiraten sie

Mark. 12, 18–27

18 Und es kamen Sadduzäer zu ihm, die
bekanntlich sagen, es gebe keine Aufer=
stehung, und sie fragten ihn: 19 Meister,
Mose hat uns vorgeschrieben:
«Wenn jemandes Bruder stirbt und eine
Frau zurückläßt und kein Kind hinter=
läßt, soll sein Bruder die Frau neh=
men und seinem Bruder Nachkommen
schaffen.»
20 Es waren sieben Brüder. Und der erste
nahm eine Frau, und als er starb, hinter=
ließ er keine Nachkommen.
21 Und der zweite nahm sie und starb,
ohne Nachkommen zurückzulassen, und
der dritte ebenso; 22 und die sieben hin=
terließen keine Nachkommen. Zuletzt von
allen starb auch die Frau. 23 Welchem von
ihnen wird sie in der Auferstehung als
Frau angehören? Die sieben haben sie
ja [alle] zur Frau gehabt. 24 Jesus sprach
zu ihnen: Irrt ihr nicht deshalb, weil ihr
die Schriften nicht kennt noch die Kraft
Gottes?
25 Denn wenn sie von den Toten aufer=

walt und der Macht des Statthalters ausliefern könnten. 21 Und sie fragten ihn:
Meister, wir wissen, daß du redest und
lehrst, was recht ist, und die Person nicht
ansiehst, sondern den Weg Gottes nach
der Wahrheit lehrst. 22 Ist es uns erlaubt,
dem Kaiser Steuer zu geben, oder nicht?
23 Da er aber ihre Arglist gewahr wurde,
sprach er zu ihnen: 24 Zeiget mir einen
Denar!
Wessen Bild und Aufschrift hat er? Sie
antworteten: Des Kaisers. 25 Da sprach er
zu ihnen: So gebet dem Kaiser, was
des Kaisers ist, und Gott, was Gottes ist!
26 Und sie vermochten nicht, ihn vor dem
Volk bei einem Worte zu fassen; und sie
verwunderten sich über seine Antwort
und schwiegen.

*2 Dieser kam des Nachts zu ihm und sagte
zu ihm: Rabbi, wir wissen, daß du als
Lehrer von Gott gekommen bist; denn
niemand kann diese Zeichen tun, die du
tust, es sei denn Gott mit ihm.*

20: 11, 54 / 21: 3. Mos. 19, 15 / 25 par.: 23, 2; Röm.
13, 7.

*Dieses Volk ehrt mich mit seinen Lippen, aber ihr Herz ist weit weg von mir. Vergeblich ist ihr Gottes-
dienst. Menschensatzung lehren sie!*

*Zu Mat. 22, 19—21 par. Thomasevangelium Logion 100: Sie zeigten Jesus ein Goldstück und sagten: Die
Kaiserlichen fordern von uns Tribut. Er antwortete: Gebt dem Kaiser was des Kaisers, gebt Gott was
Gottes ist, und was mein ist, das gebt mir!*

Luk. 20, 27—40

27 Es kamen aber etliche der Sadduzäer
hinzu, welche bestreiten, daß es eine Auferstehung gebe, und fragten ihn: 28 Meister, Mose hat uns vorgeschrieben:

«Wenn jemandes verheirateter Bruder
stirbt und kinderlos ist, soll sein Bruder die Frau nehmen und seinem Bruder Nachkommen schaffen.»

29 Nun waren sieben Brüder. Und der
erste nahm eine Frau und starb kinderlos.

30 Und der zweite 31 nahm sie und der
dritte, ebenso aber auch die [übrigen der]
sieben. Sie hinterließen keine Kinder und
starben. 32 Zuletzt starb auch die Frau.
33 Die Frau nun — welchem von ihnen
wird sie in der Auferstehung als Frau angehören? Die Sieben haben sie ja [alle]
zur Frau gehabt. 34 Da sprach Jesus zu
ihnen: Die Söhne dieser Welt heiraten
und werden verheiratet. 35 Die aber, welche gewürdigt worden sind, jener Welt
und der Auferstehung von den Toten

nicht und werden nicht verheiratet, son=
dern sie sind wie Engel im Himmel.
31 Was aber die Auferstehung der Toten
betrifft, habt ihr nicht gelesen, was euch
von Gott gesagt ist, welcher spricht:

32 «Ich bin der Gott Abrahams und der
Gott Isaaks und der Gott Jakobs»?
Er ist nicht ein Gott von Toten, sondern
von Lebendigen. 33 Und als die Volks=
menge es hörte, erstaunte sie über seine
Lehre.

stehen, heiraten sie nicht und werden
nicht verheiratet,
sondern sie sind wie Engel in den Him=
meln. 26 Was aber die Toten betrifft, daß
sie auferweckt werden, habt ihr [denn]
nicht gelesen im Buche Moses bei der Ge=
schichte vom Dornbusch, wie Gott zu ihm
sagte:
«Ich bin der Gott Abrahams und der
Gott Isaaks und der Gott Jakobs»?
27 Er ist nicht ein Gott von Toten, son=
dern von Lebendigen. Ihr irrt sehr.

23: Apg. 23, 6. 8 / 24 par.: 1. Mos. 38, 8 / 33: 7, 28.

19 par.: 5. Mos. 25, 5. 6   /   26 par.: 2. Mos. 3, 2. 6;
Luk. 16, 22 / 27: 9, 4

205. Jesus wird nach d e m Gebot gefragt

Mat. 22, 34—40

34 Als aber die Pharisäer hörten, daß er
den Sadduzäern den Mund gestopft hatte,
versammelten sie sich [alle] an demselben
Ort; 35 und einer von ihnen, ein Gesetzes=
kundiger, fragte ihn, um ihn zu versuchen:
36 Meister, welches ist das größte Gebot
im Gesetz? 37 Er aber sprach zu ihm:

«Du sollst den Herren, deinen Gott, lie=
ben mit deinem ganzen Herzen und mit
deiner ganzen Seele und mit deinem
ganzen Denken.»
38 Dies ist das größte und erste Gebot.
39 Das zweite ist ihm gleich:
«Du sollst deinen Nächsten lieben wie
dich selbst.»
40 An diesen zwei Geboten hängt das
ganze Gesetz und die Propheten.

Mark. 12, 28—34

28 Und einer der Schriftgelehrten, der ge=
hört hatte, wie sie miteinander disputier=
ten, trat hinzu, und da er wußte, daß er
ihnen trefflich geantwortet hatte, fragte
er ihn:
Welches ist das erste Gebot unter allen?

29 Jesus antwortete: Das erste ist:
«Höre, Israel, der Herr, unser Gott, ist
allein Herr; 30 und du sollst den Herrn,
deinen Gott, lieben aus deinem ganzen
Herzen und aus deiner ganzen Seele
und aus deinem ganzen Denken
und aus deiner ganzen Kraft.»
31 Das zweite ist dieses:
«Du sollst deinen Nächsten lieben wie
dich selbst.»
Größer als diese ist kein andres Gebot.

32 Und der Schriftgelehrte sagte zu ihm:
Trefflich, Meister, nach der Wahrheit hast
du gesagt: «Er ist nur e i n e r, und es gibt
keinen andern außer ihm»; 33 und ihn zu
lieben aus ganzem Herzen und aus gan=
zer Erkenntnis und aus ganzer Kraft und
den Nächsten zu lieben wie sich selbst,
ist weit mehr als alle Brandopfer und
Schlachtopfer. 34 Und da Jesus sah, daß
er verständig geantwortet hatte, sprach er
zu ihm: Du bist nicht fern vom Reiche
Gottes. Und niemand wagte es mehr, ihn
zu fragen.

37: 10, 12 / 39 par.: 3. Mos. 19, 18; Röm. 13, 9 / 40:
Röm. 13, 10.

29 u. 30 par.: 5. Mos. 6, 4. 5 / 31: Joh. 15, 12 / 32:
5. Mos. 4, 35 / 33: 1. Sam. 15, 22; Hos. 6, 6 / 34:
Mat. 22, 46; Luk. 20, 40.

teilhaft zu werden, heiraten nicht und werden nicht verheiratet. ₃₆ Sie können ja auch nicht mehr sterben; denn sie sind Engeln gleich und sind Söhne Gottes, indem sie Söhne der Auferstehung sind. ₃₇ Daß aber die Toten auferweckt wer= den, hat auch Mose bei der Geschichte vom Dornbusch angedeutet, indem er den Herrn «den Gott Abrahams und den Gott Isaaks und den Gott Jakobs» nennt. ₃₈ Gott aber ist nicht ein Gott von Toten, sondern von Lebendigen; denn für ihn sind alle lebendig. ₃₉ Da antworteten einige der Schriftgelehrten und sagten: Meister, du hast trefflich geredet. ₄₀ Denn sie wag= ten nicht mehr, ihn etwas zu fragen.

35: Phil. 3, 11 / 36: 1. Joh. 3, 1. 2 / 38: Röm. 14, 8 / 40: Mat. 22, 46; Mark. 12, 34.

Luk. 10, 25—28 (vgl. Nr. 140)

₂₅ *Und siehe, ein Gesetzeskundiger trat auf, ihn zu versuchen, und sagte: Meister, was muß ich tun, damit ich das ewige Le= ben ererbe?* ₂₆ *Er aber sprach zu ihm: Was steht im Gesetze geschrieben? Wie liesest du?* ₂₇ *Darauf antwortete er und sagte:*

«*Du sollst den Herrn, deinen Gott, lie= ben aus deinem ganzen Herzen und mit deiner ganzen Seele und mit deiner ganzen Kraft und mit deinem ganzen Denken*»

und «deinen Nächsten wie dich selbst».

₂₈ *Da sprach er zu ihm: Du hast recht ge= antwortet; tue das, so wirst du leben!*

Zu Mat. 22, 37—39 par. Didache 1, 2, vgl. Nr. 73. Didache 2, 7: Du sollst keinen Menschen hassen, sondern die einen ermahnen, für andere beten, die dritten mehr als dein Leben lieben.
Zu Mat. 22, 39 par. Thomasevangelium Logion 25: Liebe deinen Bruder wie deine Seele, bewahre ihn wie deinen Augapfel.
Zu Mark. 12, 33 2. Clemens 3, 4: Wodurch bekennen wir ihn? Daß wir tun, was er befiehlt und seine Gebote nicht überhören und nicht nur mit den Lippen ihn ehren, sondern mit vollem Herzen und Gemüt.

206. Wessen Sohn ist der Christus?

Mat. 22, 41—46

41 Als aber die Pharisäer versammelt wa=
ren, fragte sie Jesus: 42 Was dünkt euch
vom Christus? Wessen Sohn ist er? Sie
sagen zu ihm: Des David. 43 Er sagt zu
ihnen: Wie kann ihn dann David durch
den Geist «Herr» nennen, indem er sagt:
44 «Der Herr sprach zu meinem Herrn:
Setze dich zu meiner Rechten,
bis ich hinlege deine Feinde
unter deine Füße»?
45 Wenn nun David ihn «Herr» nennt, wie
kann er [dann] sein Sohn sein? 46 Und
niemand konnte ihm ein Wort antwor=
ten; auch wagte es von jenem Tag an
niemand mehr, ihn zu fragen.

44 par.: 26, 64; Ps. 110, 1; Apg. 2, 34; Heb. 1, 13   /
46: Mark. 12, 34; Luk. 20, 40.

Mark. 12, 35—37a

35 Und Jesus begann und sprach, indem er
im Tempel lehrte: Wie können die Schrift=
gelehrten sagen, daß der Christus Davids
Sohn sei?
36 David selbst hat durch den heiligen
Geist gesagt:
«Der Herr sprach zu meinem Herrn:
Setze dich zu meiner Rechten,
bis ich hinlege deine Feinde
unter deine Füße!»
37 David selbst nennt ihn «Herr»; und
woher ist er [dann] sein Sohn?

207. Gegen die Pharisäer und Schriftgelehrten   (vgl. Nr. 151)

Mat. 23, 1—36

1 Darauf redete Jesus zur Volksmenge
und zu seinen Jüngern 2 und sprach: Auf
Moses Stuhl haben sich die Schriftge=
lehrten und die Pharisäer gesetzt. 3 Alles
nun, was sie euch sagen, tut und be=
folgt; aber nach ihren Werken tut nicht,
denn sie sagen es und tun es nicht. 4 Sie
binden aber schwere Bürden und legen
sie auf die Schultern der Menschen; doch
sie selbst wollen sie nicht [einmal] mit
dem Finger bewegen. 5 Alle ihre Werke
aber tun sie, um von den Menschen ge=
sehen zu werden. Denn sie machen ihre
Gebetsriemen breit und ihre Quasten
groß;

6 sie lieben den obersten Platz bei den
Mahlzeiten und den Vorsitz in den Syn=
agogen 7 und die Begrüßungen auf den
Märkten und daß sie von den Leuten
Rabbi genannt werden. 8 Ihr dagegen
sollt euch nicht Rabbi nennen lassen;
denn e i n e r ist euer Meister, ihr alle
aber seid Brüder. 9 Nennet auch niemand
auf Erden euren Vater; denn e i n e r ist
euer Vater, der himmlische. 10 Auch sollt
ihr euch nicht Lehrer nennen lassen;
denn e i n e r ist euer Lehrer, Christus.
11 Wer aber unter euch größer ist [als
die andern], soll euer Diener sein.

Mark. 12, 37b—40; 9, 35   (vgl. Nr. 126)

37b Und die große Menge hörte ihn gern.
38 Und er sprach in seiner Lehre:

Hütet euch vor den Schriftgelehrten, die
gern in langen Gewändern einhergehen
und die Begrüßungen auf den Märkten
39 und den Vorsitz in den Synagogen und
die obersten Plätze bei den Mahlzeiten
lieben.

Luk. 20, 41–44

41 Er sprach aber zu ihnen: Wie kann
man sagen, der Christus sei Dadvids Sohn?

42 David selbst sagt ja im Buch der Psal=
men:
«Der Herr sprach zu meinem Herrn:
Setze dich zu meiner Rechten,
43 bis ich hinlege deine Feinde
als Schemel für deine Füße!»
44 David also nennt ihn «Herr»; wie kann
er dann sein Sohn sein?

Luk. 20, 45–47; 11, 46; 18, 14; 11, 52. 39 –
42. 44. 47–51 (vgl. Nr. 151. 183)
45 Während aber das ganze Volk zuhörte,
sprach er zu den Jüngern:

11, 46 Er aber sprach: *Wehe auch euch Ge=
setzeskundigen, daß ihr die Menschen
belastet mit schwer zu tragenden Lasten,
und ihr selbst rührt die Lasten mit kei=
nem Finger an.*

46 Hütet euch vor den Schriftgelehrten,
die gern in langen Gewändern einher=
gehen und die Begrüßungen auf den
Märkten und den Vorsitz in den Syn=
agogen und die obersten Plätze bei den
Mahlzeiten lieben,

12 Wer sich aber selbst erhöht, wird er=
niedrigt werden, und wer sich selbst er=
niedrigt, wird erhöht werden.
13 Wehe aber euch, ihr Schriftgelehrten
und Pharisäer, ihr Heuchler, daß ihr das
Reich der Himmel vor den Menschen
zuschließt. Denn ihr kommt nicht hinein,
und die, welche hinein wollen, laßt ihr
nicht hinein.¹)

15 Wehe euch, ihr Schriftgelehrten und
Pharisäer, ihr Heuchler, daß ihr Meer
und Land durchzieht, um einen einzigen
Judengenossen zu gewinnen; und wenn
er es geworden ist, macht ihr einen
Sohn der Hölle aus ihm, zweifach schlim=
mer, als ihr seid.
16 Wehe euch, ihr blinden Führer, die ihr
sagt: Wer beim Tempel schwört, das
gilt nichts; wer aber beim Gold des Tem=
pels schwört, der ist gebunden. 17 Ihr
Toren und Blinden! Was ist denn grö=
ßer, das Gold oder der Tempel, der das
Gold geheiligt hat? 18 Und: wer beim
Altar schwört, das gilt nichts; wer aber
bei dem Opfer schwört, das darauf ist,
der ist gebunden. 19 Ihr Blinden! Was ist
denn größer, das Opfer oder der Altar,
der das Opfer heiligt? 20 Wer nun beim
Altar schwört, der schwört bei ihm und
bei allem, was darauf ist; 21 und wer
beim Tempel schwört, der schwört bei
ihm und bei dem, der darin wohnt; 22 und
wer beim Himmel schwört, der schwört
beim Throne Gottes und bei dem, der
darauf sitzt.
23 Wehe euch, ihr Schriftgelehrten und
Pharisäer, ihr Heuchler, daß ihr die Minze
und den Anis und den Kümmel verzehn=
tet und die gewichtigern Stücke des Ge=
setzes außer acht gelassen habt: das
Recht und die Barmherzigkeit und die
Treue. Diese Dinge aber sollte man tun
und jene nicht unterlassen. 24 Ihr blin=
den Führer, die ihr die Mücke seiht, das
Kamel aber verschluckt!
25 Wehe euch, ihr Schriftgelehrten und
Pharisäer, ihr Heuchler, daß ihr die
Außenseite des Bechers und der Schüs=
sel reinigt; inwendig aber sind sie ge=
füllt mit Raub und Unmäßigkeit. 26 Du
blinder Pharisäer, mache zuerst den In=
halt des Bechers rein, damit auch seine
Außenseite rein wird!

9, 35 *Wenn jemand der Erste sein will, sei
er der Letzte von allen und der Diener
von allen!*

40 Sie, die die Häuser der Witwen auf=
zehren und [dabei] zum Schein lange
Gebete sprechen, sie werden ein [um so]
strengeres Gericht empfangen.

18,14 *Denn jeder, der sich selbst erhöht,
wird erniedrigt werden; wer sich aber
selbst erniedrigt, wird erhöht werden.*

11,52 *Wehe euch Gesetzeskundigen, daß ihr
den Schlüssel der Erkenntnis weggenom=
men habt; ihr selbst seid nicht hinein=
gekommen, und die, welche hinein woll=
ten, habt ihr daran verhindert.*

47 die die Häuser der Witwen aufzehren
und [dabei] zum Schein lange Gebete
sprechen; diese werden ein [um so] stren=
geres Gericht empfangen.

11,42 *Aber wehe euch Pharisäern, daß ihr
die Minze und die Raute und jegliches
Gartengewächs verzehntet und das Recht
und die Liebe zu Gott außer acht laßt.
Vielmehr sollte man diese Dinge tun
und jene nicht unterlassen.*

39 *Da sprach der Herr zu ihm: Nun, ihr
Pharisäer, ihr reinigt die Außenseite des
Bechers und der Schüssel, euer Inneres
aber ist voll Raub und Bosheit.* 40 *Ihr
Toren! Hat nicht der, welcher das Äußere
schuf, auch das Innere geschaffen?* 41 *Doch
gebet das, was darin ist, als Almosen —
und siehe, alles ist euch rein.*

27 Wehe euch, ihr Schriftgelehrten und
Pharisäer, ihr Heuchler, daß ihr geweiß=
ten Gräbern gleich seid, die auswendig
schön scheinen, inwendig aber voll von
Totengebeinen und allem Unrat sind.
28 So erscheint auch ihr auswendig den
Menschen als gerecht, inwendig aber seid
ihr voll von Heuchelei und Gesetzesver=
achtung.

29 Wehe euch, ihr Schriftgelehrten und
Pharisäer, ihr Heuchler, daß ihr die Grä=
ber der Propheten baut und die Grüfte
der Gerechten schmückt 30 und sagt: Hät=
ten wir in den Tagen unsrer Väter ge=
lebt, wir hätten uns nicht mit ihnen am
Blute der Propheten schuldig gemacht.
31 Somit stellt ihr euch selbst das Zeug=
nis aus, daß ihr Söhne derer seid, die
die Propheten getötet haben. 32 Und ihr,
machet nur das Maß eurer Väter voll!
33 Ihr Schlangen! ihr Natterngezücht! Wie
wollt ihr dem Gericht der Hölle entrin=
nen? 34 Siehe, ich sende deshalb zu euch
Propheten und Weise und Schriftgelehr=
te; etliche von ihnen werdet ihr töten
und kreuzigen, und etliche von ihnen
werdet ihr in euren Synagogen geißeln
und von einer Stadt zur andern verfol=
gen, 35 damit alles gerechte Blut über
euch komme, das auf Erden vergossen
wird, vom Blut Abels, des Gerechten, an
bis zum Blut des Sacharja, des Sohnes
des Berechja, den ihr zwischen dem Tem=
pel und dem Altar²) ermordet habt. 36
Wahrlich, ich sage euch: Dies alles wird
über dieses Geschlecht kommen.

5: 2. Mos. 13, 9; 4. Mos. 15, 38. 39; 5. Mos. 6, 8 / 9:
1. Kor. 8, 6 / 11: 20, 26. 27 / 12: 18, 4; Luk. 14, 11;
1. Pet. 5, 5 / 16: 15, 14 / 19: 2. Mos. 29, 37 / 22: 5,
34 / 23: 12, 7; 3. Mos. 27, 30; Mi. 6, 8; 1. Tim. 1, 5 /
24: 15, 14 / 25: Mark. 7, 4 / 28: Luk. 16, 15 / 31:
Apg. 7, 52 / 32: 1. Thess. 2, 16 / 33: 3, 7.

¹) 23, 13. Minder gewichtige Textzeugen fügen
(wohl nach Mark. 12, 40) hinzu: «14 Wehe euch,
ihr Schriftgelehrten und Pharisäer, ihr Heuchler, daß ihr die Häuser der Witwen aufzehrt und
[dabei] zum Schein lange Gebete sprecht. Deshalb
werdet ihr ein strengeres Gericht empfangen.»

²) Mat. 23, 35. Das ist der erste (1. Mos. 4, 8. 10)
und letzte (2. Chr. 24, 20–22) im AT vermeldete
Mord. Der letzte ist besonders schändlich, da er
im Bereich des Tempels geschah, wo einem Asyl-
recht zusteht.
Der Vater des ermordeten Sacharja hieß Jojades
(2. Chr. 24, 20). Matthäus verwechselt diesen Sacharja mit dem Propheten gleichen Namens und
gibt deshalb als Vaternamen fälschlich «Berechja»
an (Sach. 1, 1). Auf diesen Fehler macht das
Nazaräerevangelium bereits aufmerksam (Hieronymus, Mat. Komm. zu 23, 35): In dem Evangelium, das die Nazarener gebrauchen, haben wir
statt «Sohn des Berechja» «Sohn des Jojada» geschrieben gefunden.

44 *Wehe euch, daß ihr wie die unkennt=
lichen Grabstätten seid, über die die
Leute hingehen, ohne es zu wissen.*

47 *Wehe euch, daß ihr die Grabmäler der
Propheten baut, eure Väter aber haben
sie getötet.* 48 *Demnach legt ihr Zeugnis
ab für die Taten eurer Väter und habt
gleichfalls Wohlgefallen daran; denn sie
haben sie getötet, ihr aber baut [Grab=
mäler für sie].*

49 *Deshalb hat auch die Weisheit Gottes
gesagt: Ich will zu ihnen Propheten und
Apostel senden, und etliche von ihnen
werden sie töten und verfolgen,*

50 *damit das Blut aller Propheten, das seit
Erschaffung der Welt vergossen worden
ist, von diesem Geschlecht gefordert wird,*
51 *vom Blut Abels an bis zum Blut des
Zacharias, der zwischen dem Altar und
dem [Tempel=]Haus umkam. Ja, ich sage
euch: Es wird von diesem Geschlecht ge=
fordert werden.*

Zu Mat. 23, 8 f Thomasevangelium Logion 13, vgl. Nr. 119.
Zu Mat. 23, 13 Papyrus Oxyrhynchos 655: Die Pharisäer und Schriftgelehrten haben die Schlüssel des
Reiches empfangen und verborgen. Sie selbst gehen nicht hinein und verbieten denen hineinzugehen, die
hineingehen wollen. Ihr aber seid klug wie die Schlangen und ohne Falsch wie die Tauben.
Zu Mat. 23, 25–28 Thomasevangelium Logion 89: Warum wascht ihr die Außenseite des Bechers? Versteht
ihr nicht? Wer die Innenseite bildete, machte auch die Außenseite.
Zu Mat. 23, 27 f Papyrus Oxyrhynchos 840: Da sprach der Heiland zu ihm: Wehe euch, ihr Blinden, die ihr
nicht seht. In dem ausgegossenen Wasser, in dem Hunde und Schweine Tag und Nacht liegen, hast du dich
gebadet. Du hast dich gewaschen und die äußere Haut abgerieben, die auch die Huren und Flötenspielerinnen salben, baden, abreiben und schminken, um die Begierde der Männer anzureizen, inwendig sind sie
aber voller Skorpione und Schlechtigkeit.

208. Wehklage über Jerusalem

Mat. 23, 37—39

37 Jerusalem, Jerusalem, das die Prophe=
ten tötet und die steinigt, die zu ihm
gesandt sind, wie oft habe ich deine Kin=
der sammeln wollen, wie eine Henne ihre
Küchlein unter ihre Flügel sammelt, und
ihr habt nicht gewollt! 38 Siehe, euer Haus wird euch öde gelas=
sen. 39 Denn ich sage euch: Ihr werdet
mich von jetzt an nicht [mehr] sehen, bis
ihr sprechen werdet: «Gepriesen sei, der
da kommt im Namen des Herrn.»

37: Apg. 7, 59; Heb. 11, 37 / 38: 24, 2; Jer. 12, 7; 1.
Kön. 9, 7. 8 / 39 par.: 21, 9; Joh. 12, 13; Ps. 118, 26.

209. Die Gabe der armen Witwe

Mark. 12, 41—44

41 Und er setzte sich dem Opferstock ge=
genüber und sah zu, wie das Volk Geld
in den Opferstock einlegte. Und viele
Reiche legten viel ein. 42 Und eine arme
Witwe kam und legte zwei Heller (das
ist ein Rappen) ein. 43 Da rief er seine
Jünger zu sich und sprach zu ihnen:
Wahrlich, ich sage euch: Diese arme Wit=
we hat mehr eingelegt als alle, die in
den Opferstock eingelegt haben. 44 Denn
alle haben aus ihrem Überfluß eingelegt;
diese aber hat aus ihrem Mangel heraus
alles eingelegt, was sie hatte, ihr ganzes
Gut.

41: 2. Kön. 12, 10; Joh. 8, 20.

210. Das Ende des Tempels. Anlaß zu den Endzeitreden (Nr. 211—224)

Mat. 24, 1—3

1 Und Jesus verließ den Tempel und woll=
te weitergehen. Und seine Jünger traten
hinzu, um ihm die Bauten des Tempels
zu zeigen. 2 Er aber begann und sprach
zu ihnen: Seht ihr nicht dies alles? Wahr=
lich, ich sage euch: Hier wird kein Stein
auf dem andern bleiben, der nicht zer=
stört würde.
3 Als er aber auf dem Ölberg saß, tra=
ten die Jünger für sich allein zu ihm

und sprachen: Sage uns, wann wird dies
geschehen, und was wird das Zeichen dei=
ner Wiederkunft und des Endes der Welt
sein?

Mark. 13, 1—4

1 Und während er aus dem Tempel ging,
sagte einer seiner Jünger zu ihm: Mei=
ster, siehe, was für Steine und was für
Bauten! 2 Und Jesus sprach zu ihm: Siehst
du diese großen Bauten? Kein Stein wird
auf dem andern bleiben, der nicht zer=
stört würde.

3 Und als er auf dem Ölberg gegenüber
dem Tempel saß, fragten ihn Petrus und
Jakobus und Johannes und Andreas für
sich allein: 4 Sage uns, wann wird dies
geschehen, und was ist das Zeichen da=
für, wann dies alles vollendet werden
soll?

Luk. 13, 34–35 (vgl. Nr. 164)

₃₄*Jerusalem, Jerusalem, das die Prophe=*
ten tötet und die steinigt, die zu ihm
gesandt sind, wie oft habe ich deine Kin=
der sammeln wollen wie eine Henne ihre
Küchlein unter ihre Flügel, und ihr habt
nicht gewollt!
₃₅*Siehe, euer Haus wird euch öde gelas=*
sen. Ich sage euch aber: Ihr werdet mich
nicht sehen, bis die Zeit kommen wird,
wo ihr sprecht: «Gepriesen sei, der da
kommt im Namen des Herrn!»

Luk. 21, 1–4

₁ Als er aber aufblickte, sah er die Rei=
chen, die ihre Gaben in den Opferstock
legten.
₂ Er sah aber eine arme Witwe, die dort
zwei Heller einlegte;

₃ und er sprach: Der Wahrheit gemäß
sage ich euch: Diese arme Witwe hat
mehr eingelegt als alle. ₄ Denn jene ha=
ben alle aus ihrem Überfluß zu den Ga=
ben eingelegt; diese aber hat aus ihrem
Mangel heraus all ihr Gut eingelegt, das
sie hatte.

Luk. 21, 5–7

₅ Und als einige über den Tempel sagten,
daß er mit schönen Steinen und Weih=
geschenken geschmückt sei, sprach er:
₆ Was ihr da anschaut — es werden Tage
kommen, wo kein Stein auf dem andern
bleiben wird, der nicht zerstört würde.

₇ Sie fragten ihn aber:

Meister, wann wird dies nun geschehen,
und was ist das Zeichen dafür, wann
dies geschehen soll?
6 par.: 19, 44.

211. Vorzeichen der Endzeit

Mat. 24, 4–8

4 Und Jesus antwortete und sprach zu ihnen: Sehet zu, daß euch niemand irre= führe! 5 Denn viele werden unter mei= nem Namen kommen und sagen: Ich bin der Christus, und werden viele irrefüh= ren. 6 Ihr werdet aber von Kriegen und Kriegsgerüchten hören; sehet zu, er= schrecket nicht, denn es muß so kom= men, aber es ist noch nicht das Ende. 7 Denn erheben wird sich Volk wider Volk und Reich wider Reich, und es werden da und dort Hungersnöte und Erdbeben kommen. 8 Dies alles aber ist [erst] der Anfang der Wehen.

Mark. 13, 5–8

5 Jesus aber fing an, zu ihnen zu sagen: Sehet zu, daß euch niemand irreführe! 6 Viele werden unter meinem Namen kommen und sagen: Ich bin's, und wer= den viele irreführen. 7 Wenn ihr aber von Kriegen und Kriegs= gerüchten hören werdet, so erschrecket nicht; es muß so kommen, aber es ist noch nicht das Ende. 8 Denn erheben sich wird Volk wider Volk und Reich wider Reich; es werden da und dort Erdbeben kommen, es werden Hungersnöte kommen. Dies ist der Anfang der Wehen.

212. Weissagungen über die Endzeit

Mat. 24, 9–14; 10, 17–21   (vgl. Nr. 57)

9 Dann wird man euch der Drangsal preis= geben und euch töten, 10, 17 *Hütet euch aber vor den Menschen; denn sie werden euch an die Gerichte überliefern, und in ihren Synagogen werden sie euch geißeln.* 18 *Und auch vor Statthalter und Könige werdet ihr um meinetwillen geführt werden, ihnen und den Heiden zum Zeugnis.* 19 *Wenn sie euch aber überliefern, so sor= get euch nicht darum, wie oder was ihr reden sollt; denn es wird euch in jener Stunde gegeben werden, was ihr reden sollt.* 20 *Denn nicht ihr seid es, die reden, sondern der Geist eures Vaters ist's, der in euch redet.* 21 *Es wird aber ein Bruder den andern zum Tode überliefern und ein Vater das Kind, und Kinder werden wider die Eltern auftreten und sie zum Tode bringen;* 24, 9 und ihr werdet um meines Namens willen von allen Völkern gehaßt sein. 10 Und dann «werden viele abfallen» und werden einander verraten und einander hassen. 11 Und viele falsche Propheten werden auftreten und werden viele irre= führen. 12 Und weil die Gesetzesverach= tung überhand nimmt, wird die Liebe in vielen erkalten. 13 Wer aber ausharrt bis ans Ende, der wird gerettet werden. 14 Und dieses Evangelium vom Reiche wird auf dem ganzen Erdkreis gepredigt werden allen Völkern zum Zeugnis, und dann wird das Ende kommen.

11: 1. Joh. 4, 1 / 12: 2. Thess. 2, 10; 2. Tim. 3, 1–5 / 14: 28, 19.

Mark. 13, 9–13

9 Ihr aber, sehet auf euch selbst! Man wird euch an die Gerichte überliefern, und in den Synagogen werdet ihr ge= schlagen werden und vor Statthalter und Könige werdet ihr gestellt werden um meinetwillen, ihnen zum Zeugnis. 10 Und unter allen Völkern muß zuvor das Evan= gelium gepredigt werden. 11 Wenn sie euch dann hinführen, um euch zu über= liefern, so sorget euch nicht zum voraus darum, was ihr reden sollt, sondern was euch in jener Stunde gegeben wird, das redet! Denn nicht ihr seid es, die reden, sondern der heilige Geist. 12 Und ein Bruder wird den andern zum Tode über= liefern und ein Vater das Kind, und Kin= der werden wider die Eltern auftreten und sie zum Tode bringen; 13 und ihr werdet um meines Namens willen von jedermann gehaßt sein.

Wer aber ausharrt bis ans Ende, der wird gerettet werden. 10 *Und unter allen Völkern muß zuvor das Evangelium gepredigt werden.*

10: 16, 15 / 12: Mt. 7, 6.

Luk. 21,8—11

8 Er antwortete: Sehet zu, daß ihr nicht irrgeführt werdet! Denn viele werden unter meinem Namen kommen und sa= gen: Ich bin's, und: die Zeit ist genaht. Laufet ihnen nicht nach! 9 Wenn ihr aber von Kriegen und Aufständen hören wer= det, so erschrecket nicht! Denn diese Dinge müssen zuvor geschehen; aber nicht sofort ist das Ende da. 10 Dann sagte er zu ihnen: Erheben wird sich Volk wider Volk und Reich wider Reich, 11 und große Erdbeben werden kommen und da und dort Hungersnöte und Seu= chen, und Schrecknisse und große Zei= chen vom Himmel her werden kommen.

8 par.: Mat. 24, 23—26 / 10 par.: Jes. 19, 2; 2. Chr. 15, 6.

Luk. 21,12—19

12 Vor diesem allem aber wird man Hand an euch legen und euch verfolgen, indem man euch an die Synagogen und Gefäng= nisse überliefert, um euch vor Könige und Statthalter zu führen um meines Na= mens willen. 13 Es wird euch dazu aus= schlagen, daß ihr Zeugnis [für mich] ab= legen müßt. 14 Darum präget es euren Herzen ein, nicht zum voraus darauf zu sinnen, wie ihr euch verantworten sollt! 15 Denn ich werde euch Mund und Weis= heit geben, der alle eure Widersacher nicht werden widerstehen oder wider= sprechen können. 16 Ihr werdet aber auch von Eltern und Brüdern und Verwandten und Freunden ausgeliefert werden, und man wird etliche von euch töten,

17 und ihr werdet um meines Namens willen von jedermann gehaßt sein. 18 Und nicht ein Haar von eurem Haupte wird verlorengehen.

Joh. 16,2; 14,26; 15,21

16,2 Sie werden euch aus der Synagoge ausschließen; ja, die Stunde kommt, wo jeder, der euch tötet, meinen wird, Gott eine Opfergabe darzubringen.

14,26 Der Beistand aber, der heilige Geist, den der Vater in meinem Namen senden wird, der wird euch alles lehren und euch an alles erinnern, was ich euch gesagt habe.

15,21 Aber das alles werden sie euch an= tun um meines Namens willen; denn sie kennen den nicht, der mich gesandt hat.

19 Durch eure Standhaftigkeit gewinnet euer [künftiges] Leben!

12 par.: 12, 11 f / 15: Apg. 6, 10 / 18 par.: 12, 7.

213. Der Anbruch der Endzeit

Mat. 24, 15—28

15 Wenn ihr nun den «Greuel der Verwüstung», von dem durch den Propheten Daniel geredet worden ist, an heiliger Stätte stehen seht — wer es liest, der merke darauf! — 16 dann sollen die in Judäa ins Gebirge fliehen; 17 wer auf dem Dach ist, soll nicht hinabsteigen, um seine Habe aus seinem Haus zu holen, 18 und wer auf dem Feld ist, soll nicht zurückkehren, um seinen Mantel zu holen. 19 Wehe aber den Schwangern und den Stillenden in jenen Tagen! 20 Betet aber, daß eure Flucht nicht in den Winter oder auf den Sabbat falle! 21 Denn dann wird eine große Drangsal sein, wie von Anfang der Welt an bis jetzt keine gewesen ist und auch keine sein wird.

22 Und wenn jene Tage nicht verkürzt würden, so würde kein Fleisch gerettet werden; aber um der Auserwählten willen werden jene Tage verkürzt werden.

23 Wenn dann jemand zu euch sagt: Siehe, hier ist der Christus, oder dort, so glaubet es nicht! 24 Denn es werden falsche Christus und falsche Propheten auftreten und werden große Zeichen und Wunder vollbringen, so daß sie, wenn möglich, auch die Auserwählten irreführen. 25 Siehe, ich habe es euch vorhergesagt. 26 Wenn man nun zu euch sagt: Siehe, er ist in der Wüste, so gehet nicht hinaus; siehe, er ist in den Gemächern, so glaubet es nicht! 27 Denn wie der Blitz vom Osten ausfährt und bis zum Westen leuchtet, so wird die Wiederkunft des Sohnes des Menschen sein. 28 Wo das Aas ist, da sammeln sich die Adler.

15 par.: Dan. 9, 27; 11, 31; 12, 11 / 21 par.: Dan. 12, 1 / 25: Joh. 14, 29; 16, 1. 4 / 28: Hiob 39, 30.

Mark. 13, 14—23

14 Wenn ihr aber den «Greuel der Verwüstung» stehen seht, wo er nicht sollte — wer es liest, der merke darauf! — dann sollen die in Judäa ins Gebirge fliehen; 15 wer auf dem Dach ist, soll nicht hinabsteigen und nicht hineingehen, um etwas aus seinem Haus zu holen, 16 und wer auf dem Feld ist, soll nicht zurückkehren, um seinen Mantel zu holen. 17 Wehe aber den Schwangern und den Stillenden in jenen Tagen! 18 Betet aber, daß es nicht in den Winter falle.

19 Denn jene Tage werden eine Drangsal sein, wie von Anfang der Schöpfung an, die Gott erschaffen hat, bis jetzt keine solche gewesen ist und keine sein wird. 20 Und wenn der Herr die Tage nicht verkürzt hätte, würde kein Fleisch gerettet werden; aber um der Auserwählten willen, die er auserwählt hat, hat er die Tage verkürzt. 21 Und wenn dann jemand zu euch sagt: Siehe, hier ist der Christus, siehe, dort, so glaubet es nicht! 22 Es werden aber falsche Christus und falsche Propheten auftreten und werden Zeichen und Wunder tun, um, wenn möglich, die Auserwählten irrezuführen. 23 Ihr jedoch, sehet zu! Ich habe euch alles vorhergesagt.

14b par.: Ez. 7, 16 / 16: Luk. 17, 31 / 19: Joel 2, 2 / 22 par.: 5. Mos. 13, 1.

214. Die Wiederkunft des Menschensohnes

Mat. 24, 29—31

29 Sogleich aber nach der Drangsal jener Tage «wird die Sonne sich verfinstern, und der Mond wird seinen Schein nicht

Mark. 13, 24—27

24 Aber in jenen Tagen, nach jener Drangsal, «wird die Sonne sich verfinstern, und der Mond wird seinen Schein nicht ge=

Luk. 21, 20—24; *17, 21. 23. 24. 37*
(vgl. Nr. 180. 181)

20 Wenn ihr aber Jerusalem von Kriegs=
heeren umringt sehen werdet, dann mer=
ket, daß seine Verwüstung genaht ist!

21 Dann sollen die in Judäa ins Gebirge
fliehen, und die, welche in ihr[1]) sind, sol=
len aus ihr entweichen, und die auf dem
Lande sollen nicht in sie hineingehen.
22 Denn dies sind die Tage der Rache, da=
mit alles erfüllt wird, was geschrieben
steht. 23 Wehe den Schwangern und den
Stillenden in jenen Tagen!

Denn große Not wird über das Land kom=
men und ein Zorngericht für dieses Volk,
24 und sie werden durch die Schärfe des
Schwertes fallen und unter alle Heiden
gefangen weggeführt werden; und Jeru=
salem wird von Heiden zertreten wer=
den, bis die Zeiten der Heiden vollendet
sind.

*17, 21 Man wird auch nicht sagen: Siehe,
hier! oder: dort! Denn siehe, das Reich
Gottes ist in eurer Mitte.*

*23 Und man wird zu euch sagen: Siehe,
dort! siehe, hier! Gehet nicht hin und
laufet nicht nach!
24 Denn wie der Blitz aufblitzt und von
einer Gegend unter dem Himmel zur an=
dern unter dem Himmel leuchtet, so wird
der Sohn des Menschen an seinem Tage
sein. 37b Wo die Leichen sind, da sammeln
sich auch die Adler.*

21 par.: 17, 31 / 22: Hos. 9, 7; 5. Mos. 32, 35; Sir.
5, 7 / 23: 1. Kor. 7, 26 / 24: 5. Mos. 28, 64; Jes. 63,
18; Röm. 11, 25; Off. 11, 2.
[1]) 21, 21. Nämlich in der Stadt Jerusalem.

Luk. 21, 25—28

25 Und es werden Zeichen eintreten an
Sonne und Mond und Sternen und auf
Erden Angst der Völker, so daß sie sich

geben», «und die Sterne werden vom Himmel fallen,

ben», 25 «und die Sterne werden vom Himmel fallen,

und die Kräfte der Himmel werden erschüttert werden.» 30 Und dann wird das Zeichen des Sohnes des Menschen am Himmel erscheinen, und dann werden alle Geschlechter der Erde wehklagen und werden «den Sohn des Menschen auf den Wolken des Himmels kommen» sehen mit großer Macht und Herrlichkeit. 31 Und er wird seine Engel aussenden mit starkem Posaunenschall, und sie werden seine Auserwählten versammeln von den vier Winden her, von einem Ende des Himmels bis zum andern.

und die Kräfte in den Himmeln werden erschüttert werden». 26 Und dann

wird man «den Sohn des Menschen auf den Wolken kommen» sehen mit großer Macht und Herrlichkeit. 27 Und dann wird er die Engel aussenden

und die Auserwählten versammeln von den vier Winden her, vom Ende der Erde bis zum Ende des Himmels.

29: Off. 6, 12—17 / 30 par.: 25, 31; 26, 64; Mark. 14, 62; Dan. 7, 13. 14; Off. 1, 7 / 31 par.: 13, 41; 1. Thess. 4, 15. 16; Jes. 27, 13; Sach. 2, 6; 5. Mos. 30, 4.

25 par.: Jes. 13, 10; 34, 4.

215. Das Gleichnis vom grünenden Feigenbaum

Mat. 24, 32—33

Mark. 13, 28—29

32 Vom Feigenbaum aber lernet das Gleichnis: Wenn sein Zweig schon saftig wird und die Blätter hervorwachsen, merkt man, daß der Sommer nahe ist. 33 So sollt auch ihr, wenn ihr dies alles seht, merken, daß e r nahe vor der Türe ist.

28 Vom Feigenbaum aber lernet das Gleichnis: Wenn sein Zweig schon saftig wird und die Blätter hervorwachsen, merkt man, daß der Sommer nahe ist. 29 So sollt auch ihr, wenn ihr dies geschehen seht, merken, daß e r nahe vor der Türe ist.

216. Wann geschieht die Wiederkunft?

Mat. 24, 34—36

Mark. 13, 30—32

34 Wahrlich, ich sage euch: Dieses Geschlecht wird nicht vergehen, bis dies alles geschehen sein wird. 35 Der Himmel und die Erde werden vergehen, meine Worte aber werden nicht vergehen. 36 Über jenen Tag aber und jene Stunde weiß niemand etwas, auch die Engel in den Himmeln nicht[1]), sondern allein der Vater.

30 Wahrlich, ich sage euch: Dieses Geschlecht wird nicht vergehen, bis dies alles geschehen sein wird. 31 Der Himmel und die Erde werden vergehen, meine Worte aber werden nicht vergehen. 32 Über jenen Tag aber oder jene Stunde weiß niemand etwas, auch die Engel im Himmel nicht, auch der Sohn nicht, sondern nur der Vater.

36: 1. Thess. 5, 1. 2.
[1]) Mehrere alte Textzeugen fügen hier ein: «auch der Sohn nicht» (vgl. Mark.)

31: Jes. 51, 6.

nicht zu raten wissen vor dem Tosen und
Wogen des Meeres; ²⁶ Menschen werden
den Geist aufgeben vor Furcht und Er=
wartung der Dinge, die über den Erdkreis
kommen werden; denn «die Kräfte der
Himmel werden erschüttert werden». ²⁷
Und dann

wird man «den Sohn des Menschen auf
einer Wolke kommen» sehen mit großer
Macht und Herrlichkeit.

²⁸ Wenn aber dies zu geschehen anfängt,
so richtet euch auf und hebet eure Häup=
ter empor; denn eure Erlösung naht.

Luk. 21, 29–31

²⁹ Und er sagte ihnen ein Gleichnis: Schauet
auf den Feigenbaum und alle Bäume!
³⁰ Wenn sie bereits ausschlagen und ihr
seht es, merkt ihr von selbst, daß der
Sommer schon nahe ist. ³¹ So sollt auch
ihr, wenn ihr dies geschehen seht, mer=
ken, daß das Reich Gottes nahe ist.

Luk. 21, 32–33

³² Wahrlich, ich sage euch: Dieses Ge=
schlecht wird nicht vergehen, bis alles ge=
schehen sein wird. ³³ Der Himmel und
die Erde werden vergehen, meine Worte
aber werden nicht vergehen.

32 par.: 9, 27 par., Nr. 120 / 33 par.: 16, 17 par.,
Nr. 173.

217. Das Gleichnis vom Türhüter   (Markus=Schluß der Endzeitrede)

Mat. 25,13 f. 15b; 24,42
         (vgl. Nr. 223. 220. 222)

14 *Denn es ist wie bei einem Mann, der außer Landes reisen wollte, seine Knechte rief und ihnen sein Vermögen übergab,* 15 *jedem nach seinen Kräften und reiste ab.*
24, 42 *Darum wachet! Denn ihr wißt nicht, an welchem Tag euer Herr kommt.*

25, 13 *Darum wachet! Denn ihr wißt weder den Tag noch die Stunde.*

Mark. 13, 33—37

33 Sehet zu, wachet! Denn ihr wißt nicht, wann die Zeit da ist. 34 Es ist wie bei einem Mann, der außer Landes reiste, sein Haus verließ und seinen Knechten Vollmacht gab, jedem sein Werk, und dem Türhüter befahl, daß er wachen solle — 35 wachet also! denn ihr wißt nicht, wann der Herr des Hauses kommt, ob am späten Abend oder um Mitternacht oder um den Hahnenschrei oder am frühen Morgen; 36 damit er nicht, wenn er auf einmal kommt, euch schlafend finde. 37 Was ich aber euch sage, das sage ich allen: Wachet!

218. Ermahnung zur Wachsamkeit   (Lukas=Schluß der Endzeitrede)

219. Ermahnung zur Wachsamkeit

Mat. 24, 37—41

37 Denn wie die Tage des Noah, so wird die Wiederkunft des Sohnes des Menschen sein. 38 Wie sie nämlich in den Tagen vor der Sintflut schmausten und tranken, heirateten und verheirateten bis zu dem Tage, da Noah in die Arche ging, 39 und es nicht merkten, bis die Sintflut kam und alle hinwegraffte, so wird auch die Wiederkunft des Sohnes des Menschen sein. 40 Dann werden zwei auf dem Felde sein: einer wird angenommen und einer wird zurückgelassen. 41 Zwei werden mit dem Mühlstein mahlen: eine wird angenommen und eine wird zurückgelassen.

37: 1. Mos. 6, 11—13.

Luk. 12, 35–38 (vgl. Nr. 155)

35 *Eure Lenden seien umgürtet und eure Lichter brennen!* 36 *und ihr sollt Menschen gleich sein, die auf ihren Herrn warten, wann er vom Gastmahl aufbrechen wird, damit sie, wenn er kommt und anklopft, ihm alsbald auftun.* 37 *Wohl jenen Knechten, die der Herr, wenn er kommt, wachend finden wird! Wahrlich, ich sage euch: Er wird sich umgürten und sie heißen, sich zu Tische setzen, und wird hinzutreten und sie bedienen.* 38 *Und wenn er in der zweiten und wenn er in der dritten Nachtwache kommt und sie so findet, wohl ihnen!*

Luk. 21, 34–36

34 Habet aber acht auf euch, damit nicht etwa eure Herzen durch Rausch und Trunkenheit und Sorgen um den Lebensunterhalt beschwert werden und jener Tag unversehens an euch herantritt 35 wie ein Fallstrick; denn er wird über alle hereinbrechen, die auf dem ganzen Erdboden wohnen. 36 Wachet aber zu jeder Zeit und bittet darum, daß ihr imstande seid, diesem allem, was geschehen soll, zu entfliehen und vor den Sohn des Menschen gestellt zu werden!

34: Mark. 4, 19; Jes. 5, 11–13; 1. Thess. 5, 3. 7; Röm. 13, 13 / 35: Jes. 24, 17 / 36: Mat. 26, 41; Mark. 13, 33; 1. Pet. 4, 7; 2. Pet. 3, 11–13; 1. Joh. 2, 28.

Luk. 17, 26–27. 34–35 (vgl. Nr. 181)

26 *Und wie es in den Tagen Noahs zuging, so wird es auch in den Tagen des Sohnes des Menschen sein:* 27 *Sie aßen, sie tranken, sie heirateten, sie wurden verheiratet, bis zu dem Tage, da Noah in die Arche ging und die Sintflut kam und alle vertilgte.*

34 *Ich sage euch: In dieser Nacht werden zwei auf e i n e m Bette sein; der eine wird angenommen und der andre zurückgelassen werden.* 35 *Zwei werden am gleichen Orte mahlen; die eine wird angenommen, die andre aber zurückgelassen werden.*

220. Das Gleichnis vom Dieb in der Nacht

Mat. 24, 42—44

42 Darum wachet! Denn ihr wißt nicht, an welchem Tag euer Herr kommt. 43 Das aber merket: Wenn der Hausherr wüßte, in welcher Nachtwache der Dieb kommt, würde er wachen und nicht in sein Haus einbrechen lassen. 44 Deshalb sollt auch ihr bereit sein! Denn der Sohn des Menschen kommt zu einer Stunde, wo ihr es nicht meint.

42: 25, 13; 1. Thess. 5, 2—4 / 43: 2. Pet. 3, 10; Off. 3, 3 / 44: Off. 16, 15.

Mark. 13, 33   (vgl. Nr. 217)

33 *Sehet zu, wachet! Denn ihr wißt nicht, wann die Zeit da ist.*

221. Das Gleichnis vom guten und bösen Knecht

Mat. 24, 45—51

45 Wer ist also der treue und kluge Knecht, den sein Herr dazu über sein Gesinde gesetzt hat, ihnen die Speise zur rechten Zeit zu geben? 46 Wohl jenem Knecht, den sein Herr, wenn er kommt, bei solchem Tun finden wird! 47 Wahrlich, ich sage euch: Er wird ihn über sein ganzes Besitztum setzen. 48 Wenn aber jener böse Knecht in seinem Herzen sagt: Mein Herr bleibt noch aus, 49 und anfängt, seine Mitknechte zu schlagen, aber mit den Trunkenen ißt und trinkt, 50 so wird der Herr jenes Knechtes an einem Tage kommen, an dem er es nicht erwartet, und zu einer Stunde, die er nicht weiß, 51 und wird ihn in Stücke hauen lassen und ihm sein Teil unter den Heuchlern geben. Dort wird Heulen und Zähneknirschen sein.

47: 25, 21. 23 par. / 51: 8, 12.

222. Das Gleichnis von den zehn Jungfrauen

Mat. 25, 1—13

1 Dann wird das Reich der Himmel zehn Jungfrauen gleich sein, die ihre Lampen nahmen und dem Bräutigam entgegengingen. 2 Fünf aber von ihnen waren töricht, und fünf waren klug. 3 Die törichten nämlich nahmen ihre Lampen und nahmen kein Öl mit sich. 4 Die klugen dagegen nahmen außer ihren Lampen Öl in ihren Gefäßen mit. 5 Doch als der Bräutigam ausblieb, wurden sie alle schläfrig und schliefen ein. 6 Mitten in der Nacht

Mark. 13, 35a   (vgl. Nr. 217)

Luk. 12, 39—40   (vgl. Nr. 155)

₃₉ Das aber merket: Wenn der Hausherr
wüßte, zu welcher Stunde der Dieb kommt,
würde er nicht in sein Haus einbrechen
lassen. ₄₀ Auch ihr sollt bereit sein; denn
der Sohn des Menschen kommt zu einer
Stunde, wo ihr es nicht meint.

Luk. 12, 42—46   (vgl. Nr. 155)

₄₂ Und der Herr sprach: Wer ist also der
kluge, treue Haushalter, den sein Herr
dazu über sein Gesinde setzen wird,
[ihnen] zur rechten Zeit ihr Maß Speise
zu geben? ₄₃ Wohl jenem Knecht, den sein
Herr, wenn er kommt, bei solchem Tun
finden wird! ₄₄ Der Wahrheit gemäß sage
ich euch: Er wird ihn über sein ganzes
Besitztum setzen. ₄₅ Wenn aber jener
Knecht in seinem Herzen sagt: Mein Herr
verzieht zu kommen, und anfängt, die
Knechte und die Mägde zu schlagen, und
zu essen und zu trinken und sich zu be=
rauschen, ₄₆ so wird der Herr jenes Knech=
tes an einem Tage kommen, an dem er
es nicht erwartet, und zu einer Stunde,
die er nicht weiß, und wird ihn in Stücke
hauen lassen und ihm sein Teil unter den
Ungläubigen geben.

aber erscholl ein Geschrei: Siehe, der
Bräutigam! Gehet hinaus, ihm entgegen!
7 Da erwachten alle jene Jungfrauen und
rüsteten ihre Lampen. 8 Die törichten aber
sagten zu den klugen: Gebet uns von
eurem Öl, denn unsre Lampen verlöschen!
9 Da antworteten die klugen: Es möchte
für uns und für euch nicht reichen; gehet
vielmehr zu den Krämern und kaufet
euch! 10 Während sie aber hingingen, um
zu kaufen, kam der Bräutigam; und die,
welche bereit waren, gingen mit ihm hin=
ein zur Hochzeit, und die Türe wurde
verschlossen. 11 Später kamen dann auch
die übrigen Jungfrauen und sagten: Herr,
Herr, öffne uns! 12 Er aber antwortete und
sprach: Wahrlich, ich sage euch: Ich kenne
euch nicht. 13 Darum wachet! Denn ihr
wißt weder den Tag noch die Stunde.[1]

1: Off. 19, 7 / 7: Luk. 12, 36 / 11: Luk. 13, 25–28 /
12: 7, 22. 23 / 13: 24, 42.
[1]) Minder gewichtige Textzeugen ergänzen: «in
welcher des Menschen Sohn kommen wird.»

35 Wachet also! denn ihr wißt nicht, wann
der Herr des Hauses kommt.

223. Das Gleichnis von den anvertrauten Geldern

Mat. 25, 14–30

14 Denn es ist wie bei einem Mann, der
außer Landes reisen wollte, seine Knech=
te rief und ihnen sein Vermögen übergab.
15 Und dem einen gab er fünf Talente,
dem andern zwei, dem dritten eins, je=
dem nach seinen Kräften, und reiste ab.
Alsbald 16 ging der hin, der die fünf Ta=
lente empfangen hatte, handelte damit
und gewann fünf andre. 17 Ebenso ge=
wann der, welcher die zwei [Talente emp=
fangen hatte], zwei andre. 18 Der aber das
e i n e empfangen hatte, ging hin, machte
eine Grube in die Erde und verbarg das
Geld seines Herrn.

19 Nach langer Zeit aber kommt der Herr
jener Knechte und rechnet mit ihnen ab.

20 Und der, welcher die fünf Talente emp=
fangen hatte, trat herzu, brachte fünf
andre Talente herbei und sagte: Herr,
fünf Talente hast du mir übergeben; siehe,
ich habe fünf andre Talente gewonnen.

Mark. 13, 34   (vgl. Nr. 217)

34 Es ist wie bei einem Mann, der außer
Landes reiste, sein Haus verließ und sei=
nen Knechten Vollmacht gab, jedem sein
Werk, und dem Türhüter befahl, daß er
wachen solle.

[143]

Zu Mat. 25, 1–13 Justin, Dial. 47, 5: Darum hat unser Herr Jesus Christus gesagt: Worin ich euch antreffe, darin werde ich euch auch richten.

Luk. 19, 11—27 (vgl. Nr. 192)

11 *Als sie aber dies hörten, fuhr er fort und sagte ein Gleichnis, weil er nahe bei Jerusalem war und sie meinten, das Reich Gottes werde sofort sichtbar werden.* 12 *Er sagte also: Ein Mann von vornehmer Ab= kunft begab sich in ein fernes Land, um sich ein Reich zu erwerben und [dann] zurückzukehren.* 13 *Er rief aber zehn sei= ner Knechte, gab ihnen zehn Pfunde[1]) und sagte zu ihnen: Treibet Handel, während ich fort bin!*

14 *Seine Mitbürger jedoch haßten ihn, schickten eine Gesandtschaft hinter ihm her und ließen sagen: Wir wollen nicht, daß dieser über uns König werde.* 15 *Und es begab sich, als er wiederkam, nachdem er sich das Reich erworben hatte, da ließ er die Knechte, denen er das Geld gegeben hatte, zu sich rufen, um zu erfahren, was jeder bei seinen Ge= schäften gewonnen habe.* 16 *Da kam der erste*

*und sagte:
Herr, dein Pfund hat zehn Pfunde hin= zuerworben.*

21 Sein Herr sprach zu ihm: Recht so, du
guter und treuer Knecht, du bist über we=
niges treu gewesen, ich will dich über vie=
les setzen; geh ein zum Freudenfest dei=
nes Herrn! 22 Auch der, welcher die zwei
[Talente empfangen hatte], trat herzu
und sagte: Herr, zwei Talente hast du
mir übergeben; siehe, ich habe zwei andre
Talente gewonnen. 23 Sein Herr sprach zu
ihm: Recht so, du guter und treuer Knecht,
du bist über weniges treu gewesen, ich
will dich über vieles setzen; geh ein zum
Freudenfest deines Herrn! 24 Aber auch
der, welcher das e i n e Talent empfangen
hatte, trat herzu und sagte: Herr, ich
kannte dich, daß du ein harter Mensch
bist, daß du erntest, wo du nicht gesät
hast, und sammelst, wo du nicht ausge=
streut hast; 25 und ich fürchtete mich,
ging hin und verbarg dein Talent in der
Erde. Siehe, da hast du das Deine!
26 Sein Herr aber antwortete und sprach
zu ihm: Du böser und fauler Knecht,
wußtest du, daß ich ernte, wo ich nicht
gesät habe, und sammle, wo ich nicht aus=
gestreut habe? 27 Dann hättest du mein
Geld den Geldverleihern bringen sollen,
und ich hätte bei meiner Rückkehr das
Meinige mit Zinsen zurückerhalten.

28 Darum nehmet ihm das Talent weg
und gebet es dem, der die zehn Talente
hat!

29 Denn jedem, der hat, wird gegeben
werden, und er wird Überfluß haben; dem
aber, der nicht hat, wird auch das genom=
men werden, was er hat. 30 Und den un=
nützen Knecht stoßet hinaus in die Fin=
sternis, die draußen ist! Dort wird Heu=
len und Zähneknirschen sein.

14: 21, 33 / 19: 18, 23 / 21: 24, 45—47 par. / 29: 13,
12 par. / 30: 8, 12.

224. Das Gleichnis vom Scheiden der Schafe von den Böcken

Mat. 25, 31—46

31 Wenn aber der Sohn des Menschen in
seiner Herrlichkeit kommen wird und alle
Engel mit ihm, dann wird er sich auf den
Thron seiner Herrlichkeit setzen, 32 und
vor ihm werden alle Völker versammelt
werden, und er wird sie voneinander son=
dern, wie der Hirt die Schafe von den
Böcken[1]) sondert. 33 Und die Schafe wird
er zu seiner Rechten stellen, die Böcke[1])

₁₇*Und er sprach zu ihm: Recht so, du
guter Knecht! weil du in etwas ganz Geringem treu gewesen bist, sollst du über
zehn Städte Macht haben.* ₁₈*Und der zweite kam*

*und sagte: Dein Pfund, Herr, hat fünf
Pfunde eingebracht.* ₁₉*Er sprach aber auch
zu diesem: Und du sei über fünf Städte
gesetzt!*

₂₀*Und der andre kam*

*und sagte: Herr, siehe, da ist dein Pfund,
das ich in einem Schweißtuch verwahrt
hielt.* ₂₂*Denn ich fürchtete dich, weil du
ein harter Mensch bist; du nimmst, was
du nicht hingelegt hast, und erntest, was
du nicht gesät hast.*

₂₂*Er sprach zu ihm: Aus deinem Munde
will ich dir das Urteil sprechen,
du böser Knecht! Du wußtest, daß ich ein
harter Mensch bin, daß ich nehme, was
ich nicht hingelegt habe, und ernte, was
ich nicht gesät habe?* ₂₃*Und warum hast
du mein Geld nicht auf die Bank gegeben?
Dann hätte ich es bei meiner Rückkehr
mit Zinsen eingefordert.* ₂₄*Und zu den
Dabeistehenden sprach er:
Nehmet ihm das Pfund weg und gebet es
dem, der die zehn Pfunde hat!* ₂₅*Und sie
sagten zu ihm: Herr, er hat [schon] zehn
Pfunde.
— ₂₆ Ich sage euch: Jedem, der hat, wird
gegeben werden; dem aber, der nicht hat,
wird auch das genommen werden, was
er hat.* ₂₇*Doch diese meine Feinde, die
nicht wollten, daß ich über sie König
würde, führet hierher und machet sie vor
meinen Augen nieder!*

Zu Mat. 25,14–30 Nazaräerevangelium und 2. Clemens 8,5–6, vgl. Nr.192.

¹) 19,13. Wörtlich: «Minen». Mit «Pfund» wird
der Wert einer Mine (etwa 225 DM) durch Angabe des Gewichts (jedoch nicht des heutigen)
bezeichnet.

Joh. 5,29

aber zur Linken. ₃₄ Dann wird der König denen zu seiner Rechten sagen: Kommet her, ihr Gesegneten meines Vaters, er= erbet das Reich, das euch von Grundle= gung der Welt an bereitet ist! ₃₅ Denn ich war hungrig, und ihr habt mir zu essen gegeben; ich war durstig, und ihr habt mich getränkt; ich war fremd, und ihr habt mich beherbergt; ₃₆ [ich war] nackt, und ihr habt mich bekleidet; ich war krank, und ihr habt mich besucht; ich war im Gefängnis, und ihr seid zu mir gekom= men. ₃₇ Dann werden ihm die Gerechten antworten und sagen: Herr, wann sahen wir dich hungrig und haben dich gespeist? oder durstig und haben dich getränkt? ₃₈ Wann sahen wir dich als Fremden und haben dich beherbergt? oder nackt und haben dich bekleidet? ₃₉ Wann sahen wir dich krank oder im Gefängnis und sind zu dir gekommen? ₄₀ Und der König wird ihnen antworten und sagen: Wahrlich, ich sage euch: Wiefern ihr es einem die= ser meiner geringsten Brüder getan habt, habt ihr es mir getan.

₄₁ Dann wird er auch sagen zu denen zur Linken: Gehet hinweg von mir, ihr Ver= fluchten, in das ewige Feuer, das mein Vater dem Teufel und seinen Engeln be= reitet hat! ₄₂ Denn ich war hungrig, und ihr habt mir nicht zu essen gegeben; ich war durstig, und ihr habt mich nicht ge= tränkt; ₄₃ ich war fremd, und ihr habt mich nicht beherbergt; [ich war] nackt, und ihr habt mich nicht bekleidet; [ich war] krank und im Gefängnis, und ihr habt mich nicht besucht. ₄₄ Dann werden auch sie antworten: Herr, wann sahen wir dich hungrig oder durstig oder als Fremden oder nackt oder krank oder im Gefängnis und haben dir nicht gedient? ₄₅ Dann wird er ihnen antworten: Wahr= lich, ich sage euch: Wiefern ihr es einem dieser Geringsten nicht getan habt, habt ihr es auch mir nicht getan. ₄₆ Und diese werden in die ewige Strafe gehen, die Gerechten aber in das ewige Leben.

31: 16, 27; Dan. 7, 13; Sach. 14, 5; Off. 20, 11—13 / 32: Röm. 14, 10 / 33: Ez. 34, 17 / 35: Jes. 58, 7 / 40: 10, 42; Spr. 19, 17 / 41: 7, 23; Off. 20, 10. 15 / 42: Jak. 2, 15. 16; 4, 17 / 46: Dan. 12, 2.

¹) 25, 32. 33. Gemeint sind nicht Schafböcke, son= dern Ziegenböcke, und gedacht ist an den Gegen= satz zwischen Schafen und Ziegen, die in Palä= stina zusammen geweidet und dann durch den Hirten für die Nacht getrennt werden.

225. Jesu Aufenthalt in den Tagen vor seinem Leiden

Mat. 21, 17   (vgl. Nr. 195)

₁₇ Und er verließ sie, ging zur Stadt hin= aus nach Bethanien und blieb dort über Nacht.

Mark. 11, 19   (vgl. Nr. 197)

₁₉ Und als es Abend geworden war, ging er zur Stadt hinaus.

29 *Und hervorgehen werden, die das Gute
getan haben, zur Auferstehung für das
Leben, die das Böse verübt haben, zur
Auferstehung für das Gericht.*

Luk. 21, 37—38

37 Er lehrte aber die Tage über im Tem=
pel, des Nachts dagegen ging er hinaus
und übernachtete an dem Berge, der der
Ölberg heißt. 38 Und alles Volk machte
sich frühe zu ihm auf, um ihn im Tem=
pel zu hören.[1]

[1]) Hier hat eine Handschriftengruppe den Text
Joh. 7, 53 — 8, 11 (vgl. Nr. 35) eingefügt.

37: 19, 47; Joh. 8, 1; 18, 1 / 38: 19, 48.

3. Jesu Leiden, Sterben und Auferstehen
(Mat. 26—28; Mark. 14—16; Luk. 22—24; Joh. 18—20)

226. Jesus soll getötet werden

Mat. 26,1—5

1 Und es begab sich, als Jesus alle diese Reden beendet hatte, da sprach er zu sei= nen Jüngern: 2 Ihr wißt, daß nach zwei Tagen das Passafest ist; und der Sohn des Menschen wird überliefert, damit er gekreuzigt werde. 3 Da versammelten sich die Hohenpriester und die Ältesten des Volkes im Palast des Hohenpriesters, der Kajaphas hieß, 4 und berieten sich, um Je= sus mit List festzunehmen und zu töten. 5 Sie sagten aber: Nicht am Fest, damit kein Aufruhr im Volk entsteht!

Mark. 14,1—2

1 Nach zwei Tagen war aber das Fest des Passa und der ungesäuerten Brote.

Und die Hohenpriester und die Schriftge= lehrten trachteten darnach, wie sie ihn mit List festnehmen und töten könnten. 2 Sie sag= ten nämlich: Nicht am Fest, damit kein Aufruhr des Volkes entsteht!

227. Die Salbung in Bethanien   (vgl. Nr. 81)

Mat. 26,6—13

6 Als aber Jesus in Bethanien im Hause Simons des Aussätzigen war, 7 trat eine Frau zu ihm mit einer Alabasterflasche voll kostbarer Salbe und goß sie ihm über das Haupt, während er bei Tische saß. 8 Als die Jünger das sahen, wurden sie unwillig und sagten: Wozu diese Ver= schwendung?

9 Das hätte man ja teuer verkaufen und [den Erlös] den Armen geben können. 10 Als es aber Jesus merkte, sprach er zu ihnen: Was betrübt ihr die Frau? Sie hat doch eine schöne Tat an mir getan. 11 Die Armen habt ihr ja allezeit bei euch, mich aber habt ihr nicht allezeit.

12 Denn daß sie diese Salbe auf meinen Leib goß, das hat sie getan für mein Be= gräbnis. 13 Wahrlich, ich sage euch: Wo immer in der ganzen Welt dieses Evange= lium gepredigt wird, da wird auch das, was sie getan hat, zu ihrem Gedächtnis erzählt werden.

11 par.: 5. Mos. 15, 11 / 13: 24, 14.

Mark. 14,3—9

3 Und als er in Bethanien im Hause Si= mons des Aussätzigen war, kam, wäh= rend er bei Tische saß, eine Frau mit einer Alabasterflasche voll echter, teurer Nar= densalbe; sie zerbrach die Alabasterfla= sche und goß sie ihm über das Haupt. 4 Da murrten etliche bei sich selbst: Wo= zu ist diese Vergeudung der Salbe ge= schehen? 5 Man hätte diese Salbe ja für mehr als dreihundert Denare verkaufen und [den Erlös] den Armen geben kön= nen. Und sie fuhren sie an. 6 Jesus aber sprach: Lasset sie! Was betrübt ihr sie? Sie hat eine schöne Tat an mir getan. 7 Die Armen habt ihr ja allezeit bei euch, und sooft ihr wollt, könnt ihr ihnen wohltun; mich aber habt ihr nicht allezeit. 8 Was sie vermochte, hat sie getan; sie hat im voraus meinen Leib zum Begräbnis ge= salbt. 9 Und wahrlich, ich sage euch: Wo immer in der ganzen Welt das Evange= lium gepredigt wird, da wird auch das, was sie getan hat, zu ihrem Gedächtnis erzählt werden.

Luk. 22, 1–2

1 Es nahte aber das Fest der ungesäuerten
Brote, welches Passa heißt.

2 Und die Hohenpriester und die Schrift=
gelehrten
trachteten darnach, wie sie ihn umbrin=
gen könnten;

denn sie fürchteten das Volk.

2: 20, 19.

Joh. 11, 47—53

47 Da beriefen die Hohenpriester und die
Pharisäer eine Versammlung des Hohen
Rates ein und sagten: Was tun wir? Denn
dieser Mensch tut viele Zeichen. 48 Lassen
wir ihn auf diese Weise gewähren, so
werden alle an ihn glauben, und die Rö=
mer werden kommen und uns sowohl die
[heilige] Stätte¹) als auch das Volk weg=
nehmen. 49 Einer aber von ihnen, Kaja=
phas, welcher Hoherpriester jenes Jahres
war, sagte zu ihnen: Ihr wißt nichts; 50
auch bedenkt ihr nicht, daß es für euch
besser ist, wenn e i n Mensch für das Volk
stirbt und nicht das ganze Volk umkommt.
51 Dies sagte er aber nicht von sich aus,
sondern weil er Hoherpriester jenes Jah=
res war, weissagte er. Denn Jesus sollte
für das Volk sterben, 52 und nicht für das
Volk allein, sondern damit er auch die
[unter den Völkern] zerstreuten Kinder
Gottes in Eins zusammenbrächte. 53 Von
jenem Tage an beratschlagten sie nun, ihn
zu töten.
¹) Gemeint ist der Tempel.

Joh. 12, 1—8

1 Jesus nun kam sechs Tage vor dem Passa
nach Bethanien, wo Lazarus war, den er
von den Toten auferweckt hatte. 2 Dort
bereiteten sie ihm ein Mahl, und Martha
besorgte die Bedienung; Lazarus aber war
einer von denen, die mit ihm zu Tische
saßen. 3 Da nahm Maria ein Pfund echter,
kostbarer Nardensalbe, salbte Jesus die
Füße und trocknete mit ihren Haaren seine
Füße ab; das Haus aber wurde erfüllt
vom Geruch der Salbe. 4 Judas Ischarioth
aber, einer von seinen Jüngern, der ihn
verraten sollte, sagte: 5 Warum wurde
diese Salbe nicht für dreihundert Denare
verkauft und [der Erlös] den Armen ge=
geben? 6 Er sagte dies aber nicht, weil
ihm die Armen am Herzen lagen, sondern
weil er ein Dieb war und die Kasse hatte
und das Eingelegte beiseite brachte. 7 Da
sprach Jesus: Laß sie gewähren! für den
Tag meines Begräbnisses hat sie es auf=
bewahrt. 8 Denn die Armen habt ihr alle=
zeit bei euch; mich aber habt ihr nicht
allezeit.

228. Verabredung des Verrates

Mat. 26, 14—16

14 Da ging einer der Zwölf namens Judas Ischarioth zu den Hohenpriestern 15 und sagte:

Was wollt ihr mir geben, daß ich ihn euch verrate? «Sie aber wogen ihm dreißig Silberlinge dar.» 16 Und von da an suchte er eine gute Gelegenheit, ihn zu verraten.

15: Joh. 11, 57; Sach. 11, 12; Mat. 27, 9; 1. Tim. 6, 9 f.

Mark. 14, 10—11

10 Und Judas Ischarioth, jener einer von den Zwölfen, ging hin zu den Hohenpriestern, um ihn an sie zu verraten. 11 Sie aber freuten sich, als sie es hörten, und versprachen, ihm Geld zu geben. Und er trachtete darnach, wie er ihn bei guter Gelegenheit verriete.

229. Vorbereitung des Passamahles

Mat. 26, 17—19

17 Am ersten Tage der ungesäuerten Brote aber traten die Jünger zu Jesus und sagten:

Wo willst du, daß wir das Passamahl zu essen bereiten?

18 Da sprach er: Gehet in die Stadt zu dem und dem

und saget zu ihm: Der Meister läßt sagen: Meine Zeit ist nahe; bei dir will ich mit meinen Jüngern das Passamahl halten.

19 Und die Jünger taten, wie ihnen Jesus befohlen hatte, und bereiteten das Passamahl.

17 par.: 2. Mos. 12, 17—20.

Mark. 14, 12—16

12 Und am ersten Tag der ungesäuerten Brote, an dem man das Passalamm schlachtete, sagten seine Jünger zu ihm:

Wohin willst du, daß wir gehen und Vorbereitungen treffen, damit du das Passamahl essen kannst? 13 Und er sandte zwei seiner Jünger und sagte zu ihnen: Gehet in die Stadt, und es wird euch ein Mensch begegnen, der einen Krug mit Wasser trägt; folgt ihm, 14 und wo er hineingeht, da saget zu dem Hausherrn: Der Meister läßt sagen: Wo ist meine Herberge, in der ich mit meinen Jüngern das Passamahl essen kann? 15 Und er wird euch ein großes Obergemach zeigen, das mit Polstern belegt und bereit ist; und dort bereitet es für uns zu! 16 Da gingen die Jünger hin, kamen in die Stadt und fanden es, wie er ihnen gesagt hatte, und bereiteten das Passamahl.

230. Jesus kündigt den Verrat des Judas an

Mat. 26, 20—25

20 Als es aber Abend geworden war, setzte er sich mit den zwölf Jüngern zu Tische. 21 Und während sie aßen, sprach er: Wahrlich, ich sage euch: Einer von euch wird mich verraten. 22 Und sehr betrübt fingen sie einer nach dem andern an, zu ihm zu sagen: Doch nicht ich, Herr? 23 Er aber antwortete und sprach: Der, welcher mit mir die Hand in die Schüssel getaucht hat, der wird mich verraten.

Mark. 14, 17—21

17 Und als es Abend geworden war, kam er mit den Zwölfen. 18 Und während sie bei Tische saßen und aßen, sprach Jesus: Wahrlich, ich sage euch: Einer von euch wird mich verraten, [einer,] der mit mir ißt. 19 Sie fingen an, betrübt zu werden und einer nach dem andern zu ihm zu sagen: Doch nicht ich? 20 Er aber sprach zu ihnen: Einer von den Zwölfen, der mit mir [die Hand] in die Schüssel taucht.

Luk. 22,3—6

3 Es fuhr aber der Satan in Judas, der Ischarioth heißt und der aus der Zahl der Zwölf war. 4 Und er ging hin und besprach mit den Hohenpriestern und Befehlsha= bern, wie er ihn an sie verraten könnte. 5 Und sie freuten sich und kamen mit ihm überein, ihm Geld zu geben. 6 Und er sagte zu und suchte eine gute Gelegen= heit, um ihn ohne Volksauflauf an sie zu verraten.

Luk. 22,7—13

7 Es kam aber der Tag der ungesäuerten Brote, an dem man das Passalamm schlach= ten mußte. 8 Und er sandte Petrus und Johannes und sprach: Gehet und bereitet für uns das Passamahl, damit wir es essen! 9 Sie antworteten ihm: Wo willst du, daß wir es bereiten? 10 Er aber sprach zu ihnen: Siehe, wenn ihr in die Stadt hineinkommt, wird euch ein Mensch begegnen, der einen Krug mit Wasser trägt; folget ihm in das Haus, in das er hineingeht, 11 und saget zu dem Herrn des Hauses: Der Meister läßt dir sagen: Wo ist die Herberge, in der ich das Passamahl mit meinen Jüngern essen kann? 12 Und jener wird euch ein großes Obergemach zeigen, das mit Polstern be= legt ist; dort bereitet es zu! 13 Da gingen sie hin und fanden es, wie er ihnen gesagt hatte, und bereiteten das Passamahl.

Zu Mat. 26,17 par. Ebionäerevangelium (Epiphanius, Haer. 30, 22, 4): Sie (sc. das Eb.-Ev.) entstellen das Wort . . . und ließen die Jünger sagen: Wo willst du, daß wir dir das Passamahl zu essen bereiten? Und (ließen) ihn darauf antworten: Ich begehre nicht, an diesem Passa Fleisch mit euch zu essen!

Luk. 22,14. 21—23 (vgl. Nr. 232)

14 Und als die Stunde da war, setzte er sich zu Tische und die Apostel mit ihm.

21 *Doch siehe, die Hand dessen, der mich verraten wird, ist mit mir auf dem Tische.* 23 *Und sie fingen an, sich untereinander zu besprechen, wer von ihnen es wohl wäre, der dies tun wollte.*

Joh. 13,21—30

21 *Als Jesus dies gesprochen hatte, wurde er im Geist erregt und bezeugte und sprach: Wahrlich, wahrlich, ich sage euch: Einer unter euch wird mich verraten. Die Jünger sahen einander an, ratlos darüber, von wem er rede. 23 Einer von seinen Jün= gern lag an Jesu Brust, der, den Jesus liebhatte. 24 Diesem winkt nun Simon Pe= trus und sagt zu ihm: Sage, wer es ist, von dem er redet! 25 Jener lehnt sich so an die Brust Jesu und sagt zu ihm: Herr,*

24 Der Sohn des Menschen zwar geht da=
hin, wie von ihm geschrieben steht; aber
wehe dem Menschen, durch den der Sohn
des Menschen verraten wird! Es wäre ihm
besser, wenn er nicht geboren wäre, jener
Mensch. 25 Judas aber, der ihn verraten
wollte, antwortete und sprach: Doch nicht
ich, Rabbi? Er sagt zu ihm: Du hast es
gesagt.[1])

21 Denn der Sohn des Menschen zwar
geht dahin, wie von ihm geschrieben
steht; aber wehe dem Menschen, durch
den der Sohn des Menschen verraten wird!
Es wäre ihm besser, wenn er nicht gebo=
ren wäre, jener Mensch.

23: Joh. 13, 18 / 24: 18, 7.
[1]) 26, 25. Das bedeutet: Doch, du bist es.

18: Ps. 41, 10.

231. Das Abendmahl

Mat. 26, 26–29

Mark. 14, 22–25

29 *Ich sage euch aber: Ich werde von jetzt an
von diesem Gewächs des Weinstocks nicht
trinken bis zu jenem Tage, wo ich es mit
euch neu trinken werde im Reiche meines
Vaters.*
26 Als sie aber aßen, nahm Jesus Brot,
sprach das Dankgebet darüber, brach es,
gab es den Jüngern und sagte: Nehmet,
esset! Das ist mein Leib.
27 Und er nahm den Kelch, sprach das Dank=
gebet darüber, gab ihnen denselben und
sagte: Trinket alle daraus! 28 Denn das
ist mein Blut des Bundes, das für viele
vergossen wird zur Vergebung der Sün=
den. 29 Ich sage euch aber: Ich werde von
jetzt an von diesem Gewächs des Wein=
stocks nicht trinken bis zu jenem Tage,
wo ich es mit euch neu trinken werde im
Reiche meines Vaters.

25 *Wahrlich, ich sage euch: Ich werde vom
Gewächs des Weinstocks nicht mehr trin=
ken bis zu jenem Tage, wo ich es neu
trinken werde im Reiche Gottes.*
22 Und als sie aßen, nahm er Brot, sprach
das Dankgebet darüber, brach es, gab
es ihnen und sagte: Nehmet! Das ist mein
Leib.
23 Und er nahm den Kelch, sprach das
Dankgebet darüber und gab ihnen den=
selben; und sie tranken alle daraus. 24 Und
er sprach zu ihnen: Das ist mein Blut des
Bundes, das für viele vergossen wird. 25
Wahrlich, ich sage euch: Ich werde vom
Gewächs des Weinstocks nicht mehr trin=
ken bis zu jenem Tage, wo ich es neu
trinken werde im Reiche Gottes.

26: 14, 19 / 28 par.: 20, 28; 2. Mos. 24, 8; Jer. 31, 31;
Sach. 9, 11; Heb. 9, 20.

*Zu Mat. 26, 27–28 par. Justin, Apologie 1, 66, 3: Die Apostel berichten in den von ihnen geschriebenen Er-
innerungen, die Evangelien genannt werden, daß ihnen folgendes aufgetragen worden sei: Jesus habe
das Brot genommen, das Dankgebet darüber gesprochen und gesagt: Dieses tut zu meinem Gedächtnis,
das ist mein Leib! Und desgleichen habe er den Kelch genommen, das Dankgebet darüber gesprochen
und gesagt: Das ist mein Blut! Ihnen allein aber habe er das mitgeteilt.*
*Zu Mat. 26, 26–29 par. Hebräerevangelium (Hieronymus, de viris ill. 2): Als aber der Herr dem Knecht des
Priesters das Leinentuch gegeben hatte, ging er zu Jakobus und erschien ihm. Jakobus hatte nämlich
geschworen, von jener Stunde an, in der er den Kelch des Herrn getrunken hatte, kein Brot mehr zu essen,
bis er ihn von den Entschlafenen auferstanden sähe. Und kurz darauf sagte der Herr: Bring einen Tisch*

22 Denn der Sohn des Menschen zwar geht dahin, wie es bestimmt ist; doch wehe dem Menschen, durch den er verraten wird!

wer ist es? **26** Da antwortet Jesus: Der ist es, dem ich den Bissen eintauchen und geben werde. Darauf taucht er den Bissen ein, nimmt ihn und gibt ihn dem Judas, dem Sohn des Simon Ischarioth. **27** Und nach dem Bissen, da fuhr der Satan in ihn. Jesus sagt nun zu ihm: Was du tun willst, tue bald! **28** Aber keiner von denen, die zu Tische saßen, verstand, wozu er ihm das sagte. **29** Denn einige meinten, weil Judas die Kasse hatte, wollte ihm Jesus sagen: Kaufe, was wir zum Feste bedürfen; oder, er solle den Armen etwas geben. **30** Als nun jener den Bissen genommen hatte, ging er alsbald hinaus. Es war aber Nacht.

Luk. 22,15—20

15 Und er sprach zu ihnen: Mich hat sehnlich verlangt, dieses Passamahl mit euch zu essen, bevor ich leide. **16** Denn ich sage euch: Ich werde es nicht mehr essen, bis es in seiner Vollendung gefeiert wird im Reiche Gottes. **17** Und er nahm den Kelch, sprach das Dankgebet darüber und sagte: Nehmet ihn und teilet ihn unter euch! **18** Denn ich sage euch: Ich werde von jetzt an vom Gewächs des Weinstocks nicht [mehr] trinken, bis das Reich Gottes gekommen ist.

19 Und er nahm Brot, sprach das Dankgebet darüber, brach es, gab es ihnen und sagte: Das ist mein Leib, der für euch hingegeben wird; das tut zu meinem Gedächtnis! **20** Und ebenso nach der Mahlzeit den Kelch und sagte: Dieser Kelch ist der neue Bund in meinem Blute, das für euch vergossen wird.

18 Denn ich sage euch: Ich werde von jetzt an vom Gewächs des Weinstocks nicht [mehr] trinken, bis das Reich Gottes gekommen ist.

(1. Kor. 11,23—26)

23 Denn ich habe vom Herrn her empfangen, was ich euch auch überliefert habe, daß der Herr Jesus in der Nacht, in der er verraten wurde, Brot genommen hat, **24** und als er das Dankgebet darüber gesprochen, hat er es gebrochen und gesagt: Das ist mein Leib für euch; das tut zu meinem Gedächtnis! **25** Desgleichen auch den Kelch nach dem Essen, indem er sagte: Dieser Kelch ist der neue Bund in meinem Blute; das tut, sooft ihr [daraus] trinkt, zu meinem Gedächtnis! **26** Denn sooft ihr dieses Brot eßt und den Kelch trinkt, verkündigt ihr [damit] den Tod des Herrn, bis er kommt.

---

und Brot! ... Er nahm das Brot, segnete es und brach es und gab es Jakobus dem Gerechten und sprach zu ihm: Mein Bruder, iß dein Brot, denn der Menschensohn ist von den Entschlafenen auferstanden.
Zu Mat. 26, 26—28 par. Didache 9, 1—4: Beim Abendmahl dankt 1. für den Kelch: Wir danken dir, unser Vater, für den heiligen Weinstock Davids, deines Knechtes, den du uns durch deinen Knecht Jesus kundgetan hast. Dir sei Ehre in Ewigkeit. 2. für das gebrochene Brot: Wir danken dir, unser Vater, für das Leben und die Erkenntnis, die du uns durch deinen Knecht Jesus kundgetan hast. Dir sei Ehre in Ewigkeit. Wie dieses Brot auf den Bergen zerstreut war und zusammengebracht eins war, so laß auch deine Kirche von den Enden der Erde in dein Reich zusammengebracht werden. Denn dein ist die Herrlichkeit und die Kraft durch Jesus Christus in Ewigkeit.

232. Abschiedsworte beim Abendmahl

Mat. 26, 21—25; 20, 25—28; 19, 28;
26, 33—34　(vgl. Nr. 230. 189. 186. 233)

Mark. 14, 18—21; 10, 42—45; 14, 29—30
　　　　　　　　(vgl. Nr. 230. 189. 233)

₂₁ *Einer von euch wird mich verraten.*
₂₂ *Und sehr betrübt fingen sie einer nach
dem andern an, zu ihm zu sagen: Doch nicht
ich, Herr?* ₂₃ *Er aber antwortete und sprach:
Der, welcher mit mir die Hand in die
Schüssel getaucht hat, der wird mich ver=
raten.* ₂₄ *Der Sohn des Menschen zwar
geht dahin, wie von ihm geschrieben steht;
aber wehe dem Menschen, durch den der
Sohn des Menschen verraten wird! Es
wäre ihm besser, wenn er nicht geboren
wäre, jener Mensch.* ₂₅ *Judas aber, der ihn
verraten wollte, antwortete und sprach:
Doch nicht ich, Rabbi? Er sagt zu ihm:
Du hast es gesagt.*

₁₈ *Einer von euch wird mich verraten,
[einer,] der mit mir ißt.* ₁₉ *Sie fingen an,
betrübt zu werden und einer nach dem
andern zu ihm zu sagen: Doch nicht ich?*
₂₀ *Er aber sprach zu ihnen: Einer von den
Zwölfen, der mit mir [die Hand] in die
Schüssel taucht.* ₂₁ *Denn der Sohn des
Menschen zwar geht dahin, wie von ihm
geschrieben steht; aber wehe dem Men=
schen, durch den der Sohn des Menschen
verraten wird! Es wäre ihm besser, wenn
er nicht geboren wäre, jener Mensch.*

₂₀, ₂₅ *Jesus aber rief sie zu sich und sprach:
Ihr wißt, daß die Fürsten der Völker sie
knechten und die Großen über sie Gewalt
üben.* ₂₆ *Unter euch soll es nicht so sein,
sondern wer unter euch groß sein will,
sei euer Diener,* ₂₇ *und wer unter euch
der Erste sein will, sei euer Knecht,* ₂₈ *wie
der Sohn des Menschen nicht gekommen
ist, damit ihm gedient werde, sondern
damit er diene und sein Leben gebe als
Lösegeld für viele.*
₁₉, ₂₈ *Jesus aber sprach zu ihnen: Wahr=
lich, ich sage euch: Ihr, die ihr mir nach=
gefolgt seid, werdet in der Wiedergeburt,
wenn der Sohn des Menschen auf dem
Throne seiner Herrlichkeit sitzen wird,
auch auf zwölf Thronen sitzen, um die
zwölf Stämme Israels zu richten.*

₁₀, ₄₂ *Und Jesus ruft sie zu sich und sagt
zu ihnen: Ihr wißt, daß die, welche als
Fürsten der Völker gelten, sie knechten
und ihre Großen über sie Gewalt üben.*
₄₃ *Unter euch ist es aber nicht so, sondern
wer unter euch groß sein will, sei euer
Diener,* ₄₄ *und wer unter euch der Erste
sein will, sei der Knecht aller;* ₄₅ *denn
auch der Sohn des Menschen ist nicht
gekommen, damit ihm gedient werde,
sondern damit er diene und sein Leben
gebe als Lösegeld für viele.*

₂₆, ₃₃ *Da antwortete Petrus und sagte zu
ihm: Wenn alle an dir Anstoß nehmen,
werde ich doch niemals Anstoß nehmen.*
₃₄ *Jesus sprach zu ihm: Wahrlich, ich sage
dir: In dieser Nacht, ehe der Hahn kräht,
wirst du mich dreimal verleugnen.*

₁₄, ₂₉ *Da sagte Petrus zu ihm: Wenn auch
alle Anstoß nehmen werden, so doch ich
nicht.* ₃₀ *Und Jesus sprach zu ihm: Wahr=
lich, ich sage dir: Du wirst heute in die=
ser Nacht, ehe der Hahn zweimal kräht,
mich dreimal verleugnen.*

Luk. 22, 21—38

21 Doch siehe, die Hand dessen, der mich verraten wird, ist mit mir auf dem Tische.

22 Denn der Sohn des Menschen zwar geht dahin, wie es bestimmt ist; doch wehe dem Menschen, durch den er verraten wird!

23 Und sie fingen an, sich untereinander zu besprechen, wer von ihnen es wohl wäre, der dies tun wollte. 24 Es entstand aber unter ihnen auch ein Streit darüber, wer von ihnen als der Größte gelten könne. 25 Da sprach er zu ihnen: die Könige der Völker üben die Herrschaft über sie aus, und ihre Gewalt= haber lassen sich Wohltäter nennen. 26 Ihr dagegen nicht so! Sondern der Größte unter euch soll werden wie der Jüngste, und der Hochstehende wie der Dienende. 27 Denn wer ist größer, der zu Tische Sit= zende oder der Dienende? Ist es nicht der zu Tische Sitzende? Ich aber bin mit= ten unter euch wie der Dienende. 28 Ihr aber seid die, welche in meinen Versu= chungen bei mir ausgeharrt haben. 29 Und wie mir mein Vater ein Königreich be= stimmt hat, bestimme ich für euch, 30 daß ihr an meinem Tisch essen und trinken sollt in meinem Reich und auf Thronen sitzen, um die zwölf Stämme Israels zu richten.

31 Simon, Simon, siehe, der Satan hat sich euch [von Gott] ausgebeten, um euch im Sieb zu schütteln wie den Weizen; 32 ich aber habe für dich gebeten, daß dein Glaube nicht aufhöre; und du, wenn du dich einst bekehrt hast, stärke deine Brü= der! 33 Er aber sagte zu ihm: Herr, ich bin bereit, mit dir sogar ins Gefängnis und in den Tod zu gehen. 34 Da sprach er: Ich sage dir, Petrus: Der Hahn wird heute nicht krähen, bis du dreimal geleugnet hast, mich zu kennen. 35 Und er sprach zu ihnen: Als ich euch ohne Beutel und Tasche und Schuhe aus= sandte, habt ihr da an etwas Mangel ge= habt? Sie aber sagten: An nichts! 36 Da

12 *Als er ihnen nun die Füße gewaschen und seine Kleider genommen und sich wieder zu Tische gesetzt hatte, sprach er zu ihnen: Versteht ihr, was ich euch ge= tan habe?* 13 *Ihr nennt mich Meister und Herr, und ihr sagt es mit Recht; denn ich bin es.* 14 *Wenn nun ich, der Herr und der Meister, euch die Füße gewaschen habe, ist es auch eure Pflicht, einander die Füße zu waschen.*

36 *Simon Petrus sagt zu ihm: Herr, wohin gehst du? Jesus antwortete: Wohin ich gehe, dahin kannst du mir jetzt nicht folgen, du wirst aber später folgen.* 37 *Pe= trus sagt zu ihm: Herr, warum kann ich dir jetzt nicht folgen? Mein Leben will ich für dich hingeben.* 38 *Jesus antwortet: Dein Leben willst du für mich hingeben? Wahrlich, wahrlich, ich sage dir: Der Hahn wird nicht krähen, bis du mich dreimal verleugnet hast.*

233. Jesus auf dem Wege nach Gethsemane

Mat. 26, 30—35

30 Und nachdem sie den Lobgesang gesungen hatten, gingen sie hinaus an den Ölberg. 31 Da sagt Jesus zu ihnen: Ihr werdet in dieser Nacht alle an mir Anstoß nehmen; denn es steht geschrieben:
«Ich werde den Hirten schlagen, und die Schafe der Herde werden sich zerstreuen.»
32 Wenn ich aber auferweckt worden bin, werde ich euch nach Galiläa vorangehen. 33 Da antwortete Petrus und sagte zu ihm: Wenn alle an dir Anstoß nehmen, werde ich doch niemals Anstoß nehmen. 34 Jesus sprach zu ihm: Wahrlich, ich sage dir: In dieser Nacht, ehe der Hahn kräht, wirst du mich dreimal verleugnen. 35 Petrus sagt zu ihm: Auch wenn ich mit dir sterben müßte, werde ich dich nicht verleugnen. Ebenso sagten auch alle [andern] Jünger.

30 par.: Ps. 113—118; Joh. 18, 1 / 31 par.: Sach. 13, 7 / 32: 28, 7.

Mark. 14, 26—31

26 Und nachdem sie den Lobgesang gesungen hatten, gingen sie hinaus an den Ölberg. 27 Und Jesus sprach zu ihnen: Ihr werdet alle Anstoß nehmen; denn es steht geschrieben:
«Ich werde den Hirten schlagen, und die Schafe werden sich zerstreuen.»
28 Aber wenn ich auferweckt worden bin, werde ich euch nach Galiläa vorangehen. 29 Da sagte Petrus zu ihm: Wenn auch alle Anstoß nehmen werden, so doch ich nicht. 30 Und Jesus sprach zu ihm: Wahrlich, ich sage dir: Du wirst heute in dieser Nacht, ehe der Hahn zweimal kräht, mich dreimal verleugnen. 31 Er aber redete überlaut: Wenn ich gleich mit dir sterben müßte, werde ich dich nicht verleugnen. Ebenso sagten aber auch [die andern] alle.

28: 16, 7.

234. Jesus in Gethsemane

Mat. 26, 36—46

36 Da kommt Jesus mit ihnen in ein Gut, genannt Gethsemane, und sagt zu den Jüngern: Setzet euch hier, bis ich dorthin gegangen bin und gebetet habe! 37 Und er nahm den Petrus und die zwei Söhne des Zebedäus mit sich und fing an, bekümmert zu werden und heftig zu zagen. 38 Da sprach er zu ihnen: Meine Seele ist zu Tode bekümmert; bleibet hier und wa-

Mark. 14, 32—42

32 Und sie kommen in ein Gut namens Gethsemane. Und er sagt zu seinen Jüngern: Setzet euch hier, bis ich gebetet habe! 33 Und er nimmt den Petrus und den Jakobus und den Johannes mit sich und fängt an, zu erschrecken und heftig zu zagen. 34 Und er sagt zu ihnen: Meine Seele ist zu Tode bekümmert; bleibet hier und wachet!

sprach er zu ihnen: Aber jetzt, wer einen
Beutel hat, nehme ihn, gleichfalls auch
[wer] eine Tasche [hat], und wer kein
Schwert hat, verkaufe seinen Mantel und
kaufe eins! ³⁷Denn ich sage euch: Dieses
Schriftwort muß sich an mir erfüllen:
«Und er ist unter die Übeltäter gezählt
worden.»
Denn was mir bestimmt ist, kommt [jetzt]
zu Ende. ³⁸Sie aber sagten: Herr, siehe,
hier sind zwei Schwerter. Er aber sprach
zu ihnen: Es ist genug.

15: 1. Kor. 5, 7 / 20: 2. Mos. 24, 8; Jer. 31, 31; Heb.
9, 20 / 24: 9, 46 / 26: 9, 48 / 28: Joh. 6, 67 / 29: 12, 32
/ 32: Joh. 17, 9–15; 21, 15 / 35: 9, 3; 10, 4 / 37: Jes.
53, 12.

Luk. 22, 39; 22, 33–34   (vgl. Nr. 232)

³⁹Und er ging hinaus und begab sich nach
seiner Gewohnheit an den Ölberg; es folg=
ten ihm aber auch die Jünger.

²²,³³Er aber sagte zu ihm: Herr, ich bin
bereit, mit dir sogar ins Gefängnis und
in den Tod zu gehen. ³⁴Da sprach er: Ich
sage dir, Petrus: Der Hahn wird heute
nicht krähen, bis du dreimal geleugnet
hast, mich zu kennen.

Joh. 16, 32; 13, 36–38

³²Siehe, die Stunde kommt und ist [schon]
gekommen, wo ihr euch zerstreuen wer=
det, jeder in seine Heimat, und mich allein
lassen werdet — und doch bin ich nicht
allein, denn der Vater ist bei mir.

¹³,³⁶Simon Petrus sagt zu ihm: Herr, wo=
hin gehst du? Jesus antwortete: Wohin
ich gehe, dahin kannst du mir jetzt nicht
folgen, du wirst aber später folgen. ³⁷Pe=
trus sagt zu ihm: Herr, warum kann ich
dir jetzt nicht folgen? Mein Leben will
ich für dich hingeben. ³⁸Jesus antwortet:
Dein Leben willst du für mich hingeben?
Wahrlich, wahrlich, ich sage dir: Der Hahn
wird nicht krähen, bis du mich dreimal
verleugnet hast.

Zu Mat. 26, 31–34 par. Fajjumfragment: . . . da sprach Er: In dieser Nacht werdet ihr alle Anstoß nehmen,
wie geschrieben steht: Ich werde den Hirten schlagen, und die Schafe werden sich zerstreuen. Als Petrus
gesagt hatte: Und wenn alle, ich nicht!, sagte Jesus: Ehe der Hahn zweimal krähen wird, wirst du mich
dreimal verleugnen.

Luk. 22, 40–46

⁴⁰Und als er an den Ort gelangt war,
sprach er zu ihnen: Betet, daß ihr nicht in
Versuchung kommt!

⁴¹Und er trennte sich von ihnen, unge=
fähr einen Steinwurf weit, und kniete
nieder

Joh. 18, 1; 12, 27; 18, 11

¹Nachdem Jesus dies gesprochen hatte,
ging er mit seinen Jüngern hinaus auf die
andre Seite des Baches Kidron, wo ein
Garten war, und in diesen trat er mit sei=
nen Jüngern ein.

chet mit mir! 39 Und er ging ein wenig
vorwärts, warf sich auf sein Angesicht
nieder
und betete: Mein Vater, ist es möglich,
so gehe dieser Kelch an mir vorüber;
doch nicht wie ich will, sondern wie du
willst.

35 Und er ging ein wenig vorwärts, warf
sich auf die Erde und betete, wenn es
möglich wäre, möchte die Stunde an ihm
vorübergehen, 36 und sprach: Abba, Va=
ter[1]), alles ist dir möglich; laß diesen
Kelch an mir vorübergehen! Doch nicht,
was ich will, sondern was du willst.

40 Und er kommt zu den Jüngern und fin=
det sie schlafend; und er sagt zu Petrus:
So wenig vermochtet ihr, e i n e Stunde
mit mir zu wachen? 41 Wachet und betet,
daß ihr nicht in Versuchung kommt! Der
Geist zwar ist willig, das Fleisch aber ist
schwach. 42 Wiederum, zum zweitenmal,
ging er hin und betete: Mein Vater, wenn
dieser [Kelch] nicht an mir vorübergehen
kann, ohne daß ich ihn trinke, so geschehe
dein Wille! 43 Und er kam und fand sie
abermals schlafend; denn ihre Augen wa=
ren vom Schlaf überwältigt.

44 Und er verließ sie, ging wieder hin, be=
tete zum drittenmal und sprach wiederum
dasselbe Wort. 45 Dann kommt er zu den
Jüngern und sagt zu ihnen: Schlafet nur
weiter und ruhet! — Siehe, die Stunde ist
genaht, daß der Sohn des Menschen über=
liefert wird in die Hände der Sünder. 46
Stehet auf, lasset uns gehen! Siehe, der
mich verrät, ist genaht!
37: 17, 1; Heb. 5, 7 / 38 par.: Ps. 42, 6. 12; 43, 5; Jo=
na 4, 9 / 39 par.: Heb. 5, 7. 8 / 42 par.: 6, 10.

37 Und er kommt und findet sie schlafend;
und er sagt zu Petrus: Simon, du schläfst?
Vermochtest du nicht e i n e Stunde zu wa=
chen? 38 Wachet, und betet, daß ihr nicht
in Versuchung kommt! Der Geist zwar
ist willig, das Fleisch aber ist schwach.
39 Und er ging wiederum hin und betete
und sprach dasselbe Wort.

40 Und als er zurückkam, fand er sie schla=
fend; denn ihre Augen waren vom Schlaf
ganz überwältigt, und sie wußten nicht,
was sie ihm antworten sollten.

41 Und er kommt zum drittenmal und sagt
zu ihnen: Schlafet nur weiter und ruhet!
— Es ist genug. Die Stunde ist gekom=
men; siehe, der Sohn des Menschen wird
überliefert in die Hände der Sünder. 42 Ste=
het auf, lasset uns gehen! Siehe, der mich
verrät, ist genaht.

[1]) Abba heißt in der aramäischen Muttersprache
Jesu: «Vater». Vielleicht hat ein Leser der ältesten
Zeit das Wort «Vater» als Übersetzung an den
Rand geschrieben, und es ist später in den Text
aufgenommen worden.

235. Die Gefangennahme Jesu

Mat. 26, 47—56

47 Und während er noch redete, siehe, da
kam Judas, einer der Zwölf, und mit ihm
eine große Schar mit Schwertern und Stök=
ken von den Hohenpriestern und Ältesten
des Volkes her.
48 Der aber, der ihn verraten wollte, hatte
ihnen ein Zeichen angegeben und gesagt:
Der, den ich küssen werde, der ist's, neh=
met ihn fest! 49 Und alsbald trat er auf
Jesus zu und sagte: Sei gegrüßt, Rabbi!
und küßte ihn. 50 Jesus aber sprach zu
ihm: Freund, wozu bist du hier? Da tra=
ten sie hinzu, legten Hand an Jesus und

Mark. 14, 43—52

43 Und alsbald, während er noch redet,
kommt Judas, einer der Zwölf, und mit
ihm eine Schar mit Schwertern und Stök=
ken von den Hohenpriestern und Schrift=
gelehrten und Ältesten her. 44 Es hatte
aber der, welcher ihn verraten wollte,
ihnen ein Zeichen angegeben und gesagt:
Der, den ich küssen werde, der ist's; neh=
met ihn fest und führet ihn sicher ab!
45 Und wie er kam, trat er sogleich auf
ihn zu und sagte: Rabbi! und küßte ihn.

46 Da legten sie Hand an ihn und nahmen

und betete: 42 Vater, wenn du willst, so
laß diesen Kelch an mir vorübergehen!
Doch nicht mein, sondern dein Wille ge=
schehe! 43 Es erschien ihm aber ein Engel
vom Himmel und stärkte ihn. 44 Und er
geriet in angstvollen Kampf und betete
noch anhaltender; und sein Schweiß wur=
de wie Blutstropfen, die auf die Erde
fallen. 45 Und als er vom Gebet aufge=
standen war und zu den Jüngern kam,
fand er sie schlafend vor Traurigkeit.
46 Und er sprach zu ihnen: Was schlaft
ihr? Stehet auf und betet, daß ihr nicht
in Versuchung kommt!

12, 27 *Jetzt ist meine Seele erregt. Und was
soll ich sagen? Vater, rette mich aus die=
ser Stunde? Doch deshalb bin ich in diese
Stunde gekommen.* 18, 11 *Da sprach Jesus
zu Petrus: Stecke das Schwert in die Schei=
de! Soll ich den Kelch, den mir der Vater
gegeben hat, nicht trinken?*

*Zu Luk. 22, 46 par. Tertullian, De bapt. 20, 2: Niemand kann das Himmelreich erlangen, der nicht versucht
worden ist.*

Luk. 22, 47—53

47 Während er noch redete, siehe, da kam
ein Volkshaufe; und der, welcher Judas
hieß, einer der Zwölf, ging vor ihnen her

und näherte sich Jesus, um ihn zu küssen.
48 Jesus aber sprach zu ihm: Judas, mit
einem Kuß verrätst du den Sohn des Men=

Joh. 18, 2—11. 20

2 *Aber auch Judas, der ihn verraten woll=
te, wußte den Ort; denn Jesus war dort
oft mit seinen Jüngern zusammen.* 3 *Als
nun Judas die Kohorte und von den Ho=
henpriestern und den Pharisäern Diener
bekommen hatte, kam er dorthin mit Fak=
keln und Laternen und Waffen.* 4 *Da ging
Jesus, der alles wußte, was über ihn kom=
men würde, hinaus und sagte zu ihnen:
Wen sucht ihr?* 5 *Sie antworteten ihm:
Jesus den Nazoräer. Er sagte zu ihnen:
Ich bin's. Aber auch Judas, der ihn ver=
riet, stand bei ihnen.* 6 *Als er nun zu ihnen*

nahmen ihn fest. 51 Und siehe, einer von denen, die bei Jesus waren, streckte die Hand aus, zog sein Schwert, schlug nach dem Knecht des Hohenpriesters und hieb ihm das Ohr ab. 52 Da sagt Jesus zu ihm: Stecke dein Schwert an seinen Ort! Denn alle, die zum Schwert greifen, werden durch das Schwert umkommen. 53 Oder meinst du, daß ich nicht meinen Vater bitten könnte, und er würde mir sogleich mehr als zwölf Legionen Engel zur Seite stellen? 54 Wie sollen dann die Schriften erfüllt werden, daß es so kommen muß? 55 In jener Stunde sprach Jesus zu der Menge:

Wie gegen einen Räuber seid ihr ausge= zogen mit Schwertern und Stöcken, um mich zu ergreifen. Täglich habe ich leh= rend im Tempel gesessen, und ihr habt mich nicht festgenommen. 56 Dies alles aber ist geschehen, damit die Schriften der Propheten erfüllt würden. — Da ver= ließen ihn alle Jünger und flohen.

52: 1. Mos. 9, 6 / 53: Joh. 1, 51; 18, 36.

236. Jesus vor dem Hohen Rat

Mat. 26, 57—68; 27, 1 (vgl. Nr. 238)

57 Die aber Jesus festgenommen hatten, führten ihn ab zum Hohenpriester Kaja= phas, wo die Schriftgelehrten und die Äl= testen versammelt waren. 58 Petrus jedoch folgte ihm von ferne bis zum Palast des Hohenpriesters. Und er ging hinein und setzte sich zu den Dienern, um den Aus= gang zu erfahren.

s. u. Vers 69—75 (Nr. 237)

---

ihn fest. 47 Einer aber von denen, die dabeistanden, zog das Schwert, schlug nach dem Knecht des Hohenpriesters und hieb ihm das Ohr ab.

48 Und Jesus begann und sprach zu ihnen:

Wie gegen einen Räuber seid ihr ausge= zogen mit Schwertern und Stöcken, um mich zu ergreifen. 49 Täglich war ich bei euch im Tempel und lehrte, und ihr habt mich nicht festgenommen. Doch die Schrif= ten müssen erfüllt werden. 50 Da verließen ihn alle und flohen.

51 Und ein Jüngling ging ihm nach, der war mit einem linnenen Gewand auf dem bloßen Leib bekleidet; und sie wollten ihn festnehmen. 52 Er aber ließ das Ge= wand fahren und entfloh nackt.

50: Joh. 16, 32.

Mark. 14, 53—65; 15, 1 (vgl. Nr. 238)

53 Und sie führten Jesus ab zum Hohen= priester; und alle Hohenpriester und Äl= testen und Schriftgelehrten kamen zu= sammen. 54 Und Petrus folgte ihm von ferne bis hinein in den Palast des Hohen= priesters; und er saß bei den Dienern und wärmte sich am Feuer.

s. u. Vers 66—72 (Nr. 237)

schen? 49 Als aber die um ihn sahen, was
bevorstand, sagten sie: Herr, sollen wir
mit dem Schwerte dreinschlagen? 50 Und
einer von ihnen schlug nach dem Knecht
des Hohenpriesters und hieb ihm das
rechte Ohr ab. 51 Da antwortete Jesus
und sprach: Lasset es damit genug sein!
Und er rührte das Ohr an und heilte ihn.

52 Jesus sagte aber zu den Hohenpriestern
und Hauptleuten des Tempels und Älte=
sten, die zu ihm herangekommen waren:
Wie gegen einen Räuber seid ihr ausge=
zogen mit Schwertern und Stöcken. 53 Als
ich täglich bei euch im Tempel war, habt
ihr nicht Hand an mich gelegt. Aber dies
ist eure Stunde und die Macht der Fin=
sternis.

sagte: Ich bin's, wichen sie zurück und fie=
len zu Boden. 7 Da fragte er sie wieder=
um: Wen sucht ihr? Sie aber sagten: Je=
sus den Nazoräer. 8 Jesus antwortete: Ich
habe euch gesagt, daß ich es bin. Wenn
ihr also mich sucht, so lasset diese ge=
hen! — 9 damit das Wort erfüllt würde,
das er gesprochen hatte: Von denen, die
du mir gegeben hast, habe ich keinen ver=
lorengehen lassen. 10 Simon Petrus nun,
der ein Schwert hatte, zog es und schlug
nach dem Knecht des Hohenpriesters und
hieb ihm das rechte Ohr ab. Der Knecht
aber hieß Malchus. 11 Da sprach Jesus zu
Petrus: Stecke das Schwert in die Schei=
de! Soll ich den Kelch, den mir der Vater
gegeben hat, nicht trinken?

20 Jesus antwortete ihm: Ich habe frei her=
aus zur Welt geredet. Ich habe allezeit
in der Synagoge und im Tempel gelehrt,
wo alle Juden zusammenkommen, und
im geheimen habe ich nichts geredet.

47: Apg. 1, 16 / 53: Joh. 7, 30; 19, 11.

Luk. 22, 54—71. 63—65
54 Und nachdem sie ihn ergriffen hatten,
führten sie ihn ab und brachten ihn in
das Haus des Hohenpriesters. Petrus je=
doch folgte von ferne. 55 Als sie aber mit=
ten im Hof ein Feuer angezündet und sich
zueinander gesetzt hatten, setzte sich Pe=
trus mitten unter sie. 56 Da sah ihn eine
Magd beim Feuer sitzen, blickte ihn an
und sagte: Auch dieser war mit ihm. 57 Er
aber verleugnete ihn und sagte: Weib,
ich kenne ihn nicht. 58 Und kurz nachher
sah ihn ein andrer und sagte: Auch du
bist einer von ihnen. Petrus aber sagte:
Mensch, ich bin's nicht. 59 Und ungefähr
nach Verlauf einer Stunde versicherte ein
andrer: In Wahrheit, auch dieser war mit
ihm; denn er ist ein Galiläer. 60 Petrus
aber sagte: Mensch, ich weiß nicht, was
du meinst. Und sofort, während er noch
redete, krähte der Hahn. 61 Und der Herr
wandte sich um und blickte Petrus an.

Joh. 18, 12—16. 19—24
12 Die Kohorte nun und der Oberst und
die Diener der Juden ergriffen Jesus und
banden ihn.
13 Und sie führten ihn zuerst zu Hannas;
er war nämlich der Schwiegervater des
Kajaphas, welcher Hoherpriester jenes
Jahres war. 14 Kajaphas aber war es, der
den Juden geraten hatte, es sei gut, daß
e in Mensch für das Volk sterbe.
15 Simon Petrus aber und ein andrer Jün=
ger folgten Jesus nach. Dieser Jünger war
mit dem Hohenpriester bekannt und ging
mit Jesus hinein in den Hof des Hohen=
priesters. 16 Petrus aber stand draußen
an der Türe. Der andre Jünger, der mit
dem Hohenpriester bekannt war, kam nun
heraus, redete mit der Türhüterin und
führte Petrus hinein.

27,1 *Als es aber Morgen geworden war,
hielten alle Hohenpriester und Ältesten
des Volkes Rat wider Jesus, um ihn zum
Tode zu bringen.* 59 Die Hohenpriester aber und der ganze
Rat suchten falsches Zeugnis wider Jesus,
um ihn zum Tode zu bringen, 60 und sie
fanden keins, obgleich viele falsche Zeu=
gen herzukamen.

Doch zuletzt kamen zwei 61 und sagten
aus: Dieser hat gesagt: Ich kann den
Tempel Gottes zerstören und nach drei
Tagen aufbauen.

62 Und der Hohepriester stand auf und
sprach zu ihm: Antwortest du nichts auf
das, was diese wider dich zeugen? 63 Jesus
aber schwieg. Da sprach der Hohepriester
zu ihm: Ich beschwöre dich bei dem le=
bendigen Gott, daß du uns sagest, ob du
der Christus, der Sohn Gottes, bist.

64 Jesus antwortet ihm: Du hast es ge=
sagt.[1]) Ja, ich sage euch: Von jetzt an
werdet ihr den Sohn des Menschen sitzen
sehen zur Rechten der Macht und kom=
men auf den Wolken des Himmels. 65 Da
zerriß der Hohepriester seine Kleider und
sprach: Er hat gelästert. Was bedürfen
wir weiter Zeugen? Siehe, jetzt habt ihr
die Lästerung gehört. 66 Was meint ihr?
Sie aber antworteten und sprachen: Er
ist des Todes schuldig. 67 Da spien sie ihm
ins Angesicht und schlugen ihn auf den
Kopf, andre aber ins Gesicht, 68 und sag=
ten: Christus, offenbare uns: Wer ist's,
der dich geschlagen hat?

60: 5. Mos. 19, 15 / 63: 16, 16; 27, 12 / 65: 9, 3; Joh.
10, 33 / 66: Joh. 19, 7; 3. Mos. 24, 16 / 67: Jes. 50, 6.
1) 26, 64. Das bedeutet: Ja, ich bin es.

15,1 *Und alsbald am Morgen faßten die
Hohenpriester mit den Ältesten und
Schriftgelehrten und der ganze Rat einen
Beschluß.* 55 Die Hohenpriester aber und der ganze
Rat suchten Zeugnis wider Jesu, um ihn
zum Tode zu bringen, und sie fanden
keins. 56 Denn viele redeten falsches Zeug=
nis wider ihn, und die Zeugnisse waren
nicht gleich. 57 Und etliche traten auf und
redeten falsches Zeugnis wider ihn, indem
sie aussagten: 58 Wir haben ihn sagen
hören: Ich werde diesen mit Händen ge=
machten Tempel zerstören und nach drei
Tagen einen andern aufbauen, der nicht
mit Händen gemacht ist. 59 Und auch so
war ihr Zeugnis nicht gleich. 60 Da stand
der Hohepriester auf, trat in die Mitte
und fragte Jesus: Antwortest du nichts
auf das, was diese wider dich zeugen? 61
Er aber schwieg und antwortete nichts.
Wiederum fragte ihn der Hohepriester
und sagte zu ihm: Bist du der Christus,
der Sohn des Hochgelobten?

62 Jesus aber sprach: Ich bin's; und ihr
werdet den Sohn des Menschen sitzen se=
hen zur Rechten der Macht und kommen
mit den Wolken des Himmels. 63 Da zer=
reißt der Hohepriester seine Kleider und
sagt: Was bedürfen wir weiter Zeugen?
64 Ihr habt die Lästerung gehört. Was
meint ihr? Sie alle aber sprachen das Ur=
teil über ihn, er sei des Todes schuldig.
65 Und einige fingen an, ihn anzuspeien
und ihm das Angesicht zu verhüllen, ihn
auf den Kopf zu schlagen und zu ihm zu
sagen: Offenbare [,wer dich schlägt]! Und
die Diener versetzten ihm Schläge ins Ge=
sicht.

61: 15, 5; Jes. 53, 7 / 65: 10, 34; 15, 19.

Da erinnerte sich Petrus an das Wort des Herrn, wie er zu ihm gesagt hatte: Ehe heute der Hahn kräht, wirst du mich dreimal verleugnen. 62 Und er ging hinaus und weinte bitterlich.

63 Und die Männer, die ihn bewachten, verspotteten und schlugen ihn, 64 und sie verhüllten ihn und fragten ihn: Offenbare: Wer ist's, der dich geschlagen hat? 65 Und [noch] viele andre Lästerungen sagten sie wider ihn.

66 Und als es Tag geworden war, versammelte sich der Rat der Ältesten des Volkes, Hohepriester und Schriftgelehrte, und sie ließen ihn in ihre Versammlung führen

19 Der Hohepriester nun fragte Jesus über seine Jünger und über seine Lehre. 20 Jesus antwortete ihm: Ich habe frei heraus zur Welt geredet. Ich habe allezeit in der Synagoge und im Tempel gelehrt, wo alle Juden zusammenkommen, und im geheimen habe ich nichts geredet. 21 Was fragst du mich? Frage die, welche gehört haben, was ich zu ihnen geredet habe! Siehe, diese wissen, was ich gesagt habe. 22 Als er aber dies gesprochen hatte, gab einer der Diener, der dabeistand, Jesus einen Schlag ins Gesicht und sagte: Antwortest du so dem Hohenpriester? 23 Jesus antwortete ihm: Wenn ich unrecht geredet habe, so beweise, daß es unrecht war; wenn aber recht, was schlägst du mich? 24 Da sandte Hannas ihn gebunden zum Hohenpriester Kajaphas.

67 und sagten: Bist du der Christus, so sage es uns! Da sprach er zu ihnen: Wenn ich es euch sage, werdet ihr es nicht glauben; 68 wenn ich aber frage, werdet ihr nicht antworten. 69 Doch von jetzt an wird der Sohn des Menschen sitzen zur Rechten der Macht Gottes. 70 Sie sagten aber alle: So bist du also der Sohn Gottes? Er antwortete ihnen: Ihr sagt es, daß ich es bin. 71 Da sagten sie: Was bedürfen wir weiter Zeugnis? Wir haben es ja selbst aus seinem Munde gehört.

63 Und die Männer, die ihn bewachten, verspotteten und schlugen ihn, 64 und sie verhüllten ihn und fragten ihn: Offenbare: Wer ist's, der dich geschlagen hat? 65 Und [noch] viele andre Lästerungen sagten sie wider ihn.

61: 22, 34 / 67 par.: Joh. 3, 12; 8, 45; 10, 24–26 / 69 par.: Dan. 7, 13; Ps. 110, 1; Mat. 16, 27; 24, 30 par.; Apg. 7, 56.

237. Jesus wird von Petrus verleugnet

Mat. 26, 69—75

⁶⁹ Petrus aber saß draußen im Hof. Und eine Magd trat zu ihm und sagte:

Auch du warst mit Jesus dem Galiläer. ⁷⁰ Er leugnete jedoch vor allen und sagte: Ich weißt nicht, was du meinst. ⁷¹ Als er aber in den Vorhof hinausgegangen war, sah ihn eine andre und sagte zu denen, die dort waren:

Dieser war mit Jesus dem Nazoräer. ⁷² Und wiederum leugnete er mit einem Schwur: Ich kenne den Menschen nicht. ⁷³ Bald nachher aber traten die Umstehenden herzu und sagten zu Petrus: Wahrhaftig, auch du bist einer von ihnen; denn deine Sprache verrät dich. ⁷⁴ Darauf fing er an zu fluchen und zu schwören: Ich kenne den Menschen nicht. Und alsbald krähte der Hahn.

⁷⁵ Da erinnerte sich Petrus des Wortes Jesu, der gesagt hatte: Ehe der Hahn kräht, wirst du mich dreimal verleugnen. Und er ging hinaus und weinte bitterlich.

72: 16, 16 / 75: 26, 34.

Mark. 14, 66—72

⁶⁶ Und während Petrus unten im Hofe war, kam eine von den Mägden des Hohenpriesters. ⁶⁷ Und als sie den Petrus sah, wie er sich wärmte, blickte sie ihn an und sagte: Auch du warst mit dem Nazarener Jesus. ⁶⁸ Er leugnete jedoch und sagte: Ich weiß nicht und verstehe nicht, was du meinst. Und er ging hinaus in den Vorhof. Und der Hahn krähte. ⁶⁹ Und als die Magd ihn sah, fing sie von neuem an, zu denen, die dabeistanden, zu sagen: Das ist einer von ihnen. ⁷⁰ Da leugnete er abermals.

Und bald nachher sagten wiederum die Dabeistehenden zu Petrus: Wahrhaftig, du bist einer von ihnen; denn du bist ein Galiläer. ⁷¹ Er aber fing an, zu fluchen und zu schwören: Ich kenne diesen Menschen nicht, von dem ihr redet. ⁷² Und alsbald krähte der Hahn zum zweitenmal.

Da erinnerte sich Petrus des Wortes, wie Jesus zu ihm gesagt hatte: Ehe der Hahn zweimal kräht, wirst du mich dreimal verleugnen. Und er verhüllte sich und weinte.

238. Jesus wird dem Pilatus übergeben

Mat. 27, 1—2

1 Als es aber Morgen geworden war, hielten alle Hohenpriester und Ältesten des Volkes Rat wider Jesus, um ihn zum Tode zu bringen.

2 Und sie ließen ihn fesseln, abführen und dem Statthalter Pontius Pilatus überliefern.

Mark. 15, 1

1 Und alsbald am Morgen faßten die Hohenpriester mit den Ältesten und Schriftgelehrten und der ganze Rat einen Beschluß

und ließen Jesus fesseln, abführen und dem Pilatus überliefern.

Luk. 22,56—62   (vgl. Nr. 236)
56 Da sah ihn eine Magd beim Feuer sit=
zen,

blickte ihn an und sagte:
Auch dieser war mit ihm.
57 Er aber verleugnete ihn und sagte:
Weib, ich kenne ihn nicht.

58 Und kurz nachher sah ihn ein andrer
und sagte:

Auch du bist einer von ihnen. Petrus aber
sagte: Mensch, ich bin's nicht.

59 Und ungefähr nach Verlauf einer Stun=
de versicherte ein andrer:
In Wahrheit, auch dieser war mit ihm;
denn er ist ein Galiläer. 60 Petrus aber
sagte: Mensch, ich weiß nicht, was du
meinst. Und sofort, während er noch re=
det, krähte der Hahn. 61 Und der Herr
wandte sich um und blickte Petrus an.
Da erinnerte sich Petrus an das Wort des
Herrn, wie er zu ihm gesagt hatte: Ehe
heute der Hahn kräht, wirst du mich drei=
mal verleugnen. 62 Und er ging hinaus
und weinte bitterlich.

Zu Mat. 26,74 par. Nazaräerevangelium (Variante aus der Evangelienausgabe Zion): Und er verleugnete
und schwur und verfluchte sich.

Joh. 18,17.25—27
17 Da sagte die Magd, die die Türe hütete,
zu Petrus: Bist etwa auch du einer von
den Jüngern dieses Menschen? Er sagte:
Ich bin's nicht.
25 Simon Petrus aber stand da und wärm=
te sich. Sie sagten nun zu ihm: Bist etwa
auch du einer von seinen Jüngern? Er
leugnete und sagte: Ich bin's nicht. 26 Einer
von den Knechten des Hohenpriesters, der
ein Verwandter dessen war, dem Petrus
das Ohr abgehauen hatte, sagte: Habe
ich dich nicht im Garten bei ihm gesehen?
27 Da leugnete Petrus wiederum. Und als=
bald krähte der Hahn.

Luk. 23,1; 22,66   (vgl. Nr. 236)
66 Und als es Tag geworden war, versam=
melte sich der Rat der Ältesten des Vol=
kes, Hohepriester und Schriftgelehrte, und
sie ließen ihn in ihre Versammlung füh=
ren.
1 Und die ganze Menge derselben stand
auf, und sie ließen ihn abführen zu Pi=
latus.

Joh. 18,28—32
28 Sie führten nun Jesus von Kajaphas
weg in die Burg; es war aber am Morgen.
Und sie selbst gingen nicht in die Burg
hinein, damit sie nicht unrein würden,
sondern das Passa essen könnten. 29 Da
kam Pilatus zu ihnen heraus und sagte:
Was für eine Anklage bringt ihr gegen
diesen Menschen vor? 30 Sie antworteten
und sagten zu ihm: Wenn dieser nicht ein
Verbrecher wäre, hätten wir ihn dir nicht
überliefert. 31 Darauf sagte Pilatus zu
ihnen: Nehmet ihr ihn und richtet ihn
nach eurem Gesetz! Die Juden sagten zu
ihm: Uns ist es nicht erlaubt, jemand zu
töten — 32 damit das Wort Jesu erfüllt
würde, das er gesprochen hatte, um an=
zudeuten, welches Todes er sterben würde.

239. Der Tod des Judas

Mat. 27, 3–10

3 Als dann Judas, der ihn verraten hatte,
sah, daß er verurteilt war, reute es ihn,
und er brachte die dreißig Silberlinge den
Hohenpriestern und Ältesten zurück 4 und
sagte: Ich habe gesündigt, indem ich un=
schuldiges Blut verraten habe. Doch sie
sagten: Was geht das uns an? Sieh du zu!
5 Und er warf das Geld in den Tempel
und entfernte sich, und er ging hinweg
und erhängte sich. 6 Die Hohenpriester
aber nahmen das Geld und sagten: Man
darf es nicht in den Tempelschatz legen,
weil es Blutgeld ist. 7 Nachdem sie aber
Rat gehalten hatten, kauften sie dafür
den Acker des Töpfers als Begräbnisplatz
für die Fremden. 8 Daher wurde jener
Acker Blutacker genannt bis heute. 9 Da
wurde erfüllt, was durch den Propheten
Jeremia[1]) gesprochen worden ist, welcher
sagt:
«Und sie nahmen die dreißig Silber=
linge, die Schätzungssumme für den
Wertgeschätzten, den man von seiten
der Söhne Israels eingeschätzt hatte, 10
und gaben sie für den Acker des Töp=
fers»[1]), «wie der Herr mir befohlen
hatte.»

3: 26, 15 / 5: Apg. 1, 18; 2. Sam. 17, 23; Sach. 11, 13 /
8: Apg. 1, 19.

[1]) 27, 9. 10. Die angeführten Worte sind aus Sach.
11, 13 entnommen. Daß hier von einem Töpfer
die Rede sei, beruht aber nur auf einem Schreib-
fehler, der in den hebräischen Text eingedrungen
ist. Daß die Stelle aus Jeremia stamme, erklärt
sich aus der Erinnerung daran, daß Jer. 18, 2 ein
Töpfer erwähnt wird; gemeint ist diese Stelle bei
Matthäus jedoch nicht.

240. Jesus wird vor Pilatus angeklagt

Mat. 27, 11–14

Mark. 15, 2–5

11 Jesus aber wurde vor den Statthalter
gestellt; und der Statthalter fragte ihn:
Bist du der König der Juden? Da sprach
Jesus: Du sagst es.[1])
12 Und als er von den Hohenpriestern und
Ältesten angeklagt wurde, antwortete er
nichts.
13 Da sagte Pilatus zu ihm: Hörst du nicht,
wieviel Zeugnisse sie wider dich vorbrin=
gen?

2 Und Pilatus fragte ihn: Bist du der Kö=
nig der Juden? Er aber antwortete und
sprach zu ihm: Du sagst es.[1])
3 Und die Hohenpriester brachten viele
Anklagen gegen ihn vor.

4 Da fragte ihn Pilatus wiederum: Ant=
wortest du nichts? Sieh, wie viele Ankla=
gen sie gegen dich vorbringen.

Luk. 23, 2–5

2 Sie fingen aber an, ihn anzuklagen, und
sagten: Wir haben diesen erfunden als
einen, der unser Volk verführt und es
abhalten will, dem Kaiser Steuern zu ge=
ben, und sagt, er sei der Christus, der König.
3 Da fragte ihn Pilatus: Bist du der König
der Juden? Er aber antwortete ihm und
sprach: Du sagst es.¹)

Joh. 18, 33–38

33 *Pilatus ging nun wieder in die Burg
hinein, ließ Jesus rufen und sagte zu ihm:
Bist du der König der Juden?* 34 *Jesus ant=
wortete: Sagst du das von dir aus, oder
haben es dir andre über mich gesagt?* 35
*Pilatus erwiderte: Bin ich etwa ein Jude?
Dein Volk und die Hohenpriester haben
dich mir überliefert? Was hast du getan?*
36 *Jesus antwortete: Mein Reich ist nicht
von dieser Welt. Wäre mein Reich von
dieser Welt, so würden meine Diener
kämpfen, damit ich den Juden nicht über=*

14 Und er antwortete ihm auch nicht auf ein einziges Wort, so daß der Statthalter sich sehr verwunderte.

5 Doch Jesus antwortete nichts mehr, so daß Pilatus sich verwunderte.

12 par.: 26, 63; Jes. 53, 7.

1: Luk. 22, 66 / 5: 14, 61.
¹) Das bedeutet: Ja, ich bin es.

241. Jesus vor Herodes

₄Pilatus aber sagte zu den Hohenprie=
stern und der Volksmenge: Ich finde keine
Schuld an diesem Menschen. ₅Sie jedoch
behaupteten immer heftiger: Er wiegelt
das Volk auf, indem er lehrt im ganzen
jüdischen Land von Galiläa an bis hierher.

2: 20, 21–26 / 3: 1. Tim. 6, 13 / 5: Apg. 10, 36–38.

*liefert werde; nun aber ist mein Reich
nicht von hier.* ₃₇*Pilatus sagte nun zu ihm:
Also bist du ein König? Jesus antwortete:
[Ja,] du sagst es, daß ich ein König bin.
Ich bin dazu geboren und dazu in die Welt
gekommen, daß ich für die Wahrheit zeu=
ge. Jeder, der aus der Wahrheit ist, hört
meine Stimme.* ₃₈*Pilatus sagt zu ihm·
Was ist Wahrheit?*

Luk. 23, 6—16

₆Als Pilatus das hörte, fragte er, ob der
Mensch ein Galiläer sei. ₇Und als er ver=
nahm, daß er aus dem Gebiet des Hero=
des sei, sandte er ihn zu Herodes, der in
diesen Tagen ebenfalls in Jerusalem war.
₈Herodes aber freute sich sehr, als er Je=
sus sah; denn seit geraumer Zeit wünsch=
te er ihn zu sehen, weil er von ihm ge=
hört hatte, und er hoffte, ein Zeichen zu
sehen, das von ihm getan würde. ₉Und
er fragte ihn mit vielen Worten; er je=
doch antwortete ihm nichts. ₁₀Die Ho=
henpriester und die Schriftgelehrten aber
standen da und klagten ihn heftig an.
₁₁Doch Herodes samt seinen Truppen
trieb Hohn und Spott mit ihm, ließ ihm
ein Prunkgewand umwerfen und schickte
ihn wieder zu Pilatus. ₁₂Herodes und Pi=
latus aber wurden Freunde miteinander
an eben diesem Tage. Zuvor nämlich wa=
ren sie in Feindschaft gegeneinander.
₁₃Pilatus aber rief die Hohenpriester und
die Oberen und das Volk zusammen ₁₄und
sagte zu ihnen: Ihr habt diesen Men=
schen zu mir gebracht als einen, der das
Volk abwendig mache. Und siehe, beim
Verhör vor euch habe ich an diesem Men=
schen keinen Grund für eure Anklagen
gefunden; ₁₅aber auch Herodes nicht,
denn er hat ihn zu uns zurückgeschickt.
Und siehe, es ist nichts von ihm verübt
worden, was des Todes würdig wäre. ₁₆
Darum will ich ihn freigeben, nachdem
ich ihn habe züchtigen lassen.¹)

7: 3, 1 / 8: 9, 9; Mat. 14, 1. 2 / 9: Joh. 19, 10 / 12:
Apg. 4, 27.

¹) 23, 16. Viele alte Textzeugen haben hier noch
(wohl nach Mat. 27, 15): «17 Er mußte ihnen aber
jedes Fest einen freilassen.»

242. Pilatus läßt Barabbas frei und verurteilt Jesus

Mat. 27, 15—26

15 An jedem Fest aber pflegte der Statt=
halter dem Volk einen Gefangenen frei=
zulassen, welchen sie wollten. 16 Sie hat=
ten aber damals einen berüchtigten Ge=
fangenen namens Barabbas.

17 Als sie nun versammelt waren, sagte
Pilatus zu ihnen: Welchen wollt ihr, daß
ich euch freilasse, Barabbas oder Jesus,
den man den Christus nennt? 18 Denn er
wußte, daß sie ihn aus Neid überliefert
hatten. 19 Während er aber auf dem Rich=
terstuhl saß, sandte seine Frau zu ihm
und ließ sagen: Habe du nichts zu schaf=
fen mit diesem Gerechten; denn ich habe
heute im Traum seinetwegen viel gelit=
ten. 20 Die Hohenpriester und die Ältesten
aber beredeten die Volksmenge, sie soll=
ten Barabbas begehren, Jesus dagegen
zum Tode bringen. 21 Da begann der Statt=
halter und sprach zu ihnen: Welchen von
den beiden wollt ihr, daß ich euch frei=
lasse? Sie aber sagten: Barabbas. 22 Pila=
tus sagt zu ihnen: Was soll ich dann mit
Jesus tun, den man den Christus nennt?
Sie sagen alle: Gekreuzigt soll er werden!
23 Er aber sagte: Was hat er denn Böses
getan? Da schrien sie überlaut: Gekreu=
zigt soll er werden!

Mark. 15, 6—15

6 An jedem Fest aber ließ er ihnen einen
Gefangenen frei, den sie sich [gerade]
ausbaten. 7 Es lag aber der, welcher den
Namen Barabbas trug, in Fesseln mit den
Aufrührern, die in dem Aufruhr einen
Mord begangen hatten. 8 Und das Volk
zog hinauf und fing an, zu begehren, [daß
er täte,] wie er ihnen zu tun pflegte. 9 Da
antwortete ihnen Pilatus: Wollt ihr, daß
ich euch den König der Juden freilasse?
10 Denn er erkannte, daß ihn die Hohen=
priester aus Neid überliefert hatten.

11 Doch die Hohenpriester wiegelten das
Volk auf, damit er ihnen lieber den Barab=
bas freiließe.

12 Pilatus aber antwortete wiederum und
sprach zu ihnen: Was soll ich dann mit
dem tun, den ihr den König der Juden
nennt? 13 Sie schrien jedoch abermals:
Kreuzige ihn! 14 Pilatus aber sagte zu
ihnen: Was hat er denn Böses getan? Da
schrien sie überlaut: Kreuzige ihn!

24 Als aber Pilatus sah, daß es nichts nütz=
te, sondern daß vielmehr ein heftiger Tu=
mult entstand, nahm er Wasser, wusch
sich vor dem Volk die Hände und sagte:
Ich bin unschuldig am Blute dieses Ge=
rechten; sehet ihr zu! 25 Und alles Volk
antwortete und sprach: Sein Blut komme
über uns und über unsere Kinder!
26 Da ließ er ihnen Barabbas frei.

15 Weil aber Pilatus dem Volke Genüge
leisten wollte, ließ er ihnen Barabbas frei

Jesus aber überwies er, nachdem er ihn
hatte geißeln lassen, zur Kreuzigung.

18: Joh. 11, 47 f; 12, 19 / 20 par.: Apg. 3, 13 f / 24:
27, 4; 5. Mos. 21, 6 f; Ps. 26, 6 / 25: 23, 35; Apg. 5, 28.

und überwies Jesus, nachdem er ihn hatte
geißeln lassen, zur Kreuzigung.

15: Joh. 19, 1.

Zu Mat. 27, 24. 26 Petrusevangelium 1—2: Aber keiner von den Juden wusch sich die Hände: Herodes nicht
und keiner seiner Richter. Und als sie sich nicht waschen wollten, stand Pilatus auf. Da befiehlt König
Herodes, den Herrn abzuführen, und er sagt zu ihnen: Was ich euch befohlen habe ihm zu tun, das tut!
Zu Mat. 27, 16 Nazaräerevangelium (Hieronymus, Kom. Mat. 27, 16): Barrabas . . . wird im sog. Hebräer=
evangelium als „Sohn ihres Lehrers" interpretiert.

Luk. 23, 17—25
[17 Er mußte ihnen aber jedes Fest einen freilassen.¹]

18 Sie schrien aber insgesamt: Hinweg mit diesem, laß uns dagegen Barabbas frei! 19 Der war nämlich wegen eines in der Stadt entstandenen Aufruhrs und Tot= schlags ins Gefängnis gesetzt worden.
20 Da redete sie Pilatus wiederum an, weil er Jesus freizulassen wünschte. 21 Sie aber riefen dagegen: Kreuzige, kreu= zige ihn! 22 Darauf sagte er zum drittenmal zu ihnen: Was hat denn dieser Böses getan? Ich habe keinen Grund zu einem Todes= urteil bei ihm gefunden. Darum will ich ihn freigeben, nachdem ich ihn habe züch= tigen lassen. 23 Sie jedoch bestürmten ihn mit lautem Geschrei und begehrten, daß er gekreuzigt würde; und ihr Geschrei drang durch,

24 und Pilatus entschied, ihr Begehren solle ausgeführt werden. 25 Er ließ aber den wegen Aufruhrs und Totschlags ins Gefängnis Gesetzten frei, den sie begehr= ten; Jesus dagegen gab er ihrem Willen preis.
¹) Vgl. Nr. 241, Anm. 1.

Joh. 18, 39—40; 19, 4—16
39 Es besteht aber ein Brauch bei euch, daß ich euch am Passafest einen freilasse; wollt ihr nun, daß ich euch den König der Juden freilasse? 40 Da schrien sie wieder= um: Nicht diesen, sondern Barabbas! Barabbas aber war ein Räuber.
19, 4 Da kam Pilatus wieder heraus und sagte zu ihnen: Siehe, ich führe ihn euch heraus, damit ihr erkennt, daß ich keine Schuld an ihm finde. 5 Jesus kam nun heraus, die Dornenkrone und den Pur= purmantel tragend. Und er sagt zu ihnen: Da seht den Menschen!
6 Als ihn nun die Hohenpriester und die Diener sahen, schrien sie: Kreuzige, kreu= zige! Pilatus sagt zu ihnen: Nehmet i h r ihn und kreuzigt ihn! denn i c h finde keine Schuld an ihm. 7 Die Juden antworteten ihm: Wir haben ein Gesetz, und nach dem Gesetz muß er sterben; denn er hat sich zu Gottes Sohn gemacht. 8 Als nun Pilatus dieses Wort hörte, fürchtete er sich noch mehr; 9 und er ging wieder in die Burg hinein und sagte zu Jesus: Woher bist du? Jesus aber gab ihm keine Ant= wort. 10 Da sagte Pilatus zu ihm: Mir stehst du nicht Rede? Weißt du nicht, daß ich Macht habe, dich freizulassen, und Macht habe, dich zu kreuzigen? 11 Jesus antwortete: Du hättest keine Macht über mich, wenn es dir nicht von oben herab gegeben wäre. Deshalb hat der, welcher mich dir überliefert hat, größere Sünde. 12 Daraufhin suchte Pilatus ihn freizulas= sen. Die Juden aber schrien: Wenn du die= sen freilässest, bist du des Kaisers Freund nicht; jeder, der sich zum König macht, widersetzt sich dem Kaiser. 13 Als nun Pilatus diese Worte hörte, ließ er Jesus herausführen und setzte sich auf den Richterstuhl, an einem Ort, der «Stein= pflaster», auf hebräisch aber Gabbatha, heißt. 14 Es war aber Rüsttag für das Pas= sa, es war um die sechste Stunde. Und er sagte zu den Juden: Da seht euren König! 15 Da schrien jene: Hinweg, hinweg mit ihm, kreuzige ihn! Pilatus sagte zu ihnen: Euren König soll ich kreuzigen? Die Ho= henpriester antworteten: Wir haben kei= nen König außer dem Kaiser. 16 Darauf lieferte er ihn an sie aus, damit er ge= kreuzigt würde

243. Die Verspottung Jesu durch die römischen Soldaten

Mat. 27, 27–31

27 Da nahmen die Soldaten des Statthal=
ters Jesus in die Burg und brachten die
ganze Kohorte wider ihn zusammen. 28
Und sie zogen ihn aus und hängten ihm
einen roten Mantel um, 29 flochten eine
Krone aus Dornen, setzten sie ihm aufs
Haupt und [gaben ihm] ein Rohr in seine
rechte Hand, warfen sich vor ihm auf die
Knie und verspotteten ihn mit den Wor=
ten: Heil dir, König der Juden! 30 Und sie
spien ihn an, nahmen das Rohr und
schlugen ihn auf das Haupt.

31 Und nachdem sie ihn verspottet hatten,
zogen sie ihm den Mantel aus und legten
ihm seine Kleider an.

30: Jes. 50, 6.

Mark. 15, 16–20a

16 Die Soldaten aber führten ihn hinein
in den Palast (das ist die Burg des Statt=
halters) und riefen die ganze Kohorte zu=
sammen. 17 Und sie zogen ihm ein Pur=
purgewand an, flochten eine Dornenkrone
und setzten sie ihm auf.

18 Dann fingen sie an, ihn zu begrüßen:
Heil dir, König der Juden! 19 und schlu=
gen ihn mit einem Rohr auf das Haupt,
spien ihn an, beugten die Knie und hul=
digten ihm.

20 Und nachdem sie ihn verspottet hatten,
zogen sie ihm das Purpurgewand aus und
legten ihm seine Kleider an.

*Zu Mat. 27, 27–31 par. Petrusevangelium 5–9: Und er lieferte ihn dem Volke am Tage vor den ungesäuer-
ten Broten, ihrem Feste, aus. Sie aber nahmen den Herrn und stießen ihn eilig und sprachen: Lasset uns
den Sohn Gottes fortschleifen, wo wir Gewalt über ihn haben. Und sie legten ihm ein Purpurgewand um
und setzten ihn auf den Richtstuhl und sprachen: Richte gerecht, o König Israels! Und einer von ihnen
brachte einen Dornenkranz und setzte ihn auf das Haupt des Herrn. Und andere, die dabei standen,
spien ihm ins Angesicht, und andere schlugen ihm auf die Wangen, andere stießen ihn mit einem Rohr,
und etliche geißelten ihn und sprachen: Mit solcher Ehre wollen wir den Sohn Gottes ehren.*

244. Jesus wird zur Kreuzigung abgeführt

Mat. 27, 31b–32

Und sie führten ihn ab, um ihn zu kreu=
zigen. 32 Als sie aber hinauszogen, trafen
sie einen Mann aus Cyrene mit Namen
Simon;
den zwangen sie, ihm das Kreuz zu tra=
gen.

Mark. 15, 20b–21

Und sie führten ihn hinaus, um ihn zu
kreuzigen. 21 Und sie zwangen einen Vor=
übergehenden, der vom Felde kam, Si=
mon aus Cyrene, den Vater von Alex=
ander und Rufus, ihm das Kreuz zu
tragen.

21: Röm. 16, 13.

Joh. *19,1—3*
*1 Darauf nahm Pilatus Jesus und ließ ihn
geißeln. 2 Und die Soldaten flochten aus
Dornen eine Krone, legten sie ihm aufs
Haupt, warfen ihm einen Purpurmantel
um, 3 gingen auf ihn zu und sagten: Heil
dir, König der Juden! und gaben ihm
Schläge ins Gesicht.*

Luk. 23, 26—32

26 Und als sie ihn abführten,
griffen sie einen gewissen
Simon aus Cyrene auf, der vom Felde
kam,
und legten ihm das Kreuz auf, damit er
es Jesu nachtrüge.
27 Es folgte ihm aber eine große Menge
des Volkes und viele Frauen, die ihn be=
trauerten und beklagten. 28 Jesus jedoch
wandte sich zu ihnen um und sprach: Ihr
Töchter Jerusalems, weinet nicht über
mich; weinet vielmehr über euch und über
eure Kinder! 29 Denn siehe, es kommen
Tage, wo man sagen wird: Selig sind die
Unfruchtbaren und die Leiber, die nicht
geboren haben, und die Brüste, die nicht
gestillt haben. 30 Dann wird man anfan=
gen, «zu den Bergen zu sagen: Fallet auf
uns! und zu den Hügeln: Bedecket uns!»
31 Denn wenn man dies am grünen Holze
tut, was soll am dürren geschehen? 32 Es
wurden aber auch noch zwei Verbrecher
abgeführt, um mit ihm hingerichtet zu
werden.

29: 21, 23; Mat. 24, 19 / 30: Hos. 10, 8; Off. 6, 16;
9, 6 / 31: 1. Pet. 4, 17. 18.

245. Die Kreuzigung Jesu

Mat. 27,33—44. 48　(vgl. Nr. 246)

33 Und als sie an einen Platz namens Gol=
gotha (das bedeutet: Schädel) gekommen
waren, 34 gaben sie ihm Wein mit Galle
vermischt zu trinken; und als er gekostet
hatte, wollte er nicht trinken. 35 Nachdem
sie ihn aber gekreuzigt hatten,
38 *Dann wurden mit ihm zwei Räuber ge=
kreuzigt, einer zur Rechten und einer zur
Linken.*
verteilten sie seine Kleider unter sich,
indem sie das Los warfen.[1] 36 Und sie sa=
ßen dort und bewachten ihn.
37 Und sie hefteten über seinem Haupte
die Tafel mit der Angabe seiner Schuld
an: Dies ist Jesus, der König der Juden.
38 *Dann wurden mit ihm zwei Räuber ge=
kreuzigt, einer zur Rechten und einer zur
Linken.*

39 Die Vorübergehenden aber lästerten
ihn, schüttelten die Köpfe 40 und sagten:
Der du den Tempel zerstörst und in drei
Tagen aufbaust, rette dich selbst, wenn
du der Sohn Gottes bist, und steige vom
Kreuze herab! 41 Ebenso spotteten die
Hohenpriester samt den Schriftgelehrten
und Ältesten und sagten: 42 Andre hat er
gerettet, sich selbst kann er nicht retten.
Er ist der König Israels, er steige jetzt
vom Kreuz herab, und wir wollen an ihn
glauben. 43 «Er hat auf Gott vertraut, der
helfe ihm jetzt heraus, wenn er ihn lieb=
hat.» Er hat ja gesagt: Ich bin Gottes
Sohn.
48 *Und alsbald lief einer von ihnen, nahm
einen Schwamm, füllte ihn mit Essig,
steckte ihn auf ein Rohr und gab ihm zu
trinken.*
40 *und sagten: Der du den Tempel zer=
störst und in drei Tagen aufbaust, rette
dich selbst, wenn du der Sohn Gottes
bist, und steige vom Kreuze herab!*
37 *Und sie hefteten über seinem Haupte
die Tafel mit der Angabe seiner Schuld
an: Dies ist Jesus, der König der Juden.*
44 In der gleichen Weise schmähten ihn
aber auch die Räuber, die mit ihm ge=
kreuzigt worden waren.

Mark. 15,22—32. 36　(vgl. Nr. 246)

22 Und sie brachten ihn auf den Platz Gol=
gotha (das heißt übersetzt: Schädel). 23
Und sie gaben ihm mit Myrrhe gewürz=
ten Wein; aber er nahm ihn nicht.

24 Und sie kreuzigten ihn
27 *Und mit ihm kreuzigten sie zwei Räu=
ber, einen zu seiner Rechten und einen zu
seiner Linken.*
und verteilten seine Kleider unter sich,
indem sie das Los über sie warfen, was
jeder bekommen sollte. 25 Es war aber die
dritte Stunde, als sie ihn kreuzigten. 26 Und
die Aufschrift mit der Angabe seiner
Schuld lautete: Der König der Juden.
27 Und mit ihm kreuzigten sie zwei Räuber,
einen zu seiner Rechten und einen zu sei=
ner Linken. 28 Da wurde die Schriftstelle
erfüllt, die sagt:
«Und er wurde unter die Übeltäter ge=
zählt.»[1]
29 Und die Vorübergehenden lästerten ihn,
schüttelten die Köpfe und sagten: Ha, der
du den Tempel zerstörst und in drei Ta=
gen aufbaust, 30 rette dich selbst und steige
vom Kreuz herab! 31 Ebenso spotteten auch die Hohenpriester samt den Schriftgelehrten untereinander und sagten: Andre hat er gerettet, sich selbst kann er nicht retten. 32 Der Christus, der König Israels, steige jetzt vom Kreuz herab, damit wir sehen und glauben!

36 *Einer aber lief, füllte einen Schwamm
mit Essig, steckte ihn auf ein Rohr und
gab ihm zu trinken,*

29 *und sagten: Ha, der du den Tempel zer=
störst und in drei Tagen aufbaust, 30 rette
dich selbst und steige vom Kreuz herab!*

26 *Und die Aufschrift mit der Angabe sei=
ner Schuld lautete: Der König der Juden.*

Auch die, welche mit ihm gekreuzigt wor=
den waren, schmähten ihn.

Luk. 23, 33—43

33 Und als sie an den Platz kamen, welcher Schädel heißt,

kreuzigten sie dort ihn und die Verbrecher, den einen zur Rechten, den andern
zur Linken.
34 Jesus aber sprach: Vater, vergib ihnen;
denn sie wissen nicht, was sie tun! Darauf warfen sie das Los, um seine Kleider
unter sich zu verteilen.
38 *Es stand aber auch eine Aufschrift über
ihm:
Dies ist der König der Juden.*
33 *... kreuzigten sie dort ihn und die Verbrecher, den einen zur Rechten, den andern zur Linken.*

35 Und das Volk stand da und sah zu.
37 *und sagten: Wenn du der König der Juden bist, so rette dich selbst.*

Aber auch die Oberen

höhnten: Andre hat er gerettet;
er rette sich selbst,
wenn er der auserwählte Christus Gottes
ist!

36 Es verspotteten ihn aber auch die Soldaten, indem sie hinzutraten, ihm Essig
brachten
37 und sagten: Wenn du der König der
Juden bist, so rette dich selbst!

38 Es stand aber auch eine Aufschrift über
ihm: Dies ist der König der Juden.

39 Einer der gehenkten Verbrecher aber
lästerte ihn: Bist du nicht der Christus?
Rette dich und uns! **40** Der andere jedoch
antwortete und sagte vorwurfsvoll zu
ihm: Hast du [denn] auch gar keine Furcht
vor Gott, da du doch dem gleichen Urteil

Joh. 19, 17—29

17 *Und indem er sein Kreuz selber trug,
kam er hinaus auf den Platz, welcher
«Schädel» genannt wird, was auf hebräisch Golgatha heißt.* **18** *Und dort kreuzigten sie ihn und zwei andre mit ihm zu
beiden Seiten, Jesus aber in der Mitte.* **19**
*Pilatus ließ aber auch eine Aufschrift
schreiben und auf das Kreuz setzen. Und
zwar war geschrieben: Jesus der Nazoräer,
der König der Juden.* **20** *Diese Aufschrift
nun lasen viele von den Juden, denn der
Platz, wo Jesus gekreuzigt wurde, war
nahe bei der Stadt; und es war auf hebräisch, auf lateinisch, auf griechisch geschrieben.* **21** *Da sagten die Hohenpriester
der Juden zu Pilatus: Schreibe nicht: Der
König der Juden, sondern das jener gesagt hat: Ich bin der König der Juden.*
22 *Pilatus antwortete: Was ich geschrieben
habe, das habe ich geschrieben.*
23 *Als nun die Soldaten Jesus gekreuzigt
hatten, nahmen sie seine Kleider und
machten vier Teile daraus, für jeden Soldaten einen Teil, und den Rock. Der Rock
war aber ohne Naht, von oben an als ein
Ganzes gewoben.* **24** *Da sagten sie zueinander: Lasset uns ihn nicht zerteilen, sondern darum losen, wem er gehören soll!
— damit das Schriftwort erfüllt würde:
«Sie haben meine Kleider
unter sich verteilt
und über mein Gewand
das Los geworfen.»
Die Soldaten nun taten dies.*
25 *Beim Kreuze Jesu aber standen seine
Mutter und die Schwester seiner Mutter,
Maria [, die Frau] des Klopas, und Maria
aus Magdala.* **26** *Als nun Jesus die Mutter
sah und neben ihr den Jünger stehen, den
er liebhatte, sagt er zur Mutter: Weib,
siehe, dein Sohn!* **27** *Hierauf sagt er zum
Jünger: Siehe, deine Mutter! Und von jener Stunde an nahm sie der Jünger in sein
Haus.* **28** *Da Jesus wußte, daß nunmehr
alles vollbracht war, sagte er weiter, damit die Schrift vollständig erfüllt würde:
Mich dürstet.* **29** *Ein Gefäß voll Essig stand
da. Sie steckten nun einen mit Essig gefüllten Schwamm auf einen Ysopstengel
und hielten ihn ihm an den Mund.*

34: Ps. 69, 22 / 39: Ps. 22, 8; 109, 25 / 40: 26, 61; 4, 3. 6; Joh. 2, 19 / 43: Ps. 22, 9; Weish. 2, 13. 18—20.
¹) 27, 35. Einige alte Textzeugen fügen (wohl nach Joh. 19, 24) hinzu: «damit erfüllt würde, was durch den Propheten gesagt worden ist: Sie haben meine Kleider unter sich verteilt und über mein Gewand das Los geworfen.» (Ps. 22, 19)

24 par.: Ps. 22, 19 / 28: Jes. 53, 12 / 29 par.: 14, 58; Ps. 22, 8.
¹) 15, 28. Viele alte Textzeugen lassen diesen Vers weg, der bei Mat. (27, 38) nicht vorkommt.

246. Der Tod Jesu

Mat. 27, 45—56

⁴⁵ Aber von der sechsten Stunde an kam eine Finsternis über die ganze Erde bis zur neunten Stunde.

⁵¹ Und siehe, der Vorhang im Tempel zer= riß von oben bis unten in zwei Stücke, ⁴⁶ Um die neunte Stunde aber schrie Jesus laut auf: «Eli, Eli, lema sabachthani?» (das heißt: Mein Gott, mein Gott, warum hast du mich verlassen?) ⁴⁷ Als das einige von den dort Stehenden hörten, sagten sie: Dieser ruft den Elia. ⁴⁸ Und alsbald lief einer von ihnen, nahm einen Schwamm, füllte ihn mit Essig, steckte ihn auf ein Rohr und gab ihm zu trinken. ⁴⁹ Die übri= gen aber sagten: Halt, lasset uns sehen, ob Elia kommt, um ihn zu retten! ⁵⁰ Da schrie Jesus abermals mit lauter Stimme und gab den Geist auf.

⁵¹ Und siehe, der Vorhang im Tempel zer= riß von oben bis unten in zwei Stücke, und die Erde erbebte, und die Felsen zer= rissen, ⁵² und die Grüfte öffneten sich, und viele Leiber der entschlafenen Heiligen wurden auferweckt; ⁵³ und sie kamen nach seiner Auferweckung aus den Grüften hervor, gingen in die heilige Stadt und erschienen vielen. ⁵⁴ Als aber der Haupt= mann und die, welche mit ihm Jesus be= wachten, das Erdbeben sahen und was da geschah, fürchteten sie sich sehr und sagten: Dieser war in Wahrheit Gottes Sohn.

Mark. 15, 33—41

³³ Und als die sechste Stunde eingetreten war, kam eine Finsternis über die ganze Erde bis zur neunten Stunde.

³⁸ Und der Vorhang im Tempel zerriß in zwei Stücke von oben bis unten. ³⁴ Und in der neunten Stunde rief Jesus mit lauter Stimme: «Elohi, Elohi, lama sabachthani?» (das heißt übersetzt: Mein Gott, mein Gott, warum hast du mich ver= lassen?). ³⁵ Und als es einige von denen hörten, die dabeistanden, sagten sie: Sie= he, er ruft den Elia. ³⁶ Einer aber lief, füllte einen Schwamm mit Essig, steckte ihn auf ein Rohr und gab ihm zu trinken, indem er sagte: Halt, lasset uns sehen, ob Elia kommt, um ihn herabzunehmen! ³⁷ Da stieß Jesus einen lauten Schrei aus und verschied.

³⁸ Und der Vorhang im Tempel zerriß in zwei Stücke von oben bis unten.

³⁹ Als aber der Hauptmann, der ihm ge= genüber in der Nähe stand, sah, daß er auf diese Weise verschieden war,

sprach er: Dieser Mensch war in Wahr= heit Gottes Sohn.

verfallen bist? 41 Und wir zwar gerechter=
weise, denn wir empfangen, was unsre
Taten wert sind; dieser aber hat nichts
Unrechtes getan. 42 Und er sagte: Jesus,
gedenke meiner, wenn du mit deiner Kö=
nigsherrschaft kommst! 43 Und er sprach
zu ihm: Wahrlich, ich sage dir: Heute
wirst du mit mir im Paradiese sein.

34: Mat. 5, 44; Apg. 3, 17 / 36: Ps. 69, 22 / 43: Joh.
5, 24; 2. Kor. 12, 4; Off. 14, 13; Jes. 53, 11 f.

*Zu Mat. 27, 33—44 par. Petrusevangelium 10—14: Und sie brachten zwei Verbrecher und kreuzigten den
Herrn zwischen ihnen. Er aber schwieg, als hätte er keine Schmerzen. Und als sie das Kreuz aufgerichtet
hatten, schrieben sie darauf: Dieses ist der König Israels! Und sie legten die Kleider vor ihn, verteilten
sie unter sich und warfen das Los über sie. Einer aber jener Verbrecher machte ihnen Vorwürfe (sc. den
kreuzigenden Juden): Wir müssen so sterben, weil wir Verbrechen begangen haben. Dieser aber, der der
Retter der Menschheit geworden ist, was hat er euch zu Leide getan? Und sie wurden über ihn zornig
und befahlen, daß ihm keiner die Schenkel zerbreche, damit er qualvoll sterbe.*

Luk. 23, 44—49. 36   (vgl. Nr. 245)

44 Und es war schon ungefähr die sechste
Stunde, da kam eine Finsternis über die
ganze Erde bis zur neunten Stunde, 45 in=
dem die Sonne ihren Schein verlor; der
Vorhang im Tempel aber riß mitten ent=
zwei.

36 *Es verspotteten ihn aber auch die Sol=
daten, indem sie hinzutraten, ihm Essig
brachten.*

46 Und Jesus rief mit lauter Stimme und
sprach: Vater, «in deine Hände befehle
ich meinen Geist!» Und als er dies ge=
sagt hatte, verschied er.
45 *... der Vorhang im Tempel aber riß
mitten entzwei.*

47 Als aber der Hauptmann sah, was ge=
schehen war, pries er Gott und sprach:

Dieser Mensch war wirklich ein Gerech=
ter. 48 Und die ganze Volksmenge, die zu
diesem Schauspiel mitgekommen war,
schlug sich beim Anblick dessen, was ge=
schehen war, an die Brust und kehrte zu=

Joh. 19, 29—37. 25—27

29 *Ein Gefäß voll Essig stand da. Sie steck=
ten nun einen mit Essig gefüllten Schwamm
auf einen Ysopstengel und hielten ihn
ihm an den Mund.* 30 *Als Jesus nun den
Essig genommen hatte, sprach er: Es ist
vollbracht, und neigte das Haupt und
gab den Geist auf.* 31 *Weil es nun Rüsttag
war, richteten die Juden, damit die Lei=
ber nicht über den Sabbat am Kreuze blie=
ben — jener Sabbattag war nämlich ein
großer — an Pilatus die Bitte, daß ihnen
die Schenkel zerschlagen und sie herab=
genommen würden.* 32 *So kamen denn die
Soldaten, und dem ersten zerschlugen
sie die Schenkel und [ebenso] dem an=
dern, der mit ihm gekreuzigt worden
war.* 33 *Als sie aber an Jesus kamen, zer=
schlugen sie ihm die Schenkel nicht, da
sie sahen, daß er schon gestorben war,*
34 *sondern einer der Soldaten stach ihn
mit einer Lanze in die Seite, und alsbald
kam Blut und Wasser heraus.* 35 *Und der
es gesehen hat, der hat es bezeugt, und
sein Zeugnis ist wahr; und jener weiß,
daß er Wahres sagt, damit auch ihr glaubt.*
36 *Denn dies ist geschehen, damit das
Schriftwort erfüllt würde:*
«*Kein Knochen an ihm soll zerbrochen
werden.*»
37 *Und wieder ein andres Schriftwort sagt:*
«*Sie werden hinschauen auf den, wel=
chen sie durchbohrt haben.*»

55 Es sahen aber dort viele Frauen von ferne zu, die Jesus von Galiläa her gefolgt waren, um ihm zu dienen; 56 und unter diesen waren Maria aus Magdala und Maria, die Mutter des Jakobus und Joses, und die Mutter der Söhne des Zebedäus.

40 Es sahen aber auch Frauen von ferne zu, unter ihnen auch Maria aus Magdala und Maria, die Mutter von Jakobus dem Jüngern und von Joses, und Salome, 41 die ihm, als er in Galiläa war, folgten und dienten, und viele andre, die mit ihm nach Jerusalem hinaufgezogen waren.

46 par.: Ps. 22, 2 / 48 par.: Ps. 69, 22 / 51: 2. Mos. 26, 31; Heb. 10, 19. 20.

Zu Mat. 27, 45–51 par. Petrusevangelium 15–20: Es war aber Mittag und eine Finsternis lag über ganz Judäa. Und sie gerieten in Unruhe und waren in Angst, weil die Sonne schon untergegangen, er aber noch am Leben war. Es steht nämlich ihnen geschrieben, daß die Sonne nicht über einem Getöteten untergehen darf. Und einer von ihnen sprach: Gebet ihm Galle mit Essig zu trinken! Und sie mischten es und gaben ihm zu trinken. Und sie erfüllten alles und machten das Maß der Sünden über ihr Haupt voll. Viele aber gingen mit Lampen umher und meinten, daß es Nacht sei und legten sich zur Ruhe. Und der Herr schrie auf und rief: Meine Kraft, Kraft, du hast mich verlassen! Und als er dies sagte, wurde er aufgenommen. Und zur selben Stunde riß der Vorhang des Tempels Jerusalems entzwei.

247. Die Grablegung Jesu

Mat. 27, 57–61

57 Als es aber Abend geworden war,

kam ein reicher Mann aus Arimathäa mit Namen Joseph, der ebenfalls ein Jünger Jesu geworden war. 58 Dieser ging zu Pilatus und erbat sich den Leib Jesu.

Da befahl Pilatus, ihn auszuliefern. 59 Und Joseph nahm den Leib, wickelte ihn in reine Leinwand, 60 legte ihn in seine neue Gruft, die er im Felsen hatte aushauen lassen, wälzte einen großen Stein vor die Türe der Gruft und ging hinweg. 61 Es waren aber dort Maria aus Magdala und die andre Maria, die saßen dem Grabe gegenüber.

58: 5. Mos. 21, 23 / 60: Jes. 53, 9.

Mark. 15, 42–47; 16, 1   (vgl. Nr. 249)

42 Und als es schon Abend geworden war (es war nämlich Rüsttag, das ist der Tag vor dem Sabbat), 43 kam Joseph aus Arimathäa, ein angesehener Ratsherr, der ebenfalls auf das Reich Gottes wartete, und wagte es, ging zu Pilatus hinein und erbat sich den Leib Jesu. 44 Pilatus aber verwunderte sich, daß er schon tot sein sollte, ließ den Hauptmann zu sich rufen und fragte ihn, ob er schon lange gestorben sei. 45 Und als er es vom Hauptmann erfahren hatte, schenkte er dem Joseph den Leichnam. 46 Dieser kaufte Leinwand, nahm ihn herab, hüllte ihn in die Leinwand, legte ihn in eine Gruft, die in einen Felsen gehauen war, und wälzte einen Stein vor die Türe der Gruft.

47 Maria aus Magdala aber und die Maria des Joses sahen, wo er hingelegt worden war.

16, 1 Und als der Sabbat vorüber war, kauften Maria aus Magdala und die Maria des Jakobus und Salome Balsam, um hinzugehen und ihn zu salben.

Zu Mat. 27, 57–60 par. Petrusevangelium 21–24: Und darauf zogen sie die Nägel aus den Händen des Herrn und legten ihn auf die Erde. Und die ganze Erde erbebte und große Furcht entstand. Darauf erstrahlte die Sonne, und es zeigte sich, daß es die neunte Stunde war. Die Juden aber freuten sich und gaben Joseph seinen Leib, damit er ihn beerdige, da er ja alles gesehen hatte, was er (sc. Jesus) Gutes getan hatte. Er nahm den Herrn, wusch ihn, hüllte ihn in ein Leinentuch und brachte ihn in sein eigenes Grab, das Josephs Garten genannt wurde.

rück. 49 Es standen aber alle seine Bekann=
ten von ferne und die Frauen, die ihm
von Galiläa her nachgefolgt waren, und
sahen dies.

44: Am. 8, 9 / 45: 2. Mos. 36, 35 / 46: Ps. 31, 6;
Apg. 7, 59 / 48: 18, 13 / 49 par.: 8, 1—3.

25 *Beim Kreuze Jesu aber standen seine
Mutter und die Schwester seiner Mutter,
Maria [, die Frau] des Klopas, und Ma=
ria aus Magdala.*
26 *Als nun Jesus die Mutter sah und neben
ihr den Jünger stehen, den er liebhatte,
sagt er zur Mutter: Weib, siehe, dein
Sohn!* 27 *Hierauf sagt er zum Jünger: Sie=
he, deine Mutter! Und von jener Stunde
an nahm sie der Jünger in sein Haus.*

Zu Luk. 23, 48 Petrusevangelium 25—27: *Da begannen die Juden, Ältesten und Priester zu klagen, weil sie
erkannt hatten, was für ein großes Übel sie sich selbst zugefügt hatten, und sprachen: Wehe über unsere
Sünden! Das Gericht und das Ende Jerusalems ist nahe herbeigekommen. Ich und meine Freunde trauerten
und versteckten uns mit schmerzendem Herzen. Denn sie suchten uns als Verbrecher und solche, die den
Tempel anzünden wollen. Wegen alle dem fasteten wir und saßen trauernd und weinend Tag und Nacht
bis zum Sabbat.*
Zu Luk. 23, 48 Nazaräerevangelium (Haimo v. Auxerre, Kom. zu Jes. 53, 2): *Durch dieses Wort des Herrn
wurden viele Tausende der Juden, die um das Kreuz standen, gläubig.*

Luk. 23, 50—56

50 Und siehe, da war ein Mann mit Na=
men Joseph, der ein Ratsherr war, ein
guter und gerechter Mann (51 der hatte
ihrem Rat und Tun nicht beigestimmt),
aus Arimathäa, einer Stadt der Juden, der
auf das Reich Gottes wartete. 52 Dieser
ging zu Pilatus und erbat sich den Leib
Jesu.

53 Und er nahm ihn herab, wickelte ihn
in Leinwand und legte ihn in eine ausge=
hauene Gruft, worin noch niemand gele=
gen hatte.
54 Und es war Rüsttag, und der Sabbat
leuchtete auf. 55 Es waren aber die Frauen,
die ihn von Galiläa her begleitet hatten,
mitgegangen und beschauten die Gruft
und wie sein Leib hingelegt wurde. 56
Nachdem sie aber zurückgekehrt waren,
bereiteten sie Balsam und Salben. Und
den Sabbat über ruhten sie nach dem Ge=
setz.

51: 2, 25. 38 / 56: 2. Mos. 20, 10.

Joh. 19, 38—42

38 *Darnach aber bat Joseph aus Arima=
thäa, der ein Jünger Jesu war, jedoch aus
Furcht vor den Juden ein heimlicher, den
Pilatus, daß er den Leib Jesu abnehmen
dürfe; und Pilatus erlaubte es. Er ging
nun hin und nahm seinen Leib ab.* 39 *Aber
auch Nikodemus, der das erstemal bei
Nacht zu ihm gekommen war, kam und
brachte eine Mischung von Myrrhe und
Aloe, ungefähr hundert Pfund.* 40 *Da nah=
men sie den Leib Jesu und banden ihn
samt den Gewürzen in leinene Binden,
wie es bei den Juden Sitte ist zu begra=
ben.* 41 *Es war aber an dem Ort, wo man
ihn gekreuzigt hatte, ein Garten und in
dem Garten eine neue Gruft, in die noch
nie jemand gelegt worden war.* 42 *Dahin
legten sie nun Jesus wegen des Rüstta=
ges der Juden, weil die Gruft nahe war*

Zu Mat. 27, 57—60 par. Petrusevangelium 3—5: *Joseph, der Freund des Pilatus und des Herren stand aber
dort. Als er bemerkte, daß sie ihn kreuzigen wollten, ging er zu Pilatus und erbat den Leichnam des
Herren zum Begräbnis. Pilatus sandte zu Herodes und bat ihn um den Leichnam, und Herodes ließ sagen:
Bruder Pilatus, auch wenn keiner um ihn gebeten hätte, würden wir (sc. die Juden) ihn begraben haben,
da ja auch der Sabbat anbricht. Denn im Gesetz steht geschrieben (5. Mos. 21, 22 f.), daß die Sonne nicht
über einem Getöteten untergehen darf.*

248. Die Bewachung des Grabes

Mat. 27, 62—66

⁶² Am Tage darnach aber, der auf den Rüsttag folgt, versammelten sich die Hohenpriester und die Pharisäer bei Pilatus ⁶³ und sagten: Herr, wir haben daran gedacht, daß jener Verführer, als er noch lebte, gesagt hat: Nach drei Tagen werde ich auferweckt. ⁶⁴ Befiehl nun, daß das Grab bis zum dritten Tage bewacht werde, damit nicht etwa seine Jünger kommen, ihn stehlen und zum Volke sagen: Er ist von den Toten auferweckt worden, und der letzte Betrug schlimmer wird als der erste. ⁶⁵ Pilatus sagte zu ihnen: Ihr sollt eine Wache haben; gehet hin, bewachet es, so gut ihr könnt! ⁶⁶ Die aber gingen hin, versiegelten den Stein und bewachten das Grab gemeinsam mit der Wache.

63: 12, 40; 16, 21; 17, 23; Joh. 7, 12.

249. Das leere Grab

Mat. 28, 1—10

¹ Nach dem Sabbat aber, als es zum ersten Tag der Woche aufleuchtete, kamen Maria aus Magdala und die andre Maria, um das Grab zu besehen. ² Und siehe, es geschah ein großes Erdbeben; denn ein Engel des Herrn kam aus dem Himmel herab, trat hinzu, wälzte den Stein weg und setzte sich darauf. ³ Sein Aussehen aber war wie der Blitz und sein Kleid weiß wie der Schnee. ⁴ Aus Furcht vor ihm aber erbebten die Wächter und wurden wie tot.

⁵ Der Engel jedoch begann und sprach zu den Frauen: I h r sollt euch nicht fürchten;

Mark. 16, 1—8

¹ Und als der Sabbat vorüber war, kauften Maria aus Magdala und die Maria des Jakobus und Salome Balsam, um hinzugehen und ihn zu salben. ² Und sehr früh am ersten Tag der Woche kamen sie zur Gruft, als die Sonne aufgegangen war.

³ Und sie sagten zueinander: Wer wird uns den Stein von der Türe der Gruft wegwälzen? ⁴ Und wie sie aufblickten, sahen sie, daß der Stein fortgewälzt war. Er war nämlich sehr groß. ⁵ Und sie gingen in die Gruft hinein

und sahen einen Jüngling zur Rechten sitzen, bekleidet mit einem langen weißen Gewand; und sie erschraken. ⁶ Er aber sagte zu ihnen: Erschrecket nicht!

*Zu Mat. 27, 62–67 Petrusevangelium 28–34: Die Schriftgelehrten, Pharisäer und Ältesten kamen mitein-
ander zusammen und hörten, daß das ganze Volk murrte und sich an die Brust schlug und sprach: Wenn
diese gewaltigen Zeichen bei seinem Tode geschehen sind, so sehet, wie gerecht er warl Da fürchteten
sie sich und kamen zu Pilatus, baten ihn und sprachen: Gib uns Soldaten, damit wir drei Tage sein Grab
bewachen, damit nicht etwa seine Jünger kommen und ihn stehlen und das Volk annimmt, daß er von
den Toten auferstanden sei und uns Böses antut. Pilatus aber gab ihnen zum Bewachen des Grabes den
Hauptmann Petronius mit Soldaten. Und mit ihnen kamen Älteste und Schriftgelehrte zum Grabe. Und
mit dem Hauptmann und den Soldaten wälzten alle, die dort waren, einen großen Stein herbei und legten
ihn vor den Grabeseingang. Und sie legten sieben Siegel an, schlugen ein Zelt auf und hielten Wache.
Frühmorgens, als der Sabbat anbrach, kamen viele Leute aus Jerusalem und Umgebung, um das versie-
gelte Grab zu sehen.*

Luk. 24, 1–11

1 Am ersten Tage der Woche aber kamen
sie am frühen Morgen zur Gruft und brach=
ten den Balsam, den sie bereitet hatten.

2 Da fanden sie den Stein von der Gruft
weggewälzt. 3 Als sie aber hineingingen,
fanden sie den Leib des Herrn Jesus nicht.
4 Und es begab sich, während sie darüber
ratlos waren, siehe, da traten zwei Män=
ner in blitzendem Gewand zu ihnen.
5 Als sie aber in Furcht gerieten und das
Angesicht zur Erde neigten, sprachen sie zu
ihnen:

Joh. 20, 1–10

1 Am ersten Tage der Woche aber kommt
Maria aus Magdala früh, als es noch dun=
kel war, zur Gruft und sieht den Stein
von der Gruft hinweggenommen. 2 Sie
läuft nun und kommt zu Simon Petrus
und zu dem andern Jünger, dem, den Je=
sus liebhatte, und sagt zu ihnen: Sie ha=
ben den Herrn aus der Gruft hinwegge=
nommen, und wir wissen nicht, wo sie
ihn hingelegt haben. 3 Da gingen Petrus
und der andre Jünger hinaus und mach=
ten sich auf den Weg zur Gruft. 4 Die
beiden liefen aber miteinander. Und der
andre Jünger lief voraus, schneller als
Petrus, und kam zuerst an die Gruft.
5 Und wie er sich hineinbeugt, sieht er
die leinenen Binden daliegen; doch ging
er nicht hinein. 6 Nun kam auch Simon
Petrus, der ihm folgte, und ging in die
Gruft hinein. Und er sieht die Binden
daliegen 7 und das Schweißtuch, das auf
seinem Haupte gewesen war, nicht bei
den Binden liegen, sondern an einem Ort
für sich zusammengewickelt. 8 Da nun ging
auch der andre Jünger hinein, der zuerst
an die Gruft gekommen war, und sah und
glaubte. 9 Denn sie verstanden die Schrift
noch nicht, daß er nämlich von den Toten

denn ich weiß, daß ihr Jesus, den Ge=
kreuzigten, sucht. 6 Er ist nicht hier; denn
er ist auferweckt worden, wie er gesagt
hat.

Kommet her, sehet den Ort, wo er gele=
gen hat;

Ihr sucht Jesus von Nazareth, den Ge=
kreuzigten; er ist auferweckt worden, er
ist nicht hier;

siehe da den Ort, wo sie ihn hingelegt
haben.

7 und gehet eilends hin und saget seinen
Jüngern, daß er von den Toten auferweckt
worden ist!

Und siehe, er geht euch voran nach Gali=
läa; dort werdet ihr ihn sehen. Siehe, ich
habe es euch gesagt.

8 Und sie gingen eilends von der Gruft
hinweg mit Furcht und großer Freude und
liefen, um es seinen Jüngern zu verkün=
digen.
9 Und siehe, Jesus kam ihnen entgegen
und sprach: Seid gegrüßt! Sie aber traten
hinzu, ergriffen seine Füße und warfen
sich vor ihm nieder. 10 Da sagt Jesus zu
ihnen: Fürchtet euch nicht; gehet hin, ver=
kündigt meinen Brüdern, daß sie nach
Galiläa gehen sollen, und dort werden sie
mich sehen.

3 par.: 17, 2; Apg. 1, 10 / 6 par.: 12, 40; 16, 21; 17,
23; 20, 19 / 7: 26, 32; Joh. 16, 16. 22 / 10: Heb. 2, 11;
Ps. 22, 23.

7 Aber gehet hin, sagt seinen Jüngern und
dem Petrus:

Er geht euch voran nach Galiläa; dort
werdet ihr ihn sehen, wie er euch gesagt
hat.

8 Und sie gingen hinaus und flohen von
der Gruft, denn Zittern und Entsetzen
hatte sie ergriffen. Und sie sagten nie=
mandem etwas, denn sie fürchteten sich.

1: 15, 40; Luk. 23, 56 / 7: 14, 28.

Zu Mat. 28, 1–8 par. Petrusevangelium 35–60: Und in der Nacht, in der der Herrentag anbrach (die Soldaten standen Wache, jede Ablösung zu zweit), erschallte eine gewaltige Stimme am Himmel. Und sie
sahen die Himmel offen stehen und zwei Männer von dort in einem gleißenden Lichtschein herabkommen
und dem Grabe sich nähern. Jener Stein, der vor den Eingang der Grabeshöhle gelegt worden war, geriet
von selbst ins Rollen, wich zur Seite, das Grab öffnete sich, und die beiden Jünglinge traten ein. Als nun
jene Soldaten das sahen, weckten sie den Hauptmann und die Ältesten auf. Denn auch diese waren bei
der Wache zugegen. Und während sie noch erzählten, was sie gesehen hatten, sehen sie fernerhin, wie
drei Männer aus dem Grabe herauskommen, wie die zwei den einen stützen und ein Kreuz ihnen folgt,
wie das Haupt der zwei bis zum Himmel reicht, das Haupt aber dessen, den sie an der Hand führen, den
Himmel überragt. Und sie hörten eine Stimme aus den Himmeln fragen: Hast du den Entschlafenen gepredigt? Und vom Kreuz her vernahm man die Antwort: Ja! Jene beratschlagten nun untereinander,
hinzugehen und dieses dem Pilatus zu melden. Doch während sie noch überlegten, sieht man wiederum
die Himmel geöffnet, und ein Mensch kommt herab und geht in das Grab hinein. Als der Hauptmann und
seine Leute dies sahen, hasteten sie in die Nacht zu Pilatus, verließen das Grab, das sie bewachten, und
berichteten voll großer Angst alles, was sie gesehen hatten und sagten: Wahrlich, er war Gottes Sohn!
Pilatus antwortete: Ich bin rein am Blute des Sohnes Gottes. Ihr habt das beschlossen! Dann traten sie
alle (sc. Älteste etc.) herzu, baten und hielten dringend an, dem Hauptmann und den Soldaten zu befehlen, niemandem zu sagen, was sie gesehen hatten. Denn es ist besser, sagten sie, daß wir uns der
größten Sünde vor Gott schuldig machen, als daß wir in die Hände des Volkes der Juden fallen und
gesteinigt werden. Also befahl Pilatus dem Hauptmann und den Soldaten, nichts zu sagen.

Was sucht ihr den Lebendigen bei den
Toten? ₆ Er ist nicht hier, sondern er ist
auferweckt worden.

auferstehen müsse. ₁₀ *Da gingen die Jün=*
ger wieder heim.

Erinnert euch, wie er zu euch geredet hat,
als er noch in Galiläa war, ₇ indem er
sagte: Der Sohn des Menschen muß aus=
geliefert werden in die Hände sündiger
Menschen und gekreuzigt werden und am
dritten Tage auferstehen. ₈ Und sie er=
innerten sich seiner Worte.

₉ Und sie kehrten von der Gruft zurück
und verkündigten dies alles den Elfen
und allen übrigen.
₁₀ Maria aus Magdala und Johanna und
Maria des Jakobus und die übrigen mit
ihnen sagten dies zu den Aposteln. ₁₁ Und
diese Worte kamen ihnen vor wie leeres
Gerede, und sie glaubten ihnen nicht.¹)

7: 18, 31–33; / 10: 8, 2. 3.
¹) 24, 11. Viele alte Textzeugen haben hier noch
(wohl nach Joh. 20, 3–10): «12 Petrus aber machte
sich auf und lief zur Gruft; und wie er sich hineinbeugt, sieht er nur die leinenen Binden. Und
er ging heim voll Verwunderung über das Geschehene.»

In der Frühe des Herrentages nahm Maria Magdalena, die Jüngerin des Herrn (weil sie die Juden fürch-
tete, da sie vor Zorn brannten, hatte sie am Grabe des Herrn nicht das getan, was die Frauen an den
Sterbenden zu tun pflegen, die sie lieben), ihre Freundinnen mit sich und kam zum Grabe, wo er hinge-
legt war. Und sie fürchteten, daß die Juden sie sehen könnten, und sprachen: Wenn wir an dem Tage,
an dem er gekreuzigt wurde, nicht weinen und klagen konnten, wollen wir das jetzt an seinem Grabe
tun. Wer aber wird uns auch den Stein wegwälzen, der vor den Eingang der Grabeshöhle gelegt ist,
damit wir hineinkönnen und uns neben ihn setzen und die Verpflichtungen erfüllen? (Denn der Stein
war groß.) Wir fürchten, daß uns irgendwer sieht! Und wenn wir es nicht können, dann wollen wir am
Eingang niederlegen, was wir zu seinem Gedächtnis mitbringen, wollen weinen und klagen, bis wir nach
Hause gehen.
Und als sie hinkamen, fanden sie das Grab geöffnet. Und sie traten herzu, bückten sich und sahen dort
einen Jüngling inmitten des Grabes sitzen, schöngestaltet und mit einem hell leuchtenden Gewand be-
kleidet. Der sprach zu ihnen: Warum seid ihr gekommen? Wen sucht ihr? Etwa jenen Gekreuzigten? Er
ist auferstanden und weggegangen. Wenn ihr es aber nicht glaubt, so bückt euch und seht die Stelle,
wo er lag, denn er ist nicht da. Er ist nämlich auferstanden und dort hingegangen, von wo er gesandt
war. Da flohen die Frauen voller Furcht.
Es war aber der letzte Tag der ungesäuerten Brote. Viele gingen weg und zogen nach Hause, denn das Fest
war zu Ende. Aber wir, die 12 Jünger des Herren, wir weinten und trauerten. Und jeder ging nach
Hause, voll von Trauer über das Geschehene. Ich, Simon Petrus, und mein Bruder Andreas, wir nahmen
unsere Netze und gingen ans Meer. Bei uns war Levi, der Sohn des Alphäus . . .

III. NACHGESCHICHTEN. Die Auferstehung Jesu

A. Die Nachgeschichte nach Matthäus (Mat. 28, 11—20)

Die Bestechung der Wache durch die Juden

Mat. 28, 11—15

11 Während sie aber weggingen, siehe, da kamen einige von der Wache in die Stadt und berichteten den Hohenpriestern alles, was geschehen war. 12 Und sie versam= melten sich mit den Ältesten, hielten Rat und gaben den Soldaten reichlich Geld 13 und sprachen: Saget: Seine Jünger sind des Nachts gekommen und haben ihn ge= stohlen, während wir schliefen. 14 Und wenn dies beim Statthalter vernommen wird, wollen wir ihn überreden und ma= chen, daß ihr außer Sorge sein könnt. 15 Sie aber nahmen das Geld und taten, wie sie angeleitet worden waren. Und diese Aussage verbreitete sich bei den Juden bis zum heutigen Tag.

13: 27, 64.

Zu Mat. 28, 11—15 Petrusevangelium 45—49: Als der Hauptmann und seine Leute dies sahen, hasteten sie in der Nacht zu Pilatus, verließen das Grab, das sie bewachten, und berichteten voll großer Angst alles, was sie gesehen hatten und sagten: Wahrlich, er war Gottes Sohn! Pilatus antwortete: Ich bin rein am Blute des Sohnes Gottes. Ihr habt das beschlossen! Dann traten sie alle (sc. Älteste etc.) herzu, baten und hielten dringend an, dem Hauptmann und den Soldaten zu befehlen, niemandem zu sagen, was sie gesehen hatten. Denn es ist besser, sagten sie, daß wir uns der größten Sünde vor Gott schuldig machen, als daß wir in die Hände des Volkes der Juden fallen und gesteinigt werden. Also befahl Pilatus dem Hauptmann und den Soldaten, nichts zu sagen.

Der Auferstandene erscheint den Jüngern in Galiläa

Mat. 28, 16—20

16 Die elf Jünger aber gingen nach Galiläa auf den Berg, wohin sie Jesus beschieden hatte. 17 Und als sie ihn sahen, warfen sie sich vor ihm nieder; einige jedoch zwei= felten. 18 Und Jesus trat hinzu, redete mit ihnen und sprach: Mir ist alle Gewalt gegeben im Himmel und auf Erden. 19 Darum gehet hin und machet alle Völker zu Jüngern und taufet sie auf den Namen des Vaters und des Sohnes und des hei= ligen Geistes, 20 und lehret sie alles hal= ten, was ich euch befohlen habe![1]) und siehe, ich bin bei euch alle Tage bis an das Ende der Welt.

16: 28, 7; 26, 32 / 18: 11, 27; Eph. 1, 20—22; Dan. 7, 14 / 19: 10, 5. 6; Mark. 16, 15. 16 / 20: 5, 19; 18, 20.

[1]) Mat. 28, 19. 20. Wörtlich: «. . . machet alle Völker zu Jüngern, indem ihr sie tauft auf den Namen des Vaters und des Sohnes und des heiligen Gei= stes, indem ihr sie alles halten lehrt, was ich euch befohlen habe!»

Joh. 14, 23

23 *Jesus antwortete und sprach zu ihm:*
Wenn jemand mich liebt, wird er mein
Wort halten, und mein Vater wird ihn
lieben, und wir werden zu ihm kommen
und Wohnung bei ihm machen.

B. Die Nachgeschichte nach Lukas (Luk. 24, 13—53)

Der Gang nach Emmaus

Luk. 24, 13–35

13 Und siehe, zwei von ihnen wanderten
an ebendem Tage nach einem Dorf, das
von Jerusalem sechzig Stadien entfernt ist,
namens Emmaus[1]; 14 und sie redeten
miteinander über alle diese Ereignisse.
15 Und es begab sich, während sie mit=
einander redeten und sich besprachen, da
nahte sich Jesus selbst und ging mit ihnen.
16 Ihre Augen jedoch wurden gehalten,
damit sie ihn nicht erkannten. 17 Er sprach
aber zu ihnen: Was sind das für Reden,
die ihr unterwegs miteinander wechselt?
Und sie blieben traurigen Blickes stehen.
18 Einer aber mit Namen Kleopas ant=
wortete und sprach zu ihm: Bist du der
einzige, der in Jerusalem weilt und nicht
erfahren hat, was daselbst in diesen Ta=
gen geschehen ist? 19 Und er sagte zu ihnen:
Was? Sie antworteten ihm: Das mit Jesus
von Nazareth, der ein Prophet war, mäch=
tig in Tat und Wort vor Gott und allem
Volke, 20 und wie ihn unsre Hohenprie=
ster und unsre Oberen zum Todesurteil
ausgeliefert und ihn gekreuzigt haben.
21 Wir aber hofften, er sei es, der Israel
erlösen sollte. Aber bei dem allem ist es
schon der dritte Tag, seit dies geschehen
ist. 22 Aber auch einige Frauen aus unsrer
Mitte haben uns in Bestürzung versetzt.
Nachdem sie früh am Morgen bei der
Gruft gewesen waren 23 und seinen Leib
nicht gefunden hatten, kamen sie und
sagten, sie hätten gar eine Erscheinung
von Engeln gesehen, die sagten, er lebe.
24 Und einige der Unsrigen gingen hin zur
Gruft und fanden es so, wie es die Frauen
gesagt hatten; ihn selbst aber haben sie
nicht gesehen. 25 Und er sprach zu ihnen:
O ihr, die ihr unverständig und zu trä=
gen Herzens seid, um zu glauben an
alles, was die Propheten geredet haben!
26 Mußte nicht der Christus dies leiden
und [dann] in seine Herrlichkeit einge=
hen? 27 Und er begann bei Mose und bei
allen Propheten und legte ihnen in allen
Schriften aus, was über ihn handelt. 28 Und
sie näherten sich dem Dorf, wohin sie
wanderten, und er stellte sich, als wolle
er weitergehen. 29 Und sie nötigten ihn
und sagten: Bleibe bei uns, denn es will

Der Auferstandene erscheint den elf Jüngern und ihren Genossen

Abend werden, und der Tag hat sich
schon geneigt! Und er ging hinein, um
bei ihnen zu bleiben. ₃₀ Und es begab sich,
als er mit ihnen zu Tische saß, nahm er
das Brot, sprach das Dankgebet darüber,
brach es und gab es ihnen. ₃₁ Da wurden
ihnen die Augen aufgetan, und sie er=
kannten ihn; und er entschwand ihren
Blicken. ₃₂ Und sie sagten zueinander:
Brannte nicht unser Herz in uns, wie er
auf dem Wege mit uns redete, wie er uns
die Schriften erschloß? ₃₃ Und sie standen
in eben der Stunde auf und kehrten nach
Jerusalem zurück und fanden die Elf und
ihre Genossen versammelt, ₃₄ die sagten:
Der Herr ist wirklich auferweckt worden
und dem Simon erschienen. ₃₅ Und sie
selbst erzählten, was auf dem Wege ge=
schehen und wie er von ihnen beim Bre=
chen des Brotes erkannt worden war.

13: Mark. 16, 12. 13 / 15: Mat. 18, 20 / 17: Joh. 16,
20 / 19: 7, 16; Apg. 2, 22 / 21: 1, 68; 2, 38; Apg. 1,
6/22 f: Nr. 249/24: Joh. 20, 3–10 / 25: Mark. 16, 14 /
27: 5. Mos. 18, 15; Ps. 22; Jes. 9, 6; 53; Apg. 8,
31–35 / 30: 22, 19; Mat. 26, 26 / 31: 2. Kön. 6, 17 /
34: 1. Kor. 15, 4. 5.

¹) 24, 13. Luk. gibt 24, 13 als Entfernung von Jerusalem 60 Stadien (11,5 km) an. In dieser Entfernung liegen 7 Orte, die den Anspruch erheben,
Emmaus zu sein. Der Codex Sinaiticus u. a. geben Luk. 24, 13 als Entfernung 160 Stadien an.
Dann könnte man Emmaus mit z. B. Eusebius,
Hieronymus und dem Palästina-Kenner G. Dal-
man im heutigen 'Amwâs, in der Mitte des We-
ges von Jerusalem nach Joppe (Jaffa), suchen.
Diese Lokalisierung hat (trotz Vers 33) die größte
Wahrscheinlichkeit.

Luk. 24, 36—49

₃₆ Während sie aber dies redeten, trat er
selbst mitten unter sie.¹) ₃₇ Da gerieten
sie in Bestürzung und Furcht und mein=
ten, einen Geist zu sehen. ₃₈ Und er sprach
zu ihnen: Was seid ihr erschrocken, und
warum steigen Bedenken in eurem Her=
zen auf? ₃₉ Sehet meine Hände und meine
Füße, daß ich es selbst bin! Rühret mich
an und sehet! denn ein Geist hat nicht
Fleisch und Bein, wie ihr seht, daß ich es
habe.²) ₄₁ Da sie aber in ihrer Freude noch
nicht glaubten und sich verwunderten,
sagte er zu ihnen: Habt ihr etwas zu
essen hier? ₄₂ Da reichten sie ihm ein
Stück von einem gebratenen Fisch³). ₄₃ Und
er nahm es und aß vor ihren Augen.
₄₄ Er sprach aber zu ihnen: Dies sind mei=
ne Worte, die ich zu euch geredet habe,
als ich noch bei euch war: Alles müsse
erfüllt werden, was im Gesetz des Mose
und in den Propheten und Psalmen über

Joh. 20, 19—23

₁₉ Als es nun an jenem Tage, dem ersten
der Woche, Abend war und dort, wo die
Jünger sich aufhielten, die Türen aus Furcht
vor den Juden verschlossen waren, kam
Jesus und trat in die Mitte; und er sagt
zu ihnen: Friede sei [mit] euch! ₂₀ Und als
er dies gesagt hatte, zeigte er ihnen die
Hände wie auch die Seite. Da wurden die
Jünger froh, als sie den Herrn sahen; ₂₁ Je=
sus sprach nun wiederum zu ihnen: Friede
sei [mit] euch! Wie mich der Vater ge=
sandt hat, sende auch ich euch. ₂₂ Und
nachdem er dies gesagt hatte, hauchte er
sie an und sagte zu ihnen: Empfanget
den heiligen Geist! ₂₃ Wenn ihr jeman=
dem die Sünden vergebt, sind sie ihm
vergeben; wenn ihr [sie] jemandem nicht
vergebt, sind sie [ihm] nicht vergeben.¹)

Die Himmelfahrt Jesu

Mark. 16,19—20

19 Der Herr Jesus nun wurde, nachdem er
zu ihnen geredet hatte, in den Himmel
emporgehoben und setzte sich zur Rech=
ten Gottes. 20 Sie aber zogen aus und pre=
digten überall, indem der Herr mitwirkte
und das Wort durch die begleitenden Zei=
chen bestätigte[1]).

¹) Vgl. S. [168] Anm. 1.

mich geschrieben steht. ₄₅ Da öffnete er
ihnen den Sinn, damit sie die Schriften
verständen, ₄₆ und sprach zu ihnen: Es
steht geschrieben, daß der Christus auf
diese Weise leiden und am dritten Tage
von den Toten auferstehen werde ₄₇ und
daß auf seinen Namen hin Buße zur Ver=
gebung der Sünden gepredigt werden
solle unter allen Völkern, beginnend mit
Jerusalem. ₄₈ Ihr seid Zeugen dafür. ₄₉ Und
siehe, ich sende die Verheißung meines
Vaters auf euch; ihr aber bleibet in der
Stadt, bis ihr angetan sein werdet mit
Kraft aus der Höhe!

36: Mark. 16, 14; 1. Kor. 15, 5 / 37: Mat. 14, 26 /
39: 1. Joh. 1, 1 / 41 u. 42: Joh. 21, 5. 10 / 43: Apg.
10, 41 / 44: 18, 31—33; 24, 27 / 46: Apg. 17, 3 / 47:
Mat. 24, 14; Apg. 17, 30 / 49: Joh. 14, 26; 15, 26; 16,
7; Apg. 1, 4. 8.

¹) 24, 36. Viele alte Textzeugen haben hier noch
(wohl nach Joh. 20, 19): «und sagte zu ihnen:
Friede sei [mit] euch!»
²) 24, 39. Viele alte Textzeugen haben hier noch
(wohl nach Joh. 20, 20): «₄₀ Und als er dies gesagt
hatte, zeigte er ihnen die Hände und die Füße.»
(Joh. 20, 25. 27; Ps. 22, 17.)
³) 24, 42. Manche alte Textzeugen haben hier noch:
«und von einer Honigwabe».

¹) 20, 23. Wörtlich: «wenn ihr [sie] jemandem [als
Schuld] festhaltet, sind sie [ihm als Schuld] festgehalten».

Luk. 24, 50—53

₅₀ Er führte sie aber hinaus bis in die Nähe
von Bethanien und erhob seine Hände
und segnete sie. ₅₁ Und es begab sich,
während er sie segnete, entschwand er
ihnen und wurde in den Himmel empor=
gehoben. ₅₂ Und sie warfen sich anbetend
vor ihm nieder und kehrten mit großer
Freude nach Jerusalem zurück. ₅₃ Und sie
waren allezeit im Tempel und priesen
Gott.

52: Joh. 5, 23; 16, 22.

(Apg. 1, 9—14)

₉ *Und als er dies gesprochen hatte, wurde
er vor ihren Augen emporgehoben, und
eine Wolke nahm ihn auf, so daß er ihren
Blicken entschwand. ₁₀ Und als sie zum
Himmel aufschauten, während er dahin=
fuhr, siehe, da standen zwei Männer in
weißen Kleidern bei ihnen, ₁₁ die sagten:
Ihr galiläischen Männer, was steht ihr
da und blickt zum Himmel auf? Dieser
Jesus, der von euch weg in den Himmel
emporgehoben worden ist, wird so kom=
men, wie ihr ihn habt in den Himmel
fahren sehen. ₁₂ Da kehrten sie nach Je=
rusalem zurück von dem Berge, welcher
Oelberg heißt, der nahe bei Jerusalem
ist, einen Sabbatweg weit. ₁₃ Und als sie
hineingekommen waren, gingen sie hin=
auf in das Obergemach, wo sie sich auf=
zuhalten pflegten, Petrus und Johannes
und Jakobus und Andreas, Philippus und
Thomas, Bartholomäus und Matthäus,
Jakobus, der Sohn des Alphäus, und Si=
mon der Eiferer, und Judas, der Sohn des
Jakobus. ₁₄ Diese alle verharrten einmütig
im Gebet mit [den] Frauen und Maria,
der Mutter Jesu, und mit seinen Brüdern.*

C. Die Nachgeschichte nach Markus   (Mark. 16, 9—20)

Erscheinungen des Auferstandenen; Aussendung der Jünger; Himmelfahrt[1])

Mark. 16, 9—20

9 Als er aber früh am ersten Tag der Wo= che auferstanden war, erschien er zuerst der Maria aus Magdala, von der er sie= ben Dämonen ausgetrieben hatte. 10 Diese ging hin und verkündigte es denen, die um ihn gewesen waren, welche trauerten und weinten. 11 Und als diese hörten, daß er lebe und von ihr gesehen worden sei, glaubten sie es nicht. 12 Darnach aber offenbarte er sich in andrer Gestalt zweien von ihnen unterwegs, als sie aufs Land gingen. 13 Und diese gingen hin und ver= kündigten es den übrigen; doch auch ihnen glaubten sie es nicht.

14 Später offenbarte er sich den Elfen selbst, als sie bei Tische saßen, und schalt ihren Unglauben und die Härte ihres Her= zens, weil sie denen, die ihn nach seiner Auferweckung gesehen, nicht geglaubt hatten.[2]) 15 Und er sprach zu ihnen: Gehet hin in alle Welt und prediget das Evan= gelium allen, die erschaffen sind! 16 Wer gläubig geworden und getauft worden ist, wird gerettet werden; wer aber nicht gläubig geworden ist, wird verurteilt wer= den. 17 An Zeichen aber werden folgende die Gläubiggewordenen begleiten: in mei= nem Namen werden sie Dämonen aus= treiben; in neuen Zungen werden sie re= den; 18 Schlangen werden sie aufheben, und wenn sie etwas Tödliches getrunken haben, wird es ihnen nicht schaden; Kran= ken werden sie die Hände auflegen, und sie werden genesen.

19 Der Herr Jesus nun wurde, nachdem er zu ihnen geredet hatte, in den Himmel emporgehoben und setzte sich zur Rech= ten Gottes. 20 Sie aber zogen aus und pre= digten überall, indem der Herr mitwirkte und das Wort durch die begleitenden Zei= chen bestätigte.

---

[1]) 16, 9—20. Dieser Abschnitt ist ein Nachtrag von späterer Hand. Wenige Textzeugen haben statt der Verse 9—20 einen anderen Schluß. «Alles aber, was ihnen aufgetragen war, richteten sie dem Petrus und seinen Begleitern in Kürze aus. Nach= her aber sandte auch Jesus selbst durch sie die heilige und unvergängliche Predigt von dem ewi= gen Heil aus vom Osten bis zum Westen.»
[2]) 16, 14. Die Freerhandschrift fügt an dieser Stelle noch ein: Jene aber entschuldigten sich und sag= ten: «Das gegenwärtige Weltalter der Gesetz= losigkeit und des Unglaubens steht unter dem Satan. Dieser läßt nicht zu, daß von unreinen Geistern die Wahrheit Gottes erfaßt wird. Des= halb offenbare jetzt deine Gerechtigkeit (wohl im Sinne von ,deinen Sieg')», sagten jene zu Christus. Und Christus entgegnete ihnen: «Die Grenze der Jahre für die Macht des Satans ist erfüllt. Aber andere Schrecken nahen. Und für die Sünden bin ich dem Tode überantwortet worden, damit sie umkehren zu der Wahrheit und nicht mehr sündigen, damit sie die himm= lische, geistliche und unvergängliche Herrlich= keit der Gerechtigkeit (bzw. des Sieges) ererben.»

9: Luk. 8, 2 / 10: Joh. 16, 20; Luk. 24, 10 / 11: Luk. 24, 11 / 12. 13: Luk. 24, 13—35 / 14—16: Mat. 28, 16 —20 / 14: 1. Kor. 15, 5; Luk. 24, 25; Joh. 20, 26—29 / 16: Joh. 3, 18; Apg. 2, 38; 16, 31. 33 / 17: 6, 7. 13; Apg. 16, 18; 2, 4. 11; 10, 46; 19, 6; Luk. 9, 1; 10, 17 / 18: Luk. 10, 19; Apg. 28, 3—6. 8 / 19: Luk. 24, 50—53; Apg. 1, 4—11; 1. Tim. 3, 16; Ps. 110, 1; Heb. 1, 3. 13 / 20: Heb. 2, 4; Apg. 3, 16; 5, 12; 14, 3.

Luk. 24, 50—53

11 *Maria aber stand außen bei der Gruft und weinte. Wie sie nun weinte, beugte sie sich in die Gruft hinein;* 12 *da sieht sie zwei Engel in weißen Kleidern dasitzen, den einen beim Haupte und den andern bei den Füßen, da, wo der Leib Jesu gelegen hatte.* 13 *Und die sagen zu ihr: Weib, was weinst du? Sie sagt zu ihnen: Sie haben meinen Herrn hinweggenommen, und ich weiß nicht, wo sie ihn hingelegt haben.* 14 *Als sie dies gesagt hatte, wandte sie sich um. Und sie sah Jesus dastehen und wußte nicht, daß es Jesus war.* 15 *Jesus sagt zu ihr: Weib, was weinst du? Wen suchst du? Jene, in der Meinung, es sei der Gärtner, sagt zu ihm: Herr, hast du ihn weggetragen, so sage mir, wo du ihn hingelegt hast, und ich will ihn holen.* 16 *Jesus sagt zu ihr: Maria! Da wendet sich diese um und sagt zu ihm auf hebräisch Rabbuni! (das heißt: Meister.)* 17 *Jesus sagt zu ihr: Rühre mich nicht an, denn ich bin noch nicht zum Vater aufgefahren. Geh aber zu meinen Brüdern und sage ihnen: Ich fahre auf zu meinem Vater und eurem Vater und zu meinem Gott und eurem Gott.* 18 *Maria aus Magdala geht und verkündigt den Jüngern, daß sie den Herrn gesehen und daß er dies zu ihr gesagt habe.*

19 *Als es nun an jenem Tage, dem ersten der Woche, Abend war und dort, wo die Jünger sich aufhielten, die Türen aus Furcht vor den Juden verschlossen waren, kam Jesus und trat in die Mitte; und er sagt zu ihnen: Friede sei [mit] euch!* 20 *Und als er dies gesagt hatte, zeigte er ihnen die Hände wie auch die Seite. Da wurden die Jünger froh, als sie den Herrn sahen.* 21 *Jesus sprach nun wiederum zu ihnen: Friede sei [mit] euch! Wie mich der Vater gesandt hat, sende auch ich euch.* 22 *Und nachdem er dies gesagt hatte, hauchte er sie an und sagte zu ihnen: Empfanget [den] heiligen Geist!* 23 *Wenn ihr jemandem die Sünden vergebt, sind sie ihm vergeben; wenn ihr [sie] jemandem nicht vergebt, sind [sie] ihm nicht vergeben.[1])*

50 *Er führte sie aber hinaus bis in die Nähe von Bethanien und erhob seine Hände und segnete sie.* 51 *Und es begab sich, während er sie segnete, entschwand er ihnen und wurde in den Himmel emporgehoben.* 52 *Und sie warfen sich anbetend vor ihm nieder und kehrten mit großer Freude nach Jerusalem zurück.* 53 *Und sie waren allezeit im Tempel und priesen Gott.*

[1]) 20, 23. Wörtlich: «wenn ihr [sie] jemandem [als Schuld] festhaltet, sind sie [ihm als Schuld] festgehalten».

Parallelenverzeichnis

[II]

[IV]

[VII]

[VIII]

[X]

III. NACHGESCHICHTEN.
Die Auferstehung Jesu

A) Die Nachgeschichte nach Matthäus
(Mat. 28, 11–20)

B) Die Nachgeschichte nach Lukas
(Luk. 24, 13–53)

C) Die Nachgeschichte nach Markus
(Mark. 16, 9–20)

Register der Abschnittsüberschriften

(Die Zahlen verweisen auf die Seiten)

[XII]

[XIII]

[XIV]

In gleicher Aufmachung und Anordnung erschien:

Carl Heinz Peisker

Luther

Evangelien-Synopse

Luther Evangelien=Synopse

nach dem revidierten Text von 1956
2. Auflage, 1968
358 Seiten, Leinen.

Ein Arbeitsbuch für den Religionsunterricht an höheren Schulen, in Oberklassen der Volks= und Berufsschulen, für Studenten und Studentenkreise, für Pfarrer, Prediger und Jugendleiter und alle, die ernsthaft Bibelstudium treiben.

Dazu einige Urteile:

„Neben Studenten und Lehrenden kann diese Synopse ganz besonders dem biblisch inter= essierten Gemeindeglied und auch den Schülern empfohlen werden, ja, es fragt sich, ob sie nicht für den Religionsunterricht angeschafft werden sollte."

Homiletische Monatshefte

„Die Synopse ist ein großartiges Instrument für das ‚Forschen in der Schrift'. Jetzt haben alle, die den Urtext nicht lesen können, die Möglichkeit, den Spuren der Verfasser der Evangelien und ihrer Art der Komposition nachzugehen." *Wege zum Wort, Berlin*

„Meines Wissens ist sie die erste, die diesen Weg eingeschlagen hat, allen drei Synop= tikern ihre eigene Gestalt zu lassen und doch zugleich eine wirkliche Synopse zu bieten. Ich glaube, zu dieser schönen und, nicht unwichtig, preiswerten Ausgabe kann man dem Verlag nur gratulieren." *F. Vogt, Geistl. Stud.=Rat*

„Das ist endlich ein Werk, das uns eine große Hilfe zum persönlichen Bibelstudium, bei Bibelarbeiten und in Bibelstunden sein kann." *W. Bergemann, Prediger*

„Zur intensiven Beschäftigung mit den drei ersten Evangelien ist dieses ausgezeichnete und schon lange notwendige Buch nahezu unerläßlich." *Evangelisches Allianzblatt*